정치의 가극화, 가극의 정치화

소녀가극이 재현한 제국 통합의 이데올로기

정치의 가극화, 가극의 정치화
소녀가극이 재현한 제국 통합의 이데올로기

초판 발행일   2019년 7월 30일

지은이   배묘정
펴낸이   유재현
편집장   강주한
편 집   온현정
마케팅   유현조
디자인   박정미
인쇄·제본   영신사

펴낸곳   소나무
등록   1987년 12월 12일 제2013-000063호
주소   경기도 고양시 덕양구 대덕로 86번길 85(현천동 121-6)
전화   02-375-5784
팩스   02-375-5789
전자우편   sonamoopub@empas.com
전자집   blog.naver.com/sonamoopub1

ISBN 978-89-7139-625-4   93680

이 도서의 국립중앙도서관 출판예정도서목록(CIP)은 서지정보유통지원시스템 홈페이지(http://seoji.nl.go.kr)와 국가자료공동목록시스템(http://www.nl.go.kr/kolisnet)에서 이용하실 수 있습니다.(CIP제어번호: CIP2019023995)

정치의 가극화, 가극의 정치화

소녀가극이 재현한 제국 통합의 이데올로기

배묘정 지음

소나무

일러두기

* 이 책은 2018년도 서울대학교 SNUAC 우수학위논문상을 수상한 저자의 박사학위 논문「정치의 가극화, 가극의 정치화 - 1938~1945년 다카라즈카 소녀가극이 재현한 제국 통합의 이데올로기」를 단행본의 형식에 맞게 재구성한 것이다.

1. 단행본과 잡지는『 』로, 논문은「 」로 표시했다.

2. 가극, 오페라, 영화 등의 작품 제목은《 》로, 작품에 삽입된 노래는〈 〉로, 작품의 각 장은 [ ]로 표시했다.

3. 일본어나 중국어 등의 외국어를 우리말로 옮기는 경우, 중국어는 중국어 발음보다 는 한국식 한자 독음으로 표기했고, 일본어는 일본어식 발음과 한자 독음식의 표기를 모두 사용했다. 일본어 표기에 있어서 두 가지로 읽힐 가능성이 있는 경우 한자 독음을 사용했으며, 그 내용에 대해서는 각주를 통해 따로 설명을 덧붙였다.

4. 등장인물의 이름이나 지명은 처음 등장할 때 원어를 함께 병기했으므로 독자의 선택에 따라 어떤 식으로 읽어도 상관이 없다. 역자의 개입을 최소화하고 원본의 느낌을 최대한 살리는 방향으로 번역했다.

5. 이 책의 원본인 박사학위논문에는 대사와 가사의 원어가 병기되어 있으나, 이 책에서는 편집 방침에 따라 본문에 직접 인용된 경우를 제외하고 모두 삭제되었음을 밝혀 둔다.

책을 펴내며

이 책의 생각이 잉태되기 시작한 것은 2015년 봄이었다. 박사학위논문의 주제를 두고 고민이 많았던 차에 우연히 접하게 된 관련 자료 속에서 일본 대중문화 연구의 한 지류인 소녀론(少女論)에 대해 알게 되었다. 당시는 수많은 소녀 그룹들이 각축을 벌이던 때였으므로, 일본의 소녀론은 매우 자연스럽게 한국의 현실로 이어졌다. 그러나 어째서 소녀 이미지는 유독 아시아 지역을 중심으로 상품화되는 것인가 하는 당시의 문제의식은 쉽게 해결될 문제는 아니었다.

돌파구가 마련되기 시작한 것은 2017년 7월이었다. 서울대 인문대에서는 박사학위논문 작성을 지원해 주는 장학금 제도가 매년 시행되고 있다. 장학생으로 선정된 덕택에 연구 주제에 자신감을 얻고, 그해 9월 1차 자료 조사를 위해 오사카에 위치한 이케다 문고를 찾았다. 이케다 문고는 다카라즈카 소녀가극의 자체 아카이브인 동시에 문화예술 분야에 특화된 소규모 도서관이다. 지역 주민들을 위한 쉼터 정도의 느낌을 주는 첫인상과는 달리, 방대한 분량의 고서를 보유하고 있어서 적지 않게 놀랐다. 이곳에는 1913년부터 현재에 이르기까지 다카라즈카 가극단에서 자체 발행하는 잡지와 화보집, 악보집, 각본집 등이 연도별로 소장되어 있다.

이케다 문고는 마치 보물창고와도 같았다. 그곳에는 문고의 온라인 홈페이지에 올라와 있지 않은 귀중한 자료들이 잠들어 있었다. 이 책의 제2부에서 다루어지는 '대동아공영권 시리즈'가 그 한 예이다. 그러나 이 같은 이유로 논문의 방향성은 재차 수정될 수밖에 없었다. 이케다 문고에서 복사해 온 각본을 번역·분석하는 일과 논문의 전체적인 구도를 재구성하는 작업에 약 3개월여의 시간을 보냈다. 그리고 12월, 새로운 방향에 따라 본문의 집필에 돌입했고 이듬해 4월에 학위논문 심사용 초고를 제출하면서 논문의 9할 가량을 완성할 수 있었다.

이 책은 필자의 박사학위논문 「정치의 가극화, 가극의 정치화—1938~1945년 다카라즈카 소녀가극이 재현한 제국 통합의 이데올로기」를 단행본의 형식에 맞춰 재구성한 것이다. '재구성'이라고 했으나 출판사의 요청에 따라 장을 부로 바꾸고 각 절을 독립된 장으로 바꾸었을 뿐 내용이나 형식상의 가감이 없으므로 사실상 박사학위논문을 그대로 옮겨 놓은 것이나 다름이 없으며, 또한 2018년 4월 초 심사위원 선생님들께 제출했던 초고와도 큰 차이가 없음을 밝혀 둔다.

이 책의 주된 내용은 제국주의 이데올로기를 재현하기 위한 기법으로서 '언어적 텍스트'와 '비언어적 텍스트'가 어떻게 활용되는가 하는 문제로 요약될 수 있다. 각각 이념적 층위와 감각적 층위로 치환 가능한 두 텍스트는 무대 위의 긴밀한 상호작용을 통해 제국주의의 스펙터클을 창조해 낸다. 그것은 다카라즈카 소녀가극 양식만이 만들어 낼 수 있는 특유의 효과를 의미한다는 점에서, 여타의 공연예술 장르가 제국주의 정치에 기여하는 지점과는 확연하게 구별된다. 그리고 제국주의 이데올로기가 발현되는 기제로서 극의 양식과 기법에 주목한 필자의 시각은, 전쟁 동원 서사 및 피해자 서사에 집중된 기존 연구의 한계를 극복하기 위한 고민의 결과이다.

이 책의 출발점과 도착점은 같다. 논의의 출발은 일본의 근대 국민국가 출범과 함께 탄생한 소녀 및 소녀 규범이다. 일반적으로 소녀란 근대 일본의 공교육 제도로부터 탄생한 산물로, 그리고 가부장제의 현모양처 규범에 얽매인 존재로 지적되어 왔다. 10대 초반의 소녀들을 중심으로 조직된 다카라즈카 소녀가극 또한 이러한 소녀 규범과 무관하지 않다. 소녀배우의 신체는 제국주의 규범을 확산하기 위한 물적 토대로서 기능하게 되며, 이러한 일련의 과정 속에서 소녀라는 일본 근대의 산물은 가정·학교·국가라는 3중의 제도적 규범에 묶인 존재로서 재규정된다. 여기서 '소녀라는 문제적 장소'는 본격적인 논의를 위한 가장 기본적인 전제로 설정된다. 그리고 결론부에서는 소녀 이미지가 전체주의적 이데올로기에 쉽게 노출될 수밖에 없다는 의미에서 이미지의 취약성을 지적하는 한편, 한국과 일본을 비롯한 동시대의 동아시아 대중문화 전반에 널리 퍼져 있는 소녀 이미지에 대해 관심을 촉구하는 것으로 논의를 마무리 짓는다. 일본의 근대가 발명해 낸 소녀 이미지는 그 시작부터 천황중심주의와 가부장제라는 틀 속에서 규정된 규범화되고 타자화된 것이며, 이로부터 '이미지의 취약성(the vulnerability of image)'이라는 개념이 도출된다.

이미지의 취약성은 다카라즈카 음악학교가 소녀생도들에게 요구한 규범인 '맑게, 바르게, 아름답게'로부터, 오늘날의 각종 소녀들을 수식하는 클리셰인 '귀엽고 순수한'에 이르기까지 시공을 초월해 적용 가능한 개념이다. 이 책에서는 소녀 이미지와 제국주의 이데올로기가 결합하는 양상을 통해 그 작동 원리를 간단히 제언하는 것으로 끝을 맺었다. 후속 연구에서는 제국주의뿐만 아니라 대상 영역을 넓혀 민족주의, 국가주의, 자본주의 등의 각종 이즘(-ism)과 소녀의 이미지가 결합하는 사례들을 통시적·공시적으로 폭넓게 다룰 계획이다. 이 책을 관통하는 핵심적인 문제의식, 예컨대 소녀 이미지는 왜 취약한 것일 수밖에 없는가, 소녀는 왜 '문제적인 장소'일 수밖에 없는가에 관한 의문은 소녀 이미지와 정치가 복잡하게 얽혀 있는 지점을 풀어 나가기 위한 단초이다. 그러므로 소녀 이미지의 병적 기원에 대해 밝히는 일은 앞으로 남은 과제이다.

필자는 이 책의 원본에 해당하는 박사학위논문으로 2018년 8월 서울대학교 인문대학에서 문학박사 학위를 취득했고, 같은 해 10월 서울대학교 아시아연구소로부터 우수학위논문상을 수상했다. 비록 부족한 논문이었으나 학문에 대한 의지와 새로운 시각을 격려해 주신다는 의미였으리라고 생각한다.

힘든 노정이었지만 그때마다 붙들어 주신 분들 덕분에 여기까지 올 수 있었다. 한없이 서툴고 부끄럽기만 한 이 글이 세상에 나올 수 있도록 격려와 도움을 주신 모든 분들께 감사드린다. 석사 시절부터 한결 같은 애정으로 미욱한 제자를 이끌어 주신 오희숙 교수님의 은혜에 특별한 감사의 말씀을 드린다. 심사위원을 흔쾌히 맡아 주시고 따뜻한 격려와 귀한 조언을 아끼지 않으셨던 이창숙 교수님, 박전열 교수님, 윤상인 교수님, 홍진호 교수님, 그리고 학부 시절부터 든든한 버팀목이 되어 주신 임지현 교수님께도 깊은 감사의 뜻을 전하고자 한다. 편집 과정에서 함께 고생해 주신 소나무 출판사의 여러분들께도 감사의 말씀을 잊을 수가 없다. 이번 출판을 계기로 잠시 숨을 고르고 학업에 더욱 정진하리라 다짐한다.

2019년 4월

배묘정

차례

책을 펴내며 · 5

서론 ·· 13
  1. 문제 제기 및 선행연구 검토 · 13
  2. 연구의 내용 및 방법 · 25

제1부 **논의의 전제: 소녀가극의 쟁점에 관한 검토**

제1장 근대 국민국가와 소녀의 존재론 ·················· 35
  1. 소녀 개념의 정의 및 소녀 연구의 계보 · 35
  2. 근대 국민국가와 소녀 규범 · 37

제2장 소녀가극의 양식화 및 대중화 ····················· 43
  1. 오락물로서의 상업적 음악극 · 43
  2. 가부키의 극복과 신국민극 담론 · 50

제3장 소녀가극의 초국가적 확산의 토대 ················ 57
  1. 소녀가극과 식민지 대중문화 · 57
  2. 소녀라는 문제적 장소 · 63

제2부 제국 통합의 이념적 재현: 언어적 텍스트 층위의 분석

제4장 일·독·이 추축국 시리즈: 삼국동맹 강화의 서사 ·············· 73

1.《이탈리아의 미소イタリヤの微笑》: 제국 역사의 신화적 재구성 · 73

2.《새로운 깃발新しき旗》: 호명된 국민들의 노래 · 94

제5장 대동아공영권 시리즈: 대동아 신질서 확립의 서사 ············ 117

1.《몽골モンゴル》: 여행에 내재된 식민주의적 욕망 · 117

2.《북경北京》: 동양의 구원자로서의 일본 · 136

3.《동으로의 귀환東へ歸る》: 동양 기표의 이중성 · 153

제6장 오족협화와 왕도낙토의 서사 ·························· 171

1.《만주에서 북지로満州より北支へ》: 내지 연장과 민족 화합의 꿈 · 171

2.《동아의 아이들東亜の子供達》: 기억과 망각의 이중주 · 194

제3부 제국 통합의 감각적 재현: 비언어적 텍스트 층위의 분석

제7장 공통감각으로서의 동양 ··························· 213

1. 동양에 관한 시선의 정치학 · 213

2. 배타적 대항 담론으로서의 동양 · 219

3. 동양적인 것의 발명 및 재현 · 222

제8장 규율화되는 신체와 정서 ···································· 245

　　1. 근대 일본의 규율권력과 소녀가극 · 245

　　2. 춤추는 신체, 노래하는 신체, 행진하는 신체 · 248

　　3. '명랑한' 제국 공동체 · 262

제9장 판타스마고리아 기법의 전유 ······························ 279

　　1. 통합과 몰입의 기법으로서의 환영 · 279

　　2. 아도르노의 바그너 음악극 비판 · 283

　　3. 다카라즈카 소녀가극과 판타스마고리아 · 292

제4부 '국민'의 연극에서 '제국'의 연극으로

제10장 소녀 규범의 경계 확장: 만선순연과 《미와 힘美と力》의 경우 ·········· 311

제11장 제의적 장소로서의 소녀가극 ······························ 329

제12장 제국 통합의 연극적 계기: 가상의 제국과 감각적 동화 ···················· 345

결론 ·· 357

참고문헌 · 367

서론

1. 문제 제기 및 선행연구 검토

"맑게, 바르게, 아름답게", 한 편의 광고 카피를 연상시키는 이 문구는 한 세기에 가까운 시간 동안 다카라즈카 배우들의 산실이 되어 온 다카라즈카 음악학교의 교훈이다. 1913년 일본 최초로 소녀가극[1]을 선보인 다카라즈카 소녀가극단(宝塚少女歌劇團)은 10대 초·중반 연령대의 소녀들을 선발하여 자체적으로 제도화한 음악학교에서 단원들을 양성했다. '가족과 함께 즐길 수 있는 건전한 대중오락'이라는 극의 정체성에 부합하기 위해서는 춤과 노래를 포함한 연기 기술뿐만 아니라 단원들의 덕성 및 예절 교육도 간과될 수 없는 것이었다. 생도들은 창립자 고바야시 이치조를 교장 선생님이자 아버지로 존경하며 음악학교의 이념과 교육 철학에 따라 모범적인 딸로

---

1) 근대 일본에서 창조된 소녀가극(少女歌劇)은 춤, 노래, 연기를 중심으로 전개되는 대중적인 음악극 양식을 말한다. 1913년 다카라즈카 소녀가극단(宝塚少女歌劇團)이 창단된 이래로 일본 각지에서는 수십 개에 달하는 소녀가극단이 난립하며 경쟁을 벌일 만큼 소녀가극은 일본 근대의 대중문화를 구성하는 주요한 풍경 가운데 하나였다. 특히 다카라즈카 소녀가극의 경우 가부키를 대체하는 신국민극(新國民劇)의 수준으로 거론될 만큼 소녀가극의 양식화 및 대중화에 성공함으로써 양적·질적인 측면 모두에서 소녀가극 양식의 발전을 주도했다. 한편 1920년대 이후 일본 유수의 소녀가극단들은 조선과 중국 일대로 활동범위를 넓혀나가기 시작한다. 조선의 경우 경성과 대구, 부산, 대전 등의 지방 도시를 순회하며 흥행했다. 조선인, 일본인, 중국인 소녀들로 구성된 다국적 형태의 소녀가극단이 조직되었으며, 일본의 소녀가극단에서 기예를 배워온 유학생들은 귀국 후 현지화된 소녀가극단을 연달아 창단했다. 20세기 전반 소녀가극은 그만큼 최고의 신식 오락물이었다.

성장함으로써 배우의 자격을 갖추게 된다. 이와 같이 규범 교육을 내면화한 소녀배우들은 청순(淸純)의 이미지와 결부되는 일이 잦았다.[2] 특히 다카라즈카 팬들을 위한 월간지 『가극(歌劇)』[3]에는 소녀배우들의 정형화된 이미지가 화보의 형태로 매회 등장함으로써 청순한 이미지의 확산에 기여한 바가 크다.

이와 같은 소녀들의 무해한 이미지는 일견 정치와는 무관한 탈정치의 영역으로 간과되기 쉽다. 그러나 어쩌면 그것은 어린이와 성인 여성의 중간 단계에 있는 소녀의 경계적 성격에 내포되어 있는 이미지의 역설일 가능성이 크다. 일본의 영토 확장 정책이 본격화되기 시작한 1930년대 이후 다카라즈카 소녀가극단은 단순한 오락극이 아닌 제국주의 프로파간다의 기관으로 정체성의 일대 전환을 일으켰기 때문이다. 동화와 신화의 세계를 재현하던 소녀배우들은 제국주의 정책의 정당성을 노래함으로써 또 다른 유토피아의 세계를 무대 위에 제시했다. 이러한 사실은 다카라즈카 소녀가

---

2) 창단 시점부터 오늘날에 이르기까지 다카라즈카 소녀 생도와 청순·순결·정숙 등의 덕목이 짝을 지어 등장하는 경우는 매우 많다. 일례로 다카라즈카 극단의 출판부에 근무하고 있던 하시모토 마사오(橋本雅夫)의 회상에 따르면 태평양전쟁 말기인 1945년(昭和20年) 오사카 시에 있는 행복상호은행에서 광고 제의가 들어온 일이 있다고 한다. 광고를 제의한 은행 관계자는 배우들의 청순함을 상찬했다고 하는데, 이러한 과거의 일화에서와 같이 "'맑게, 바르게, 아름답게'의 가르침 그대로 살고 있는 다카라젠느(다카라즈카 배우)들은 세간에 실제로 청순하게 비춰졌으며, 오늘날에도 소녀들의 청순함은 변함이 없다"라고 적고 있다. 橋本雅夫, 『宝塚歌劇今昔物語: タカラジエンヌよ永遠に』, 東京: 小学館, 2002, 235~236.

3) 『歌劇』은 가극단에서 자체적으로 발행하는 월간지로 1918년(大正7年) 8월에 창간되었다. 배우들의 사진과 기사 및 공연 정보들이 주요 내용이며, 이 밖에도 공연 비평과 팬들이 참여할 수 있는 코너도 마련되어 있어 공연 정보지로서의 역할을 충실히 수행하고 있다. 전쟁으로 극장이 폐쇄되면서 잠시 휴간되었지만 공연 재개와 함께 복간되어 오늘날에 이르고 있으며, 올해(2018년)로 창간 100주년을 맞는다. 宝塚歌劇団, 「宝塚歴史ミニ事典」, 『夢を描いて華やかに―宝塚歌劇80年史―』, 1994, 250.

극과 제국주의 징치, 혹은 소녀가극의 양식적 특징과 프로파간다의 관계에 대해 의문을 제기하게 한다. 특히 탈정치화된 소녀의 이미지가 정치의 영역으로 전환되는 지점은 프로파간다가 작동할 수 있는 새로운 원리를 보여 준다는 점에서 더욱 비중 있게 다뤄질 필요가 있다.

일반적으로 전체주의나 제국주의 체제의 프로파간다에 관한 연구는 이데올로기의 내용을 밝히는 데 집중되어 왔다. 그러나 이데올로기나 담론의 내용뿐만 아니라 그것을 지탱하는 물질적인 요인 또한 주목되어야 한다.4) 여기서 물질이란 이데올로기를 뒷받침하는 제도나 장치를 말하며, 알튀세르는 이를 이데올로기적 국가기구로 규정한 바 있다. 그의 주장에 따르면 이데올로기는 억압적인 방식만으로 수행되는 것이 아니라 제도화된 장치들을 통해 일상화된 행위들 속으로 침투한다는 것이다.5) 이러한 비억압적인 장치 개념의 연장선에서 본고는 전시체제하의 다카라즈카 소녀가극을 제국주의 이데올로기가 수행되는 하나의 문화적 장치로 상정하고, 프로파간다가 작동할 수 있는 또 다른 가능성에 대해 규명하고자 한다. 이는 아직

---

4) 정준영, 「식민지 교육정책의 원점: 이자와 슈지의 동화주의와 청각적 근대성」, 『정신문화연구』 Vol.34, No.2, 한국학중앙연구원, 2011, 154~156.

5) 알튀세르(Louis Althusser)는 마르크스주의 국가론을 보완하기 위해서는 국가권력과 국가기구 간의 구분이 필요하며, 국가기구 또한 더욱 엄밀하게 논의되어야 한다고 주장했다. 이러한 문제의식에 따라 제안한 개념이 바로 이데올로기적 국가기구, 즉 ISA(Ideological State Apparatuses)이다. 마르크스주의에 따르면 국가기구란 정부, 행정기관, 군대, 경찰, 법정, 감옥 등을 말하는데, 알튀세르는 이를 억압적 국가기구로 규정하고 국가기구의 또 다른 실제로 ISA를 고안한다. 억압적 국가기구가 '폭력'을 통해 기능한다면, 종교, 교육, 가족, 법, 정치, 노동조합, 커뮤니케이션, 문화를 포함하는 ISA는 '이데올로기'로 기능한다는 점에서 차이점을 지닌다. 또 이데올로기적 국가기구는 억압적 국가기구와 달리 복수로 존재하며 사적인 영역에 속한다는 점 또한 중요한 차이이다. 양자 간의 상호작용을 통해 억압적 국가기구와 ISA는 노골적으로 또는 암묵적으로 결합한다. 루이 알튀세 지음, 이진수 옮김, 『레닌과 철학』, 서울: 백의, 1995, 148~152.

까지 해명이 부진한 다카라즈카 소녀가극과 제국주의의 관계를 체계적으로 밝히는 작업인 동시에, 프로파간다 연구의 지평을 확장하는 시도라는 의미를 지닌다. 그러나 이 책의 차별성을 더 명확히 제시하기 위해서는 먼저 선행연구의 특징 및 한계를 상세히 검토할 필요가 있다.

지금까지 소녀가극 양식은 학술적인 연구의 대상으로서 별다른 주목을 받지 못해 온 것이 사실이다. 무엇보다 가장 큰 원인은 소녀가극 양식이 주류 대중문화로부터 벗어나 있거나 거의 사장되어 버린 장르라는 사실에 있다. 한국의 경우 해방 이후 여성국극(女性國劇)의 형식으로 잠시 명맥을 유지하던 소녀가극 양식은 1960년대 이후 극단 내부의 인력난과 경제적인 어려움 속에서 새로운 영상매체의 부상과 함께 대중들의 관심으로부터 멀어지게 되었으며, 예술적 의도를 결여한 대중극이라는 이유로 학계에서도 또한 소외되어 온 것이다. 한편 소녀가극의 본고장인 일본의 경우 현재 대부분의 극단들이 해체되고 소녀가극의 장르적 정체성을 유지하고 있는 것은 다카라즈카 가극단이 유일하다.[6] 도쿄와 오사카에 대규모의 전용극장을 보유하고 있는 다카라즈카 가극단은 열성적인 여성 팬 층을 유지하며 이를 기반으로 여전히 활발한 작품 제작과 공연 활동을 자랑하고 있다. 이에 따라 가극 관련 출판물 또한 화보집이나 잡지 등 주로 여성 팬들을 겨냥한 상품에 집중되어 있다. 그러나 이러한 대중적인 인기에도 불구하고 "여자들이나 보는 연극"[7]이라는 한 일본인 남성의 촌평이 말해 주는 것처럼 다카

---

6) 1940년대 초반 다카라즈카 소녀가극단은 전쟁의 개전과 함께 소극적이고 나약한 인상을 주는 '소녀'를 빼고 '다카라즈카 가극단'으로 개칭한다. 이후 다카라즈카 가극단이라는 명칭을 지금까지 지키고 있다.

7) 도쿄 다카라즈카 극장 인근 고미술 서점 주정호고당(酒井好古堂) 주인과의 대화 내용을 인용한다. 다카라즈카 가극은 예술적 의도를 결여한 저급한 장르라는 오늘날의 인식과 관련해 와타나베 히로시는 "다카라즈카가 '진정한' 가극(「まとも」な歌劇)이 아니라는 상식은 역사적으로 형성된 것"이라고 주장한다. 그에 따르면 창단 초기 다카라

라즈카 가극에 대해 은밀한 비하 의식이 깔려 있는 것이 사실이다. 그것은 비단 한 개인의 의견이 아니라 대부분의 일본 남성들이 공유하는 일반화된 시선을 대변하는 것이다.

이러한 상황 속에서 20세기 후반 일본에서는 젠더 연구 분야에서 '소녀론(少女論)'[8]이 새롭게 부상하는 시점과 맞물려 소녀가극 연구 또한 본격화되기 시작했다. 특징적인 것은 '소녀가극 연구는 다카라즈카 가극 연구'라는 등식이 성립해도 될 만큼 다카라즈카 소녀가극은 소녀가극 연구에 있어서 핵심적인 위치를 차지한다는 사실이다. 여기에는 극단의 대중적인 인지도 및 자체적인 아카이브인 이케다 문고(池田文庫)의 보유와 같은 현실적인 원인이 크게 작용했을 것으로 본다.

초창기 다카라즈카 소녀가극 연구는 주로 역사적인 배경 및 발전 과정, 양식적 특징에 집중된 양상을 보인다. 대표적으로 제케 베를린(Zeke Berlin)[9]은 고바야시 이치조가 다카라즈카 소녀가극을 만들게 된 계기부터 극단의

즈카 가극은 진정한 가극으로 인정되었으나 오늘날 그렇지 않은 이유를 다카라즈카 본연의 자세가 변질된 점, 'まとも(真面)에 대한 대중의 가치관이 변화된 점에서 찾고 있다. 渡辺裕, 『宝塚歌劇の変容と日本近代』, 新書館, 1999, 8~9.

8) 소녀에 관한 연구(Girls' Studies)는 영국의 하위문화 연구의 일환으로 안젤라 맥로비(Angela McRobbie)와 제니 가버(Jenny Garber)에 의해 처음 시작되었다. 이들은 페미니즘적인 시각에서 영국의 사춘기 소녀들의 문화에 관해 연구했다. 그러나 정작 소녀에 관한 논의가 꽃을 피운 것은 일본인데, 여기서의 소녀론 또한 1980년대 일본에서 시작된 소녀 연구를 일컫는다. '소녀'는 '어린이'의 발견이 근대 사회의 소산인 것과 마찬가지로 어린이의 바로 뒤를 이어 근대에 탄생한 산물이다. 소녀론에서는 소녀만화와 애니메이션에서부터 소녀들을 위한 소비문화, 예컨대 팬시상품과 같은 소위 '귀여운 문화'에 이르기까지 소녀 이미지가 생산되는 문화와 소녀가 생산하는 문화를 폭넓게 탐구한다. 최근 한국에서는 비록 소수에 불과하지만 사회학 분야의 학자들이 소녀에 관한 논의를 이끌어 가고 있다.

9) Zeke Berlin, "Takarazuka: A History and Descriptive Analysis of the All-female Japanese Performance Company", New York University, 1988.

경영 방식, 다카라즈카 음악학교에 이르기까지 가극단의 전반적인 역사를 개관하고 있어 초창기 연구들이 공유하는 전형적인 양상을 보여 준다.

　이러한 가운데 다카라즈카 소녀가극을 본격적으로 학문의 영역으로 이 끈 것은 와타나베 히로시(渡辺裕)[10]이다. 그는 일본문화와 이문화의 접변이 라는 문화 연구의 관점에서 1930년대 다카라즈카 소녀가극이 신국민극의 위치를 획득하게 된 과정에 관해 추적하고 있다. 다카라즈카 소녀가극이 《몽 파리》와 《파리젯토》 등 파리레뷰를 직수입하던 중간단계를 거쳐 가부 키레뷰라는 신국민극의 최종단계로 이행하는 과정은 서양문화와 일본문 화가 충돌하고 절충하는 양상을 잘 보여 주고 있다. 또 도쿄를 거점으로 하 는 여타의 소녀가극단과의 차별화 방침 및 도쿄와 오사카 간의 모더니즘 논쟁 속에 나타나는 서양문화의 수입에 대응하는 상이한 태도들이 상세하 게 다루어져 있다.

　와타나베 히로시의 연구가 주로 1920~30년대에 집중되어 있다면, 쓰카 네자와 도시히로(律金澤聰廣)와 곤도 구미(近藤久美)를 대표 저자로 하는 『근대 일본의 음악문화와 다카라즈카(近代日本の音楽文化とタカラズカ)』[11]는 다카라즈 카 소녀가극의 탄생 시점부터 전쟁 시기를 거쳐 오늘날에 이르기까지 약 한 세기에 걸친 가극의 전개 과정을 연대기적으로 분석한 것이 특징이다. 메 이지 시대 양악 도입의 문제와 다카라즈카 소녀가극의 관계, 소수 특권의 식에서 탈피하여 대중적인 대극장주의 노선을 확립하게 된 사정, 하위문화 로서의 소녀문화 형성에 미친 영향력 등이 소상히 밝혀지고 있다. 특히 관 객층이 여성 중심으로 변화된 이유를 만주사변과 중일전쟁이라는 비상시 적 상황으로 설명하는 대목에서는 사회학적 시각을 강하게 드러낸다. 역사· 음악·문화의 폭넓은 스펙트럼이 다양한 저자들의 목소리를 통해 펼쳐짐에

10) 渡辺裕, 『宝塚歌劇の変容と日本近代』, 東京: 新書館, 1999.

11) 律金澤聰廣·近藤久美 編著, 『近代日本の音楽文化とタカラズカ』, 京都: 世界思想社, 2006.

따라 가극의 내적 형식을 넘어 다카라즈카 가극에 대한 이해의 지평을 넓히고 있다.

근대 시기 소녀가극 연구가 주로 다카라즈카 소녀가극에 집중된 상황을 감안하면 호소카와 슈헤이(細川周平)[12]의 쇼치쿠 소녀가극 연구는 희소성을 지닌다. 호소카와는 아사쿠사를 거점으로 하는 쇼치쿠(松竹) 소녀가극과 간사이(関西) 지방의 다카라즈카 소녀가극이 일본적 요소와 서구적 요소의 결합 문제에 있어서 각각 어떠한 방식으로 대응하는가를 비교 분석하고 있다. 이는 앞서 와타나베 히로시가 제기한 도쿄와 오사카 간의 모더니즘 논쟁의 연장선에 있다.

소녀가극의 역사와 양식 검토에 집중되었던 초창기 연구 경향에 변화가 일어나기 시작한 것은 대략 2000년대에 들어서면서부터이다. 젠더 연구, 팬덤 연구 및 포스트식민주의 등의 관점이 적용되면서 다카라즈카 소녀가극을 둘러싼 쟁점들 또한 다변화하기 시작한다.

이러한 연구들로는 먼저 장 보드리야르(Jean Baudrillard)가 현대 소비사회를 비판한 방식으로 일본 근대 대중문화 및 다카라즈카 소녀가극을 분석한 가와사키 겐코(川崎賢子)[13]의 연구가 있다. 그는 일본 근대의 상업화된 도시와 소비 욕망 및 스펙터클에 대한 갈망이라는 자본주의 비판의 관점으로부터 다카라즈카 소녀가극에 접근하고 있다. 이에 따라 그는 전기와 철도 등 근대적 기술이 선사한 속도감, 화려하고 매혹적인 시각적 이미지 등을 소녀가극이라는 근대적 매체를 통해 새롭게 경험 가능해진 감각으로 서술하고 있다.

---

12) Hosokawa Shuhei, "Shōchiku Girls' Opera and 1920s Dōtonbori Jazz," Edited by Hugh De Ferranti and Alison Tokita, *Music, Modernity and Locality in Prewar Japan: Osaka and Beyond*, ASHGATE, 2013.

13) 川崎賢子, 『寶塚: 消費社會のスペクタクル』, 東京: 講談社, 1999.

문화적 전략의 하나로서 1930년대 다카라즈카 소녀가극단의 해외공연을 분석한 연구도 있다. 박상미[14]는 일본 외무성의 후원하에 이루어진 미국과 유럽 국가에서의 공연을 문화 외교의 대안적 형태라고 분석한다. 소녀가극단의 해외공연을 통해 일본이 아시아의 리더로서 서구의 근대 문명을 넘어서는 잠재력을 지닌 국가임을 선포한다는 것이다. 여성의 신체를 통해 전통적이면서도 모던한 혼종의 가치를 미학적으로 정교하게 구현한 가극 양식 또한 외교적 목적의 연장선에 있다는 것이 그의 주장이다.

소녀가극은 여성 단원으로만 구성된 연극인 이유로 여성이 남성 역할까지 도맡아 하는 것이 특징이다. 이러한 독특한 양식으로 인해 남역(男役)과 여역(女役)[15]에 관한 연구들이 많다. 이성재[16]는 일본 사회의 양성성(兩性性)의 기원과 양성 배우의 전통을 '안드로진'과 '변신' 개념을 중심으로 검토한다. 또 배우들이 양성성을 습득하는 과정과 관객의 수용 양상에 대해 분석하는데, 결론적으로 그는 오토코야쿠(남역)를 새로운 성의 탄생이라는 관점에서 긍정적으로 평가하고 있다. 한편 레오니 스틱랜드(Leonie Rae Stickland)[17]

---

14) Park Sang Mi, "The Takarazuka Girls Revue in the West: Public-Private Relations in the Cultural Diplomacy of Wartime Japan," *International Journal of Cultural Policy*, Vol.17, No.1, 2011.

15) 일본 연극에서 양성성(兩性性)의 등장은 에도 시대 가부키의 전통에서 비롯된다. 여성 연극인이 연극 문화를 어지럽힌다는 이유로 남성만이 무대 위에 설 수 있게 되면서 남성 배우들이 여성의 역할을 하게 되었다. 가부키에서는 그것을 온나가타(女形)라고 부른다. 남역(오토코야쿠)과 여역(무스메야쿠)은 쉽게 말해 가부키의 성역할을 뒤집어 놓은 것이다. 다카라즈카 소녀가극은 여성만으로 이루어진 극단이기 때문에 남성의 역할 또한 여성이 맡으며, 오토코야쿠는 남성 역할, 무스메야쿠는 여성 역할을 말한다. 음역대나 신장 등에서 남성의 특징을 가진 경우 오토코야쿠로 선발되어 남성의 외모와 태도, 심리 등을 일상생활 속에서 철저하게 익힌다.

16) 이성재, 「日本 女性歌劇 宝塚에 나타난 兩性의 形象 硏究」, 중앙대학교 석사학위논문, 2003.

17) Leonie Rae Stickland, "Gender Gymnastics: Performers, Fans and Gender Issues in the Takarazuka Revue of Contemporary Japan," Murdoch University, 2004.

는 다카라즈카 가극의 가장 큰 사회적 영향력을 젠더 구성에서 찾고 있는데, 이성재와는 다르게 여성이 남성 역할을 수행한다는 것은 젠더 규범을 전복하는 것이 아니라 일본 사회의 가부장적 젠더 규범을 더욱 강화한다는 부정적인 입장을 대변하고 있다.

마리아 그라지안(Maria Grăjdian)[18]은 양성성의 사회적 효과보다는 양성의 정체성이 구축되는 과정의 문제에 주목한다. 그는 카리스마적인 남역과 순종적인 여역 간의 성적 긴장관계를 분석하는 데 있어서 지그문트 바우만(Zygmunt Bauman)의 액체 근대(Liquid Modernity) 이론을 활용하고 있다. 그는 1990년대 이후 일본 사회의 불황에 따른 중심과 경계의 해체, 도덕의 부재 현상 등의 사회적인 혼란 속에서 가극 배우들의 성적 정체성 또한 유동적이고 양가적인 양상으로 재규정되었다고 설명한다. 이러한 배경 속에서 '유연함'이나 '사랑'이라는 정서적 가치가 새롭게 강조되었으며, 결론적으로 정서의 기능이 이데올로기와 미학의 두 층위에서 작동한다는 점을 들어 문화제국주의의 새로운 형식이라고 주장한다.

최근 들어 국내 학계에서 대중극에 대한 관심이 늘어나면서 소녀가극에 대한 연구 또한 속속 등장하고 있다. 그동안 조선의 소녀가극 수용 문제는 단독 연구로 이루어지지 않고 주로 여성국극사 연구 속에서 단편적으로 다루어져 왔다. 소녀가극 수용 연구가 본격화되기 시작한 것은 최근의 일인데, 특징적인 것은 여성국극사의 맥락을 따르는 것이 아니라 소녀가극이라는 매체 자체에 주목하는 경향으로 변화하고 있다는 사실이다. 예를 들어 백현미는 소녀가극을 소녀 연구의 연장선에서 고찰한다. 그는 근대 초기에 만들어진 소녀 개념과 소녀 연예인의 출현에 주목하며 이를 한국 대중문화 형성의 초기적 양상으로 평가하고 있다. 또 "이국과 조선의 박람회적 취

---

18) Maria Grăjdian, "Kiyoku Tadashiku Utsukushiku: Takarazuka Revue and the Project of Identity (Re-)Solidification," *Contemporary Japan*, Vol.23, 2011.

미"와 "섹슈얼리티와 보이시 취미"를 소녀가극의 주요 특징으로 제시하는 가운데, 소녀의 신체를 "제국주의적 욕구가 물화되어 국제적으로 유통된 상품"으로 파악한 점이 두드러진다.[19)

이렇게 촉발된 소녀가극에 대한 관심은 김남석의 1920년대와 1930년대 도쿄소녀가극단(東京少女歌劇團)의 조선 공연에 관한 연구로 이어진다.[20) 당시 조선 연극계는 사실주의적인 신극 양식이 지배하고 있었으나 신극의 관객 동원이 어려움을 겪게 되면서 그 틈을 점차 상업적인 대중극이 차지하게 되었다. 소녀가극은 이러한 연극사적 맥락 속에서 부상한 것인데, 김남석은 그 촉매가 된 사건으로서 동경소녀가극단의 조선 공연에 주목한다. 그는 양식적 수용이라는 입장에서 일본 공연단 방문의 여파로 소녀가극의 레뷰 양식이 조선의 '막간(幕間)'으로 유입된 것이라고 평가하지만, 레뷰가 막간에 흡수된 구체적인 양상에 대해서는 과제로 남기고 있다. 그럼에도 불구하고 백현미와 김남석의 연구는 일제강점기 소녀가극 연구의 새로운 방향을 제시했다는 점에서 고무적이다.

한편 이 책의 연구와 직결되는 가장 주목되는 선행연구로는 제니퍼 로버트슨(Jennifer Robertson)의 『다카라즈카: 근대 일본의 성의 정치학과 대중문화(Takarazuka: Sexual Politics and Popular Culture in Modern Japan)』가 있다.[21) 이 분야의 연구를 대표하는 이 책에서 그는 가극의 내용 및 형식 안에 내포된 성과 인종의 정치학을 중심으로 다카라즈카 소녀가극과 제국주의의 관계

---

19) 일본 소녀가극단의 조선 공연과 삼천가극단, 배구자무용연구소, 낙랑좌, 도원경 등 조선 소녀가극단의 활동 모습을 확인할 수 있다. 백현미, 「소녀 연예인과 소녀가극 취미」, 『한국극예술연구』 Vol.35, 한국극예술학회, 2012, 116.

20) 김남석, 「소녀가극의 생성과 확산에 관한 연구」, 『한어문교육』 Vol.35, 한국언어문학교육학회, 2016.

21) Jennifer Robertson, *Takarazuka: Sexual Politics and Popular Culture in Modern Japan*, Berkeley: University of California Press, 1998.

를 비평하고 있다. 그의 해석이 독창적인 지점은 오토코야쿠와 무스메야쿠의 크로스 드레싱(cross-dressing) 관습을 크로스 에스니킹(cross-ethnicking)과 동일한 선상에 놓는다는 데 있다. 이러한 논리를 토대로 그는 양식상의 젠더 문제를 인종주의 또는 제국주의의 문제로 확장하고 있다. 또한 유사한 맥락에서 다카라즈카 전용 극장의 건축학적 구조(silver bridge),[22] 그리고 몽타주식의 연출 기법을 제국주의의 알레고리로 해석하고 있다. 이러한 그의 주장은 신선한 감은 있지만 제국 통합의 복잡다단한 역학 구조를 피상적인 알레고리나 상징의 세계로 단순 환원시킨 점, 소녀가극의 젠더적 특수성을 합리적 근거 없이 제국주의 이데올로기로 확장 해석한 점에서 자의적이라는 비판으로부터 자유로울 수 없다. 또 소녀가극과 제국주의의 관계를 작품 분석이나 공연 분석으로 구체화하지 못한 부분도 한계점으로 지적될 수 있다.

국내에서는 유일하게 다카라즈카 소녀가극의 제국주의적 측면에 주목한 최은경의 연구[23] 또한 이와 같은 비판을 비껴갈 수 없다. 그는 다카라즈카 소녀배우들이 전쟁에 동원된 역사에 관해 비판적인 논조로 그 폭력성을 비판하고 있으나 제국주의 이데올로기의 문제는 단순히 동원 이데올로기만으로 수렴될 수는 없다는 점에서, 또한 구체적인 공연실제에 관한 연구로 이어지지 못한다는 점에서 한계를 드러낸다.

흥미로운 것은 소녀가극의 본토임에도 불구하고 일본의 경우 제국주의

---

22) 다카라즈카 가극 전용극장의 무대 설비인 은교(銀橋, silver bridge)는 무대 및 오케스트라 석과 객석 사이에 설치된 좁고 긴 통로 형태의 무대이며, 이 구조물을 통해 다카라즈카 배우들은 객석과 좀 더 가까운 위치에서 춤과 노래를 선보일 수 있게 된다. 이러한 이유로 제니퍼 로버트슨은 은교가 무대와 객석을 통합하는 도구이며, 더 나아가 일본인과 비일본인을 통합하는 상징적인 통합의 장치라 주장한 바 있다.

23) 최은경, 「태평양전쟁과 소녀표상—다카라즈카 가극단을 중심으로」, 『한일군사문화연구』 Vol.18, 한일군사문화학회, 2014.

시대 다카라즈카 소녀가극에 관한 연구가 거의 이루어지지 않았다는 사실이다. 이 시기에 대한 언급을 꺼려하는 일본인들의 일반적인 정서가 큰 원인으로 작용했겠지만, 드물게 태평양전쟁 시기를 다루는 연구 또한 내용에 있어서는 직접적인 비판을 의도적으로 경계하는 인상이 강하다. 『다카라젠느의 태평양전쟁(タカラゼンヌの太平洋戦争)』에서 다마오카 가오루(玉岡かおる)는 일본의 제국주의 정책을 비판하기보다는 다카라즈카 소녀배우들의 이야기를 피해자의 입장에서 서술하고 있다.24) 생존자들의 증언이나 아카이브 자료들을 많이 활용하고는 있으나 소개령(疏開令)으로 대극장이 폐쇄되어 무대에 설 수 없었다거나, 여자정신대로 징집되어 공장에서 근로를 했다거나, 그로 인해 교육에서 소외되었다는 식의 희생자의 역사를 저자 자신 다카라즈카 팬으로서의 감상적인 입장에서 기록하고 있다. 따라서 학술서라기보다는 다카라즈카 애호가를 위한 안내서나 교양서의 성격을 지니는 연구라고 말할 수 있다.

이상으로 선행연구를 종합해보면 다카라즈카 소녀가극 연구는 오토코야쿠와 무스메야쿠의 젠더 문제를 중심으로 한 양식적 연구 및 팬덤 연구에 집중되어 있으며, 그 결과 제국주의에 관한 문제는 만족할 만한 수준으로 규명되지 못했다는 사실이 더욱 명확해진다. 연극이나 영화 등에서 축적되어 있는 연구 성과와는 달리 소녀가극 양식은 제국주의와 관련된 정치적인 맥락에서는 거의 주목받지 못했으며, 소수 존재하는 제국주의 관점의 비평 또한 필자의 문제의식과는 큰 차이가 있음을 확인할 수 있다.

이에 따라 이 책에서는 다카라즈카 소녀가극이 일본 제국주의 이데올로기와 관계를 맺는 정치적인 지점에 주목하고, 더 나아가 총동원체제하에서 소녀가극이 일본의 제국 확장 정책을 수행한 구체적인 방식에 대해 검토하

---

24) 玉岡かおる, 『タカラゼンヌの太平洋戦争』, 新潮社, 2004.

고자 한다. 다시 말해 이 책의 과제는 단순히 전쟁 동원의 역사적 사실을 폭로하거나 소녀가극의 양식적 특징으로부터 제국주의 메타포를 끌어내는 등의 피상적인 해석에 머무르고 있는 선행연구의 한계를 반복하지 않으며 더 나아가 그것을 어떻게 극복할 것인가에 있다.

2. 연구의 내용 및 방법

이에 이 책은 기본적으로 두 가지의 방법을 통해 이 문제에 접근하고자 한다. 그 첫 번째는 작품 분석을 통해 추상적인 수준에 있는 제국주의 담론을 구체화하는 것이다. 구체적인 작품의 내용을 규명하는 일은 다카라즈카 소녀가극과 일본 제국주의와의 특수한 관계를 논의하기 위해 가장 먼저 충족되어야 할 조건이다. 두 번째는 작품 분석에 있어서 각본에 경도된 방법론을 지양하고 각본 바깥의 공연 요소들까지 분석 대상에 적극적으로 포함하는 것이다. 연극의 3대 요소로 거론될 만큼 텍스트가 극에서 차지하는 위치는 높다. 이 책에서도 텍스트의 분석은 내용상 중요한 위치를 차지한다. 그러나 프로파간다의 메커니즘은 비단 텍스트의 의미론적 내용을 통해서만 작동하는 것이 아니며, 텍스트 내부와 외부에 골고루 작용하는 것이다. 이 책은 전자를 이념의 내용으로 후자를 감각의 내용으로 규정하고, 이념과 감각 양쪽에서 작동되는 제국주의 이데올로기의 내용에 관해 검토하고자 한다. 이는 제국주의의 작동 메커니즘이 이념적인 표면을 드러내는 '언어적 텍스트'의 층위뿐만이 아니라, 감각으로 수렴되는 '비언어적 텍스트'의 층위에서도 동시다발적으로 작동할 수 있다는 가능성을 전제하는 것이다.25)

---

25) 여기서 언어적 텍스트는 글로 쓴 드라마 텍스트(dramatic text)를, 비언어적 텍스트는 드라마 텍스트를 무대 위에서 시각적·청각적 스펙터클로 재구성한 공연 텍스트

이 책의 시각은 기본적으로 예술은 사회를 반영한다는 입장을 대변하며, 예술과 정치의 관계를 모색한다는 점에서 프로파간다 연구의 자장(磁場) 내에 있다. 그러나 이 책의 문제의식과 방법론이 지니는 차별성은 '드라마적인 것(drama)'에서 '연극적인 것(theatre)'으로 나아가는 최근의 퍼포먼스 경향을 이론적 토대로 한다는 데 있다.26) 이성중심주의의 해체라는 포스트모더니즘의 인식론적 전환을 시작으로 공연예술의 무대는 점점 빛이나 소리, 배우의 신체 등 텍스트에 의해 소외되었던 연극적인 요소들을 복원하려는 방향으로 패러다임을 전환해 왔다.27) 이러한 공연예술계의 패러다임 전환

(stage text)를 의미한다. 빠트리스 파비스 지음, 신현숙·윤학로 옮김, 『연극학 사전』, 현대미학사, 1999, 277.

26) 이러한 연극계의 변화의 조짐은 일찍이 20세기 초반부터 대두되기 시작했다. 잔혹연극(Theatre of Cruelty)을 창안한 앙토냉 아르토는 '쓰여진 텍스트' 또는 '말(parole)'이 우위를 차지하는 문학적인 연극의 전통을 극복하고자 했다. 연극 고유의 언어를 회복하기 위해 아르토는 "무대 위에서 발음되고 의미되는 모든 언어, 또는 공간에서 표현되는 모든 것 혹은 공간에 의해 해체되거나 공간에 영향을 미치는 모든 것으로 이루어진 언어"로 연출할 것을 주장했다. 이러한 "순수한 연극 언어"을 부활하고자 한 잔혹연극의 미학적인 강령은 드라마적인 것으로부터 연극적인 것으로 변화해가는 초기적인 모습을 잘 보여 준다. 앙토냉 아르토 지음, 박형섭 옮김, 『잔혹연극론』, 서울: 현대미학사, 1994, 104.

27) 이러한 패러다임의 전환을 잘 설명해 주는 구체적인 예로 한스-티즈 레만(Hans-Thies Lehmann)이 포스트드라마 연극의 특징으로 규정한 음악성을 언급할 수 있다. 그는 포스트드라마 연극을 "재현(Representation)이라기보다 현존(Presence)이며, 결과라기보다는 과정인 무대 위에 펼쳐진 에너지 자체"라고 정의하는데, 음악의 특징인 비언어적 수행성은 이러한 연극의 요청에 부합하는 것이었다. 이와 함께 "다양한 언어멜로디, 억양, 악센트"가 상이한 "문화적 아비투스"를 보여 주는 동시에 포스트드라마 연극의 고유한 음악성이 된다는 주장 또한 주목해 볼 지점이다. 레만은 청각적 요소가 기존의 재현적인 드라마 연극에서 벗어나 공연예술의 본질을 되찾게 해 주는 전환점으로 파악하고 있다. 이 책에서는 음악을 신체 및 문화의 차원에서 사유함으로써 음악의 다양한 가능성을 열어 놓은 레만의 문제의식을 공유한다. 그러나 레만의 음악성 논의가 미학적 범주로 확장되는 것이었다면, 이 책은 제국주의 연구라는 완전히 다른 목적지를 향한다는 점에 차이점이 있다. 말하자면 그것은 음악

은 일반적으로 공연예술의 양식 내적인 미학을 고찰하는 연구에 적용되지만, 이 책에서는 이를 제국주의 연구에 접목함으로써 제국주의 이데올로기를 이념적 층위만이 아닌 이념 바깥의 감각적 층위에서도 총체적으로 규명하기 위한 출발점으로 삼는다.

이를 위해 필자가 참고하는 가장 주요한 시각은 근대 시기 감각에 관한 문화연구이다. 일찍이 일본 근대의 문화와 일상적인 감각의 관계를 모색하는 연구는 활발하게 이루어져 왔다. 대표적으로 에로틱·그로테스크·넌센스의 감각을 통해 1920~40년대 일본의 대중문화를 분석한 미리암 실버버그의 문화연구,[28] 노래나 춤 등 일련의 신체적 행위를 통해 일본 근대의 감각과 정서의 문제에 접근한 연구,[29] 또 비슷한 시각에서 근대 이후 자본주의 이행과 함께 규격화된 소리, 그리고 소리의 규격화가 국가 권력과 연결되는 측면에 대해 분석한 연구,[30] 유럽의 모더니티가 생산해 낸 소리 문화를 탐구한 사운드 스터디,[31] 근대 공교육 시스템에서 청음교육과 제국주의의 관계에 관한 프로파간다 연구[32] 등이 그 대표적인 예에 해당한다.

이 가운데 신체의 퍼포먼스를 통해 근대 연극사를 새롭게 해석한 효도 히로미(兵藤裕己)의 연구는 이 책에 가장 근본적인 시각을 제공한다.[33] 그에

(극)만이 취할 수 있는 특유의 감각이 정치로 확대되는 지점을 뜻한다. 한스티즈 레만 지음, 김기란 옮김, 『포스트드라마 연극』, 서울: 현대미학사, 2013, 170.

28) 미리엄 실버버그 지음, 강진석 외 옮김, 『에로 그로 넌센스: 근대 일본의 대중문화』, 서울: 현실문화, 2014.

29) 坪井秀人, 『感覚の近代 – 声·身体·表象』, 名古屋: 名古屋大学出版会, 2006.

30) 요시미 슌야 지음, 송태욱 옮김, 『소리의 자본주의: 전화, 라디오, 축음기의 사회사』, 서울: 이매진, 2005, 3.

31) Michael J. Schmidt, Edited by Daniel Morat, *Sounds of Modern History: Auditory Cultures in 19th – and 20th –Century Europe*, New York and Oxford: Berghahn Books, 2014.

32) 戸ノ下達也, 長木誠司 編著, 『総力戦と音楽文化: 音と声の戦争』, 東京: 青弓社, 2008.

33) 효도 히로미 지음, 문경연 외 옮김, 『연기된 근대– '국민'의 신체와 퍼포먼스』, 서울:

따르면 광장에 모여 함께 추는 군무, 극장 공간에서의 새로운 감각적 체험, 관객에서 국민으로 재구성되는 연극적인 경험으로부터 농밀한 연대의식이 만들어지며, 그러한 연대의식이 궁극적으로 근대 국가 공동체에 대한 상상력으로 구체화된다는 것이다. 다시 말해 국민 또는 국가라는 근대적인 공동체 형식이 신체적 감각의 공유로부터 끌려나온다는 주장이다.

> 일본국에는 신이 내리고 당나라 땅에는 돌이 내리네, 아무렴 어때 아무렴 어때.
> 일본국을 바로 세우는 것, 아무렴 어때, 풍년을 기원하는 춤을 반기고 싶네.
> 일본국 나라 지키기는, 아무렴 어때, 히가시오와리(東尾張)에서 니시쵸우슈
> (西長州)까지, 일본의 기둥으로, 아무렴 어때.34)

위 인용문은 막부 체제가 무너지고 메이지 신정부로의 이행을 앞둔 1867년 서민들이 느꼈을 사회적인 불안과 초조감이 반영된 군무 〈에에쟈나이카 ええじゃないか(아무렴 어때)〉의 후렴구이다. 새로운 국가의 건설을 기원하는 주술적인 후렴구의 내용과 이에 곁들여진 군무의 퍼포먼스로부터 효도 히로미는 '일본'으로 결집되는 새로운 공동성의 탄생을 지적하고 있다. 그의 연구는 퍼포먼스 개념을 이용해 연극학적 시각을 사회 문화 연구로 확장시킨 학제 간 연구의 좋은 사례라 할 수 있다. 이와 같이 사회화된 퍼포먼스의 관점은 최근 들어 국내 학계에서도 문학 연구, 역사학 연구 등 다양한 분과에서 접목이 시도될 만큼 유효성과 시의성을 지닌다.35)

연극과 인간, 2007; 兵藤裕己, 『演じられた近代: 「国民」の身体とパフォーマンス』, 東京: 岩波書店, 2005.

34) 위의 책, 22.

35) 김청강, 「'"조선"을 연출하다: 조선악극단의 일본 진출 공연과 국민화의 (불)협화음 (1933~1944)」, 『동아시아문화연구』 Vol.62, 한양대학교 동아시아문화연구소, 2015; 이상우, 『식민지 극장의 연기된 모더니티』, 서울: 소명출판, 2010.

한편 신체적 경험의 공유로부터 공동체 의식을 이끌어 내는 효도 히로미의 시각은 이 책을 통해 소녀가극에 적용된다. 사실상 1920년부터 일본 내지와 외지에서 성행하기 시작한 소녀가극 공연은 일본의 근대 국민국가 수립 및 식민지 건설과 함께 착종된 감각들을 일관되게 유포하는 과정이었기 때문이다. 그의 논리를 일제강점기 소녀가극에 적용해 보면 소녀가극이 연행되는 장소는 결국 일본 제국의 신민으로 호출되는, '가상의 제국(illusionary empire)'을 체험하는 공간이라는 결론에 도달하게 된다. 소녀가극의 정치성, 즉 소녀가극이 일본 제국의 확장과 통합에 기여하는 지점은 소녀배우들의 신체를 통해 소녀가극 특유의 양식 속에 내재된 다양한 감각을 연행함으로써 가상의 공동체를 조직해 나가는 과정에서 종결된다.[36] 중요한 것은 이러한 감각의 내용들이 제국주의의 정치적 레짐보다 더욱 강력할 수도 있다는 사실이다. 이러한 맥락에서 이 연구는 의식 또는 무의식 차원의 식민주의를 비판적으로 검토하는 포스트식민주의의 인식 위에 서 있다.

요컨대 제국주의 이데올로기는 정신적인 차원에 국한되는 것은 아니다. 이념이나 정신성만을 강조해 온 기존의 시각은 이분법적 인식의 한계를 여실히 반영하는 것이며, 이를 해체하고 극복하려는 사상사적 지각 변동은 이미 지난 세기에 시작된 일이다. 또한 앞서 지적한 바와 같이 다카라즈카 소녀가극이 제국주의와 결부되는 지점은 전장의 병사들을 위로하기 위해 소

---

36) 이러한 맥락에서 볼 때 일제강점기 조선 지식인의 에로·그로·넌센스(エロ·グロ·ナンセンス) 문화 수용에 있어서 "일본의 제국 이미지를 식민지 조선인에게 이식하는 문화적 식민화 과정"을 읽어 낸 채석진의 연구는 이 책의 관점에 중요한 시사점을 제공한다. 같은 맥락에서 1920년대 이후 조선의 대중문화를 감성의 코드로 해석하고 감성의 기능을 전체주의적 획일화 기획 속에서 비판한 박숙자의 연구도 주목된다. 채석진, 「제국의 감각: '에로 그로 넌센스'」, 『페미니즘 연구』 No.5, 한국여성연구소, 2005; 박숙자, 「"통쾌"에서 "명랑"까지: 식민지 문화와 감성의 정치학」, 『한민족문화연구』 Vol.30, 한민족문화학회, 2009.

녀배우들을 동원했던 역사나, 레뷰의 양식적 특징에 근거한 은유적인 해석으로 축약될 수 없다. 이념과 감각의 두 가지 메커니즘이 동시에 규명되어야 제국주의 프로파간다에 대한 이해는 완전해질 수 있으며, 감각의 메커니즘은 텍스트 중심의 해석에서 예상되는 맹점을 보완하기 위해 선택된 대안이다.

이러한 방법론에 따라 본문의 내용은 다음과 같이 구성된다. 논의의 전제가 되는 제1부에서는 소녀가극 양식을 둘러싼 다양한 쟁점들을 검토한다. 먼저 소녀 개념과 일본 근대의 소녀 규범에 관한 일반론을 살펴보고, 다카라즈카 소녀가극의 양식화·대중화로부터 신국민극 논쟁으로 이어지는 몇 개의 지점들을 검토할 것이다. 이와 함께 전쟁 이전 시기 식민지 대중문화에서 소녀가극이 수용된 양상을 조선의 사례를 중심으로 살펴봄으로써 제국-식민의 구도 속에서 이루어진 소녀가극 연행의 전체적인 지형도를 그려보고, 소녀가극 확산의 물적 토대 구축이 지니는 의미에 관해 평가할 것이다. 특히 가정·학교·국가의 3중의 제도적 규범에 묶인 소녀의 규범성에 대한 검토는 다카라즈카 소녀가극을 제국주의의 틀 속에서 논의하기 위한 출발점에 해당하는 중요한 의미를 지닌다.

이러한 전제적인 논의들을 토대로 일본의 제국주의 이데올로기를 연극적으로 실천하는 다카라즈카 소녀가극을 제국 통합의 공간으로 상정하고, 소녀가극 양식 특유의 프로파간다 방식이 언어적 텍스트와 비언어적 텍스트의 상호작용을 통해 이루어지고 있음을 제2부와 제3부에서 구체적으로 밝힐 것이다. 먼저 제2부에서는 각본을 중심으로 이념적 공간 속에서 수행되는 제국 통합의 이데올로기에 관해 살펴볼 것이다. 분석 대상은 일·독·이 추축국 시리즈의 두 작품, 대동아공영권 시리즈의 세 작품, 그리고 시리즈로 제작된 것은 아니지만 북방 식민지와 남방 식민지의 영토 확장에 관한 두 작품이 될 것이다. 제3부에서는 공통감각으로서의 동양적인 것, 규율화

뇌는 신체 및 정서, 통합과 몰입의 기법으로서의 판타스마고리아라는 세 개의 항목을 통해 감각적 층위에서 제국주의 이데올로기가 어떻게 작동하는지에 대해 중점적으로 논의될 것이다. 이는 전시체제하 다카라즈카 소녀 가극을 관통하는 원리에 해당한다.

마지막으로 제4부에서는 제국주의의 선전 매체로서 다카라즈카 소녀 가극이 지니는 의의와 성격에 대해 소녀 규범의 경계 확장 및 제의적 장소라는 측면에서 재평가할 것이다. 그리고 앞선 모든 논의들을 종합하여 가상의 제국(illusionary empire)과 감각적 동화(sensuous assimilation)의 개념을 제안하는 것으로 이 책의 논의는 마무리된다.

이 책의 주요 연구 대상은 1938년부터 1945년 사이에 제작·상연된 다카라즈카 소녀가극단의 작품이다. 제2부에서 분석될 작품은 《만주에서 북지로満州より北支へ》(1938), 《이탈리아의 미소イタリヤの微笑》(1941), 《새로운 깃발新しき旗》(1941), 《몽골モンゴル》(1941), 《북경北京》(1942), 《동으로의 귀환東へ歸る》(1942), 《동아의 아이들東亜の子供達》(1943)이다. 그리고 제10장에서는 만선순연(滿鮮巡演) 레퍼토리 가운데 하나인 《미와 힘美と力》(1942)이 중점적으로 다루어질 것이다.

이 책의 내용을 구체화하는 데 있어서 기초적인 토대가 된 것은 다카라즈카 가극단이 자체적으로 보유하고 있는 아카이브인 이케다 문고(池田文庫)에서 입수한 1차 자료들로서, 각본집, 악보집, 극단 관련 잡지―『歌劇』, 『宝塚だより』37) 『東宝』―및 각종 좌담회 자료가 여기에 속한다. 해당 시기의 음원이나 영상 자료는 현전하지 않아 지면으로 된 자료에만 의존할 수밖에 없지만,

---

37) 태평양전쟁 말기 발행이 잠시 중지되었던 『歌劇』을 대신해 임시적으로 출판되었던 다카라즈카 소녀가극단의 월간지이다. 월간지 『宝塚だより』는 각본을 비롯한 전문가 비평 및 애독자 기고란을 운영하던 『歌劇』과는 달리 공연 정보와 작품의 기초적인 정보만을 제공하는 간단한 정보지의 성격을 지닌다.

이 책에서 분석되는 작품의 각본과 악보들은 대부분 최초로 공개되는 역사적인 자료라는 점에서 그 가치가 매우 크다.

　요컨대 이 책은 제국주의 프로파간다 연구의 성격을 지니지만, 관객에게 어떠한 영향을 미치는가를 중점적으로 규명하는 수용미학 연구는 아니다. 이 책의 목적은 다카라즈카 소녀가극 특유의 공연 양식에 주목하고 그 프로파간다적 효과와 가능성이 언어적 텍스트와 비언어적 텍스트의 상호작용 속에서 다각적으로 작동하고 있음을 밝힘으로써, 소녀가극과 제국 또는 소녀가극과 제국주의의 관계를 새롭게 조망하는 데 있다. 궁극적으로 그것은 제국주의 이데올로기의 존재 형식을 '감각'의 국면으로 전환하여 사유한다는 것을 의미한다. 이러한 관점의 전환을 통해 다카라즈카 소녀가극의 문화사적 의의가 종합적으로 규명되고, 더 나아가 이 연구가 오늘날 한국과 일본을 비롯해 동아시아의 대중문화에 널리 퍼져 있는 소녀 이미지에 대한 연구로 이어지는 하나의 단초가 될 수 있기를 기대한다.

제1부

논의의 전제
소녀가극의 쟁점에 관한 검토

전시체제하의 다카라즈카 소녀가극의 정치적 성격에 관해 논의하기 위해서는 일본 근대에 형성된 소녀 개념 및 소녀가극 양식에 대한 역사적인 이해가 선행되어야 한다. 소녀는 일본의 근대화 과정에서 만들어진 개념이며, 소녀가극은 이 시기에 개념화된 '소녀'들을 배우로 훈련시켜 조직된 특수한 공연예술이기 때문이다. 이에 따라 이번 장에서는 일본의 근대 국민국가의 성립과 함께 구축된 소녀 개념에 대해 살펴보고, 이를 토대로 소녀가극이 단순한 오락물이 아닌 잠재적인 정치적 매체의 하나임을 밝히고자 한다. 특히 일본 근대 국민국가 성립과 함께 구성된 '규범'에 관한 이해는 일제강점기 소녀가극과 제국주의의 상관관계를 도출하기 위한 출발점이자 이후 전개될 소녀 규범의 제국주의 규범으로의 확장에 관해 논의하기 위한 출발점이다.

제1장

근대 국민국가와 소녀의 존재론

1. 소녀 개념의 정의 및 소녀 연구의 계보

소녀라는 용어의 역사는 생각보다 길지 않다. 통상적으로 결혼이 빨랐던 근대 이전, 어린아이는 결혼과 동시에 곧바로 성인의 단계로 도약했다. 그러나 산업혁명 이후 사회 전반적인 인식 및 구조의 재편과 더불어 결혼 연령 또한 서서히 늦춰지기 시작하는데, 이에 따라 신체적·정신적으로 급격한 변화가 나타나는 특정한 시기 또한 주목받게 된다. 사춘기(adolescence)는 이렇게 결혼이 유예된 시기를 분리 지칭함으로써 만들어진 용어이며, 따라서 소녀는 일반적으로 사춘기에 속한 여자아이를 가리킨다.1) 그러나 소녀에 대한 개념 정의는 그다지 명료하지 않다. 소녀의 사전적 정의를 살펴보면 동서양을 막론하고 소녀(少女/girl/Mädchen/petite fille)는 '여자 어린아이', '사춘기 여자', '젊은 여성'으로서 여성이 어린이에서 어른으로 성장하기 이전의 미성숙한 시기를 광범위하게 지칭하고 있음을 알 수 있다. 이처럼 유아와 성인 사이의 과도기 단계에 위치하는 경계적인 속성으로 인해 소녀의 본질은 '모호함', 또는 '정의 불능'이라는 역설적인 방식으로 정의되기도 한다.2)

---

1) Deborah Shamoon, *Passionate Friendship: The Aesthetics of Girls' Culture in Japan*, Honolulu: University of Hawaii Press, 2012, 2.

2) 한혜정, 「소녀의 (탈)재현과 타자성 – 『앨리스』 안팎의 소녀담론」, 『새한영어영문학』 Vol.52, No.4, 새한영어영문학회, 2010, 129.

한편 소녀 개념과 마찬가지로 소녀가 학술적인 연구의 대상으로 등장한 것 또한 비교적 최근의 일이다. 20세기 중반 영국에서는 소위 문화주의 (culturalism)라 일컬어지는 문화연구의 비평적 조류가 형성되면서 대중문화를 학술적인 담론의 장으로 끌어들였다. 리처드 호가트(Richard Hoggart), 레이먼드 윌리엄스(Raymond Willams), 스튜어트 홀(Stuart Hall) 등 일군의 저명한 학자들이 속해 있는 문화이론 학파는 대중에 의해 창조된 문화의 의미체계를 읽어 내고자 했으며, 특히 노동자와 여성 등 주류사회로부터 소외되어 있는 하위주체(subaltern)들의 목소리를 적극적으로 평가하고자 했다.[3]

소녀 연구(Girls' Studies)는 바로 이러한 영국의 문화연구 풍토 속에서 자연스럽게 시작되었다. 일찍이 안젤라 맥로비는 1960~70년대 당시의 하위문화(subculture) 연구가 청소년 노동자 집단에서 '소년'에만 집중되어 있음을 지적하며, 청소년 문화에서 소녀의 능동적인 역할에 관해 주목할 필요성을 역설한 바 있다.[4] 한편 들뢰즈와 가타리의 『천 개의 고원―자본주의와 분열증2(Mille Plateaux―Capitalisme et schizophrénie)』는 소녀 연구의 전개에 있어서 중요한 분수령이 된 저작이다. 기관 없는 신체라는 독특한 인식론의 대전제 하에서 소녀는 "여성-되기 또는 분자적 여성이며…기관 없는 신체 위에서 질주하는 추상적인 선 또는 도주선이다.…또 소녀들은 막 관통해서 가로질러온 이원적 기계들과 관련해서 도주선 위에 n개의 분자적인 성을 생산"[5]하는 생성 그 자체의 에너지를 의미하게 된다. 여기서 소녀는 여성되기의 일부로서 고체 상태의 유기체로 고정되지 않은 유동적이면서도 순수

---

3) 존 스토리 지음, 박만준 옮김, 『대중문화와 문화이론』, 서울: 경문사, 2012 참조.

4) Angela McRobbie and Jenny Garber, "Girls and Subcultures," In *Resistance through Rituals: Youth Subcultures in Post-War Britain*, ed. Stuart Hall and Tony Jefferson, London: Hutchison, 1976, 209.

5) 질 들뢰즈·펠릭스 가타리 지음, 김재인 옮김, 『천 개의 고원』, 서울: 새물결, 2001, 523~527.

한 타자성을 생산하는 여성의 잠재태로 인식된다. 이렇게 후기구조주의의 관점에 의한 사상사적 전환은 이후 소녀 연구에 흡수됨으로써 능동적이고 저항적인 소녀 주체를 탐구하는 한 축의 새로운 연구 계보를 형성하게 된다.

최근의 소녀 연구 경향은 미디어에 비친 소녀 이미지에 관한 비판적 연구로부터 소녀 팬덤(fandom) 연구에 이르기까지 주제와 방법론에 있어서 매우 다변화되는 양상이다. 요컨대 소녀 연구의 경향은 차이의 생산에 주목하는 들뢰즈의 계보를 잇는 축과 은폐된 규율권력의 폭력성을 폭로한 푸코 내지는 전체주의와 자본주의의 동일성 논리를 비판한 아도르노의 계보를 잇는 축, 이러한 두 개의 축을 중심으로 전개되는 양상으로 압축될 수 있다. 이 책은 구조적인 권력으로 예술이 수렴되는 지점을 비평한다는 측면에서 후자의 계보를 따른다. 일본 제국주의 이데올로기를 배경으로 소녀가 극의 무대를 분석한다는 것은 소녀를 다양한 정치·경제·문화 권력들이 중첩되는 투쟁의 공간으로 설정한다는 것으로부터 출발하기 때문이다.

2. 근대 국민국가와 소녀 규범

일본에 있어서 소녀 개념이 처음 등장한 것은 19세기 말 일본이 봉건적인 막부 체제로부터 천황 중심의 근대 국민국가로 탈바꿈을 꾀하던 메이지 시대(明治時代)였다. 당시 일본은 서양에 자발적으로 문호를 개방하고 근대화·문명화와 동일시되는 서구화의 목적 달성에 열을 올렸다.6) 메이지 정부

---

6) 메이지 유신은 1868년에 단행되었으며 이때부터 1912년까지를 메이지 시대라고 한다. 일반적으로 일본은 메이지 유신 이후 구미에 문호를 개방하기 시작했으며, 봉건적인 에도 막부 시대에는 기독교를 금지하고 해외 무역 및 교류를 통제하는 등 '쇄국' 정책을 일관한 것으로 알려져 있다. 그러나 최근의 연구에 따르면 이미 에도 시대에도 주변국들과 국교를 수립하고 네덜란드·중국 등의 국가와 상당량의 무역을 가짐으로써

는 유럽으로부터 각종 문물과 제도들을 받아들이고 사회 전반에 팽배해 있던 전근대적인 관행을 개혁함으로써 근대화된 국민국가의 정체성을 구축해 나가기 시작한다. 그것은 마치 도량형의 통일에 필적하는 중앙의 통제가능성 또는 예측가능성을 보장하는 것이었다.

일본의 전근대 사회에서 여성은 연령에 관계없이 제도권 바깥의 매우 자연화된 존재, 바꿔 말하면 중앙의 통치력이 효과적으로 미칠 수 없는 존재였다. 무스메(娘)와 소녀를 대칭적인 개념으로 설정하면 소녀의 범주는 한층 명확해지는데, 결혼하지 않은 미성숙한 여자를 지칭하는 두 단어는 그러나 전자가 신체적 특성에 따라 구분되는 생물학적 존재로서의 미혼 여성을 통칭하는 데 반해 후자는 국가에 의해 조직되고 사회화된 존재를 특정한다. 다시 말해 소녀란 메이지 시대 여성을 국민화하고자 한 국가적 의지를 반영하는 특수한 개념인 것이다.[7] 여기에 중요한 기제로 작용한 것은 공교육 제도의 실행이었다. 공교육 제도는 일본이 전근대에서 근대 시스템으로 발돋움하는 데 중요한 역할을 담당했다. 근대 국가란 교양을 갖춘 근대적인 국민들의 합(合)이며, 대중의 교육은 건전한 국민을 양성하기 위한 필수적인 조건이었기 때문이다. 근대 공교육은 소녀가 탄생하는 데 있어서도 직접적인 원인이 되었으며 이에 대해서는 이견이 없다.[8]

주지하다시피 일본의 소녀 연구를 지칭하는 소녀론(少女論)에서는 일본의

세계에 대한 정보를 수집했다는 사실이 밝혀지고 있다. 伊藤 隆, 『日本の近代―日本の内と外』, 東京: 中央公論新社, 2014, 9.

7) 有山輝雄, 「戰時制度と國民化」, 『戰時下の宣伝と文化』, 赤澤史朗 他 編集, 現代史料出版, 東出版, 2001; 今田絵里香, 「近代家族と「少女」の国民化―少女雑誌『少女の友』分析から」, 『教育社会学研究』, 第68集, 2001.

8) 소녀 외에도 아동, 소년, 소녀, 주부는 근대에 새롭게 탄생한 존재인데, 이들은 각기 다른 규범에 따라 사회화되었다. 공교육 제도와 더불어 신문, 잡지, 소설 등 대중적인 각종 매체 또한 규범을 보급하는 효과적인 통로였다.

근대 시기 소녀에 관한 연구 또한 이미 상당 부분 진척되어 있다. 이 가운데 대표적으로 일본 근대 사회에서 소녀의 등장을 공교육 제도와의 관계 속에서 고찰한 이마다 에리카(今田絵里香)의 연구가 있다. 그는 중등보통교육기관에서 남녀를 구분하기 시작한 19세기 후반부터 20세기 초반을 일본에서 소녀의 젠더 정체성이 탄생한 시기로 지목하고 있다.9) 1879년(明治12年)에 반포된 일본교육령은 중등보통교육에서 남학생과 여학생을 별개의 교육 대상으로 규정하고 교육 커리큘럼 또한 차별화했다.10) 이러한 학제의 변화에 따라 어린이용 잡지 또한 변화하기 시작하는데, 그가 소녀의 탄생 시점과 관련해 주목한 것은 『영재신지(穎才新誌)』라는 잡지의 변화 양상이었다. 그는 이전까지 아동용 잡지에 불과하던 이 잡지에 소녀라는 호칭이 등장하는 1890년을 소년 표상으로부터 소녀 표상이 분리되는 시점으로 포착하고, '소녀(少女)'가 '여자(女子)'와는 완전히 다른 신체적·정서적 특징을 지닌 범주임을 밝히고 있다. 소녀에게는 소녀 특유의 감정이 있으며, 귀엽고 천진한 매력을 가지기 때문에 당시 소녀잡지나 소녀소설 등에서는 소녀에 대한 찬미, 동경, 욕망을 표현하는 경우가 많다는 것이다.

이와 함께 이마다 에리카는 소녀 형성의 촉매제로 일본의 근대 가족제도를 지적하고 있는데, 근대 가족제도하의 현모양처 어머니의 보호 속에서 딸들은 적당한 자유와 매력을 지킬 수 있었으며, 그것이 소녀로서의 독자적인 시기를 유지할 수 있었던 이유라는 것이다. 그러나 소녀의 독자성은 결혼과 함께 현모양처의 규범을 물려받음에 따라 상실될 수밖에 없다. 이러한 그의 주장은 소녀 또한 근대 가족제도의 틀을 벗어날 수 없는 존재임을 말해 주

---

9) 今田絵里香, 『「少女」の社会史』, 東京: 勁草書房, 2007, 25~44.

10) 일본교육령 제3조(文部省, 太政官布告第40号, 「教育令」, 1879), 「소학교는 보통의 교육을 아동에게 부여하는 곳으로서, 학과를 독서, 습자, 산술, 지리, 역사, 수신 등 초보적인 수준에 더하여 회화, 창가, 체조 등을 더하고, 물리, 생리, 박리 등의 대의를 더하며, 특히 여자를 위해서는 재봉의 과목을 개설한다.」

는 것이다. 소녀란 현모양처 규범으로부터 결코 자유롭지 못한 존재이며, 따라서 결혼과 출산의 전 단계에 있는 소녀들에게는 불가피하게 특정한 규범과 덕성이 요구되었다.

이러한 소녀의 규범성에 대한 문제의식을 더욱 발전시킨 와타나베 슈코(渡辺周子)는 메이지 시대 소녀들에게 요구된 규범을 구체적으로 분석했다. 그는 소녀 규범을 애정(愛情), 순결(純潔), 미적(美的) 규범으로 제시하고 있다. 그에 따르면 여성은 태생적으로 애정이 깊은 존재이므로 이러한 여성적 본성을 함양하여 가족에게 헌신하는 숭고한 사명을 지니며, 이것이 바로 애정 규범이다. 순결 규범은 우수한 국민을 재생산하고 가부장제를 유지하기 위해 여성에게 요구된 정숙함의 덕성을 말하며, 미적 규범은 메이지 시기 여성교육의 목표인 지육(知育)·덕육(德育)과 함께 중시된 미육(美育)을 말한다. 여성은 '도덕의 수호자'이면서도 동시에 '용모의 아름다움' 또한 반드시 갖추도록 요구되었다는 것이다. 이러한 규범 속에는 국민 국가의 발전을 위해 소녀들에게 가정의 재생산 역할과 장래 현모양처의 책무를 내면화한다는 전략이 내포되어 있다.[11]

요컨대 일본 근대 시기 소녀 연구자들이 공통적으로 지적하는 것은 일본에서 근대적인 의미의 소녀는 공교육을 통해 탄생했다는 점, 공교육을 통해 새로운 성으로 탄생하지만 국가의 통제에 포섭됨으로써 결과적으로 가부장제의 질서를 더욱 탄탄하게 뒷받침한 존재라는 점일 것이다. 이와 함께 가장 핵심적인 사항은 소년에게 "미래의 일본 제국을 상속하는 일대 책임을 떠안은 자"[12]로서의 사명이 주어진 데 반해 용모의 아름다움이나 정숙함이 강조된 소녀 규범에서 볼 수 있듯이 소녀와 소년의 역할 간의 격차는 매우 뚜렷하게 드러난다는 점에 있다.[13] 그러나 이 책에서 근대 소녀

---

11) 渡辺周子, 『「少女」像の誕生: 近代日本における「少女」規範の形成』, 東京: 新泉社, 2007, 26~30.
12) 今田絵里香, 앞의 책, 44.

규범에 대한 이해가 더욱 중요한 것은 그것이 소녀가극의 연행자인 소녀배우와 밀접한 연관성을 지니기 때문이다. 무엇보다 소녀규범은 소녀가극이 제국주의 규범으로 확장되는 지점을 검토하기 위한 가장 기초적인 이론적 전제로서의 의의를 지닌다.

---

13) 일본의 근대화 과정에서 만들어진 소녀 개념은 비슷한 시기 조선으로 유입된다. 조선에서 소녀가 지시하는 대상은 일본과 마찬가지로 공교육을 받는 엘리트 여학생 집단과 유사했으나 실제로 여학생을 소녀라고 지칭하는 일은 많지 않았으며, 신여성·모던걸·여학생 등의 개념과 혼용되는 매우 모호한 용어였다. 일본에 비해 현저히 낮았던 공교육 보급률이 그 이유였다. 이는 1908년 당시 최남선이 10대 초·중반의 남학생 그룹을 '근대적 주체로서의 소년'으로 확고하게 명명했던 사실과 대조적이다. 분명한 것은 조선과 일본의 근대에 있어서 소녀는 소년이나 남성과는 완전히 다른 방식으로 규정되었다는 사실이다.

제2장

소녀가극의 양식화 및 대중화

1. 오락물로서의 상업적 음악극

근대 공교육 제도로부터 탄생한 소녀는 대중매체 특히 잡지를 통해 구체적인 이미지를 얻어 가기 시작했다.[1] 바야흐로 "소녀의 시대(Era of the Girl)"[2]라고 불릴 만큼 1900년대 초반 일본 대중문화에는 소녀 이미지가 흘러넘쳤다. 소녀잡지·소녀소설·소녀만화 등은 소녀의 기표와 이미지가 활용된 대표적인 사례이다.[3] 물론 여기에는 중산층 가정의 소녀 집단이 그만큼의 구매력을 보유한다는 사회학적인 요인이 중요한 요소로 작용했을 것이다.

다카라즈카 소녀가극은 당시 유행하던 소녀 이미지를 차용함으로써 전

---

1) 일본에서 소녀를 위한 잡지로 처음 등장한 것은 1902년의 『소녀계(少女界)』이다. 1906년에 뒤를 이어 창간된 『소녀세계(少女世界)』, 『소녀의 벗(少女の友)』, 그리고 1912년의 『소녀화보(少女画報)』, 1923년에는 『소녀클럽(少女倶樂部)』 등의 소녀잡지가 창간되면서 소녀소설이라는 장르가 시작되었다. 최은경, 「일본 소녀소설에서 보는 "소녀" 표상—요시야 노부코(吉屋信子) 『꽃 이야기』(花物語)를 중심으로」, 『일본근대학연구』 Vol.42, 한국일본근대학회, 2013 참조.

2) 일본에서 소위 '소녀의 시대'는 1910년대에서 1930년대로 보고 있다. 다카라즈카 소녀가극 또한 소녀의 시대를 번성하게 한 요인으로 지적된다. Deborah Shamoon, "Misora Hibari and the Girl Star in Postwar Japanese Cinema," *Signs*, Vol.35, No.1, 2009, 132~134.

3) 일본의 근대 소녀 문화를 잡지와 만화를 통해 분석한 연구로는 Deborah Shamoon, *Passionate Friendship: The Aesthetics of Girls' Culture in Japan*, Honolulu: University of Hawaii Press, 2012 참조.

그림 1 20세기 초반 소녀잡지의 이미지(위)와
『가극』에 실린 다카라즈카 소녀배우들의 사진(아래)

레 없을 정도로 큰 상업적 성공을 거둔 또 하나의 대표적인 사례이다.[4] 소
녀가극은 추상적인 소녀 이미지에 구체적인 물질성을 주입하여 무대라는
공감각적인 공간 속에 올려놓았다. 주로 문학적인 장르 속에서 평면적인 이

---

4) 근대 이후 일본 대중문화에서는 잡지, 만화, 애니메이션, 게임, 광고, 영화 등 수많은 대
   중매체에서 소녀 이미지들이 상업적으로 활용되고 있다.

미지만으로 소비되던 소녀 이미지는 소녀 배우의 신체를 통해 구체화되었
으며, 이에 따라 소녀가극은 소녀 이미지가 활용된 근대 도시의 새로운 스
펙터클로 자리매김하게 된다.

그런데 소녀들의 연기를 구경한다는 것은 단순한 스펙터클 그 이상의 의
미를 지니는 것이었다. 메이지 이전 시기까지 일본에서 여자들이 무대 위
에 선다는 것은 철저히 금기시되는 일이었기 때문이다. 일본의 전통예능인
가부키는 원래 여성들에 의해 조직된 공연예술이었다. 에도 시대 유녀(遊女)
들이 무리 지어 춤을 추던 온나가부키(女歌舞伎)는 서민들의 이목을 사로잡
는다. 그러나 그 인기가 과열되면서 유녀 배우들을 둘러싼 관객들 간의 싸
움이 빈번해지자 막부에서는 풍기문란을 이유로 연극(芝居)에 여성이 출연
하는 것을 법률로 금지하게 된다. 가부키의 온나가타(女形), 여장 배우 관습
이 생겨난 것도 바로 이때부터이다.[5] 이러한 사정을 감안하면 소녀 배우가
무대 위에 등장했다는 것은 매우 이례적인 일이며 일본 연극사에 있어서도
의미 있는 사건이 아닐 수 없다.

그러나 이와 같은 연극사적인 의의에도 불구하고 소녀가극의 목적이 여
성을 배제해 온 연극사의 내적 모순을 타개하는 데 있는 것은 아니었다. 다
카라즈카 소녀가극단(宝塚少女歌劇団, Takarazuka Girl's Revue)[6]이 전문적인 연

---

5) 이응수·명진숙·박전열·니시도 고진, 『이야기 일본 연극사』, 세종대학교 출판부, 2011,
   99~102.
6) 다카라즈카 소녀가극단이 다카라즈카 가극단으로 이름을 바꾼 것은 태평양 전쟁이
   한창이던 1940년이다. 극단 이름에서 '소녀'를 빼고 다카라즈카 가극단으로 개칭한
   이유는 전쟁에 참여하기 위해 나약한 이미지를 지워야 했기 때문이다. 같은 해 10월
   25일에는 다카라즈카창무봉사대(唱舞奉仕隊)로 극단 명칭을 바꾸고 화조창무대, 월
   조창무대, 설조창무대 등이 상이군인과 노동자, 농민을 위해 동경, 오사카, 효고, 난카
   이 등지를 돌며 위문 공연을 수행했다. 이후 전쟁이 최고조에 달한 1944년 3월 1일에
   는 극장에 대한 폐쇄 명령이 내려져 다카라즈카 전용극장이 일시적으로 폐쇄되기도
   했다.

극인이 아니라 은행원 출신의 사업가에 의해 창단되었다는 사실은 이러한
사실을 잘 드러내 준다. 오늘날 일본 굴지의 대기업으로 손꼽히는 한큐(阪急)
그룹의 창시자 고바야시 이치조(小林一三)는 한큐 다카라즈카 선[7] 의 침체를
극복하기 위해 역사 근처에 다카라즈카 온천장을 세워 철도 이용객의 증가
를 꾀하는데, 다카라즈카 창가대(宝塚唱歌隊)의 조직은 이러한 철도 및 온천
개발 사업의 일환이었다. 말하자면 다카라즈카 소녀가극은 수익 창출이라
는 상업적인 목적과의 긴밀한 연관 관계 속에서 시작된 것이었다. 1913년
만 10세부터 14세의 소녀 16명을 모집하여 조직한 소녀 창가대는 신선한
볼거리로서 온천 방문객들에게 큰 인기를 얻게 되어 때로는 500명에 달하
는 파라다이스 극장의 관람객 숫자가 온천 입장객을 넘어설 정도였다.

　이러한 대중적인 호응에 확신을 얻은 고바야시는 1919년 다카라즈카 음
악학교를 설립하고 소녀가극을 더욱 조직적으로 양성하기 시작한다. 높은
경쟁률을 뚫고 음악학교에 입학한 학생들은 "맑게, 바르게, 아름답게(清く、
正しく、美しく)"[8]의 교훈 아래 전원 기숙 생활을 하며 엄격한 생활지도와 함
께 일본과 서양의 성악, 기악, 무용 등 무대 위에서 필요한 기술을 익히게 된

---

7) 1901년 미노아리마 철도 주식회사(箕面有馬電気軌道)로 시작된 철도노선으로 현재 한
　큐 전철(阪急電鉄)로 통합되었다.

8) "맑게, 바르게, 아름답게(清く、正しく、美しく)"는 도쿄 다카라즈카 극장이 건립된 시
　기(1934년)를 전후로 하여 다카라즈카 음악학교의 교훈으로 정착되었다. 그러나 이
　전부터 이 문구는 다양한 용례를 통해 나타나는데, 1929년 다카라즈카 국민좌(宝塚國
　民座)에 대해 "빛나는, 바른, 맑은, 새로운 연극(光ある、正しい、清い、新しい芝居)"이라
　는 평가가 있었으며, 신온천지의 동물원, 식물원, 유원지, 운동장, 야구장, 트럭 등에
　"맑게, 아름답게, 그리고 재미있게, 가족본위의 오락장(清く美しき、そして面白く、家族
　本位の娛樂場)"이라는 문구가 붙어 있는 경우도 있었다. 또 1933년『歌劇』에 실린 노래
　1절에는 "명랑하게, 맑게, 바르게, 아름답게(朗らかに、清く、正しく、美しく)"라는 가사
　가 등장한다. 고바야시 이치조는 이 노래 가사에서 따온 "맑게, 바르게, 아름답게(清
　く、正しく、美しく)"를 자신이 세운 회사 및 음악학교의 설립이념으로 내세웠다. 川崎賢
　子,『寶塚: 消費社會のスペクタクル』, 東京: 講談社, 1999, 78~79.

다. 또 음악학교에서의 2년간의 엄격한 교육 후에 화조(花組), 월조(月組), 설조(雪組), 성조(星組), 주조(宙組)의 5개의 조로 나누고 각 조에 조장과 부조장을 두어 조원들을 통솔함으로써 극단의 운영과 관리를 체계화했다. 이렇게 기예와 품성을 익힌 생도들을 중심으로 다카라즈카 소녀가극단은 전문적인 극단으로 도약한다. 다카라즈카 가극단이 오늘날까지 가극의 정체성과 명성을 유지할 수 있었던 첫 번째 원동력은 아마도 이와 같은 교육 시스템의 전통을 철저히 고수해 온 데 기인할 것이다.[9]

소녀가극의 양식적 발전을 위해 고바야시가 가장 먼저 착수한 일은 전문가의 기용이었다. 안도 히로시(安藤弘), 다카키 가즈오(高木和夫), 기시다 다쓰야(岸田辰彌), 시라이 데쓰조(白井鐵造)와 같은 스텝들은 다카라즈카 소녀가극의 발전에 있어서 가장 중요한 토대를 마련한 인물이다. 소녀가극의 체계화를 위해서는 유럽의 기술을 받아들여야 한다고 믿었던 고바야시는 기시다 다쓰야를 이탈리아와 프랑스에 보내어 새로운 연출 기법을 배워오도록 했다. 이렇게 탄생한 작품이 바로《몽 파리モン・パリ》인데, 1927년 화재로 소실된 오사카 다카라즈카 대극장의 신축을 기념하기 위해 상연된 이 작품을 기점으로 하여 다카라즈카 소녀가극은 초기의 아동극 분위기를 탈피하고 오늘날과 같은 전문적인 '레뷰(revue)' 양식을 구축하게 된다. 프랑스에서 기원한 레뷰는 본래 춤과 노래로 이루어지는 가벼운 풍자를 곁들인 오락 장르를 말하지만, 다카라즈카의 레뷰는 대계단[10]을 활용한 화려한 라인댄스

---

9) 다카라즈카 음악학교의 교육 체계에 대해서는 이지예, 「일본 다카라즈카 음악학교의 예술가 양성교육 연구–한국 전문음악교육 적용가능성 모색을 위해」, 서울대학교 석사학위논문, 2015 참조.

10) 대계단은 레뷰 공연을 위해 무대 중앙에 설치되는 거대한 계단으로, 대계단이 처음 설치된 1927년《몽 파리》초연 당시 16단이었던 계단의 숫자는 그 숫자가 점점 늘어 1977년이 되어서는 26단까지 증가했다. 宝塚歌劇団, 「宝塚歴史ミニ事典」, 『夢を描いて華やかに−宝塚歌劇80年史−』, 1994, 250.

그림 2 레뷰《몽 파리》공연 장면

(line dance)에서 그 차이점을 지닌다.

한편 전용극장의 보유 또한 다카라즈카 소녀가극이 양식적·상업적으로 성공하는 데 큰 역할을 했다. 1914년 제1회 공연《돈부라코ドンブラコ》가 온 천 내 수영장을 개조한 파라다이스 극장에서 성공적으로 개최된 이후 다카라즈카 소녀가극양성회는 도쿄와 오사카 지역에서 다양한 공연을 기획함으로써 관객 수를 착실하게 늘려 나갔다.[11] 제국극장에서 개최된 다카라즈카 소녀가극단의 1918년 첫 도쿄 공연은 실제로 호평을 받았다.[12] 이후 도쿄와 오사카 지역의 관객 수는 급격하게 증가하여 1924년 오사카에 4천석

---

[11] 다카라즈카 소녀가극양성회는 오사카 마이니치 신문사의 주최로 4년 간 자선가극회에 출연했다. 이를 통해 교토와 오사카 지역에서 기반을 다진 1918년부터 제국극장 및 도쿄 지역 공략의 거점으로 삼아 매년 한 차례의 공연을 실시했다.

[12] "소문뿐으로 아직 보지 못했을 때는 내심 어떤 것일까 하고 궁금해 했다. 막이 열리자《세 사냥꾼》의 귀여운 소녀가 춤을 추며 등장하는 모습을 보고, 제일 먼저 이상한 쾌감을 맛보았다. 그것은 한마디로 말하면 조금도 무리가 없는 '조화'의 쾌감이다. 물과 기름처럼 섞이기 어려운 서양풍의 댄스 형식과 일본 무용의 형식과의 조화이다. 나아가 서양풍의 음악과 일본풍의 의상과 안무가 조화를 이루었다. 나무에 대나무를 접목한 것처럼 되기 쉬운 이러한 종류의 '새로운 시도' 속에서 먼저 이 정도로 성공한 것은 지금까지 발견되지 않았다고 하는 것만큼은 무엇보다 먼저 단언할 수 있다.…"《신엔게이》1918년 7월호). 오자사 요시오 지음, 명진숙·이혜정 옮김, 『일본현대연극사—大正·明治初期篇』, 연극과 인간, 2013, 78.

규모의 다카라즈카 대극장과 1932년에 도쿄 다카라즈카 극장을 세워 전용 극장 시스템을 구축한다.[13] 이 밖에도 교토, 기후, 벳부, 나고야, 하카타, 사세보, 오구라, 히로시마, 나가사키, 구마모토, 오이타, 시즈오카, 오카야마, 도쿠야마 등 지방 순회공연을 지속적으로 전개하여 소녀가극 양식을 전국 각지로 확산해 나갔다.[14]

그러나 무엇보다 다카라즈카 소녀가극의 연극 양식 상 가장 특징적인 요소는 오토코야쿠(男役)와 무스메야쿠(女役)라는 특수한 배역에 있다. 크로스젠더(cross-gender)적인 성격으로 인해 가부키의 온나가타(女形)와 곧잘 비교되기도 하는 오토코야쿠는 말 그대로 남자 역할을 하는 여배우를 뜻한다. 물론 다카라즈카의 꽃이라 불리는 오토코야쿠의 배역을 누구나 할 수 있는 것은 아니다. 신장이나 음성 등 신체적인 조건이 딱 들어맞아야만 오토코야쿠로 발탁될 수 있으며, 발탁 이후에도 일상생활 속에서 철저한 훈련을 통해 남자의 자세를 익힌다. 그러나 오토코야쿠가 연기하는 남성은 온나가타에 의해 재현되는 여성이 일본 여성들이 본받아야 할 모범적인 상으로 인식되는 것과는 대조적으로, 단순히 남자의 외형을 모방하고 연기하는 것일 뿐 이상적인 남성형 그 자체는 아니다.[15] '가타(形)'와 '야쿠(役)'의 차이로 압

---

13) 오자사 요시오 지음, 이혜정 옮김, 『일본의 극장과 연극』, 연극과 인간, 2006, 14~17.
14) 宝塚歌劇団編, 『宝塚歌劇五十年史』, 宝塚歌劇団, 1964 참조.
15) 로버트슨은 '야쿠'가 '카타'와 다른 점을 순종성(serviceability)과 충실성(dutifulness)에서 찾는다. 흥미로운 것은 오토코야쿠와 무스메야쿠의 야쿠들은 기본적으로 확장된 가족주의를 전제로 한다는 사실이다. 무스메야쿠는 딸들이 부모에게 순종하고 훗날 현모양처가 되기 위한 가르침을 익혀 나가듯이 무스메(딸)의 덕성을 무대 위에서 보여 주어야 한다는 것이다. 또 오토코야쿠와 관련해 고바야시는 소녀 생도들이 남성의 역할을 체험해 봄으로써 결혼 이후 남편인 남성을 이해해 주길 바랐다고 한다. 음악학교의 교장인 고바야시를 학생들에게 아버지라고 부르게 했다는 일화는 다카라즈카 소녀가극단의 확장된 가족주의의 양상을 단적으로 보여 준다. Jennifer Robertson, 앞의 책, 14~18.

축되는 소녀가극의 젠더 규범은 다카라즈카 소녀가극이 양식 내재적으로 가부장적 질서를 함축하고 있다는 비판으로부터 자유로울 수 없는 이유이기도 하다.

　이러한 문제와는 별개로 당시 다카라즈카 소녀가극의 인기와 명성은 소녀가극 양식의 붐을 일으키는 기폭제가 되었다. 당시 다카라즈카의 경쟁 상대가 되는 쇼치쿠 소녀가극단(松竹少女歌劇団) 또한 이 시기에 창단되었으며, 이후 일본 전역에서 소녀가극을 표방하는 극단이 40여 개에 이를 만큼 소녀가극 양식은 당대의 유행상품으로 자리매김한다. 1910년대부터 태평양전쟁 전 시기를 바야흐로 '소녀의 시대'이자 '소녀가극의 시대'라 칭해도 무방할 것이다. 상업적 오락극으로서 소녀가극이 성공하게 된 것은 일차적으로는 일본 대중문화에서 소녀 이미지의 소비가 이미 확고한 토대를 이루고 있었기 때문이다. 그러나 소녀가극 양식이 오늘날까지 명맥을 유지하게 만든 가장 큰 동력은 무엇보다 대중의 욕망을 간파한 고바야시 이치조의 섬세하고 날카로운 사업 감각에 있을 것이다.

2. 가부키의 극복과 신국민극 담론

　1920년대에 들어서면서 소녀가극의 양식적 정체성이 차츰 정비되어 감에 따라 소녀가극의 목표는 단순하게 상업적인 음악극을 넘어서는 '새로운 국민극(新国民劇)의 창안'으로 발전한다. 고바야시는 바그너가 자신의 음악극과 관련해 수많은 이론서들을 남겼던 것과 마찬가지로 소녀가극의 이론화 작업에 힘을 쏟았다. 그의 저술에는 특히 국민극에 대한 신념과 열망이 뚜렷하게 나타나는데, 이는 민중들이 즐길 만한 연극이 존재하지 않는다는 판단에 기인한다. 이에 따라 고바야시는 민중과 괴리된 연극계를 비판하는

동시에 새로운 국민극이 나아가야 할 이상적인 방향을 제시한다.16)

첫 번째 비판의 대상이 된 것은 가부키(歌舞伎)였다. 가부키는 에도 시대 이후 일본의 국민들로부터 많은 사랑을 받아온 전통예능이었다. 그러나 서민들의 볼거리였던 가부키가 점차 대다수의 일본 국민들로부터 외면 받게 되면서 일부 특권 계층을 위한 화류예술로 변질되어 버렸고, 이에 가부키는 더 이상 국민극으로서의 기능을 할 수 없다는 것이 고바야시의 판단이었다. 샤미센의 서글픈 곡조는 시대정신과 통하지 않는다는 그의 말에서도 드러나듯이 고바야시에게 있어서 가부키의 시대착오적인 한계는 재고의 여지가 없는 것이었다.

> 그럼에도 불구하고 일본의 가극이라고 불리는 고전 가부키는 이제 와서는 통속오락으로서의 의의를 잃고 일반대중에게 받아들여지지 않는다. 물론 현재 상연되어 일부 연극 팬들에게 환영받고 있지만 어찌 됐건 일반민중의 취미에는 맞지 않게 되었다.17)

두 번째, 가부키의 구극(舊劇) 진영과 함께 실험적인 연극을 시도한 신극(新劇) 진영 또한 비판의 표적이 되었다. 같은 시기 일본에서는 최초의 신극 상설극장 츠키지 소극장(築地小劇場)이 설립되면서 체호프, 입센, 스트린드베리와 같은 서구 희곡 작가들의 작품이 대거 소개되었고, 지식인층을 중심으로 한 실험극과 마르크스주의를 따르는 이념성 짙은 연극들이 상연되고 있었다. 그러나 민중예술이라는 견지에서 볼 때 츠키지 소극장의 신극 무대는 난해하기만 한 것들이었다.

---

16) 고바야시 이치조의 대극장주의 노선에 대해서는 渡辺裕, 『宝塚歌劇の変容と日本近代』, 東京: 新書館, 1999, 23 ~ 51 참조.

17) 小林一三, 「歌劇と歌舞伎」, 『歌劇』, 1938年(昭和13年) 7月, 44 ~ 45.

세 번째, 일본 최초의 서양식 극장인 제국극장(帝国劇場)[18] 또한 일반인 관객과 유리되기는 마찬가지였다. 서민들이 보기에 턱없이 높은 관람료는 연극을 부유한 일부 특권층이 독점하는 예술로 전락시켜 버렸다. 더욱이 제국극장의 로열관(ㅁ—ᄒ᜔ル座)은 서양의 오페라 작품을 그대로 번안하여 상연함에 따라 대다수 민중들에게 정서적인 이질감을 불러일으켰을 뿐만 아니라, 창작 오페라의 경우에 있어서도 일본식 오페라의 제작에 실패함으로써 청중들을 극장으로부터 멀어지게 만들었다.

고바야시가 이 세 부류의 연극에 대한 비판을 토대로 하여 대안으로 내세운 것은 대극장주의(大劇場主義) 노선이었다. 다카라즈카 소녀가극이 추구해야 할 기본 방향은 무엇보다 "Easy Going(イーヂーゴーインヅ)"[19]이었다. 저렴한 요금에 최대한 많은 사람들이 즐길 수 있는 구경거리야말로 "민중에술로서의 가극(民衆芸術としての歌劇)"[20]이라는 믿음에서였다. 그러나 물론 아무리 고바야시가 '민중' 노선을 지지한다 해도 그것이 사회주의적인 의미에서의 노동으로부터 해방된 민중을 뜻하는 것은 아니었다. 또 그렇다고 해서 저급하고 통속적인 연극을 추구한 것도 아니었다. 실제로 그는 당시 삼류연극을 통칭하던 아사쿠사 오페라(浅草オペラ)류의 연극을 극단적으로 경계했다. 대극장주의 노선을 통해 고바야시가 의도한 것은 극장이라는 장소를 "특권계급의 교제장과 화류계 여성들을 동반한 남성들의 유흥장으로부터

---

18) 제국극장(帝國劇場), 통칭 제극(帝劇)은 1911년(明治44年)에 개장되어 오늘날까지 100여 년이 넘는 역사를 지닌 일본 최초의 서양식·근대식 극장이다. 서양식 연극 및 클래식, 서양 발레, 오페라, 뮤지컬, 일본의 전통연극 및 음악 등 다양한 공연이 상연되고 있는 제국극장은 르네상스 양식의 웅장한 자태와 거대한 규모를 자랑하며 일본의 성공적인 근대화를 상징하는 건축물로 평가되고 있다. 도쿄 치요다 구의 황거(皇居) 가까이에 위치하고 있다.

19) 渡辺裕, 앞의 책, 51.

20) 위의 책, 40.

국민·민중·가족의 오락의 장"21)으로 탈바꿈하는 것이었다.

또 한편 고바야시의 국민극 구상이 단순한 공연예술을 넘어 한 시대의 생활양식의 차원까지 포괄한다는 사실은 대극장주의의 목표가 어디에 있는 것인지 잘 보여 준다. 주말의 여가를 즐기기 위해 가족과 함께 교외의 온천을 찾아 온천욕을 즐기고 공연을 보는 라이프스타일의 혁신이 바로 고바야시가 대극장주의를 지지하게 만든 또 다른 이유였다. 실제로 그는 도쿄와 오사카에 수천 석 규모의 다카라즈카 전용 극장을 세우고 철도 요금, 온천 요금, 공연 관람 요금을 30전의 저렴한 비용22)으로 통일함으로써 자신의 이상과 사업적인 성공을 현실화한다. 민중들의 라이프스타일을 서구식으로 개혁하여 전근대적인 가부장제도를 타파한다는 그의 목표에서 사회주의 계열의 민중 인식과는 또 다른 결을 지닌 계몽주의자의 시선을 엿볼 수 있다.

그러나 그렇다고 해서 고바야시가 서양문화를 무조건적으로 긍정한 것은 아니었다. 제극=로열좌의 서양 직수입 노선에 대한 그의 비판에서 이러한 사실은 뚜렷하게 나타난다. 그는 젊은 세대들이 서양문화에 경도된 현실을 개탄하면서도 시대의 흐름을 반영하지 못하는 가부키의 구태의연한 양식 또한 문제가 있다고 보았다. 이에 따라 그가 선택한 것은 대중들로부터 이미 유리된 일본음악에 서양음악을 적극적으로 받아들이는 '화양절충(和洋折衷)'의 노선이었다.

외국에서 들여온 레뷰는 오늘날을 풍미하고 있지만, 결국 우리 일본인이 일

---

21) 川崎賢子, 『寶塚: 消費社會のスペクタクル』, 東京: 講談社, 1999, 57.

22) 1910년대 일본의 GDP 및 전전기업물가지수(戰前企業·物価指数)를 기준으로 하는 일반적인 환산 방법에 따르면, 1910년경의 1엔은 현재의 2987엔에 해당하며(1:2987의 환전비) 관람료 30전은 896.1엔이다.

본의 풍속습관을 도외시하고 외국의 것만을 모방하는 경우에는 반드시 낙오한다. 우리는 일본적인 것을 세계화한 레뷰가 우리 다카라즈카에 의해 만들어져서 거기에 새로운 다카라즈카 정서(新宝塚情緖)가 만들어진다고 믿고 있다.…그리고 노래하고 춤추는 연극다운 가극으로부터 국민극의 모형이 생겨난다고 믿고 있다. 레뷰가 가극을 붕괴시키는 것이라고 생각하기보다는 가극 안으로 레뷰를 받아들이는 것이 낫다고 믿고 있다(고바야시 이치조, 「언제 새로운 다카라즈카 정서는 만들어지는가」, 1930.8.2.).[23]

요컨대 대극장주의 노선과 화양절충 노선을 취한 고바야시는 "서양적인 것 3에 일본적인 것 7"[24]이라는 대원칙하에 가부키를 대중화·현대화함으로써 새 시대에 적합한 국민극을 완성하고자 한 것이다. 물론 전통을 서구화하려는 움직임은 비서구 문화권에서 서양 문물을 받아들임으로써 근대화를 도모하던 시기에 매우 광범위하게 나타나는 보편적인 현상이었다. 고바야시 또한 서구 지향적 근대화를 받아들여야 하는 시대적 분위기와 그속에서 일본 고유의 전통이 소멸해 간다는 불안감 등 상충되는 다양한 가치들 속에서 결국 동서양의 문화를 융합하는 방향을 선택하게 된 것이다. 그러나 새로운 국민극에 대한 고바야시의 구상은 보편적인 문화접변 현상과는 다른 면모를 보인다. 대중들의 예술적 취향을 선도하겠다는 국민극의 원래의 취지는 전쟁이 가시화되면서 또 다른 국면으로 접어든다.

1930년대 후반 총동원체제와 함께 총력 결집에 주력한 일본은 1941년 국가 주도의 국민극 운동(国民劇運動)을 전개하고 연극에 대한 사상적 통제를 강화하게 된다. 일본의 국민극 운동은 일본 정신의 정수를 육성하고 일본 국민의 약진을 도모한다는 국가주의적 과제를 모토로 연극을 제국주의의

---

23) 渡辺裕, 앞의 책, 재인용, 94~95.

24) 오자사 요시오, 『일본현대연극사―大正·明治初期篇』, 87.

프로파간다 기관으로 활용하고자 했다. 비슷한 시기인 1940년 고노에 내각(近衛內閣)에서 상공대신(商工大臣)이라는 국가적 중책에 임명된 고바야시는 일찍이 자신이 주도했던 신국민극 담론과 국민극 운동 간의 접점을 어렵지 않게 발견한다.[25] 그가 관객으로 육성하고자 했던 민중은 일본 국가가 전쟁에 호출한 국민과 다르지 않았던 것이다. 그러므로 '국민적인 것의 창조'를 향한 고바야시의 강한 집념은 국책선전극의 맹아의 차원에서 주목할 필요가 있다. 1920년대부터 신국민극으로 나아가기 위한 소녀가극의 연극 내적인 양식 문제를 두고 내부의 전문가들과 많은 토론의 과정을 거쳤지만,[26] 제국주의 전쟁이 시작되면서 다카라즈카 소녀가극이 취한 새로운 국민극의 방향은 국책선전이라는 연극 외적인 요인과 결합하는 것이었다. 여기서 다카라즈카 소녀가극이 '상업적 오락극'에서 '정치적 선전극'으로 전환되는 모습을 뚜렷하게 확인할 수 있다. 추축국 시리즈와 대동아공영시리즈로부터 시작하여 각종 국책선전극이 대거 양산되기 시작한 것은 바로 이 시기였다.

---

25) Jennifer Robertson, "Theatrical Resistance, Theaters of Restraint: The Takarazuka Revue and the "State Theater" Movement in Japan," *Anthropological Quarterly*, 64, 1991.

26) 이와 관련해 1930년대 중반 고바야시 이치조와 연출가 기시다 다쓰야 사이에는 극단적인 의견 대립이 있었다. 구극개량의 원칙에 따라 가부키레뷰(歌舞伎 レビュ一)를 주장한 고바야시와는 달리 기시다는 그랜드 오페라 노선 및 남성가입론을 주장했다. 기시다 다쓰야와 고바야시 이치조의 논쟁 내용에 대해서는 渡辺裕, 앞의 책, 100~108 참조.

제3장

소녀가극의 초국가적 확산의 토대

1. 소녀가극과 식민지 대중문화

한편 다카라즈카 소녀가극단의 선구적인 노력의 결과 일본 내지(內地)에서 양식화 및 대중화에 성공을 거둔 소녀가극은 1920년대에 들어서면서 점차 일본을 넘어 외지(外地)인 조선과 중국, 그리고 만주 지역으로까지 진출하게 된다. 물론 당시의 소녀가극 공연은 국책을 선전하기 위한 정치적인 것은 아니었다. 그러나 전전 시기 일본 소녀가극 양식의 확산 현상에 주목하는 이유는 그것이 '제국과 식민지'의 맥락으로부터 결코 분리될 수 없기 때문이다. 이에 따라 이 책에서는 단순한 오락문화의 공유라는 의미를 넘어 일본 제국주의의 통합 이데올로기로 나아가기 위한 '물적 토대'라는 측면에서 소녀가극의 확산에 대해 평가하고자 한다. 조선에서의 소녀가극의 전개 양상은 이러한 지점을 보여 주는 대표적인 사례라는 점에서 간단히 짚어 볼 필요가 있다.

조선에서 소녀가극이 공연물로 정착된 것은 일본보다 약 10여 년 뒤인 1920년대 중반이었다. 당시의 소녀가극에 관한 공연 기사들을 종합해 보면 조선에서의 소녀가극은 대체적으로 두 개의 양상으로 전개되는데, 하나는 아마추어 단체가 중심이 된 자생적인 소녀가극이고 다른 하나는 전문적으로 조직된 극단이 상업적인 목적에서 공연을 올린 소녀가극이다.[1]

먼저 공익적인 성격이라는 지점에서 전자의 소녀가극은 뚜렷하게 차별화된다. 수해나 화재의 구제, 군인 위문 등 공동체 구성원을 위한 소녀가극의 공연은 대부분 기부의 독려 및 의연금 모금으로 이어져, 적게는 오 원에서 많게는 오십 원을 내는 경우까지 기부자의 명단이 공연 기사 뒷부분에 실리는 모습도 심심치 않게 살펴볼 수 있다. 아마추어 소녀가극은 많은 경우 '민족'을 주제로 내세웠는데, 역사적인 인물과 향토적인 소재를 활용함으로써 식민지 현실에 대한 공감을 획득하고 민족의 결집을 촉구하고자 한 소녀가극의 기획 의도를 읽을 수 있다. 현실을 자각하게 하는 교훈적이고 계몽적인 소녀가극의 성격은 대표적인 아동극인 《열세집》의 주요한 특징으로 거론되기도 하는데, 전국 각지의 교회와 공회당을 중심으로 이루어진 이들 공연은 당시 연극계의 사상적 흐름을 배경으로 한다. 3·1 운동 이후 민족의식이 고취되어가던 1920년대 조선에 있어서 민족 현실에 대한 자각은 자연스럽게 문화예술계로 이어져 작품의 창작에 직접적으로 반영되었다. 민족계몽을 기치로 내걸고 태동한 학생극 운동이나 서구 근대극의 수용은 모두 이러한 맥락 속에서 이루어진 '민족적 지각을 위한 연극적 대응'이었다. 사실주의 연극운동을 이끈 극예술협회(劇藝術協會)와 토월회(土月會)가 결성된 것도 바로 이 시기였으며, 윤백남의 민중극단(民衆劇團), 변기종의 민립극단(民立劇團)과 조선극우회(朝鮮劇友會) 등의 신파극단이 일본적인 색채를 벗고 식민지 현실에 밀착한 작품으로 전환한 것도 모두 이 시기의 일이었다.2) 따라서 전자에 해당하는 소녀가극의 경우 1920년대에 형성된 '연극운동'의 하나로 이해되어야 하며, 조선의 정치적 자결과 경제적 자립을 주장한 민족주의 운동 계열의 현실 인식과 결코 무관하지 않은 것이었음을 지적해 둔다.

---

1) 김남석, 「소녀가극의 생성과 확산에 관한 연구」, 『한어문교육』 Vol.35, 한국언어문학교육학회, 2016 참조.
2) 김세영 외, 『연극의 이해』, 서울: 새문사, 1998, 384~385.

그러나 민족주의 계열의 진지한 소녀가극에 비해 더 화려하고 재미있는 소녀가극 쪽으로 대중은 물론이고 연극계 인사들의 이목까지도 옮겨 가게 된다. 일제강점기 시절 많은 연극평론을 남겼던 연극인 현철의 「朝鮮劇界(조선극계)의 將來(장래)」라는 논평은 당시의 사정을 잘 보여 준다.

우리 민중은 두 가지 조건을 회의하게 되었다. 하나는 "재미없는 것", 또 하나는 "손해 보는 것" 이 두 가지가 우리 극계에 뽑지 못할 근체를 박고 있다. 여기에서 나는 극계진흥책으로 두 가지를 연구하고 있다. 한 가지는 조총역사극(朝總歷史劇)을 창시할 것, 또 한 가지는 소녀가극(少女歌劇)을 창시할 것이다.…소녀가극은 창가·무도·노래·춤이 혼합 조화됨으로 속중의 위안과 오락에 시각과 청각을 가장 평이하게 작용할 수 있을 뿐 아니라 소녀의 무대상 활동은 인간 본능적 이성 호감(異性好感)의 정취를 이용할 수가 있는 까닭이다.[3]

"재미없는 것"과 "손해 보는 것"을 극도로 경계하며 신극 진영에 대해 부정적인 입장을 대변하고 있는 현철의 비판은 상업성과 대중성의 가치를 놓고 치열한 논쟁을 벌였던 당시 연극계의 상황을 여실히 반영한다. 일본에서의 소녀가극의 성공을 직접 목도한 현철은 조선에 소녀가극을 수용하는 것이 침체된 연극계를 살리는 방도라고 생각하여, 비록 무산되었지만 1927년 조선극장에 소녀가극단을 창단하려는 계획을 세우기도 했다. 유치진을 필두로 한 기성 연극계의 강도 높은 비판은 조선에서 소녀가극 양식이 자리 잡는다는 것이 쉽지만은 않은 일이었음을 단적으로 보여 준다. 주로 막간(幕間)을 통해 상연되었던 소녀들의 레뷰 공연은 중국의 소아 매춘과

---

3) 「朝鮮劇界(조선극계)의 將來(장래)」, 東亞日報 1924年(大正13年) 1月1日 기사.

같은 야만적이고 비인간적인 악습으로 인식되기도 했다. 아래 인용문은 유치진이 동아일보에 기고한 조선연극사(朝鮮硏劇舍)의《개화전야》에 대한 논평문으로 소녀들의 막간 공연에 대한 당대의 우려의 목소리를 대변하고 있다.

最後로 하나 附言할 것은 "幕間"이다. 이 幕間의 存廢問題는 고사하고라도 아즉 배꼽에 피도 마르지 않은 어린 少女를 登場시켜놓고 그같은 情慾的 動作과 臺詞를 시키는 것을 보고 아니놀랠 수 없엇다. 아모리 "사디즘"이 發達된 現代기로서니 그는 너무도 非人間的인 營業政策이 아닐까 한다. 우리는 아즉 支那에 남어잇는 小兒娼婦의 野蠻的弊風에 義憤을 느끼는 者이거든 하물며 우리의 무대에서 少女로 하야금 그같은 "에로 서비스"를 시키는데 어찌 不快를 느끼지 않을 수 잇으랴! 自重하여 주기를 바라는 바이다.4)

그러나 소녀가극의 스펙터클을 향한 대중적 욕망은 다양한 경로를 거쳐 조선 사회에 침윤되면서 소녀가극 양식은 서서히 근대적인 오락물로 자리를 잡아 나가기 시작한다. 상업적인 소녀가극 양식이 조선에 유입되는 데 있어서 가장 큰 계기가 된 것은 일본 소녀가극단들의 순회공연이었다. 다카라즈카 창가대의 출범으로 소녀가극이 양식화 된 이후 1920년대 소녀가극의 전성시대를 맞은 일본은 경쟁이 치열한 국내 시장을 넘어 해외 판로를 적극적으로 모색하게 된 것이다. 전쟁 국면에 접어들기 이전인 1920~30년대에 조선을 자주 방문했던 대표적인 극단은 도쿄소녀가극단이었는데, 이들의 조선 흥행은 각종 신문의 사회·문화면을 장식하는 커다란 이슈였다.5)

도쿄에서 아사쿠사(浅草) 오페라가 한창이던 1917년 이 지역에서 창단된

---

4) 「극평 「硏劇舍公演(연극사공연)을 보고 (二)」 – 극예술연구회 유치진」, 東亞日報 1933年 (昭和8年) 5月9日 기사.

5) 이에 대해서는 김남석의 앞의 글 참조.

도쿄소녀가극단은 1924년 경성극장에서 조선 공연을 처음 시작했는데, 당시 기사에 따르면 이 공연은 도쿄소녀가극단 일행 약 70명이 출연하는 대공연이었다. 첫 조선 공연이라는 의미에 걸맞게 극단 측에서도 유명 배우 30여 명을 대동할 만큼 흥행에 공을 들인 것으로 보인다. 또 15명의 소녀배우로 규모는 작아졌지만 다음해인 1924년에도 대련(大連), 무순(撫順), 봉천(奉川), 안동현(安東縣) 등지에서 공연을 마친 뒤 사흘 동안 경성극장에서 다양한 작품을 선보였다.6) 이후 도쿄소녀가극단은 경성극장과 동양극장 등 경성의 주요 극장에서 동화가극, 오페레타, 희가극, 넌센스레뷰 등의 새롭고 다양한 볼거리를 선보였다. 이들의 조선 공연은 1930년대까지 꾸준히 이어졌는데, 1936년 마산 공연에서는 원거리 관객들의 편의를 위해 마산에서 진영(進永), 진주로 임시열차가 운행되었던 사실7)로 보아 1930년대 조선에서 소녀가극의 인기는 상당한 수준이었던 것으로 짐작된다.

이렇게 일본 소녀가극단의 조선 공연이 꾸준히 이어지는 가운데 조선의 소녀가극 분야에는 새로운 움직임이 나타나기 시작한다. 조선인에 의해 조직된 소녀가극단이 탄생하게 된 것이다. 여기에는 일본에서 수학한 일군의 유학생 그룹이 큰 역할을 한다. 대표적으로 배구자, 권금성 등은 일본인, 중국인, 조선인 등 다양한 국적으로 이루어진 극단인 덴카츠이치자(天勝一座)와 대련소녀가극단(大連少女歌劇団. 스즈랑자鈴蘭座의 전신)에서 무용, 음악, 가극의 기술을 배우고 돌아와 조선의 색채를 가미한 소녀가극단을 조직하게 된다. 1929년 배구자무용연구소의 설립을 기폭제로 하여 같은 해 권금성의 금성오페라단(삼천가극단의 전신)이 연달아 세워져 경성을 비롯하여 부산, 마산, 진주, 대전 등 전국 각지에서 흥행했다.8) 1929년 단성사에서 상영한

6) 東亞日報 1925年(大正14年) 11月19日 기사.

7) 「少女歌劇 爲해 臨時列車運轉」, 東亞日報 1936年(昭和11年) 4月1日 기사.

8) 백현미, 「소녀 연예인과 소녀가극 취미」, 『한국극예술연구』 Vol.35, 한국극예술학회,

그림 3 배구자무용연구소 제1회 공연(매일신보, 1929.9.18.)

《몽 파리Mon Paris》가 촉매제로 작용하여 1930년대 소녀가극의 인기는 최고조에 달했으며,[9] 이에 따라 조선에서도 수많은 연극 단체들에서 소녀반과 무용부를 설치하고 레뷰 공연에 열을 올렸다.[10]

그러나 레뷰 공연은 비단 극단 소속의 소녀배우들만의 전유물은 아니었다. 1930년대 들어 전통을 대변하던 기생들 또한 레뷰 열기에 가세하기 시작한 것이다. 1910년대 초반 풍속 단속을 위해 경찰 당국은 권번(券番)을 조직해 기생들을 관리하기 시작했다. 이로 인해 개성권번, 평양권번, 경성권번, 마산권번, 진주권번, 동래권번 등 지역별로 기생권번이 조직되었고 이 가운데 평양권번은 명성이 매우 높았다. 평양기생들은 기생학교에 입학하여 수업 과목으로 전통적인 춤과 노래 등을 배웠는데,[11] 1930년대 말엽부

2012, 참조.

9) 김소랑의 삼천소녀극단은 1930년 단성사에서 50여 명의 소녀가 출연하는 공연을 올릴 만큼 규모도 대단했다. 「五十餘 少女로 組織된 三川少女歌劇 團成社서 公演」, 每日新報 1930年(昭和5年) 6月14日 기사.

10) 레뷰(revue)란 본래 다카라즈카 소녀가극단이 1927년 기시다 다쓰야(岸田辰彌) 연출의 《몽 파리モン・パリ》상연 이후 확립한 춤과 노래가 결합된 특정한 극형식을 지칭하지만, 조선에서는 레뷰와 소녀가극이 구분 없이 사용되었다.

11) "「평양기성기생양성소규정요령」에 의하면, 이 양성소에는 학감 1명, 가무교사 약간 명, 잡가교사 1명, 음악교사 1명, 서화교사 1명, 일본패(日本唄) 교사 1명, 사무원 약간

터는 검무나 승무와 같은 전통적인 무용보다는 레뷰식 무용이나 사교댄스와 같은 서양 무용이 중심이 되었다.[12] 전통의 영역을 표상하는 폐쇄적인 기생 집단에서 서양식 레뷰에 대해 보인 유연한 태도는 당시 조선에서 소녀가극 양식의 인기와 파급력이 어느 정도였는지를 가늠하게 하는 유의미한 지표이다.

2. 소녀라는 문제적 장소

이와 같이 상업적인 소녀가극 양식은 민족주의 계열의 소녀가극을 앞지르며 조선의 오락문화로 자리를 잡는다. 그러나 주지하다시피 이러한 현상은 조선에만 국한된 일은 아니었다. 일국사적(一國史的) 관점을 걷어 내고 보면 그것은 제국과 식민지를 유동하는 초국가적인 문화 현상이었다. 그렇다면 이러한 초국가적 유행이 가능했던 근본적인 원인은 무엇인가. 소녀가극 양식의 초국가적 확산은 일본 제국주의의 통합 이데올로기와 어떠한 접점을 갖는가. 조선의 소녀가극 흥행 양상은 바로 그 접합의 지점을 단적으로 보여 준다.

필자는 그 접점을 '소녀'라는 근대적인 신체에서 찾고자 한다. 소녀가극

명을 두었다. 입학자격은 보통학교 4년 수료 혹은 동등 이상의 학력을 가진 자로서 신체발육이 완전한 자로 되어 있었다. 또 입학 가능한 연령은 12, 13세부터이며, 입학하려면 부형 또는 보호자의 보증이 있는 원서를 내야 한다고 되어 있다. 양성소의 수업연한은 3년이었으며, 매년 3학기제로 운영되었다. 다만 기예의 습득이 우수한 자는 기간을 단축할 수 있도록 했다. 기생학교를 졸업하면 나이가 대체로 15·16세가 되었고, 이후 이들은 대체로 25세 정도까지 기생으로서 활동했다고 한다.

12) 박찬승, 「식민지 시기 다중적 표상으로서의 평양기생」, 『동아시아문화연구』 Vol.62, 한양대학교 동아시아문화연구소, 2015, 30.

의 초국가적 흥행의 가장 심연에는 소녀의 신체라는 물질적인 요인이 놓여 있기 때문이다. 일찍이 민족의 정신적 가치를 대변하던 소녀는 상업적 소녀가극을 통해 본능적이고 육체적인 가치를 제시하는 유희의 존재로 변모하게 되었다. 이에 대해 당시 유치진은 무대 위에 소녀의 육체가 전시되는 세태를 통탄했지만, 대중들의 싹트는 욕망과 자본의 논리 사이에 작용하는 인력(引力)을 막을 수는 없었다. 1938년 무라야마 토모요시(村山知義)의 신협(新協)이 조선에 들고 온《춘향전》이 대중들의 무관심 속에 외면당한 것과는 대조적으로,[13] 2년 뒤인 1940년 4월 다카라즈카 쇼로 부활한《춘향전》은 조선의 관객들에게 상당한 호응을 얻었다. 두 차례의 춘향전 공연이 입증하는 바와 같이 강력한 상품성을 보여 준 소녀의 신체는 국가와 민족, 언어와 풍습의 경계 또한 간단히 넘어 버리는 힘을 발휘했다.[14] 앞서 언급했듯이 다

---

13) 극단 신협은 1938년 3월 도쿄의 츠키지 소극장에서 장혁주 원작, 무라야마 도모요시 연출의 《춘향전》을 공연했고, 4월에 오사카 공연 5월에 교토 공연을 성황리에 마친 후 같은 해 10월 25일부터 27일까지 경성 부민관에서 공연을 가졌다. 이후 평양, 대전, 대구, 부산 등지를 돌며 대대적인 순회공연을 가졌지만 조선 공연의 결과는 성공적이지 못했다. 그 원인으로는 조선의 원전 텍스트를 일본인의 관점으로 무대화하는 과정에서 나타난 문화번역상의 문제, 지배자-피지배자 사이의 권력관계 등이 작용한 것으로 분석된다. 문경연, 「일제 말기 극단 신협(新協)의 〈춘향전〉 공연양상과 문화 횡단의 정치성 연구」, 『한국연극학』 Vol.40, 한국연극학회, 2010 참조.

14) "도처서 환영받는 조선소녀들 십일부터 조선극장에서 흥행─동아문화협회에서 특히 조선의 가극을 보급시키기 위하여 수년간 조선 소녀 여덟 명과 내지인 소녀 14명 함께 22명을 일본 벳부(別付)로 보내 가극과 딴스를 전문으로 공부시키고 그 동안 동경, 경도, 대판 등을 비롯하여 지나 대련에 가서 지나가극을 익히 익혀가지고 얼마 전에 조선에 들어와서 수일 전에 평양에서 흥행하였는데 가는 곳마다 열광 대환영을 받아 매일 밤 만원의 대성황을 일으키는 참에 경성에 들어와 인사동 조선극장에서 흥행할 터이라는 바 천진난만한 어린이들이 사랑하는 부모의 품을 떠나 멀리멀리 해외로 돌아다니며 온갖 재주를 배워가지고 고국에 돌아온 것은 우리 조선 가극계를 위하여 경하할 일이라 하겠으며", 「조선소녀가 중심 된 소녀가극단 입경」, 每日 新報 1925年(大正14年) 10月10日 기사.

그림 4 매일신보의 《춘향전》 광고(왼쪽)와 「劇團寶塚쇼 來演」 기사의 사진(오른쪽)

양한 국적의 배우들이 한 극단 안에 혼재되는 경우는 적지 않았으며, 이들
은 국적에 상관없이 감각적인 신체로 소비되었다.

이와 같이 소녀의 신체가 광범위한 지역에서 소비될 수 있었던 데에는
무엇보다도 식민 지배를 위해 일찌감치 부설했던 '철도'의 역할이 크다. 다
시 말해 소녀가극 양식이 제국과 식민지를 연결하는 통합의 잠재력을 발휘
할 수 있었던 일차적인 요인은 무엇보다 일본이 일찌감치 건설한 철도 시
설에서 찾을 수 있다. 일본의 소녀가극단들은 철도 노선을 따라 조선, 중국,
만주의 지역 거점 도시들에서 순회공연을 빈번하게 추진했으며, 마찬가지
로 중국, 조선, 만주의 소녀가극단들 또한 국경을 넘나들며 초국가적인(trans-
national) 문화 교류의 가치를 실천했다. 그것은 한편으로는 문화와 예술의
공유를 통해 배타적인 상호간에 동질감과 친밀감을 구축하는 측면을 분명
히 지닌다. 그리고 이러한 측면에서 볼 때 "코스모폴리탄적 감수성"[15]이라
는 호의적인 평가가 일견 흥미롭게 들리는 것은 사실이다.

그러나 철도가 상호 문화적(inter-cultural) 가치만을 실어 나를 수만은 없
다. 제국과 식민지 간의 역학은 점차 균형감을 상실하는 방향으로 진행되

---

15) 백현미, 앞의 글, 122.

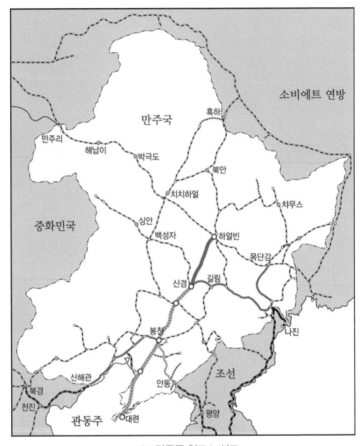

그림 5 만주국 철도 노선도

어 갔기 때문이다. 이러한 사정에 대한 고려 없이 이루어진 평가는 반쪽짜리 역사에 불과할 수밖에 없다. 철도를 따라 이루어진 여행을 제국이 식민지를 체험하고 전유하는 행위로 보는 견해는 이러한 맥락에서 매우 타당하다.[16] 마찬가지로 순회는 연극적 행위가 정치적 행위로 도약하는 지점을

---

16) 서기재, 『조선 여행에 떠도는 제국』, 소명출판, 2011 참조.

내포한다. 1920년대 철도 라인을 따라 펼쳐진 소녀가극단들의 순회공연의 경로는 이후 그대로 다카라즈카 소녀가극단의 만선순연 경로가 되어 제국 통합의 감각과 제국주의 규범을 유포하는 토대가 된다. 이 책에서 규명될 다카라즈카 소녀가극단과 일본 제국주의와의 관계는 이러한 두 개의 물적 토대를 기반으로 전개되어 나간다.

이처럼 다양한 욕망들이 교차되는 장소로서의 소녀는 정치적으로 확장 될 수 있는 가능성을 내포하는 것이며, 이를 전제로 소녀가극을 연행하는 소녀의 신체는 제국주의 이데올로기를 수행하는 매개물로 발전해 나가게 된다. 이러한 점에서 필자는 "소녀라는 장소를 분석하는 작업을 근대의 성 과 신체에 미치는 정치적 영향력에 대한 비판과 동일한 것"으로 간주하는 츠보이 히데토(坪井秀人)의 시각을 공유한다.[17] 그는 1910년대 말부터 1930 년대에 이르는 일본의 전간기(戰間期)에 다양한 예술 장르에서 표상된 소녀 이미지는 수많은 권력과 욕망이 교착되는 장소로 간주하는데, 아래의 도식 은 소녀를 둘러싼 권력구도를 간명하게 보여 준다(도표 참고).

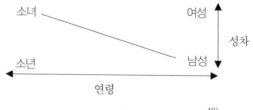

그림 6 '소녀-남성'의 권력 구도(坪井秀人)[18]

위 도표를 보면 소녀는 연령에 있어서는 여성과, 성차에 있어서는 소년 과 한 쌍을 이루고 있으며, 대각선 위치에 있는 성인 남성과 가장 대극의 관

---

17) 坪井秀人, 『感覚の近代—声・身体・表象』, 名古屋: 名古屋大学出版会, 2006, 332.
18) 위의 책, 331에서 인용.

계에 있음을 알 수 있다. 소녀-여성, 소녀-소년의 관계를 모두 포함하는 소녀-남성의 관계는 가부장제도 하의 남성의 패권적인 지위를 보여 주는 것으로, 대각선의 위치에 있는 '소녀-남성'의 관계는 앞서 살펴본 소녀 규범이 구축되는 메커니즘과 같다. 소녀 규범이란 남성을 중심축으로 하는 가부장제도에 의해 만들어진 것이기 때문이다.

이와 같이 가부장과 소녀의 권력관계를 압축적으로 보여 주는 도식은 한편 다카라즈카 소녀가극단의 소녀배우들에게도 동일하게 적용되는 틀이다. 주지하다시피 다카라즈카 음악학교의 교훈인 '맑게, 바르게, 아름답게'는 교장 고바야시 이치조에 의해 만들어졌다. 어린 소녀들이 맑고 바르고 아름다운 품성을 길러 훗날 훌륭한 어머니가 되기를 바랐다는 고바야시의 일관된 신조는 그러나 근대적 소녀에게 부과되었던 애정 규범, 순결 규범, 미적 규범과 기본적으로는 같다. '소녀-남성'의 자리에 '소녀-학교'를 대입하는 과정에서 변용된 규범이 바로 '맑게, 바르게, 아름답게'라는 음악학교의 교훈으로 가시화된 것이다.

그러므로 소녀라는 존재는 푸코의 말을 빌리면 사회 곳곳에 편재해 있는 장치를 통해 규율권력이 교차하는 장소이자, 그로부터 제도화된 규범이 실천되는 장소로 이해되어야 한다. 더 나아가 다카라즈카 소녀가극은 이러한 소녀라는 '문제적' 장소 안에서 제국주의의 새로운 규범을 '문제없이' 수행해 나간다. 이러한 이유로 이 책에서는 소녀배우를 가정과 학교와 국가라는 규율권력이 부여한 가정 규범, 학교 규범, 국가 규범의 '3중의 규범'에 묶인 존재로 재규정한다. 요컨대 다카라즈카 소녀가극 속에서 제국 통합의 메커니즘을 밝히고자 하는 이 책의 연구는 곧 "식민화된 신체(colonized body)"[19]

---

19) Bradley D. Naranch, ""Colonized Body", "Oriental Machine": Debating Race, Railroads, and the Politics of Reconstruction in Germany and East Africa, 1906~1910," *Central European History*, Vol.33, Issue 3, 2000, 299.

로서 소녀배우들에 의해 수행되는 제국주의 규범이 무엇인지 규명하는 작업과 같다.

제2부

제국 통합의 이념적 재현
언어적 텍스트 층위의 분석

1914년 다카라즈카 소녀가극의 첫 공연작품은 일본의 전통예능인 가부키(歌舞伎)와 분라쿠(文樂)의 공통 소재였던 《돈부라코ドンブラコ》였다. 초창기 레퍼토리는 주로 전통적인 일본물에 집중되어 있었으나, 1920년대 이후 서구문화를 적극적으로 받아들이게 됨으로써 서양물의 제작 편수 또한 급속하게 증가하기 시작했다.[1] 이때까지 상업적인 성격이 강했던 다카라즈카 소녀가극은 그러나 1931년 만주사변의 발발과 함께 방향을 전환하기 시작해 1930년대 후반부터는 공연목록의 절반 이상을 프로파간다 작품이 차지할 만큼 국책선전 기관으로서의 역할을 톡톡히 했다. 《태평양행진곡太平洋行進曲》, 《군국여학생軍國女學生》, 《소국민小國民》, 《애마진군가愛馬進軍歌》, 《항공일본航空日本》, 《바다의 일본海の日本》, 《총력總力》, 《정행출진正行出陣》, 《세계의 시장世界の市場》, 《국민의 노래國民の歌》와 같은 작품들은 모두 그 예에 해당한다.

이에 따라 제2부에서는 전쟁이 본격화되었던 1938년부터 1945년 사이에 제작된 작품 가운데 이 시기의 정치적 경향성이 가장 첨예화된 대표적인 작품들을 세 개의 범주로 나누어 검토하고자 한다. 분석 대상은 첫 번째

---

1) 일본물의 대표적인 예로는 《浦島太郎》, 《一寸法師》, 《日本武尊》, 《中將姬》, 《舌切雀》, 《竹取物語》, 《桜大名》, 《内裏獅子》, 《屋島物語》, 《桃色鸚鵡》, 《花爭》, 《那法師》, 《神樂狐》, 《お齋祭》, 《猿蟹合戰》, 《七夕踊》, 《江の島物語》, 《新かぐや姬》, 《奴道成寺》 등이 있다.

일본·독일·이탈리아의 삼국동맹조약을 역사적 배경으로 하는 일·독·이 추축국 시리즈(日·獨·伊 樞軸三部作)[2]의 두 작품, 두 번째 '대동아공영론(大東亞共榮論)'이 사상적 토대인 대동아공영권 시리즈(大東亞共榮圈シリズ)의 세 작품, 그리고 마지막으로 오족협화와 왕도낙토 이념을 근거로 창작된 북방·남방 식민지 개척의 서사에 해당하는 두 작품이 다루어질 것이다.

구체적으로 말하자면, 각본을 중심으로 내러티브의 특징을 분석하고 악보에 나타나는 음악적 특징을 분석하여 언어적 내러티브와 음악적 내러티브의 의미를 밝히고, 이와 함께 작품 속에 다양하게 배치된 극적 장치들이 제국 통합의 메시지 전달에 어떠한 방식으로 기여하고 있는지 검토하는 것이 제2부에서 주요하게 논의할 내용이다. 그러나 이 책의 분석 대상 작품들이 현재까지 공개된 적이 없는 희귀자료들인 관계로 각본을 충실히 소개하는 작업 또한 소홀히 하지 않을 것이다. 따라서 제2부의 1차적인 목적은 각본과 악보를 분석하여 2차적인 해석의 토대를 마련하는 데 있다. 각본의 순서에 따라 분석하는 것을 기본으로 하되 장(場)·경(景)에 대한 명확한 구분은 두지 않을 것이며, 필자의 관점에 따라 재구성하는 것을 원칙으로 한다. 작품의 대본 및 가사는 직접 번역하여 사용하는 것을 기본으로 하되 주관적인 해석의 오류를 방지하기 위해 필요한 경우 원문 또한 병기한다. 또한 작품의 구성이나 장별 내용과 같은 기본적인 정보 및 필요한 경우 줄거리를 도표로 정리하여 형식의 측면에서도 통일성을 기할 것이다.

---

2) '일·독·이 추축 3부작'이라는 시리즈의 제목과 달리 현재 소재가 확인되는 작품은 이탈리아편과 독일편뿐이며, 세 번째 시리즈에 해당하는 일본편은 아카이브에 소장 기록이 없다. 극단에서 자체 제작한 다카라즈카 역사서에도 일본편이 제작 또는 상연되었다는 기록이 전무한 것으로 보아 애초의 계획과 달리 2편에서 시리즈를 끝낸 것으로 보인다.

제4장

일·독·이 추축국 시리즈
삼국동맹 강화의 서사

1.《이탈리아의 미소ィタリヤの微笑》: 제국 역사의 신화적 재구성

일·독·이 추축국 시리즈 1편《이탈리아의 미소》는 일본이 독일·이탈리아
와 삼국동맹조약1)을 체결한 바로 다음해인 1941년에 초연된 작품이다.
1937년 중일전쟁에 즈음하여 일본은 독일 및 이탈리아와 방공협정(防共協
定)을 체결했다. 서구의 자유주의·민주주의 진영에 대항하여 대동아공영권
을 존속하기 위해서는 파시즘과 나치즘의 전체주의 진영과 굳건한 결속을
다질 필요가 있었다. 1938년 다카라즈카 소녀가극단 최초의 해외공연 장소
가 독일과 이탈리아였던 사실은 결코 우연이 아니다. 만주에서의 지배권을
끊임없이 위협하는 '영미귀축(英米鬼畜)'2)을 몰아내고 대동아에 새로운 질서

---

1) 삼국동맹조약은 일본, 독일, 이탈리아 세 국가를 주축으로 1940년 9월 27일 베를린에
   서 체결된 상호방위조약이다. 독일·이탈리아·일본 간의 상호불가침 및 방공협정(防共
   協定)의 성격을 지니는 삼국동맹조약은 일본이 독일과 이탈리아가 유럽에서 신질서
   를 건설하는 것에 관해 지도적인 지위를 인정하고, 독일과 이탈리아는 일본이 대동아
   에서 신질서를 건설하는 것에 대해 존중하는 것을 골자로 한다.
2) 영미귀축(英米鬼畜) 내지 귀축영미(鬼畜英米)는 제2차 세계대전 시기 일본에서 추축국의
   주적(主敵)인 영국과 미국을 지칭하던 표현으로, 영국과 미국을 귀신(鬼)과 축생(畜生)
   에 비유한 것이다. 특히 일본 외의 다른 동양 국가들에서는 미국을 한자로 표기할 때
   에 '아름다울 미(美)'자를 사용해 '美國'이라 쓰지만, 일본에서는 '쌀 미(米)'자를 사용하
   여 '米国'이라 쓰고 있다.

를 세운다는 일본의 계획에는 하나의 안전장치로서 방공협정이 필요했던 것이다. 1940년에 일·독·이 삼국동맹으로 더욱 강화된 전체주의 국가 간의 공조 체제가 다카라즈카 소녀가극을 통해 대중적인 연극의 형태로 재현된 것은 전시체제하에 놓인 근대 일본의 오락물이 정치와 맺는 관계를 상징적으로 보여 주는 사건이라는 점에서 시사하는 바가 크다.

그러나 소녀가극의 무대는 소녀 신체라는 물질성을 통해 실제의 역사적인 사실들을 구체화하고 있다는 점에서 단순한 상징 이상의 실천적인 의미를 지닌다. 《이탈리아의 미소》는 이러한 측면을 충실하게 보여 주는 작품이다. 그 속에서 일본과 이탈리아의 친선은 더욱 공고한 것으로 선언되고 있으며, 무대 위에 로마 제국의 영광을 되살림으로써 공유되는 '제국'이라는 공통의 정체성을 바탕으로 양국의 지위는 재차 확인되고 있다. 일본은 독일과 이탈리아의 유럽 신질서 확립의 목표를 존중하고 독일과 이탈리아는 일본의 대동아 신질서 확립을 인정하는 것이 일독이 삼국동맹의 주요 원칙임을 감안할 때, 이 작품은 일본의 당시 대외 정치의 상황을 그대로 무대 위에 옮긴 것이라고 해도 과언이 아니다. 그러나 다카라즈카 소녀가극에 의해 이탈리아와 일본 제국의 역사는 사실주의적인 것이 아니라 낭만적으로 신화화되는 방식으로 재현된다는 점을 염두에 두어야 한다. 그러므로 '신화적으로 재구성된 제국의 역사'라는 명제는 제국 통합의 메커니즘을 드러내는 이 작품만의 독자적인 방식이 무엇인지 살펴보는 데 있어서 적절한 시각을 제공해 줄 것이다.

다음 도표의 장별 내용에서도 확인할 수 있듯이 《이탈리아의 미소》는 뚜렷한 스토리나 등장인물 없이 파편화된 사건들로 구성되는 것이 특징이다. 동양과 서양, 과거와 현재 사이를 오가며 전개되는 크고 작은 사건들은 사건들 사이의 논리적 흐름을 만들어 내는 것을 거의 불가능하게 만들 정도로 개연성을 결여하고 있다. 그러나 흥미로운 사실은 이러한 파편화된 내

표 1 《이탈리아의 미소》의 전체 내용 구성

기본정보	제목: 《イタリヤの微笑》 (日獨伊樞軸三部作の第1編, 新興イタリヤの精神と美を主題に) 구성: 전 16경 연출: 岡田恵吉(오카다 게이키치) 공연: 月組 1941年 7月26日~8月24日 宝塚大劇場 　　　 月組 1941年 10月31日~11月27日 東京宝塚劇場	
장별내용	[전서] 본격적으로 극이 시작하기 전에 해설자가 등장하여 고대 로마 제국의 유구한 역사에 대해 소개한다.	프롤로그
	[1경_젊은 승리] 일본과 이탈리아의 소년·소녀들이 양국의 동일한 운명을 확인하는 친선 교류의 장이 펼쳐지는 가운데, 이들은 소국민(小國民)으로서의 의무를 다할 것을 함께 다짐한다.	Part 1
	[2경_로마의 탄생] 고대 로마의 로물루스·레무스 건국신화, 1차 세계대전에서의 이탈리아의 패배, 그리고 파시즘에 의해 다시 부활한 로마 제국의 영광에 대한 해설자의 설명이 끝나자 아이들은 총통(Duce) 무솔리니에게 충성을 맹세한다.	
	[3경_국기 아래서] 무장한 병사들이 국기에 대한 충성을 맹세한다.	
	[4경_전진] 무솔리니의 유소년 친위대인 바릴라(Balilla) 소녀 대원들이 로마 찬가를 합창한다.	
	[5경_길거리에서] 파시스트 당원 청년이 길가에 쓰러진 할머니를 도와 일으켜 세운다. 청년과 할머니, 이를 지켜보던 바릴라 소년대원들과 어린이들은 행진하며 민족의식을 일깨우는 주제가를 함께 부른다.	
	[6경_대(臺)] 아름다운 무대 위에서 하프 연주가 울려 퍼지는 가운데 발레와 노래가 이어진다.	인터미션
	[7경_사원] 이야기는 16세기의 과거로 거슬러 올라가 이탈리아와 일본의 교류를 보여 주는 한편의 역사극이 펼쳐진다. 규슈 지방의 세 명의 다이묘가 이탈리아 교황 그레고리오 13세에게 소년 사절단을 파견한 사건이 그 내용이다.	Part 2
	[8경_벽화에 대해] 일본에서 파견된 천주교 사절단들은 로마에 도착하여 교황을 알현한다.	
	[9경_산업보국] 공장 근로자들은 국가를 위해 한마음 한뜻으로 노동에 전력을 다한다.	
	[10경_테스피의 차] 무솔리니의 파시즘 정부는 이동연극차(移動演劇車)인 테스피의 차를 이용해 민중들에게 오페레타를 상연하고 이를 통해 이탈리아 국민의 정신과 육체를 표준화하려 한다.	
	[11경_결실] 이민을 떠났다가 귀국한 3대의 대화가 포도밭에서 펼쳐진다.	

	[12경_물] 물의 요정과 환영의 유희가 재현된다.	인터미션
	[13경_불꽃놀이] 베네치아의 불꽃놀이가 진행되는 가운데 오페라 무대에서는 불꽃놀이의 발레가 상연된다.	
장별내용	[14경_폐허] 폼페이의 베수비오 화산이 폭발하여 폐허가 된 도시의 환영이 제시된다.	Part 3
	[15경_오후 4시 10분] 항공병과 그의 어머니, 그리고 약혼자 아가씨의 대화. 항공병의 약혼자는 자신의 피앙세는 자신만의 것이 아닌 이탈리아 국가 전체의 것이라고 말한다. 해설자는 이탈리아인의 혈통적 우수성에 대해 말한다.	
	[16경_체육장] 올림피아 성전에서 젊은이들은 스포츠와 무용을 선보이고, 파시즘의 슬로건이 팡파르와 함께 울려 퍼진다. 이탈리아 제국 만세를 외치는 연설이 끝난 이후 참가자 전원의 퍼레이드로 막이 내린다.	에필로그

러티브의 구성 속에서도 면면히 흐르는 하나의 일관된 관점이 포착된다는 것이다. '파시즘의 필연성과 무솔리니 정권의 정당성'이 바로 그것이다. 이 책에서는 논의 전개의 편의를 위해 프로파간다의 재현 방식을 기준으로 하여 전체 16경으로 나뉘어 있는 장들을 재분할하고 재구성했다. 따라서 각 본의 분석은 도표의 오른편에 표기된 것처럼 [프롤로그–파트1–인터미션1–파트2–인터미션2–파트3–에필로그]의 독자적인 틀에 따라 이루어질 것이다. 단 이와 같은 작품 형식의 재구조화는 스토리의 개연성에 따른 것이 아니라 메시지의 개연성을 기준으로 한 것이다.

《이탈리아의 미소》에서 '고대 로마'라는 역사적인 소재는 매우 전략적으로 활용되고 있다. '로마 제국의 역사'는 마치 선율의 모티브가 변주를 통해 더 큰 단위의 음악적 구조를 이루는 것처럼 수많은 장면 속에서 끊임없이 반복됨으로써 파편화된 작품의 내용에 유기성을 부여하는 중요한 역할을 한다. 이러한 맥락에서 볼 때 첫 번째 대목인 [전서(前書)]는 큰 의미를 지닌다. 프롤로그나 전주곡을 연상시키는 [전서]의 역할은 작품의 주요 모티브인 로마 제국의 영광스러운 역사를 제시하는 데 있기 때문이다. 이에 따라 장면의 구성은 해설자가 등장하여 직접 이야기를 전달하는 서사적 형태를

취하고 있다. 해설자에 따르면 자신은 "신흥 이탈리아 국민의 기백과 고대 로마 제국 재건의 이상주의적 정신(新興イタリヤ国民の熱熱たる氣魄、古羅馬帝国再建の理想主義的精神)"이 지닌 생명력에서 미와 역사성을 느끼고 있으며, 그러므로 비록 관광객의 신분이지만 단순한 관광객으로서 이탈리아를 보려는 것이 아니라는 사실을 강조하고 있다. 짧은 대사이지만 이는 《이탈리아의 미소》을 상연하는 목적이 단지 유희가 아님을 선언하는 것으로, 여기서 드러나는 서사자의 역할은 이후에도 지속적으로 반복되며 작품 전개에 있어서 중추적인 위치를 확고히 드러낸다.

이와 같이 제시된 작품의 주제적 모티브는 1경과 2경을 통해 더욱 구체화된다. [1경_젊은 승리]는 환등을 통해 이탈리아 제국의 역사적 위대함과 지도자 무솔리니에 대한 칭송을 무대 위에 비추는 것으로 시작된다. 환등문자는 "애국의 지도자를 낳고 뜨거운 피를 가진 시인을 길러낸, 불멸의 예술을 배태한 산과 바다, 사람과 역사의 아름다움이 천년 고도의 꿈을 기리고 있는 그것이 바로 이탈리아의 국토(愛国の指導者を生み、熱血の詩人を育て、不滅の藝術を哺むに敵した、山と海、人と歴史の美しさが千古の夢をたたえてゐるそれがイタリヤの国土である)"라는 내용을 보여 준다. 이를 배경으로 하여 코러스가 울려 퍼지는 가운데 제복을 입은 일본인 소년·소녀 12명과 이탈리아 바릴라(Barilla)[3] 소년·소녀 대원 12명이 등장해 제1주제곡인 〈우리들 소병사われら小兵士〉[4]

---

[3] 바릴라(Opera Nazionale Balilla)는 1926년에 창립된 독일 국가사회주의 노동자당의 히틀러 유겐트(Hitlerjugend)를 모델로 하여 같은 해에 창설되었으며, 1937년 G.I.L. (Gioventù Italiana del Littorio) 즉 리토리오 이탈리아 청년단이 출범하면서 흡수·통합된다. 이들은 청소년의 건전한 문화와 교양의 육성이라는 목적으로 창설되었으나, 실질적으로는 일종의 전(前) 군사조직 내지는 준(準) 군사조직이자 이데올로기 교육기관으로서, 청소년들에게 파시즘 및 두체에 대한 충성심을 교육하여 '내일의 파시스트(Fascists of tomorrow)' 및 '미래의 이탈리아 군대'를 육성하는 것이 목적이었다.

[4] 당시 일본에서는 성인이 되기 이전의 아동부터 청소년기에 있는 잠재적인 국민을 가리켜 소국민(小国民)이라 칭했다. 다카라즈카 소녀가극에서도 '소국민'은 자주 등장하

를 합창한다. 이 노래는 소병사의 진취적인 포부와 열정을 표현하는 가사 내용에 걸맞게 행진곡 풍의 선율과 리듬 또한 돋보인다.

〈우리들 소병사〉

우리들 또한 소병사

나라를 위해 방패를 쥐고

언제나 가슴에 맹세하네

용기는 넘쳐흐르고

정의의 피 끓어올라

무거운 의무 어깨에 지고

명령을 기다리는 우리들

소병사

(합창)

(1) 나아가자, 자, 발맞추어 나아가자

우리들 아이들의 때가 왔다

세기의 새벽이다

(2) 자 나아가자

모두 조국을 위해서다

영광스런 역사의 전진이다

세기의 새벽이다

(3) 종이 울린다

힘을 모아 나아가자

는 단어이며, 〈우리들 소병사〉에서 '소병사'는 소국민의 연장선에 있는 잠재적인 군사력을 의미한다. 소국민과 소병사에게는 자연스럽게 성인에 준하는 의무와 책임이 따르며, 그러므로 양자 모두 국가 권력으로부터 자유롭지 못한 존재를 의미한다.

모두 우리들의 나라를 위해

세기의 새벽이 왔노라.

그림 7 주제곡1 〈우리들 소병사〉 악보

이탈리아와 일본의 소년·소녀들이 다함께 합창하는 이 장면은 삼국동맹의 결속을 상징적으로 드러내 준다. 한편 '소병사로서의 책임'을 노래하는 주제가의 합창이 끝난 뒤 각국을 대표하는 소년 두 명은 "새로운 세계의 질서를 위해(新しい世界の秩序の為に)" 싸우고 있는 "동일한 운명(同じ運命)"을 서로에게 상기시킨다. 특히 이탈리아를 대표하는 소년은 소병사로서의 올바른 사명을 인식하기 위해서는 무엇보다 역사적인 지식의 학습이 중요하며, 아우구스투스 황제의 기념박물관과 파시스트 혁명박물관은 조국의 위대함과 국민의 사명을 깨닫게 해 주는 훌륭한 계기가 되어 줄 것이라고 말한

다. 뜻을 모은 양국의 청소년들은 "힘차게! 사이좋게! 이해를! 존경을!(元気
で!、仲よく!、理解し!、尊敬し!)" 이라고 외치며 소국민의 승리를 위해 전진
해 나간다. 여기서 〈우리들 소병사〉는 다시 한 번 합창된다.

이러한 이탈리아 소년의 웅변적인 구호에 이어 [2경_로마의 탄생]에서는
해설자 한 명이 다시 등장해 소년·소녀 대원들을 상대로 로마의 역사에 관
한 연설을 한다. 고대 로마의 로물루스(Romulus)·레무스(Remus) 건국신화,5)
찬란하게 꽃피웠던 로마 제국의 문명, 제1차 세계대전 당시 이탈리아가 겪
었던 시련의 순서로 이야기는 구성되고 있다. 이탈리아의 과거와 현재에 대
한 설명이 끝나면 해설자는 아이들에게 노동 현장에서 "탄환이 어지럽게
날아다니는 참호 속에서(弾丸が乱飛ぶ塹壕の中で)", "승리를 위해 일하고 있는
(勝利のために働いたのだ)" 부모님과 형제자매들의 노고를 치하하고 15세에 무
기를 들고 용감하게 적을 물리친 어린 병사의 무용담을 들려줌으로써 소국
민의 "막중한 의무(重い義務)"를 일깨운다. 따라서 이 장면은 청소년의 의식
계몽을 염두에 둔 '전체주의적 기획의 산물'이라 할 수 있다. 한편 이에 답하
여 바릴라 유년대원들은 돌계단 위에 정렬하여 "오른손을 높이 들고(皆右手
を高くあげる)" 선서를 외친다.

신과 이탈리아에 선서합니다. 총통의 명령을 받들어 수행하고, 힘이 닿는 데

---

5) 로물루스(Romulus)·레무스(Remus)는 고대 로마의 전설상의 창업군주이다. 이들의 먼
조상은 트로이아 전쟁 영웅인 아이네이아스(Αἰνείας)라고 전해지며, 어머니는 알바 롱
가(Alba Longa)국의 누미토르(Numitor) 왕의 딸 레아 실비아(Rhea Silvia) 공주이다.
반란으로 유폐되어 베스타 신전의 신녀가 된 실비아 공주는 군신 마르스(Mars)의 자
식을 잉태하게 되는데, 이들이 바로 쌍둥이인 로물루스·레무스 형제이다. 출생 직후
로물루스·레무스는 바구니에 담겨 테베레 강에 흘러보내지며, 살아남은 그들은 팔라
티노 언덕(Colle Palatino)에서 암컷 늑대의 젖을 먹고 자란다. 장성한 그들은 조부의
왕위를 복권하고, 로물루스는 레무스를 살해하고 팔라티움(Palatium)에 도시국가를
건설했다.

까지 파시스트 혁명을 위해 봉사하며, 만일 필요하다면 피까지도 바치겠노라고!

선서를 마친 대원들은 "이탈리아와 무솔리니 총통을 위해 신체를 봉공한다"는 내용의 〈아이들의 노래子供の歌〉를 부른다. 음악은 격앙된 극의 분위기를 보조하기 위해 더욱 강력하게 크레센도(crescendo)로 전개되고 음악을 배경으로 이탈리아의 국기는 서서히 무대 위로 올라간다. 국기 게양 의례를 시작으로 [3경_국기 아래서]와 [4경_전진], 그리고 [5경_길거리에서]는 앞서 제시된 내용들을 또 다른 방식으로 구체화함으로써 작품의 주제를 확인하고 강조하는 부분이다. 3경에서 중심적인 위치를 차지하는 '국기(國旗)'는 국가주의적 이념을 대변하는 중요한 소재로 이후에 분석될 작품들에서도 빈번하게 등장하며, 특히 이 작품에서는 파시즘의 상징물로 사용되고 있다. 무대에서는 국기에 대한 존경을 표하며 총통 만세를 외치는 유년대원들의 모습이 연출된다. 이 장면은 시각적 상징물로서의 국기가 신성성을 획득하는 양상을 보여 준다는 점에서 주목할 만하다. 그러나 더욱 주목되는 부분은 국기 게양 장면에 이어지는 합창이 또 다른 감각의 층위에서 국기의 신성성을 보완하고 있다는 사실이다. 〈로마 찬가ㅁ─ㄹ讚歌〉가 바로 그것인데, 시각적 상징물인 국기와 나란히 배치되어 청각적인 상징물의 기능을 하는 이 노래는 파시스트에 의해 새롭게 탄생된 이탈리아를 신화화하는 데 기여하고 있는 것이다. 무솔리니의 로마가 "신이 머무는 나라(神の在ㅓ国)"로 격상되는 모습은 다음의 가사를 통해 확인할 수 있다.

〈로마 찬가〉
보라 우뚝 솟은 나라
우리 로마의 모습

우러러보라 로마 로마

위대한 로마

우리들의 조국 로마

역사의 빛 솟아오르는 로마

로마 아름다운 오오

끝나는 일 없이

우리 조국 로마

신이 머무는 나라

빛나는 로마

우리 조국

우러러보라 로마 로마

조국 로마

이렇게 장엄한 분위기 속에서 〈로마 찬가〉가 울려 퍼지는 가운데 바릴라 소년대원들은 행진을 시작한다. 이때 길가에서 행진하는 모습을 지켜보던 할머니 한 분은 이들의 힘찬 발걸음을 흉내 내다가 넘어져 버리고 만다. 그러나 때마침 주위를 지나던 파시스트 청년 당원이 할머니를 친절히 일으켜 드림으로써 이데올로기적으로 기획된 감동적인 상황은 여운을 남기며 마무리된다. 이 짤막한 상황 또한 '전체주의적 기획의 산물'인 것은 두말할 필요도 없다. 집단주의적 공동체 의식은 정서적인 회로를 통해서도 함양될 수 있는 것이기 때문이다. 결국 사람들의 숫자는 점점 늘어나 길을 가던 청년, 아가씨, 소년, 소녀들은 한자리에 멈춰선 채 제2주제곡 〈이탈리아의 미소〉를 함께 노래 부른다. 이로써 청년에 의해 고양된 감동은 절정을 향해 나아간다.

〈이탈리아의 미소〉

그대여 노래하라

마음 깨끗하고

얼굴 아름다운

미소의 나라

이탈리아의 노래를

먼 옛날에

꽃은 피었으나

지금도 색 바래지 않고

영화롭게 피어나는

이탈리아의 노래를

(합창)

이탈리아의 이마에 빛나는 보배의 관은

영원히 녹지 않는 눈

산에 빛나는 눈 새하얀

뺨에 떠오르는 미소는

올리브의 검은 그늘에

미소 짓는 비너스

대리석의 흰 조각상

(어린이)

이탈리아의 옷은

에메랄드, 단추는

포도밭의 토파즈

그것으로 작다면

햇님이여

어린이가 신는 구두는

걸을 적마다 노래하는

새까만, 반짝반짝

용감한 장화라네

그림 8 주제곡2 〈이탈리아의 미소〉의 가사와 악보

주제가의 합창으로 5경이 마무리되며 극은 한 차례 일단락되고 극의 흐름은 또 다른 국면으로 전개된다. '로마 제국의 부활과 파시즘에 의한 신질서 구축'이라는 작품의 핵심적인 메시지가 일관되게 한 호흡을 유지한다는 점에서 도입부부터 〈이탈리아의 미소〉의 합창으로 끝나는 이 장면까지를 하나의 단락으로 보아도 무방하다. 그러므로 파트1은 뚜렷한 사건이나 스

그림 9 [제4경_전진]

토리는 없지만 서사자의 설명 및 주제가의 합창을 통해 작품의 주제와 정체성을 드러낸다는 점에서 의의를 평가해 볼 수 있다. 그런데 여기서 주목해야 할 또 하나의 지점은 이탈리아의 국민들이 신성한 운명 공동체로 결집하는 양상에 있다. 무대 위에서 끊임없이 수행되는 연설과 구호, 행진과 합창은 이들을 단일한 집합체로 묶어 주는 구체적인 행위로서 민족주의 의례의 전형적인 형식에 속한다. 공동체 의식을 강화하기 위해 양식화된 이러한 집단행동은 민족이나 국가의 신성한 공간을 구축하기 위해 매우 좋은 계기를 제공한다.[6] 따라서 그러한 행위들이 무대화되는 지점 또한 눈여겨 보아야 할 것이며, 이에 대해서는 제8장과 제9장에서 더욱 자세히 논의할 것이다.

한편 6경은 분위기 전환을 위한 인터미션(intermission)의 장으로 발레리나와 가수가 등장하여 시칠리아의 아름다움을 표현한다. 춤과 노래의 스펙터클이 끝나면 직접적인 '이념'의 전달을 중심으로 전개되던 5경까지와는 달리 인터미션 이후에는 일반 국민들의 이야기를 들려줌으로써 일상생활 속에서 이념이 '실천'된 구체적인 사례들을 중심으로 작품의 주제를 확장해

---

6) 조지 모스 지음, 임지현·김지혜 옮김, 『대중의 국민화: 독일 대중은 어떻게 히틀러의 국민이 되었는가?』, 서울: 소나무, 2008 참조.

나간다. 이에 따라 파트2에서는 외교사절단을 비롯하여 노동자, 농민, 이민자, 군인 등 다양한 직군 및 계급군의 목소리를 병렬적으로 제시하는 것이 특징이다. 이 가운데 로마의 교황을 최초로 알현한 네 명의 일본 소년, 국가를 위해 열심히 일하는 공장 근로자, 이동연극차에 관한 이야기는《이탈리아의 미소》와 다른 작품들을 차별화하는 가장 특징적인 지점을 보여 주고 있다.

이 가운데 첫 번째, 일본인이 교황을 방문한 사건[7]은 실제로 역사적인 사실이다. 이에 따라 [7경_사원]과 [8경_벽화]에 대하여는 16세기의 일본과 이탈리아를 배경으로 한 편의 극중 역사극으로 연출된다. 각본에 따르면 덴쇼(天正)[8] 시기 다이묘를 지낸 실존 인물 오오토모(大友), 오오무라(大村), 아리마(有馬)는 로마에 네 명의 소년을 파견해 양국 간의 친선을 도모하는데, 이들은 교황 그레고리오 13세[9]를 알현하기 위해 1583년 정월에 나가사키 항을 출발해 3년 1개월 2일 만인 1585년 3월 23일에 이탈리아에 상륙한 것으로 기술되고 있다. 출발 당시 소년이었던 이들이 배에서 내릴 당시에는 청년이 되어 있을 만큼 그 경로는 매우 길고 험난한 것이었다. 극중극의 배경지식에 해당되는 7경의 내용은 '목소리(声)'로 표기된 해설자의 설명에 의존하고 있다. 이 대목에서 해설자가 가장 강조하는 내용은 무엇보다 "350년 전부터 교류해 온(日本とイタリヤの握手は今に始つた事ではなく三百五十年も昔)" 양국 사이의 역사적이고 운명적인 관계인데, 이러한 점을 고려하면 교황 알현을

---

7) 1582년 규슈 지방의 기리시탄(크리스챤) 다이묘인 오오토모 소린(大友宗麟), 오오무라 스미타다(大村純), 아리마 하루노부(有馬晴信)의 명령으로 4명의 소년 이토 만쇼(伊東マンショ), 치지와 미카엘(千々石ミゲル), 나카우라 쥴리앙(中浦ジュリアン), 하라 마르티노(原マルティノ)를 로마에 파견한 천정견구소년사절단(天正遣欧少年使節団)을 가리킨다.

8) 덴쇼(天正)는 일본의 연호로 1573년부터 1591년까지의 시기에 해당한다.

9) 제226대 교황을 역임한 그레고리오 13세(Papa Gregorio XIII)는 1572년 5월 13일부터 1585년 4월 10일까지 재위했다.

소재로 한 극중극이 작품에 삽입된 이유는 명확해진다. 이를 통해 삼국동맹의 필연성은 더욱 강화되는 것이다.

한편 이와 같은 해설자의 설명이 끝나고 나면 무대 위의 시간은 청년이 된 일본의 크리스천 사절단이 교황을 알현하러 가는 날이다. 이토 만쇼, 치지와 미카엘, 하라 마르티노, 그리고 나카우라 줄리앙은 모두 "흰 바탕에 금은실로 꽃과 새를 수놓은 아름다운 국복(國服)을 입고 보석으로 장식한 일본도(太刀)와 단도(短刀)를 차고 당당한 모습으로 나타난다(白地に金銀糸をもつて花鳥を縫い取りした美々しき國服に、寶石を鏤めた太刀を佩き、右手に短刀を持ち堂々と現れる)." 성가(聖頌) 산타마리아를 합창하며 등장한 이들은 '법열(法悅)'이라는 말로 로마에 도착한 감격의 신비를 표시한다. 그런데 이어지는 장면은 이질적인 지점을 드러낸다. 이 대목은 네 명의 일본인 크리스천들이 모두 독실한 가톨릭 신자의 모습으로 묘사되지만 또 한편에서는 서양인들 앞에서 조금도 기죽지 않는 강인한 사무라이의 모습을 특징적으로 보여 주기 때문이다.

이토: 나카우라 님 안심하십시오. 우리들은 천제의 충실한 사도입니다만, 그것은 신앙에 관한 일, 어찌되었건 우리는 무사(武士)라는 사실을 잊지 않겠습니다.

치지와: 저 또한 하느님의 종지(宗旨)를 받드는 사자(使者)입니다만, 우선 일본과 로마를 위하여 교류를 깊이 하고, 일본의 위엄을 보이는 것이 첫째의 의무라고 믿고 있습니다.

하라: 서쪽 나라의 신을 신앙하고 있으나, 서구의 종(家來)은 아닙니다.

이토: 우리들은 일본인입니다. 일본의 무사입니다. 치욕을 받는다면 용맹하게, 멋지게 싸워서 죽읍시다.

나카우라: 여러분의 결심을 믿고 있겠소이다, 나라에서 모든 사람들이 걱정하고 있겠지요, 어젯밤도 잠들지 못하고 꿈만 꾸었습니다만, 자, 어서

출발하십시오, 아, 또 종이 울려오고 있소이다.

비록 서양 종교를 믿고 있지만 서양의 종은 아니라는 하라의 대사는 이탈리아의 문화와 역사를 찬양 일변도로 칭송했던 이전 장면들과는 달리 서양 문명에 대항하는 일본인의 정신성이라는 대립 구도를 제시한다는 점에서 작품의 주제와 엇갈리는 또 다른 담론을 이끌어 내고 있다. 그러나 그것은 일찍이 일본 근대에 관한 연구에서 지적되어 온 일본의 근대화 과정에 내재된 모순적이고 양가적인 측면이다. 이에 관해서는 제7장의 '배타적 대항 담론으로서의 동양주의' 항목에서 더욱 자세히 논의할 예정이다. 그런데 이러한 서양에 대한 일본의 양가적인 태도라는 맥락에서 볼 때 추축국 시리즈 2편 《새로운 깃발》의 제작에 앞서 발표된 한 비평문은 이 대목에 대해 시사하는 바가 크다. 이 글에는 구미의 선진적인 문화를 이해하고 정확한 지식을 얻는 일의 중요성을 강조하며, 독일의 역사, 지리, 풍토, 산업, 민족성의 우수한 점에 대해 서술하고 있다. 그러나 올바른 이해가 중요한 것은 사실이지만 동시에 맹목적인 숭배와 배척은 철저히 경계해야 한다는 사실도 빠뜨리지 않고 있다.[10] 그 행간에는 일본적인 가극을 만들기 위해서는 일본적인 정신성 또한 담아야 한다는 당부의 내용이 우회적으로 담겨 있다. 이는 다카라즈카 소녀가극이 국민극으로 도약을 꿈꾸던 시기 고바야시에 의해 세워진 새로운 국민극의 원칙인 "서양적인 것 3에 일본적인 것 7"의 명제를 상기시킨다.[11] 요컨대 이 대목의 극적인 전략은 '이탈리아와의 공조를 통한 삼국동맹의 강화' 및 '대동아 신질서 수립의 주체적 지위 확인'이라는 두 마리의 토끼를 하나의 덫에 가두는 데 있으나, 결과적으로는

---

10) 長谷川良夫, 「「新しき旗」上演に就いて――ハーゲンクロイツの国」, 『宝塚歌劇脚本集』, 1941年(昭和16年) 11月, 11~14.

11) 이에 관해서는 제2장 2절을 참고할 것.

복잡하게 교차되는 일본 제국주의의 욕망을 은연중에 노출하고 있다는 점에서도 또한 그 양가적인 성격이 지적될 수 있다.

'산업보국'의 메시지를 다루는 9경은 인물들 간의 대화 없이 배우들의 제스처만으로 진행된다. 공장에서 "전력을 다해 봉사하며(全力をあげて奉仕する)", "묵묵하게 일하는(黙々として働く)" 노동자들의 모습만이 산업보국의 장면을 구성하고 있다. 노동의 종료를 알리는 사이렌이 울리면 노동자들은 국가가 "친절하고도 열심으로 베푸는(親切にしかも熱心にあたへる)", "노동 후의 위안(労働の後の慰安)"을 기대하며 "씩씩하게(元気よく)" 걸어 나간다. 지문에서는 이 장면에 대해 "파쇼라는 것은 한 무리(束)로 있고, 일억의 사람이 일심으로(一億一心) 결속한다(ファッショとは束である、一億一心結束である)"라는 주석을 달고 있다. 대사 없이 전개되는 이 장은 비록 길이 또한 짧지만 파시즘의 집단주의 혹은 전체주의를 예시하며 다음 장에서 전개될 내용을 암시하는 역할을 한다. 실제로 다음 장면에서 파시즘의 집단주의적 성격은 더욱 구체적으로 제시된다. '예술을 통한 민중의 교화 및 계몽'을 내용으로 하는 [10경_테스피의 차]는 해설자의 직설적인 체제 선전으로 시작된다.

(다음의 말이 마이크를 통해 말해진다.)
도폴라보로, 이탈리아의 후생운동이 가져온 멋진 노동자 위문의 차. 이동극차(移動劇車), 그것이 테스피의 차인 것이다. 1925년 5월, 국민노동후협회(國民勞動後協會)가 설립되었다. O.N.D., 즉 '노동의 이후(Dopolavoro)'는 평화로운 일대 사업으로서 동포애, 애정, 교화의 기본적 사명을 수행하는 것이라고 무솔리니는 말했으며, 민족의 정신적 육체적 교육을 동일 표준으로 만들기 위해 창립되었다. 이것은 파시스트의 가장 성공한 사업의 하나이다. 민중에게 오페라를 주기 위해 오페레타를 만들게 하여 연주회를 개최하고 하루의 노동 이후에 건전한 위안을 준다. 이것은 테스피의 차의 소개이자 스케치인 것이다.

(지휘자의 등장으로 음악 시작되고, 나폴리의 거리의 풍경이 되며, 아가씨들
의 춤이 전개된다. 무대 뒤에서 나와 기다리는 무희와 가수의 대화)

테스피의 차는 노동자들의 위안을 위해 근로 현장을 찾아다니며 연극을
상연하는 이동극 차량을 말한다.[12] 이동극을 관할하는 기관이었던 '도폴라
보로', 즉 O·N·D(Opera Nazionale del Dopolavoro)는 "평화의 사업(平和の一事業)"
을 명분으로 창설된 것은 사실이지만 무솔리니가 이를 통해 실질적으로 획
득하고자 한 것은 반파시스트 세력의 저항을 막고 노동자·인민 계급을 규합
하여 파시즘의 제국을 건설하는 데 있었다. 즉 "노동 후의 건전한 위안(勞働
の後に健全な慰安)"이라는 도폴라보로의 실제 목적은 노동자들의 여가와 유희
가 아니라 의식의 교화였다. 오페라 대신 오페레타(operetta)[13]와 같은 대중
적인 오락 매체가 선호된 이유 또한 대중적인 형식 속에 정치적인 내용을
담는 것이 대중의 계몽에 더 효과적이라는 판단으로부터 기인한다. 여기서
정치와 오락의 관계는 다시 한 번 확인된다. 오락의 대중성은 대중의 정치

---

12) 전시체제하에서 다카라즈카 소녀가극단은 테스피의 차와 매우 유사한 역할을 했다.
『歌劇』에 실린 한 비평문은 이러한 사실을 잘 보여 주는데, 저자인 兵庫三郎의 말을 직
접 인용하면 다음과 같다. "십년 전 학생 시절의 타카라즈카의 기억을 떠올려 보면,
그 즈음의 손님들, 특히 젊은 여성의 복장은 현란하고 야한 것으로서…허영심을 내
뿜는 장소였던 것 같다.…현재의 다카라즈카에 오는 사람은 밤낮 없이 생산증강에 건
투하고 있는 억센 산업전사 제군들로 오랜만의 휴일에 위안 갱생을 위해 청유(淸遊)
하는 수가 매일 늘어나고 있다.…이전과 변화하지 않은 공작새와 같은 옷으로 꾸민
여왕님 같은 여성, 그리고 경박한 여성, 안색이 창백하고 하늘하늘한 남성들이 이전
에 비하여 훨씬 수가 줄어들어 왔다는 것은 시국하의 다카라즈카로서도 기쁜 일이
다." 兵庫三郎, 「宝塚隨想－歌劇觀衆に就て」, 『歌劇』, 1942年(昭和17年), 10~11.

13) 오페레타란 노래, 춤, 대사, 기악 반주가 동반된 가벼운 오페라(a light opera) 양식으
로서 이탈리아의 코메디아 델 아르떼, 프랑스의 보드빌, 영국의 발라드 오페라에 기
원을 둔다.

그림 10 [제10경_테스피의 차] 장면

화를 위한 가장 좋은 토양인 것이다. 그리고 그 최종 목적은 "민족의 정신적·육체적인 교육을 동일표준으로(民族の精神的肉體的教育を同一標準に)" 통합함으로써 '단일한 민족국가'를 조직하는 데 있었다.

　도폴라보로의 정당성에 대한 설명을 끝으로 파시즘의 전체주의적 사상의 구체적인 실천을 중심으로 전개된 파트2는 마무리되고, 두 개의 환상적인 무용을 통해 막간이 연출된다. 총 두 장에 걸쳐 할애된 인터미션은 물과 불의 소재를 활용하고 있는데, 전자는 우물로 물을 길러 온 청년과 물의 정령과 그림자의 춤으로, 후자는 베네치아의 불꽃놀이의 밤에 펼쳐지는 불꽃의 발레로 재현된다. 이러한 환영의 춤을 통해 얻어지는 일루전의 효과는 폼페이의 베수비오 화산 폭발이 있던 날을 회상하는 다음 장 [폐허]에서 시각적·청각적 판타스마고리아(phantasmagoria)의 재현으로 이어짐으로써 그 효과를 극대화하고 있다. 판타스마고리아 기법의 정치적 함의에 대해서는 제9장에서 다시 논의될 것이다.

　한편 파시즘에 의해 강력한 통합의 가치로 전환된 '민족'은 작품 속에서

끊임없이 강조되는데, 이 작품에서 그것은 두 개의 에피소드를 통해 가시화된다. 그 첫 번째 에피소드는 남미로 이민 갔다가 고국에 대한 그리움을 이기지 못해 다시 돌아온 이탈리아 이민자 3대의 이야기이다. 이들의 이야기에서 노스탤지어로 표상되고 있는 민족은 특정 집단을 결집시키는 강력한 정서적인 인력(引力)으로 작용하고 있다. 항공병의 이야기를 다루는 두 번째 에피소드에서는 항공병의 약혼자를 통해 민족과 국가는 개인의 삶을 초월하는 가장 신성한 가치임을 더욱 높은 수위로 드러낸다. "당신은 나 개인의 피앙세가 아니라 전 이탈리아 국민의 긍지 높은 애인(あなたは私と云う個人の単なるフイアンセではありません。全イタリヤ国民の誇らしい愛人だわ)"이라는 그녀의 말은 파시즘의 반개인주의적인 사상을 웅변적으로 보여 준다. 뒤이어 등장하는 해설자의 역할은 더욱 두드러지는데, 해설자는 이탈리아인이 단테, 카이사르, 다빈치의 후예라는 사실을 상기시키며 이탈리아 민족의 혈통적 우수성을 강조한다. 혈통에 근거한 파시즘의 전체주의적 보수성은 이 대목을 통해서는 이탈리아가 정치적·문화적 업적을 이룩할 수 있었던 원천으로서 찬미되고 있다. '이탈리아!', '총통!'을 외치는 군중의 함성과 함께 기도의 종(祈りの鐘)이 울리는 것으로 항공병의 이야기는 엄숙하게 끝이 난다.

　　에필로그에 해당하는 마지막 장 [체육장]에서는 "신흥 이탈리아의 자랑(新興イタリヤの誇る)"인 올림피아 성전을 배경으로 제의적이고 축제적인 분위기가 연출된다. 신과 같은 위용으로 무솔리니가 등장하면 젊은이들은 스케이트, 줄넘기, 테니스, 활, 펜싱, 댄스, 승마 등의 각종 스포츠와 고대 로마의 전차 경주의 춤을 선보인다. 이러한 장면들은 고대 그리스의 제의를 연상시키지만, 통합과 몰입이라는 제의의 속성은 곧바로 "믿고, 따르고, 싸우자(信ずる、從ふ、鬪ふ)"는 파시스트 슬로건에 의해 정치 제의로 전환되고 있음을 볼 수 있다. 슬로건이 무대 위에 게양되자 기관총 부대가 이를 기념하는 팡파르를 울린다. 그리고 일본인 젊은이 한 명이 대표로 등장해 파시스트의 이탈리아에 축복의 인사를 보낸다.

여러분 지금 우리들은 무대로부터, 이탈리아의 발랄한 모습의 편린을 감상하였습니다. 우리들 일본의 젊은이들은, 이와 같은 신의가 두터운 친구를 둔 기쁨을 전 국민과 함께 하고, 나아가 점점 강하게 손을 맞잡고 우방 이탈리아의 영광과 발전을 마음으로부터 기도합니다. 이탈리아 제국 만세, 황제폐하 만세, 두체 만세!

일본과 이탈리아의 젊은이들이 '이탈리아 제국 만세'를 외치면 주제가가 다시 합창되고 출연자 전원이 퍼레이드를 벌이는 것으로 극은 종결된다. 연설과 구호, 행진이나 합창 등의 집단화된 행동의 의미에 관해서는 이미 서두에서 한 번 지적한 바 있는데, 마지막 피날레 장에서는 각종 스포츠와 기관총의 팡파르로 더욱 확대됨으로써 민족주의 의례의 기능을 더욱 확고하게 재현하고 있다. 파시즘과 나치즘의 정치 집회가 공유하는 이러한 제의적 기능은 민족이라는 대의명분 아래 개인을 통합하는 상징적이면서도 실용적인 역할을 한다. 도폴라보로(O.N.D.)에 의해 제시된 '새로운 인간(Uomo Nuovo)'은 이러한 기획된 절차에 의해 정신과 육체가 표준화·동일화된 파시즘의 이상적 인간형을 말한다.

그러나 이렇게 관리된 인간은 아도르노가 비판한 것과 같이 도구적 이성에 의해 소외된 인간이다. 놀랍게도 이 작품에서─극중 역사극의 실존 인물을 제외하고는─이름을 가진 등장인물은 없다. 유일하게 이름이 거명되는 것은 무솔리니 한 명에 불과하다. 작품에 등장하는 인물들은 모두 '남자', '여자', '엄마', '할머니', '할아버지', '소년', '소녀', '어린이', '젊은이', '군인', '여행자'로 불린다. 개인의 이름은 집단의 이름으로 삭제되고 무솔리니만이 파시즘을 대표하는 이름으로 칭송되는 것이다. 뚜렷한 등장인물 없이 파편적이고 병렬적으로 전개되는 플롯의 구성은 전체주의 사상의 본질을 대변하는 것이라고 말할 수 있다. 첫 장부터 마지막 장까지 일관성을 보여 주는 것은 오로지 '개인의 익명성'과 제국 역사의 신화를 부활시킨다는 파시즘의 '집단 논리'일 뿐이다.

2. 《새로운 깃발新しき旗》: 호명된 국민들의 노래

《새로운 깃발》은 추축국 시리즈 가운데 두 번째 독일편에 해당하는 작품이다. 《이탈리아의 미소》에 이어 같은 해인 1941년에 추축국 시리즈로 제작된 이 작품은 독일 중산층 가정의 한 자매가 농촌에서 근로 봉사하는 이야기를 중심으로 독일이 제1차 세계 대전에서 패배했지만 온 국민의 단합으로 새로운 승리를 거둘 것이라는 희망의 메시지를 전달하고 있다. 이 작품의 특징은 메시지 전달에 있어서 음악이 차지하는 역할인데, 작품 전체에 걸쳐 총 17편의 노래가 삽입될 만큼 극적 장치로서 비중 있게 활용되고 있다. 따라서 이 작품의 분석은 필연적으로 노래를 중심으로 이루어질 수밖에 없다. 작품의 구성은 전체 16경으로 되어 있지만, 각본의 지시에 따라 주요 장면만 모아 [잃어버린 깃발(상처 입은 종국에의 회상)], [새로운 깃발의 탄생(근로의 환희)], [빛나는 하켄크로이츠(전진하는 독일)]의 3부 구성으로 묶는 것도 가능하다. 실제로 《새로운 깃발》은 독일 제국의 과거-현재-미래의 시간의 흐름에 따르고 있

표 2 《새로운 깃발》의 전체 내용 구성

기본정보	제목: 《新しき旗》(日獨伊樞軸三部作 第2編)
	구성: 전 16경
	연출: 岡田恵吉(오카다 게이키치)
	공연: 花組 1941年 10月 26日 ~ 11月 24日 宝塚大劇場 초연
등장인물	게르트루트: 도회지의 유복한 가정 출신의 처녀이지만, 새로운 독일을 건설하겠다는 희망을 품고 히틀러 유겐트에 입단하여, 동생과 함께 노동봉사를 위해 시골로 떠남.
	에리카: 게르트루트의 여동생으로 언니와 함께 히틀러 유겐트에 입단하여 시골로 떠남.
	한스 베버: 게르트루트의 연인으로 전장으로 파병된 군인이며, 생사를 알 수 없음.
장별내용	[1경_새로운 깃발] 서곡과 1918년의 회상. 휴가차 베를린에 온 병사들의 노래와 화려한 무대가 펼쳐진다. 그러나 무대 위 시계가 반대로 돌아가며 시간은 1918년을 향해 역행한다.
	[2경_잃어버린 깃발] 1차 대전이 끝나갈 무렵으로 무대가 바뀌고, 베르사유 체제의 수립과 함께 독일 제국 붕괴가 선언된다.
	[3경_상처 입은 종국에 대한 회상] 독일 제국 몰락 후 거리는 폭동과 혁명으로 대혼란에 휩싸인다. 암울한 독일의 상황이 묘사된 뒤 노래 〈잃어버린 깃발〉을 합창한다. 어머니와 아이들은 독일의 패전과 독일 국민의 의무에 대해 이야기를 나눈다.
	[4경_새로운 깃발의 탄생] 소녀 한 명이 등장해 혼란과 퇴폐 가운데 나치가 대두했고 히틀러 총통의 새로운 깃발 아래 독일 제국이 재건되었다는 이야기를 한다. 소녀들이 지켜야 할 의무와 책임에 관해 웅변하는 가운데 노래 〈전진〉이 울려 퍼진다.
	[5경_봉사 출발] 부유한 도시 중산층 출신의 유겐트 소녀대원인 자매, 언니 게르트루트와 동생 에리카는 기차를 타고 시골로 봉사 활동을 떠난다.
	[6경_시골로] 자매들은 〈기차 여행〉을 즐겁게 부르며 목적지에 도착한다.
	[7경_영광] 팡파르 소리와 함께 근로봉사대는 아침 안개를 뚫고 하켄크로이츠 깃발의 게양식 노래를 합창한다. 여성 지도관은 독일 국민의 창조자로서의 독일 여성의 임무에 관해 연설한다.
	[8경_즐거운 노동] 무대는 농가로 변하고 게르트루트는 식사 준비를 한다. 게르트루트는 〈어린이는 천사〉를 즐겁게 부르고 에리카는 젖병을 들고 등장한다.
	[9경_땀의 수확] 황금색의 밭에서 히틀러 유겐트 소녀대원들이 농촌 노동봉사를 하고 있다. 〈독일 국토를 경작하자〉를 합창하고 열을 지어 윤무를 하는 모습을 통해 노동의 환희를 느끼는 소녀들을 묘사한다.
	[10경_이루어 냈습니다, 어머니!(편지의 장)] 게르트루트와 에리카가 농장에서 자신들의 사명을 잘 완수했다고 도시의 어머니께 편지를 보낸다. 노동은 무거운 짐이나 고통이 아니라 기쁨이자 행복이며, 선량한 병자를 보호하고 간호하는 일이 자신들의 의무라는 내용이다.

장별내용	[11경_새로운 깃발 아래 자라나는 어린이] 탁아소에서 아이를 맡아 키우는 보육 근로 여성들에 관한 이야기이다. 의사가 등장해 미래의 국가의 일꾼인 아기들의 중요성과 아기들을 잘 돌봐야 할 여성들의 임무와 세부지침에 대해 말한다.
	[12경_비행기] 수많은 비행기가 하늘을 어지럽히며 날아가는 '꿈과 같은 모습'을 환등(幻燈)으로 보여 준다.
	[13경·14경_비행기와 낙하산] 새벽녘 적지를 나는 비행기 조종사와 전진에 투하될 낙하산 부대원 사이의 기내 대화가 이어진다. 전쟁의 긴장된 분위기를 풀기 위해 잡담을 나눈 후, 준비를 마치고 진격하는 낙하산 부대원.
	[15경_무명전사의 묘지 앞에서] 국가를 위해 죽은 병사들을 조국의 순교자로 기리며 헌화하고, 합창곡 〈새로운 승리〉가 울려퍼진다.
	[16경_빛나는 하켄크로이츠] '발레 풍으로(무용), 발맞추어(제식), 합창, 행진'의 네 파트로 구성된 종막. 전원 행진하며 대단원의 막이 내린다.

는 것이 사실이다. 이 책에서도 이 3부 구조를 토대로 작품이 전달하고자 하는 내용과 프로파간다를 재현하는 다카라즈카 소녀가극 특유의 방식에 대해 살펴보도록 하겠다.

작품의 첫 번째 부분 [잃어버린 깃발]이 시작되기 전 도입 부분에서는 개막과 동시에 군인들의 노랫소리가 들려온다. 〈새로운 깃발 아래新しき旗の下〉가 씩씩하고 남성적인 뉘앙스로 합창되는 가운데 무대 한 편에서는 접시돌리기와 펭귄의 곡예, 얼룩말의 재롱, 마술 등을 보여 주는 것으로 에너지 넘치는 노래의 정서를 이어받는다.

〈새로운 깃발 아래〉

내일은 전지다 기운차게 출정하라

즐거운 추억을 가슴에 품고

자 출정이다 동쪽 하늘로

자 출정이다 총알이 빗발치는 속으로

자 출정이다 그대의 길

새로운 우리들의 깃발 아래

밝은 등잔 밑은 오늘이 최후다

씩씩하게 출정이다 조국을 지키러

자 출정이다 서쪽 저편으로

자 출정이다 하늘의 폭격

자 출정이다 그대의 길

새로운 우리들의 깃발 아래

조국을 향한 사랑은 작렬한다

동쪽도 서쪽도 승리의 함성이다

정벌로 공격으로 적지 깊숙이

나아가자 나아가자 독일

새로운 질서를 위해

출정하라 정벌하라

깃발이여 나아가라!

시작 부분에 첫 곡으로 배치된 〈새로운 깃발 아래〉는 작품의 메시지를 앞서 제시하고 또 그것을 강조하기 위한 서곡의 기능을 한다. 새로운 깃발 아래, 즉 나치의 지도를 통해 독일이 유럽의 신질서를 세우고 일본은 이를 존중한다는 삼국동맹조약의 주요조항이 그대로 투영된 호전적인 내용의 가사이다. 그러나 미래지향적인 도입부의 분위기는 갑자기 음악이 멈추면서 급변한다. 정지된 음악을 시그널로 무대 위에 설치된 시계는 반대로 돌아가고, 시간은 나치당이 집권한 1933년으로부터 독일의 제1차 세계대전 패배가 선언된 1918년을 향해 역행한다. 팀파니와 비브라폰의 타악기 소리가 교차되는 동안 "나선 모양으로 빙글빙글 도는 소리(螺旋のゆるむ様な音)"가 들려온다. 거대한 소리의 효과와 환등의 효과를 이용해 과거로 물러나는 기

묘한 시간을 청각적으로 암시하는 모습이다. 이와 함께 한 명의 여자가 나타나 각각의 시대를 대표하는 의상을 하나씩 벗는 것으로 퇴행하는 시간을 시각화한다. 이러한 독특한 장면 묘사를 통해 '깃발을 잃어버린' 1918년으로 무대는 전환된다.

1) 잃어버린 깃발(상처 입은 종국에의 회상)

때는 1918년 제1차 세계대전이 종전될 무렵이다. 젊고 아름다운 여자 가수가 나와 조국의 승리를 염원하며 6명의 소년들과 함께 〈독일 이겨라〉를 노래한다. 그러나 음악이 고조되면서 환등은 독일제국이 무조건적인 항복을 승인한 11월 11일을 어지럽게 보여 준다. 음악은 갑자기 멈추는 것으로 불길한 전조를 예고하고 신문 호외는 비보를 전한다. 무대에서는 독일의 패전과 굴욕적인 휴전조약, 파리평화회의에 의한 베르사유 조약이라는 "파괴적인 선언(破壞의宣言)"이 낭독된다. 이로써 1871년 군소 연방 국가들을 통일하고 빌헬름 1세 황제가 즉위하며 선포된 독일 제국은 붕괴한다. 비보를 접한 민중들이 독일의 깃발이 바닥으로 떨어지는 모습을 보며 눈물을 참지 못하는 풍경이 그려진다. 이 장면 역시 인물들 간의 대사나 노래의 삽입 없이 음향과 환등의 효과에 집중하여 패배의 사실을 받아들여야 하는 독일 국민들의 참담한 심경을 표현하고 있다.

이제 시간은 독일의 제1차 세계대전 종전 이후의 혼란한 국면으로 옮겨간다. 무대는 떨어진 깃발을 본 "민중들의 슬픔은 분노로 바뀌어(民衆が怒濤の如く悲しみから怒りへ)" 거리 곳곳에서 "폭동, 적색혁명, 시가전, 암살을 자행하며 피투성이 공포시대(暴動、赤色革命、市街戰、暗殺と血みどろな恐怖時代)"의 대혼란을 묘사한다. 기울어지기 시작한 기념탑은 독일의 추락을 상징적으로 제시하고 있다. 실제로 독일은 패전 이후 1919년 바이마르 공화국의 제2제국 시내로 이행하기 이전까지 정치적·경제적으로 매우 불안정한 시기를 겪어야 했다. 베르사유 조약으로 피해국에 배상금을 지불하고 영토의 많은 부분을 상실하며 외교적 불이익을 떠안아야 했던 독일은 다방면의 노력을 기울였음에도 불구하고 세계 경제가 대공황으로 치달으면서 자국의 경제 회복에 실패하고 결국 11월 혁명으로 독일 제정마저 붕괴되었다. 무대에서 재현되는 상황들은 바로 이 시기의 일이다. 〈잃어버린 깃발見失へる旗〉은 어린 아이들의 눈에 비친 독일의 미래에 대한 두려운 심정을 들려주는 노래이다.

〈잃어버린 깃발〉
깃발이여 우리들의 깃발이여 어디에 있는가
조국
우리들의 잃어버린 길이여
조국 우리들의 깃발은 어디에 있는가
우리들의 길은 어디에 있는가
깃발도 없이 길도 없이
조국은 어디에 있는가
헤매고만 있는 우리들이 간다 해도
조국은 어디에 있는가
눈길을 간다면 희망은 어디에
조국 우리들의 깃발
구원을 찾아
우리들 길을 간다
깃발이여 어디에 있는가

어린 소녀와 남자 아이들의 노래가 끝나고 어머니와의 대화가 이어진다.

독일이 용감하게 싸웠는데 왜 전쟁에서 졌는지, 아버지는 왜 돌아오시지 않는지 묻는 아이들의 질문에 어머니는 독일은 패배한 것이 아니며 단지 신께서 시험하시는 것이라는 답으로 나약해질 수 있는 아이들의 마음을 다잡는다. 그러나 아이들의 반응은 오히려 더욱 비장하다. 이들의 대화 내용을 살펴보자.

> 여자: 이제 말해 줘야겠구나. 독일도 아버지도 결코 진 것이 아니다. 신께서 아주 잠깐 동안 독일이 더 큰 승리에 필요한 강한 힘을 가졌는지 아닌지 시험해 본 것이지. 의심한다거나 우왕좌왕해서는 안 된다. 만일 승리가 물거품이 된다 해도 독일의 땅은 그대로일 테니, 이 위대한 독일이 패전의 오명을 뒤집어 쓴 채 세계의 끝으로 가라앉아 버리는 일은 절대로 있을 수 없다. 너희들은 어떤 일이 닥쳐도 독일과 운명을 같이하고 최후까지 용기를 갖고 쾌활하게 책임과 의무를 다하는 진정한 독일 국민이 되지 않으면 안 된다.
>
> 남자아이: 어머니, 저는 전쟁의 아이에요, 어떤 일이든 참아 낼 수 있어요.
>
> 여자아이: 어머니, 저건 뭐에요?(탑을 가리키며)
>
> 여자: 독일의 운명의 상징이다.(일곱 명의 남자가 나타난다.)
>
> 남자아이: 일곱 사람이 받치고 있지만, 버틸 수 있을까요.
>
> 여자: 큰일이다. 하지만 이제 빵을 구하러 간 사람들 중에서도 일에 함께 동참하는 용감한 독일인이 아주 많이 생기고 있구나. 확실히 뭉치면 크게 되는 법이다.
>
> 남자아이: 어머니 저도 가겠어요.
>
> 여자: 너는 아직 아이야. 아이에게는 아이의 의무가 있단다.
>
> 남자아이: 씩씩하고 강한 청년이 되는 것이에요.
>
> 여자아이: 어머니, 여자아이는 안 되는 거예요?

여자: 여자고 남자고 없다.

남자아이: 이제 결심했어요. 다 큰 다음에 도울 거예요.

여자아이: 그때까지 쓰러져버리면 안되니까.

　

여기서 여자는 아이들의 아빠와 동일시되는 조국 독일이 언젠가 반드시 승리할 것이라는 확신과 진정한 독일 국민으로 성장해야 할 이유에 대해 아이들에게 가르침을 주고 있다. 여자의 대답은 아이들이 독일 국민으로 성장하는 과정, 즉 한 자연인이 국가에 의해 국민으로 호명되는 과정을 단적으로 보여 주고 있다는 점에서 이 작품에서 매우 중요한 대목이다. 아버지가 부재한 상황에서 아이들의 어머니는 아버지를 대신해 아이들을 국민으로 호명하고 있다. 여자는 태어나는 것이 아니라 만들어지는 것이라는 시몬 드 보부아르(Simone de Beauvoir)의 유명한 말에서와 같이 국민은 국가와 이데올로기의 '호명(Interpellation)' 과정을 통과함으로써 주체로 거듭난다. 이렇게 호명을 받은 존재는 '주체'이지만 '주체적'일 수 없다. 이 작품 속에 나타나는 국민으로 호명된 자들이 부르는 노래 속에 개인의 모습 대신 국가의 모습만이 뚜렷하게 드러나는 이유는 여기에 있다. 어머니가 아이들을 독일 국민으로 불러낸 것처럼, 이후 작품은 아버지, 어머니, 어린이, 청년의 다양한 이름으로 소환된 국민들에게 끊임없이 본연의 의무와 책임을 노래하게 한다.

2) 새로운 깃발의 탄생(근로의 환희)

2부의 무대는 구슬의 암시로부터 시작된다. 각본의 설명에 따르면 무대 위로 밝은 색의 구슬이 하나씩 둘씩 굴러 나와 구술의 숫자가 점점 많아지고, 신선한 봄의 태양을 받는 초록색의 잔디가 배경으로 펼쳐진다. 경쾌하게 구르는 구슬과 초록의 색채는 암울했던 패전의 기운으로부터 벗어나 새로운 국면이 시작되었음을 알리는 시그널이다. 새로운 깃발, 즉 나치즘이 탄생한 것이다. 그리고 이렇게 희망적인 분위기 속에서 소녀 한 명이 나타나 관객들을 향해 이야기를 시작한다.

> 소녀: 세계대전에서 독일은 이백만의 충성스럽고 용맹한 국민들을 희생시켜, 그 고귀한 피로부터 국민의 가슴 속에 『새롭게 태어나 일어나자』는 재기의 꿈이 큰 결실을 맺기 시작했습니다. 전율할 온갖 고난도 새로운 건설을 위한 희생으로서 견뎌왔습니다. 이 신에 가까운 희생적인 정신이 없었다면 새로운 오늘의 독일은 없었을 것입니다. 혼란과 퇴폐의 한가운데에서 나치가 대두하여 새로운 깃발의 아래에서 전 독일민족은 단결하고 저주와 파괴의 시간이 흘렀던 그 몇 년 동안에도 경사스러운 민족의 성장이 은밀하게 준비되어 있었던 것입니다. 젊은 의지와 힘의 싹틈, 새로운 청년운동, 새로운 깃발, 새로운 세계관, 이 모두가 새롭게 생겨나 히틀러 총통이 이끄는 젊은 독일 제국은 강력한 독수리의 날갯짓처럼 일어섰습니다. 소녀들도 새로운 도덕, 아름다운 이상을 향해 도야합니다. 물질적인 아름다움이 아닌 장래 대 독일 국민의 어머니로서의 충실한 심신의 조화는 그녀들의 아름다움의 최대 이상이자 도덕입니다. 『믿음과 아름다움』, 젊은 독일의 탄생, 그녀들은 이렇게 단련합니다.

'소녀의 이야기'가 끝나자 구슬을 쫓아 나온 32명의 소녀들이 씩씩하게 운동하는 모습을 재현해 보여 주는데, 이는 심신의 아름다움을 갖추기 위해 단련한다는 소녀의 마지막 말을 행동으로 직접 보여 주는 장면이다. 이렇게 그녀가 하는 이야기는 자신과 같은 소녀들, 더 나아가 여성들이 갖춰야 할 규범에 관한 것이다. 소녀들은 "장래 대독일 국민의 어머니(將來大ドイ

ッ國民の母)"가 되기 위해 몸과 마음을 갈고 닦아야 하며, 이는 곧 히틀러의 제3제국의 승리를 위해 이들에게 특별히 주어진 의무와 책임을 의미한다. 독일 여자의 임무는 이후 노동봉사 현장에서 유겐트 소녀대원 지도관에 의해 다시 한 번 상기된다.

> 지도관 여자: 당신들은 독일의 여성으로서 항상 우리 국민의 창조자라는 자각을 가지고 힘든 생활을 아름다운 생활로 바꾸는 것을 배우지 않으면 안 됩니다. 근로봉사는 곧 건설이며 독일 민족에 대한 긍지 높은 희생적인 봉사인 것입니다. 우리들은 그렇게 생활을 기쁘게 하지 않으면 안 되며, 살아 나가지 않으면 안 되는 것입니다. 자, 준비는 되었습니까, 각자의 임무를 멋지게 완수합시다.
> 일동: 하일, 히틀러!

지도관 여자는 소녀대원들에게 근로봉사의 숭고함에 대해 연설하고 있지만, 소녀의 이야기에서와 마찬가지로 독일 국민의 창조자인 어머니의 역할을 강조한다는 점에서 사실상 같은 이야기를 하고 있다. 몸과 마음의 조화로운 아름다움을 "새로운 도덕(新しい道德)"으로 요구받은 소녀들은 결국 앞선 어머니와 아이들의 대화에서 지적된 '호명된 국민'의 연장선에 있는 존재임이 드러나는 것이다. 이어서 등장하는 〈전진前進〉은 호명된 국민들이 불러야 할 노래로서 소녀 및 지도관 여자의 말과 매우 적절하게 공명한다.

〈전진〉
나아가자 나아가자 즐거운 소리는 울려 퍼진다
나아가자 나아가자 무엇이 두려우랴
도이칠란드 영광되게 나아가라

우리들 죽는다 하여도

나아가자 나아가자 즐거운 소리는 울려 퍼진다

나아가자 나아가자 무엇이 두려우랴

가는 길 멀다 하여도 우리들은 가리라

깃발은 펄럭이며 나아간다

내일을 떠맡은 것은 우리들

우리들은 히틀러를 위하여

또 자유를 위하여 밀고 나아간다

깃발은 펄럭인다

이 깃발이야말로

새로운 시대의 정신을 가리키며

시체를 넘어서 나아간다

−폰 쉬라흐 작

이 노래는 독일 SA 돌격대장 및 히틀러 유겐트 대장 출신의 발두르 베네딕트 폰 쉬라흐(Baldur Benedikt von Schirach)가 동맹국인 일본과의 우호관계를 확인한다는 의미에서 추축국 시리즈에 삽입될 음악으로 직접 창작한 것이다. 나치즘에 부역했던 그의 화려한 이력14)과 돌격대 대장이라는 특수한 위치를 고려하면 오히려 나치즘의 전쟁 동원 이데올로기로 무장된 이 노래로부터 역설적인 진정성을 읽게 된다. 그러나 동원의 이데올로기는 반드시

---

14) 국가사회주의 독일 노동자당의 최고위급 인사였던 그는 이외에도 독일 국회의장, 빈(Wien) 총독 및 대관구 지휘자, 학생연맹지도자, 히틀러 유겐트의 회장, 제국대관구의 지도자, SA 돌격대 대장을 역임했으며 그 공로로 철십자 훈장을 받았다. 베를린의 유대인 수용·학살에 관계한 전과 때문에 뉘른베르크 전범재판 중에서도 가장 중죄인을 심판하는 '전쟁범죄 수괴 재판'에서 금고 20년형을 선고받고, 슈판다우(Spandau) 전범형무소에서 복역했다.

日・獨・伊蜀祖三郎作 作品第二 獨 進 曲
新しき旗
前 進

そそ そそ すずい ヒビ ……

ダイ…イ…アンド …… レ ツ レ ン …トゥ ……

ダイ…イ…ア…キ…ズ…ム

の…ハ…ラゥ…ズ…ズ…ム   デス…デ …ナ…ラヴィ…レ…タ

그림 11 〈전진〉의 악보

전쟁터에만 국한되는 것은 아니다. 〈전진〉은 일상생활 속에서 동원되는 노동력으로서 국민들을 불러내고 있기 때문이다. 이러한 의도에 걸맞게 노래는 주관적인 표현을 최소화하고, 1도와 5도를 반복적으로 움직이는 단조로운 화성 변화를 통해 전시하의 국가적 목표를 가장 간결한 형식으로 제시하고 있다. 노래가 끝남과 동시에 등장하는 것은 도회지의 한 중산층 가정의 자매들이다. 시골 마을로 봉사활동을 가기로 예정되어 있는 이들은 언니 게르트루트와 동생 에리카로 작품의 주인공인 유겐트 소녀대원들이다. 황급히 여행 채비를 마친 자매는 기차를 타고 "아름다운 숲과 잔디(美しい森と芝草)"가 기다리고 있는 시골로 떠난다.

〈기차 여행〉

여행은 즐거워라

소녀들의 꿈을 싣고

기차는 간다

창문에는 높고 흰 구름 흐르다가

또 사라져 간다

여행은 유쾌하여라

아름다운 숲 해에 빛나는 호수

조용한 거리

우리들의 국토 아름다운 나라

〈기차 여행〉의 노래를 부르며 목적지인 시골마을에 도착한 자매들은 중산층 가정의 자녀에서 국가의 자녀로 변신한다. 작품은 자매들의 농촌 봉사를 시작으로 일상생활에서 자신의 소임을 다하는 국민들의 모습에 스포트라이트를 맞춘다. 농가에서 가사 일을 돕는 게르트루트 자매, 농촌 노동 봉사에 전투적인 자세로 임하는 유겐트 소녀대원들, 그리고 탁아소의 근로여성들, 이 여성들은 지도관 여자의 지시를 따라 "기쁘게 생활하며(生活を喜んで)" "힘든 생활을 아름다운 생활로 바꾸는 것(困難な生活を美しい生活にする事)"을 실천하고 있다. 노동은 고되지만 이들은 끊임없이 기쁨의 노래를 부르고 있다. 이들의 노래를 차례로 소개하면, 먼저 농가에서 식사 준비와 아이 돌보기를 거드는 게르트루트의 노래이다.

〈어린이는 천사〉

어린이야말로 천사

추악함을 모르는 신의 아이

그 눈동자에 주옥이 깃듦은

아침 이슬의 빛남

둥글고 앙증맞은 손들로

힘을 주어 쥐고서

할머니 할머니 하고

아장아장 뒤따라간다

붙들어 보면 재주를 넘어 보이고

할머니도 할 수 있어요? 하고

득의양양하게 미소 짓는다

어린이야말로 천사

피로해진 마음도

눈이 돌아갈 만큼 바쁜 것도

사라져 버리는 미소를 띠는

어린이야말로 신의 은혜

두 번째, 황금색의 들녘으로 바뀐 무대에서 히틀러 유겐트 소녀대원들은 수확을 거들며 결실의 환희를 노래한다. 소녀들은 대사 없이 합창과 윤무를 통해 독일 국토에 대한 넘치는 사랑과 신성한 노동의 기쁨을 표현하고 있다.

〈땀의 수확〉

독일 국토를 경작하세

우리들의 손이 닿는 곳

그곳에 독일의 발전이 있다

신성한 대지에 씨를 뿌리세

새로운 씨를

독일의 국토에 뿌리를 내리고

곡물이여 열려라

우리들 경작하는 이들이야말로 미래의 인간

독일에의 봉사야말로

우리들 남자의 우리들 여성의

최고의 권리, 지고의 의무

곡물은 멍석에 흘러넘치고

기쁨은 가슴에 흘러넘친다

어디까지 계속되는가

소용돌이치는 황금의 해원

풍요롭게 휘어지는 보리의 이삭들을

석양의 향기로운 바람이 넘어 오면

보리의 해원 일렁인다

몸을 흔드는 황금의 파도가 밀려온다

우리들도 지지 않고 대지에 서면

기쁨은 눈물로 흐르고

자랑스럽게 소리쳐라

하늘에 춤추는 구름도

하늘을 찌르는 보리수도 노래하라

흙과 함께 살아가는 노래

땀을 흘리고서야 아는

환희의 노래를

농가 무대는 탁아소로 바뀌며 마지막 세 번째 노래 〈우리들 어머니〉가
등장한다. 작품에서 탁아소라는 공간은 미래의 독일 국민을 육성하는 산실
이라는 중요한 의미를 부여받고 있다. 구체적인 이유는 지문을 통해 상세
하게 설명되고 있는데, 아기들은 장차 과학자, 예술가, 의사가 되어 국가의

일꾼으로서 역할을 다할 것이기 때문이다. 이어지는 의사의 말은 여성들의 건강에 관한 의무이다. 의사의 말을 정리하면 다음과 같다. "그대들은 '국가의 것(国家の物)'이므로, 가장 중요한 것은 건강관리이다. 그리고 건강을 위한 세부지침으로 신선한 과일을 먹을 것, 건강한 치아를 유지할 것, 9시간 이상 수면을 취할 것, 유독하며 성장을 방해하는 니코틴·알코올·커피를 줄일 것, 신체검사를 필수적으로 받을 것(汝の身體は国家のものである、国家に対し健康であるべき義務をもつ、光と空気と水に親しめ、コーヒはコーヒ好きの伯母さんにまかせ、君は水分の多い新鮮な果物を食べよ、強い健康な歯を造れ、少くとも九時間は眠れ、ニコチンとアルコールをさけよ、それは有毒で君の成長と體力を妨げる、續いて肺活量を検査する歯を見せる)"을 지시하고 있다. 건강은 국민의 의무이며, 따라서 소녀들은 건강하고 아름다운 신체를 가질 수 있도록 노력해야 한다는 말이다. 의사의 교훈적인 설명과 함께 등장하는 〈우리들 어머니〉는 8명의 근로여성들이 어머니로 분하여 함께 부르는 합창곡이다.

〈우리들 어머니〉
아기에게는 규칙적인 식사와
신선한 공기가 무엇보다 중요한 것
우리들 이렇게 보여도
모든 것을 떠맡은 어머니
안심하시고 맡겨 주세요
귀여운 따님들과 도련님들을
우리들 상냥하게 어머니 대신하여
공들여 보살핍니다
걱정 마시고 일해 주세요
중요한 일을 쉬지 않도록

아기는 문제없습니다

맡겨 주세요

(우유를 먹이며)

남김없이 깨끗이 마시는 거예요

(우는 아이 있으니)

부족하다며 우는 것은 누구입니까

울어 주세요 우는 것은 보약이에요

우는 아이는 폐를 튼튼하게 해서 건강합니다

활발하게 움직이세요, 키가 자라고 살이 찐답니다

우리들 무엇이든 알고 있는 어머니

여성들이 부르는 이 세 편의 노래는 예외 없이 노동의 신성한 기쁨과 자신들의 의무에 관해 말하고 있다. 여기에 개인적인 감정이나 비판적인 의견의 표현은 있을 수 없으며, 오로지 공동체의 도덕만이 이야기될 뿐이다. 남성들이 전선에 나가 직접적으로 국가를 지키는 임무를 수행한다면, 여성들은 일상생활, 즉 총후(銃後)의 임무를 완수함으로써 남성들을 보조하는 일이 이들의 의무이다. 이는 삼국동맹에 속한 세 국가 체제 모두에서 나타나는 규범화된 인식이다. 이들이 부르는 노래는 '호명된 국민들의 노래'로서 이러한 규범적 인식을 여실히 반영한다. 한편 여성들의 총후를 다루었던 무대는 이제 남성들의 영역을 향해 나아간다. 합창곡 〈하늘의 꿈〉은 비행기 모형을 든 소녀들이 부르는 공군의 위대함에 관한 노래로, 여성들의 영역인 총후로부터 전투에 참여한 남성들의 영웅적인 이야기로 넘어가기 위한 가교 역할을 한다.

〈하늘의 꿈〉

하늘에 높이 띠워라 우리의 꿈

하늘을 찌르며 날아라 우리의 희망

하늘은 우리들의 꿈

날개 빛내며 구름 위를 날아라

사나운 독수리[15] 날개를 털고

하늘이야말로 희망 사내의 꿈

자아 가자 하늘을 찌르자

우리들은 영웅 하늘의 강자

동경하는 리히트호펜

꿈의 임멜만

밤의 불빛(폭탄) 끊임없이 적지에 떨구고

적지와 다리를 점령하여 지키는

용감하기 비할 데 없는 낙하산부대

자 영원히 빛나라

하늘의 강자

3) 빛나는 하켄크로이츠[16](전진하는 독일)

마지막 3부 빛나는 하켄크로이츠가 시작되기 전, 독일을 위해 희생한 군인들을 기억하는 추모의 공간이 마련된다. 무대는 "마치 꿈과 같이(夢の様に)" 수많은 비행기가 하늘을 어지럽히며 날아가는 모습을 환등 효과를 이용해 환상적으로 처리하고 있다. 이 작품의 그로테스크한 장면에서 자주 쓰인 환

---

15) 사나운 독수리(荒鷲)란 하늘의 용사, 용감한 비행기 조종사를 의미한다.
16) Hakenkreuz, 아돌프 히틀러와 나치의 상징(卐).

등 효과는 이 경우 앞 장의 배경이었던 노동의 현실적인 장소로부터 거리를 두고, 삶의 세계에서 죽음의 세계로 시간과 공간을 전이시키기 위한 일루전(illusion)의 극적 장치라고 볼 수 있다. 무대 위에는 무명전사의 묘지 앞에 병사들과 사관이 꽃다발을 헌화하며 이들의 희생적인 업적을 기린다. "너희들의 피는 무의미한 것이 아니다. 우리는 패한 것이 아니다. 너희들은 조국의 순교자, 승리자이다. 우리는 암흑의 세계에 빛을 가져올 의무가 있다(君の血は無駄に流されたのではない。戰ひに敗れたのでもなく…ドイツ祖国の殉教者であつたのだ…諸君は勝利者なのだ…我々はこの暗黒の世界に光をもちこむ義務をもつて居る)"라는 마치 비석의 문구와 같은 추모의 문장과 함께 〈새로운 승리〉가 등장한다. 여기서 노래를 부르는 행위는 곧 죽은 자를 기억하는 행위와 같은 것이다. 죽은 자들은 말이 없지만 산 자들에 의해 '영웅(英雄)'이라는 이름으로 불려 나와 신화화된 존재로 현실 세계를 맴돈다.

〈새로운 승리〉
천상에
회색의 철갑
태양과 같이, 빛나고
새로운 깃발 나부낀다
조국의 땅을 보라
그 깃발 휘날리는 것이야말로
기개 높은 충절에 대한 경의이다
조국의 감사의 증표
빛나는 승리의 펄럭임
천상에
회색의 철갑

태양과 같이 빛나는

새로운 깃발 펄럭이며

조국의 흙을 보라

그대 충절의 영웅이여

서두에서 지적한 바와 같이 이 작품은 노래를 중심으로 전개되는 것이 특징이다. 특히 여성들의 노동 현장 이후 그러한 경향은 더욱 심화되어 메시지의 전달이 음악적인 발화 방식에 의존하는 모습을 살펴볼 수 있다. 〈새로운 승리〉를 통해 과거-현재-미래의 시간이 중첩되며 작품은 피날레인 빛나는 하켄크로이츠로 들어선다. 마지막 장에 해당하는 이 부분도 대사 없이 네 파트의 합창과 행진만으로 구성되고 있다.

1) 발레 풍으로…

끓어오르는 환희를 억누르고 지그시 기를 바라본다

즐겁게 도약해 나가는 기쁨의 힘은 그대 자신의 것이다

폭발시켜라 청춘의 찬가

새로운 깃발 아래에 살아가는 기쁨

2) 발을 맞추어 나가며…

모두 맞추어

발을 들어라 높이 서라

기계와 같은 정확함을 가지고

너의 생명의 율동을 큰 북과 같이 강하고 용맹스럽게 처라

3) 합창

엄숙한 이 넓은 부지

노래의 기교의 드높음

영원히 길게 울려라

우리 그대여 영광되어라 헤르만이여

오 기쁨 넘쳐흐른다

이 궁전은 빛나느니

언제까지도 이름을 떨처라

오 그대

만세 만세 헤르만이여

영원히 울려퍼져라

멀리 울려라 울려퍼져라

영원히 울려퍼져라

만세 우리의 그대

만세 만세

4) 행진
나아가라 새로운 깃발 아래 위풍당당한 독수리 아래에서 행진하라

이렇게 경쾌한 선율과 리듬의 여운을 남기며 참가자 전원이 행진하는 것
으로 막은 내려진다. 내용적인 측면에서 이 작품은 일·독·이 삼국동맹조약
의 주요 안건을 그대로 각본에 반영함으로써 유럽 신질서의 건설과 그 성
공을 위해 독일 국민이 맡은 의무를 주제로 다루고 있다. 여기에는 다양한
연령과 직군에 속한 자들이 등장하고 있으며, 이들은 자신들의 의무와 그
의무를 완수한 데서 오는 희열을 공통적으로 말하고 있다. 한편 형식적인
측면에서 보았을 때 이 작품의 재현방식상의 특징은 첫째, 스토리를 이끌어
나가는 주요 등장인물이 두 명으로 매우 적은 반면 공동체를 구성하는 요
소로서의 개인은 다수 등장하고 있다. 둘째, 특별한 플롯 또한 나타나지 않

으며, 파편적으로 나열된 봉사의 현장들을 콜라주 방식으로 보여 주고 있다는 점이다. 셋째, 대사 또한 대화보다는 연설, 훈계의 방식으로 처리된 경우가 많다. 넷째, 환상적인 기법이 많이 등장하는 것도 이 작품의 두드러지는 특징이다. 몽타주나 환상적 기법은 다카라즈카 소녀가극에서 빈번하게 사용되는 재현 방식이라는 점에서도 주목할 필요가 있다. 마지막으로 이 작품의 가장 중요한 극적 요소는 노래라는 점이다. 그리고 그 노래들은 호명된 국민들이 부르는 노래라는 점에서 가장 큰 의미를 찾을 수 있다. 이렇게 특징적으로 사용된 극적 장치들은 이 작품이 전형적인 이데올로기 선전을 위한 것임을 명징하게 드러낸다.

제5장

대동아공영권 시리즈
대동아 신질서 확립의 서사

1. 《몽골モンゴル》: 여행에 내재된 식민주의적 욕망

대동아공영권1) 시리즈의 포문을 여는 《몽골》은 우즈 히데오(宇津秀男)의 연출로 1941년과 1942년 세 차례에 걸쳐 도쿄·오사카·나고야의 다카라즈카 전용극장에서 상연되었다. 몽골의 사막을 배경으로 하는 이 작품은 중국인 주대와 왕오가 몽고 지역을 여행하는 일종의 여행기이다. 실제로 연출가 우즈 히데오는 각본 작업을 앞두고 몽고에 사전 답사를 다녀왔다. 그의 몽골 기행문2)에 따르면 작품에 등장하는 인물과 장소, 전통 문화 등이 모두 현지 조사 과정을 통해 학습된 것임을 알 수 있는데, 특히 내몽골의 수장인 덕왕(德王)3)은 우즈 히데오 일행의 몽골 여행을 안내해 주는 등 작품 제작에

---

1) 대동아공영권(大東亞共榮圈)은 대동아공영론(大東亞共榮論)을 사상적 토대로 한다. 대동아공영론이란 2차 고노에 내각(1940~1941년) 초기부터 패전 직전의 스즈키 내각(1945년) 시기에 이르기까지 전 시기 일본의 핵심적 대외 정책을 일컫는다. 대동아공영론은 영미귀축으로 대표되는 연합군에 맞서 생존권을 사수하기 위해 일본을 중심으로 일본권(조선 포함), 중국권(중화민국·대만·만주국·내몽골), 동남아권(필리핀·버마·태국·말레이시아·인도네시아)을 아우르는 거대한 권역을 하나의 대동아공영권으로 만들어 경제적·군사적 연맹 체제를 구축한다는 사상이다. 특히 1943년 공영권 내의 주요국 수뇌부가 참석한 대동아회의(大東亞會議)에서는 도조 히데키를 중심으로 대동아공동선언(大東亞共同宣言)이 채택·선포된다.

2) 宇津秀男, 「蒙疆見聞記 蒙疆を往く」, 『歌劇』, 1941年(昭和16年), 15~20.

실질적으로 큰 도움을 주었다고 한다.《몽골》의 주인공인 왕오와 주대의 여행 경로는 덕왕이 안내해 준 경로와 실제로 일치하고 있다. 이처럼 작품의 기본적인 구성은 정확한 사실에 근거를 두고 있다. 그러나 이 작품이 보여 주고자 하는 몽골은 일본이 세운 괴뢰국의 지도자가 안내하는 몽골이자, 제국주의 일본의 시선이 투영된 몽골이다. 이러한 이유로 큰 위기 없이 코믹하고 단편적인 에피소드들을 엮어 마치 만화경처럼 나열해 놓은 것이 이 작품의 특징이며, 전반적인 분위기 또한 가볍고 유쾌하다. 그러나 그 웃음과 재미 뒤에는 '은폐된 것'이 존재한다. 몽골 여행에서 그 은폐된 것을 찾아내는 일이야말로 이 작품을 분석하는 가장 큰 의미일 것이다.

무대 위에는 "몽고연합자치정부4)의 시정강령(蒙固自治政府の施政綱領)"이

---

3) 덕왕(德王) 데므치그돈로브(德穆楚克棟魯普)는 몽골의 칸(汗)으로, 청조 말기 중앙정부의 통제력이 약화되자(내)몽골의 독립을 위해 일본과 협력하였다. 그러나 일본은 칸으로서의 덕왕의 지위를 이용하여 일본의 괴뢰국인 몽강연합자치정부를 수립하고 덕왕을 국가주석으로서 내세웠으나, 주석에게는 아무런 실권이 없었으며, 몽강연합자치정부는 국가로서의 기능을 부여받지 못했다.

4) 몽강연합자치정부(蒙疆聯合自治政府)는 1936년부터 1945년까지 현재의 내몽골자치구 근방에 존재했던 일본국의 괴뢰국을 말한다. 내몽골의 칸(汗)인 덕왕(德王) 데므치그돈로브는 장가구(張家口)를 수도로 삼아 하북, 산서 및 내몽골에 이르는 영역을 아우르는 방대한 영토를 확보했으나, 몽강연합은 국가로서의 기능을 대부분 부여받지 못하고 일본국의 괴뢰정부로서 존속했을 따름이다. 이와 같은 내몽골 칸의 친일적 행보는 청의 강희제(康熙帝) 이후로 분리된 내(内)몽골과 외(外)몽골 간의 씨족 간의 갈등을 더욱 심화시켰다. 또한 일본 관동군은 몽강연합자치정부의 영토를 구획하면서 만주족,

표 3 《몽골》의 전체 내용 구성

기본정보	제목: 《モンゴール》
	구성: 전 12장 18경
	연출: 宇津秀男(우즈 히데오)
	공연: 月組 1941年 9月26日 ~10月24日 宝塚大劇場 초연
	月組 1942年 2月4日 ~2月15日 名古屋宝塚劇場
	月組·雪組 1942年 1月1日 ~1月30日 東京宝塚劇場
등장인물	주대: 몽고와 교역활동을 하기 위해 북경에서 온 손님
	왕오: 주대를 모시는 하인
	월매: 왕오의 처
	맹장: 보테이 아라크, 察哈爾[6](차하르) 지역의 부족장(汗)
	우에룬: 맹장의 여자 종
	아루탄: 맹장의 남자 종
	죠논가: 맹장의 딸, 일본 유학을 희망
	토모로치린: 맹장의 아들, 몽기학교(蒙旗學校)에서 수학 중
	메루킷토: 맹장의 시종장
	활불: 라마불교의 고위 승려
장별내용	[1장_몽고족] 아름다운 몽고의 풍경에 대한 묘사. 북경에서 몽고로 교역하러 온 손님 주대와 그 하인 왕오가 등장하여 관객에게 작품을 소개한다.
	[2장_聖人 칭기즈칸] 칭기즈칸의 찬가를 부르는 남녀들에 의해 춤과 노래의 장이 펼쳐진다.
	[3장_북경의 손님] 몽골의 아가씨들은 북경 손님 주대의 외모와 인품에 감탄하고, 왕오와 월매는 우스꽝스러운 대화로 해프닝을 벌인다.
	[4장_모훈녀] 어머니가 딸에게 가르치는 여자의 운명에 대한 노래인 모훈녀(母訓女)가 등장한다. 주대와 맹장의 대화에서 주대는 몽고인의 순수함을 칭찬하고, 맹장은 몽고의 평화가 일본국의 지도 덕분이라며 일본을 찬양한다.
	[5장_양치기와 어린 양] 몽골의 유목 풍습을 묘사하기 위해 양치기와 양의 노래 및 양들의 귀여운 코믹 댄스가 이어진다.
	[6장_몽고파오] 몽골인의 전통적 주거양식인 이동식 천막집에 대해 설명한다. 몽골식의 현악기인 마두금을 연주하는 노인이 칭기즈칸의 무용담을 젊은이들에게 이야기한다. 맹장의 집사 메루킷트는 주대를 맞이할 대연회 준비에 한창이며, 그 와중에 왕오는 양을 도살하려고 칼을 준비하는 메루킷트가 자신을 죽이려는 것으로 착각한다.

한족(漢族), 내몽골 씨족, 외몽골 씨족 간에 이이제이식의 민족갈등을 꾀했다. 이후 몽강연합자치정부는 정부로서의 기능을 상실한 채 존속하다가, 일본의 패색이 짙어 가던 1945년 외몽골군과 소비에트의 공격으로 멸망했다.

장별내용	[7장_향연의 밤] 주대·맹장·활불이 대연회의 상석 자리에 모여 동아민족의 융성을 기원하며 축배를 든다. 주대는 맹장과 그의 자녀 죠논가와 토모로치린에게 선물을 바친다.
	[8장_사막의 궁전] 결혼을 약속한 죠논가와 소노도무가 기러기의 노래를 부른다.
	[9장_왕오의 꿈] 꿈에서 몽골군에 붙잡힌 왕오는 중국에 대한 정보를 주고 목숨을 구걸한다. 그 대가로 아름다운 무희 로즈문다를 포상으로 받았으나 사실 그녀는 왕오의 처 월매였다.
	[10장_대상] 왕오는 꿈에서 깨어나고, 대상(隊商)의 노래를 부른다.
	[11장_한가루챠뮈] 악귀를 쫓고 복을 비는 몽골 라마불교의 한가루챠무 축제가 합창과 함께 시작된다.
	[12장_라마 제전] 라마불교 제전의 모습이 상세하게 묘사된다. 라마승들을 중심으로 각종 춤과 노래를 통해 악마를 꾀어내어 단도로 죽이는 항마와 강복의 의식이 화려하게 펼쳐진다. 일동 주제가 〈나아가자 몽골〉을 합창하며 막이 내린다.

라고 적힌 커튼이 내려져 있다. 하수(下手)6)에 설치된 마이크 앞에서 몽고인
16명이 〈나아가자 몽골進め蒙固〉를 합창하는 가운데 몽고족 아가씨 30인이
합창에 맞춰 춤을 춘다. 뒤이어 등장하는 아가씨들이 〈아가씨의 노래〉를 부
르는 것으로 극은 시작된다. 두 개의 합창곡은 작품 전반에 걸쳐 가장 많이
삽입되는 주제가인데, 〈아가씨의 노래〉는 특히 1장과 마지막 12장을 포함
해 총 7번이나 등장하며 유기적인 극의 전개에 있어서 중요한 역할을 하고
있다.

〈나아가자 몽골〉
나아가자 몽골 넓혀 가자 몽골
약진몽고는 우리의 몽골

---

5) 察哈爾는 몽골의 차하르 부족에 기원을 둔 지명이며 중국어로는 차하얼(Cháhǎěr), 몽
   골어로는 차하르(Chahar, Chakhar)로 읽힌다.
6) 上手(かみて)와 下手(しもて)는 무대의 좌와 우를 구별하는 용어이다. 상수는 무대의 왼쪽
   (객석에서 봤을 때 오른쪽)을 말하며, 하수는 무대의 오른쪽(객석에서 봤을 때 왼쪽)을
   말한다.

몽강오맹(蒙彊五盟)은 백육기(百六旗)

지금이야말로 넓혀나가세 우리 몽골

동아의 맹주로부터 가르침을 받아

평화로운 몽고를 일으켜 세우세

칭기즈칸(成吉思汗)의 유지를 받들어

눈뜨고 일어나라 우리 몽골

〈아가씨의 노래〉

먼 여행이라면 낙타를 타고

몽고는 좋은 곳 꿈의 나라

아름다운 아가씨의 그 모습

손짓해요 불러요 달이 뜨는 밤에

갑시다 어서

낙타를 타고

아름다운 몽골

낙타를 타고

갑시다 아름다운 몽고의 대평원

봅시다 진귀한 둬룬(多倫)의 라마제

들읍시다 갖가지 즐거운 노래를

누구라도 한번은 들러 주세요

몽골

이 두 노래는 1장의 서두에 배치됨으로써 마치 오페라의 서주와 같이 작품의 내용을 앞서 예시하고 있다. 몽고는 동아(東亞)의 맹주, 즉 일본의 도움으로 살기 좋은 땅이 되었으며, 그러므로 몽고는 이제 누구나 가 보고 싶은

그림 12 《몽골》의 실제 공연 장면

아름다운 꿈의 나라라는 메시지를 노래 가사를 통해 확인할 수 있다. 〈아가씨의 노래〉의 경우 가사와 음악 양쪽 모두에서 마치 몽고에 찾아오라고 매혹하는 듯한 호소력을 보여 준다.

한편 아가씨들의 노래에 화답이라도 하듯이 무대 위에는 북경에서 온 손님 두 명이 낙타를 타고 등장한다. 손님은 바로 북경에서 몽고로 교역하러 온 주대(周大)와 그의 하인 왕오(王五)이다. 주대와 왕오는 등장인물이자 서사자로서 관객들에게 작품을 간단히 소개해 준다. 그들의 설명에 따르면 이 작품은 "대동아공영 시리즈의 제1편 몽고 특산품 「몽골」(蒙固みやげ「モンゴール」)"이며, 몽골의 모습을 춤과 노래를 통해 경험함으로써 극장에 모인 모든 사람들이 "공영권을 한 바퀴 돌게 되는(共榮圈を一巡すること)" 의미를 지닌다. 제목에서 암시하고 있듯이 이 작품은 몽고의 대표적인 특산품들을 중심으로 이야기가 전개된다. 이 작품에서 특산품의 항목에는 물질적인 산물만이 아니라 무형의 자원인 문화적 산물이나 정신적 산물까지 포함된다.

새로운 막이 열리면 무대 위에는 대평원 위 몽고인들의 집단 거주지가 펼쳐져 있고, 몽골식 천막과 큰 화로(大篝火)들이 즐비하게 놓여 있어서 몽고인들의 생활상을 볼 수 있다. 그 주위로는 다수의 남녀들이 춤을 추며 노래를 부르고 있다. 칭기즈칸을 기리기 위한 의식이다. 주대와 왕오, 두 여행자의 눈에 처음으로 포착된 몽골 특산품은 바로 칭기즈칸(成吉思汗)이다. 몽골인들에게 있어서 칭기즈칸은 유목민 부족을 통합하고 몽골 역사상 최대 규모의 영토를 정복했던 민족의 영웅으로 가장 큰 추앙을 받는 존재이며, 몽골을 연상할 때 대다수의 사람들이 가장 먼저 떠올리는 단어 또한 칭기즈칸일 것이다. 이러한 기존의 인식은 작품 속에도 그대로 반영됨으로써 작품 곳곳에서 다양한 내용과 형식을 통해 칭기즈칸을 재현하는 것을 살펴볼 수 있다.

이어서 칭기즈칸을 성인으로 찬양하는 내용의 2장에서는 〈칭기즈칸의 만가成吉思汗の挽歌〉를 시작으로 성대한 춤과 노래의 장이 펼쳐진다. 노래하는 한 무리의 남녀에 이어 아홉 명의 남자들이 춤을 추고 춤이 끝나면 또다시 몽고 아가씨들의 화려한 춤이 이어진다. 그 다음으로는 여섯 명의 라마승(喇嘛僧)이 연달아 등장해 "달라이라마(ダライラマ)"를 외친다. 이런 식의 춤과 합창의 교대가 총 4차례 더 반복된다. 지문에서는 장엄하고 엄숙한 제의적인 분위기가 엿보인다. 칭기즈칸을 기리는 춤과 노래가 끝나면 북경에서 온 손님에게로 다시 스포트라이트가 맞춰지는데, 주지하다시피 이 작품은 단편적인 해프닝을 코믹하게 다룬 장면들이 두드러진다. 그 첫 해프닝이 주대와 왕오, 그리고 몽고 아가씨들을 중심으로 벌어진다. 그리고 연달아 두 번째 해프닝이 이어진다. 두 개의 해프닝 장면을 차례로 살펴보자.

－해프닝1－

아가씨 1: 어머, 얼마나 멋있는 분이신지.

아가씨 2: 어머, 어쩜 저렇게 외모가 출중하실까.

아가씨 3: 어머, 어쩜 저렇게 남자다우실까.

아가씨 전원: 어머, 얼마나 믿음직스런 분이실까.

(왕오, 자신에 대한 말이라고 생각하고 만다.)

왕오: 외모도 출중하고, 남자답고, 믿음직스럽고, 거기다 멋있기까지? 어허, 놀리면 안 돼요.

아가씨 4: 저희들은 북경으로부터 오늘 손님이 오신다고 하기에, 그건 정말 즐거운 일이라고 이야기하고 있었어요.

아가씨들: 어떤 분이 오실까, 모두 이런저런 상상을 하며 기다리고 있었어요.

왕오: 그건 대단히 고맙습니다, 말하자면 저에 대해 얘기하고 계신 거였군요.

아가씨들: 어머, 다른 사람 말인데요.

왕오: 엇, 다른 사람? 자 그럼, 외모가 출중하고, 남자답고, 신뢰할 만하고, 라고 말했던 것은 이 왕오가 아니었단 말이라구요?

아가씨 6: 그건요, 당신의 주인님.

아가씨들: 주대님이세요.

왕오: 아이고, 하여간 나 같은 건, 당신들 마음에 들지 않겠지요. 씁쓸하구먼.

왕오: 이대로 북경에 돌아가면 외모가 훌륭하고 남성적이어서 여기저기서 왕오 씨라고 말해 주는 사람도 있는데.

아가씨들: 어머어머 큰일이다 화났나 봐.

왕오: 화났고말고. 당연히.

아가씨들: 미안해요 왕오 씨, 기분 풀어 주세요.

―해프닝2―

월매: 잠깐, 당신!

왕오: 엇, 이 소리는 어딘가에서 들었던 것 같은 소리구만?(하고 월매를 보고) 우앗 큰일!(이라고 도망을 치려 한다.)

월매: 이 거짓말쟁이!(라고 억지로 왕오를 그곳에 앉힌다.)

왕오: 아이고야 어느새…이거이거 부인님!

월매: 아무 일도 없는 척 점잔 빼봐야 소용없어. 어딘가 북경에서 떠나는 때

모습이 이상하다 이상하다 해서 와 보니, 역시나 요 모양, 좋다고 아가 씨들을 상대하고 있구만, 먼 여행이라면 낙타를 타고, 뭐라고? 아이고 부아가 치민다, 이 인간은!(이라고 말하고 왕오를 그곳에 쓰러뜨리며 대성통곡한다.)

왕오: 아이고, 알았어 알았어. 그렇게 화내지 말아도 좋아. 이것에는 깊은 사정이 있는 것.(라고 연극조로 말한다.)

월매: 말도 안 되는 소리 해 봐.

왕오: 알았어, 그러니까 내가 나빴어. 사과할 테니 용서해 줘, 그건 그렇고, 어째서 북경에서 이렇게 먼 대련까지 오게 된 거야.

월매: 이 몸은, 자기가 이런 먼 몽고에 와서 쓸쓸할까 봐, 그래서 여행길에 혹시나 병이라도 나지 않을까, 사람들 말로는 몽고에는 무서운 몽고 개가 산다고 하던데, 그 몽고 개한테 잡아먹혀 버리지나 않을까, 안절부절 못했다고.

왕오: 그래서 일부러 낙타를 타고 왔다는 이야기로군.

월매: 미안하지만 낙타 같은 건 먼 옛날 것이고, 지금에야 몽고에 바로 비행기가 날아와서. 자기 놀라지 마시고, 북경에서 여기까지 두 시간이면 올 수 있다니까요.

왕오: 어? 북경에서, 몽고 북쪽 끝까지, 단 두 시간, 하여간 비행기를 쓰면 당할 수 없다니깐. 뭐 기분을 풀고, 이제부터 둘이서 사이좋게 주인님을 모시자고.

첫 번째 해프닝은 하인인 왕오가 아가씨들이 자신을 칭찬하는 것으로 착각하고 실망하는 상황이며, 두 번째 해프닝은 왕오를 믿지 못하는 부인 월매가 북경에서 몽골까지 쫓아와 티격태격하는 상황이다. 관객들에게 웃음을 이끌어 내기 위한 이러한 코믹한 상황적 장치는 이야기 도중에 끊임

없이 삽입됨으로써 시리즈 특성상 다소 무거워질 수 있는 극의 흐름에 잠시 휴지부를 두며 분위기를 환기하는 역할을 하고 있다. 이렇게 두 번의 해프닝으로 객석이 환기되자 무대는 다시 진지한 내용으로 바뀌고 어머니가 딸에게 주는 가르침을 뜻하는 모훈녀(母訓女)의 이야기가 이어진다. 소젖을 짜는 아가씨 여섯 명이 등장해 〈여자의 운명女の運命〉을 합창한다.

〈여자의 운명〉
고지에서 태어난 버드나무의 운명이다
시집가는 것은 여자의 운명이다
비단옷(緞子)을 입어도 어머니 품에 미치지 못하고
맛있는 것을 먹어도
어머니 젖에 미치지 못한다
여자로 태어난 나의 운명은
시집가는 것이 여자의 본분이다
부모의 은혜에 보은하는 것도
가장 중요한 여자의 의무라네

작품의 큰 줄기와 거리가 있어 보이는 이 노래는 딸로서, 여자로서의 미덕에 관해 말하고 있다. 그 이유는 아마도 〈여자의 운명〉은 당시 객석의 대다수를 차지했던 젊은 여성 관객들을 의식하고 의도적으로 삽입한 것이 아닐까 한다. 분명한 것은 앞장에서 제시한 바와 같이 노래가 말하고 있는 여자의 운명이란 소녀 규범과 동일한 것이며, 다카라즈카 소녀가극이 당시 일본 사회에 팽배했던 가부장적 틀 안에 있다는 사실이다. 그만큼 각종 규범들은 다양한 형식을 빌려 사회 곳곳에 내밀하고도 치밀하게 뿌리내리고 있었던 것이다. 따라서 다소 맥락 없이 삽입된 〈여자의 운명〉은 이러한 사실을 확인시켜 준다는 바로 그 지점에서 의미를 지닌다. 이야기는 다시 본래의 자리를 찾아 몽골의 토산품으로 돌아간다.

맹장: 선생님, 뭐랄까 비웃지 말아 주십시오.

주대: 웃을 일이겠습니까 맹장님, 이번에 이 찰합이맹(察哈爾盟)에 와서 순진함이라는 것을 확실히 깨닫게 되었소이다. 말하자면 그만큼 몽고인이 선량한 민족이라는 것이 실증된 것이외다.

맹장: 그것도 장가구(張家口)가 몽고연합정부의 수도로 정해져 일본국의 지도를 받게 된 이후로, 이 몽고국에 평화가 찾아와 진정한 행복의 나날을 보내는 일이 가능해졌기 때문이겠지요. 덕분에 지금까지는 겨우 유목민족이었던 자들이 차차 산업에 마음이 가고 있습니다.

주대: 이 찰합이맹에서 최근 버터 산출이 많아져 가고 있다고 들었습니다만, 어떠합니까? 그것을 북지(北支)에 자꾸자꾸 보내지 않으시렵니까?

맹장: 아직 충분하지는 않습니다만, 언젠가는 대량으로 보낼 계획이니 북지는 물론 일본에도 대동(大同)의 석탄과 전 몽고의 모피 등을 가능한 많이 수출하려고 생각 중입니다.(이렇게 말하는 동안, 무대에는 버터가 든 통을 든 아가씨와 모피를 쌓은 차를 미는 남자가 함께 나타난다.)

주대와 몽골 부족장인 맹장 사이에 이루어지는 위의 대화는 몇 가지 중요한 사실들을 말하고 있다. 첫째, 몽골이 일본의 지배를 받게 된 사실, 둘째, 몽골의 주요한 자원인 석탄과 모피가 일본으로 반출된다는 사실이 그것이다. 그러나 몽골을 괴뢰국으로 이용한 일본에 대해 맹장은 결코 비난하지 않으며 오히려 일본의 지도를 받아 근대화된 산업 사회로 나아가게 되었음에 감사를 표한다. 식민지에서 이루어지던 자원의 수탈에 대해서는 전혀 지적하지 않은 채 오히려 자신의 딸을 동경의 학교에 유학시키게 되었다고 기뻐한다. 맹장의 딸 역시 일본 유학을 통해 훌륭한 몽고 여성이 되어 돌아올 것을 확신한다. 이때 이들의 생각을 뒷받침하기 위해 등장하는 노래가 〈여성의 운명〉과 〈모훈녀〉이다.

〈모훈녀〉
몸소 가르치시네
너희들을 품어 키워 주시니
아가씨여 시집을 가면
시부시모를 공경하여라
남편은 처를 믿게 되며
남편의 마음에 순종하여라
자식은 보배처럼 하여
잘 교육하여 가르쳐야 하느니라

그러나 이렇게 일본을 찬양하는 것은 비단 맹장만이 아니다. 이러한 맥락에서 중요하게 다뤄져야 할 또 다른 인물, '활불(活佛)'에 대해서는 잠시 후에 다시 살펴보기로 한다. 한편 무대는 또다시 여행자의 시선으로 몽고의 전통문화를 따라간다. 무대 위에는 몽골인들의 주거양식인 파오(蒙古包)가 3채 세워져 있고, 몽골의 전통 현악기인 마두금(馬頭琴)을 연주하는 노인이 칭기즈칸의 용맹한 전설을 젊은이들에게 들려주고 있다. 말머리 모양을 조각한 헤드 형태로 인해 이름이 붙여진 마두금은 몽골의 전통음악을 상징하는 악기이지만, 동시에 낙타의 불안정한 정서를 누그러뜨릴 때 사용될 만큼 몽골 유목민들의 일상생활과 밀접한 필수품이다. 극 중에서 노인이 연주하는 마두금은 몽골의 젊은이들에게 칭기즈칸의 무용담과 함께 몽골의 유구한 문화와 역사를 일깨우는 소도구로 등장하고 있다. 2장에서 이미 등장한 바 있는 칭기즈칸은 이 외의 장년에서도 수시로 언급되는데, 그만큼 칭기즈칸이라는 소재는 몽골을 상징하는 가장 대표적인 상품으로 소비되고 있는 것이다.

한편 맹장이 준비한 대연회의 준비가 한창 진행되고 있다. 맹장의 집사인 메루킷토는 북지(北支)로부터 오신 손님인 주대를 융숭히 대접해야만 "전 몽고의 산물이 동아공영권에 쓸모 있게 된다(全蒙古の物産が、これからはどしどし東亞共榮圈のお役に立つ)"며 일꾼들을 독려한다. 주대는 연회에 참석하기 위해 메루킷토가 준비한 몽골풍의 복장으로 갈아입는다. 이때 세 번째 해프닝이 벌어진다. 해프닝의 주인공은 역시 왕오인데, 몽골 칼을 들고 나온 메루킷토가 자신을 죽이려 한다고 착각한 왕오는 목이 잘릴지도 모른다는 공포에 떨다가 결국 목숨을 단념하고 칼 앞에 머리를 들이민다. 물론 메루킷토가 죽이려 한 것은 연회에 쓸 양이었다. 그 사실을 모른 채 지레 겁을 먹는 왕오의 어눌한 행동, 그리고 그런 왕오의 어리석음에 핀잔을 주는 월매의 대사는 유쾌한 웃음과 재미를 유발한다. 이러한 상황은 매우 중요한 극적 장치로서 마지막으로 한 번 더 연출된다. 이렇게 해프닝의 상황극이 끝나자 왕오와 월매도 몽골 전통복식으로 갈아입는다. 그러나 옷을 갈아입는 와중에도 역시 왕오는 모자를 반대로 쓰거나 몽고 칼을 거꾸로 차고 허둥지둥 넘어지는 등 유머러스한 장면이 짤막하게 제시된다.

천막 안 넓은 공간에 펼쳐진 대연회의 자리에는 맹장·활불·주대의 상석이 마련되어 있고, 멀지 않은 곳에 맹자의 딸 죠논가와 아들 토모로치린[7] 등이 앉아 있다. 〈연회의 노래〉가 합창되는 가운데 주대와 새로운 등장인물 활불이 모습을 드러낸다. 활불과 주대의 등장에 1막 시작을 열었던 노래 〈나아가자 몽골〉이 다시 합창된다. 합창으로 연회에 모인 모든 사람들이 주대

---

7) 우즈 히데오의 몽골견문록에 따르면, 작품에서 맹장의 아들·딸 역할로 등장하는 죠논가와 토모로치린 등은 실존 인물을 모델로 한다.

를 맞이하고 주대는 선물 주머니를 맹장에게 바친다. 이 대목에서 활불의 역할은 뚜렷하게 드러난다.

메루킷트: 하오면 이렇게 여러분께서 모두 자리하셨으니 연회를 시작하도록 하겠습니다. 먼저 주대님으로부터 우리 치아루 맹장님께 지나제(支那製)의 메리켄 분[8] 두 자루, 일본 맥주를 세 다스, 그 외의 통조림 식품을 다수 선물하여 주셨습니다.

(일동 박수, 맹장 앉은 자리로부터 일어나 주대에게 예를 다한다. 주대도 일어나 이에 화답한다. 그 사이에 그 물품들이 맹장의 앞에 들고 나와진다.)

메루킷트: 죠논가님께는 아름다운 일본 아가씨들의 나들이용 옷(晴衣) 한 벌, 토모로치린님에게는 란도세루(ランドセル) 외 학용품 한 벌을 선물하셨습니다.

(일동 박수, 죠논가와 토모로치린 일어나 주대에게 예를 표한다. 여기에도 주대 일어나 화답한다.)

맹장: 갖가지 선물 감사히 받도록 하겠습니다. 그러면 몽고의 옛 법도에 따라 활불님께 건배를 부탁드립시다.

활불: (자리에서 일어나) 진정한 나라를 지배했던 칭기즈칸을 받들어, 동아의 맹주에게 가르침을 받아 함께 일어나 동아민족의 융성을 기도하며 건배!!

본래 유목민족에 있어서 활불(活佛)이란 한 부족의 승려 집단을 대표하는 지도자급 승려를 말한다. 그러나 이 작품에서의 활불은 본질적으로 맹장과 같은 성격의 인물로 설정되고 있다. 다른 점이 있다면—적어도 표면적으로는

---

8) 메리켄 분(メリケン粉), 즉 아메리칸 분(粉)은 정제된 밀가루를 의미한다.

—맹장은 '정치적인' 지도자이고 활불은 '종교적인' 지도자라는 사실뿐이다. 정치계와 종교계를 막론하고 유력 인사들이 한 목소리로 대동아공영을 외치는 모습은 오히려 신선하다. 한편 국적은 중국인으로 되어 있지만 사실상 일본을 대변하는 인물 주대가 맹장에게 바치는 선물 역시 일본제 공산품과 전통 의상이다. 이 대목을 통해 주대라는 인물은 몽골 민족에게 시혜적인 일본과 그 일본이 이룩한 뛰어난 산업과 문화를 홍보하는 역할을 완수한다. 대연회의 상석에 앉은 맹장·활불·주대의 세 사람은 그러므로 하나의 이상과 목표를 공유하는 동질적인 캐릭터인 것으로 입증된다. 몽골 여행의 실제 목적, 즉 작품이 전달하고자 하는 메시지는 이 세 명의 인물이 한자리에서 신념을 공유함으로써 그 실체를 드러내고 있다. "동아민족의 융성을 기도하며 건배!!(東亜民族の隆盛を祈つて乾杯!!)" 제사장이 외치는 이 한마디는 몽골 여행 속에 내재된 식민주의적 욕망에 대한 모든 것을 함축적으로 보여 주는 것이다.

그러나 이렇게 화기애애하게 서로 선물을 나누며 큰 뜻을 나누는 동안 몽골 전통의 마유주(馬乳酒)가 일 순배 돌아가고 향연의 밤은 무르익는다. 이윽고 술에 취한 왕오와 함께 무대는 환상적인 이야기의 장으로 돌입한다. 이제 무대는 현실의 세계가 아니라 왕오가 꾸는 꿈의 세계이다. 양쪽 화도(花道)9)에는 친위대가 사열해 있고 대규모의 합창대가 〈푸른 깃발青い旗〉을

9) 다카라즈카 전용극장의 특징적인 무대설비로 은교(銀橋)와 화도(花道)가 있다. 화도는 원래 가부키 극장의 객석을 횡단하며 배우들이 주로 등·퇴장하는 데 사용된 장치를 말하는데, 다카라즈카 전용극장에서는 무대 좌우로 이어지는 기다란 통로 모양의 보조무대로서 쇼와 초기(1920~30년대)까지 구 다카라즈카 대극장에 설치되어 있었으나 현재는 은교만 사용되고 있다. 은교란 다카라즈카 대극장과 동경 다카라즈카 극장 전면무대 및 오케스트라석과 객석 사이에 설치된 에이프론 스테이지를 말한다. 1931년 《로즈 파리ローズ·パリ》에서 연출가 시라이 데쓰조가 시범적으로 처음 사용했다. 宝塚歌劇団, 「宝塚歴史ミニ事典」, 『夢を描いて華やかに―宝塚歌劇80年史―』, 1994, 250~251.

부르며 신에게 전승을 기원한다. 칭기즈칸의 후예인 몽골군을 승리로 이끌어 평화로운 낙토를 세울 수 있게 해 달라는 기원의 노래이다. 합창이 끝나면 본격적으로 왕오의 꿈이 무대 위에 펼쳐진다. 꿈의 첫 장면에서는 몽골의 소로 장군이 중국의 수도를 공격하려 하고 있다. 한족 상인인 왕오는 몽골군에게 붙잡히지만, 중국에 대한 정보를 요구하는 장군에게 왕오는 성과 군대에 대한 정보를 주고 목숨을 구걸한다. 장군은 왕오에게 장군의 군대가 포로로 잡은 아름다운 무희(舞姬) 로즈문다를 포상으로 내린다. 왕오는 무희 로즈문다를 데려와 얼굴의 베일을 벗긴다. 그리고 여기서부터 마지막 해프닝은 시작된다.

왕오: 자, 드디어 두 사람만이 남았어요, 자, 로즈문다, 손을.

(라고 문을 열어젖히자 베일로 얼굴을 덮은 아가씨가 나타난다).

왕오: 얼마나 아름다운 모습인가, 자, 이제 당신과 나 둘뿐 다른 그 누구도 여기에는 없습니다. 어떻습니까, 그 베일을 벗는 것은…라고 말하는 건 뭔가 마음에 들지 않으시죠, 자, 무희님, 로즈문다님.

(라고 마음대로 얼굴의 베일을 걷자, 아가씨라고 생각한 그것은 월매였다.)

왕오: 아이고야, 너는 월매?

월매: 뭐, 분하다. 이놈은 처라고 하는 자가 있으면서, 장군님, 나는 몽고 제일의 행복한 놈이옵니다…라고?

왕오: 아, 이럴 수가.

월매: 뭐, 오늘 같은 날은 뭐라고 빌어도 용서하지 않을 테니까.

(그러자 곧 음악이 흘러나온다. 왕오와 월매 꽃가마 주변을 돌다가 웃음을 자아내고 이어서 왕오가 붙잡힌다.)

월매: 자 어째 버릴까, 기억해 둬.

왕오: 아아 살려 줘.

왕오의 꿈은 허망하게 끝나 버리고 만다. 이렇게 극의 시작부터 끝까지 왕오와 월매는 모든 해프닝의 주인공으로서 코믹한 상황을 이끌고 있다. 그러나 이들의 우스꽝스러운 행동은 단순히 웃음을 유발하기 위한 것만은 아니다. 이 작품의 큰 특징으로 언급할 수 있을 정도로 빈번하게 사용되는 웃음은 일종의 '전략적인 장치'로 해석될 수 있기 때문이다. 이러한 맥락에서 해프닝의 배치 방식은 눈여겨볼 필요가 있다. 작품 전체에 걸쳐 총 네 차례 등장하는 해프닝은 진지한 내용과 항상 짝을 이루어 배치되는데, 가벼움과 무거움, 진지함과 유쾌함을 교차시켜 대비를 이루게 함으로써 극의 완급을 조절하는 한편, 코믹한 상황 속으로의 몰입을 유도함으로써—혹시 작동될지도 모르는—관객들의 비판의식을 방해하는 효과를 발휘한다. 물론 일차적으로는 대동아공영의 미래를 낙관적으로 전망한다는 의도가 가장 우선될 것이다. 그러나 분명한 것은 웃음이라는 기술적 장치는 일본 제국주의의 치부—몽고 괴뢰국 정부 수립, 자원의 수탈 등—를 매우 교묘한 방식으로 은폐 및 미화하고 있다는 사실이다.

이렇게 가볍지만 가볍지 않은 왕오의 마지막 해프닝이 끝나고 주대와 왕오의 여행도 서서히 끝나갈 무렵 무대는 피날레를 향한다. '동아민족의 융성'으로 뜻이 모아진 연회와 일본 제국의 시선을 내면화한 중국 상인 주대의 몽골 방문이 성공적으로 끝난 것을 감축하듯 피날레는 축제와 제의의 장으로 꾸며진다. 악귀를 쫓고(降魔) 복을 비는(降福) 몽골 라마불교의 축제인 한가루챠무(ハンガルチャム)와 라마 제전(喇嘛の祭典)이 그것이다. "항마와 풍년을 기원하다(降魔と豊年を祈る)"라는 부제가 설명해주듯이 한가루챠무는 재앙을 물리치고 풍요로운 수확을 비는 농경 제의인데, 여기서 '챠무(Tsam)'란 몽골 라마불교 특유의 가면무용인 참 춤을 가리킨다. 참 춤은 가면을 쓴 무용수가 방울 소리나 흐느끼는 소리 등의 그로테스크한 음향에 맞춰 추는 주술성이 매우 강한 춤이다. 순차적인 제의의 진행 과정과 "몽고식의 악기 소

리에 따라 춤을 춘다"는 지문의 해설을 통해 추측해 보건대, 피날레의 한가루챠무 장면에서도 참 춤을 중심으로 제의가 재현되었을 것으로 보인다. 또 곧바로 이어지는 라마 제전은 음악과 무용에 동원된 배우의 수만 70명이 넘을 정도로 내용과 형식면에서 압도적이었음을 확인할 수 있으며, 특히 악마를 죽이는 행위까지 상세하게 설명되어 있는 것으로 보아 실제 제의의 모습과 최대한 유사하게 재현되었을 것으로 보인다. 아래의 인용문은 《몽골》각본에 제시된 두 제의에 대한 지문의 설명이다.

이 노래를 합창하면서 상수로부터 라마승이 십팔인 나오고, 상·하수의 마이크 앞에 선 노래하는 사람들, 다음으로 예불을 진행하는 자, 화산(花傘)[10]을 든 자, 다음으로 가마에 탄 활불이 이어진다. 음악만 남고, 하수로부터 교문(敎文)을 받는 선남선녀가 팔인 나와서, 활불의 가마 아래에 엎드려 그 교문을 받고, 행렬에 따라 멀리 가고, 상수로부터 동심(童心)의 춤(가면) 대, 중, 소, 육인이 몽고식의 악기의 소리에 따라 나와 춤을 춘다. 이렇게 라마 제전의 장에 들어간다.

　전장으로부터 동심의 춤이 끝나고, 두 칸을 넘는 두 개의 커다란 나팔의 나무 끝이 위로 올라오는 것을 보고,[11] 요귀(妖鬼)를 꾀는 공물, 차분해진 소리가, 긴 여운을 남기며 소리를 낸다. 한 소리, 두 소리 마치 그것에 빨아 당겨진 듯이, 귀면(鬼面)·수면(獸面)의 화신 악마가 두드려 쳐서 소리가 나게 하는 타악기의 박자에 따라서 춤추고 나온다. 다음으로 보살의 춤이 시작된다. 이것은 여성을 나타내므로, 리듬도 부드러운 춤이다. 그 가운데에 행복의 춤(가면)이 혼자 춤을 춘다. 이 춤은 코사크의 춤으로 공통되는 춤이다. 우상(偶像)으로 변하여, 흑백의 소 세 마리가 나와 춤추고, 태고(太鼓)의 춤추는 사람

10) 제례에서 사용되는 꽃장식이 된 큰 우산으로 신이 있는 곳을 상징한다.
11) 커다란 나팔을 부는 모습.

이 삼십인. 이렇게 되어, 태고의 박자에 리듬을 맞추어 재미있게 춤춘다. 이렇게 전의 화신들이 전부 등장하여, 소위 전설로 되는 악마를 중심으로 돌며 한바탕 춤춘다. 그 사이 행복의 춤을 추는 자가 악마에 대하여 공물을 진상하여 악마의 마음을 달래고, 방심하게 하여, 단도를 들고 악마를 죽인다. 이렇게 하여 악마 조복(調伏)의 춤은 끝난다. 음악이 급히 변하여, 태고에 맞추어 춤추는 삼십인이 무대 앞에 나란히 나와, 태고와 함께 급속히 춤춘다. 끝나고는 합창의 라마승이 노래하는 사이, 무대에는 전원 등장인물이 나와 선다.

지문에 나타나는 바와 같이 몽골 전통의 다양한 춤과 노래로 구성된 주술적인 종교 의식이 전부 끝나고 나면 등장인물 전원이 무대에 나와 〈나아가자 몽골〉과 〈아가씨의 노래〉를 다시 한 번 합창하는 것으로 막이 내려진다. 몽골을 아름다운 꿈의 나라로 그리는 주제가의 합창을 피날레 장면에 배치함으로써 작품의 주제 의식은 다시 한 번 환기된다. 그러나 여기서 제기되는 한 가지 의문은 각본에서 묘사되는 제의의 규모가 총동원체제하의 비상시(非常時) 상황이라는 말이 무색할 정도로 지나치게 화려하고 성대하다는 점이다.[12] 또 전체 열두 장 가운데 마지막 두 장이 여기 할애될 만큼 비중 또한 크다. 연출가 우즈 히데오가 작품 전체에서 가장 공을 들인 장면이라는 뜻이다. 그만큼 함축된 의미 또한 클 것이라는 사실은 누구나 쉽게 예상할 수 있다. "공영권을 한 바퀴 돌게 되는(共榮圈を一巡すること)" 대동아공영 시리즈 첫 편의 의의를 상기할 때, 가극 《몽골》에서 축제와 제의가 연출된 의도는 앞으로 펼쳐질 대동아공영의 미래를 기원하는 종교 의식의 기능과

---

12) 지문에 따르면 18명의 라마승으로부터 시작하여 다수의 무용수들과 가수들이 등장해 악기 소리에 맞춰 춤을 추고 축제 행렬을 벌인다. 또 악마를 죽이는 항마와 복을 비는 강복의 제의 의식이 각종 춤들을 통해 재현된다. 지문을 통해 추정해 보았을 때 적어도 70~80명에 달하는 대규모의 인원이 무대 위에 등장한 것으로 보인다.

무관할 수 없다. 또 축제가 이른바 성과 인종, 국가와 계급이 철폐되는 공간
이라는 점을 감안한다면, 이와 같이 모든 경계가 소거되는 공간 속에서 몽
골 여행의 일정을 마무리 짓는 방식은 결국 제의와 축제의 인류학적 의미를
―활불이 건배사로 외쳤던―"동아민족의 융성(東亞民族の隆盛)"이라는 일본 제국
주의의 논리로 변용한 것에 다름 아닙니다. 물론 여기서는 축제의 공간에서처
럼 일탈이나 전복의 가능성은 기대할 수 없다. 작품 전반에서 제시되고 있
는 축제, 그리고 유사 축제의 기능을 하는 해프닝의 웃음은 오히려 무언가
를 은폐하는 역할을 보여 주는 것이기 때문이다. 그것은 제국이 식민지 영
토를 여행하는 행위, 그 속에 내재된 식민주의적 욕망을 가리는 장치로 가
극의 환상적인 무대 속에 매끈하게 녹아들어 있다.

2. 《북경北京》: 동양의 구원자로서의 일본

《북경》은 1942년에 제작된 대동아공
영권 시리즈 2편이다. 이 가극 작품은 1942
년 한 해에 총 세 차례 상연되었는데, 초
연인 1월 공연은 오사카 다카라즈카 대극
장에서 화조(花組)에 의해, 2월과 6월 공연
은 각각 다카라즈카 대극장과 도쿄 다카
라즈카 극장에서 설조(雪組)에 의해 공연
되었다. 1편 《몽골モンゴル》에 이어 우즈 히
데오(宇津秀男)가 또다시 극작과 연출을 담
당함으로써 대동아공영권 시리즈의 연속
성을 더욱 강화하고 있다. 전체 16경으로

표 4 《북경》의 전체 내용 구성

기본정보	제목: 《北京》
	구성: 전 16경
	연출: 宇津秀男(우즈 히데오)
	공연: 花組 1942年 1月 1日~1月 25日 宝塚大劇場
	雪組 1942年 1月 27日~2月 24日 宝塚大劇場
	雪組 1942年 6月 2日~6月 28日 東京宝塚劇場
등장인물	유(劉): 마약에 빠졌던 봉란의 오빠
	봉란(鳳鸞): 유의 여동생, 중국인. 꽃 파는 아가씨
	소매(素妹): 봉란과 유의 여동생
	양(揚): 아편장수
	장(章): 북경호텔 지배인
	대삼(大森): 일본인 관광객
	금진(今津): 일본인 관광객
	여(黎): 여자 순경
장별내용	[제1경_용의 막전] 중국풍의 전주곡이 연주되고 축제의 노래와 주제가 〈북경〉이 합창된다. 노래 중간에 양 화도에서 16인의 중국남자 등장. 합창이 이어지고 용의 막이 열리자 16명의 아가씨들이 서양식 자동차를 타고 등장.
	[제2경_천단(天壇)] 〈북경〉이 다시 합창되고 중국인 아이 두 명과 일본인 남자 두 명이 등장. 일본제 과자(사탕)를 주자 감사히 받는 중국 아이들. 남자는 북경이 몽골에 이어 대동아공영권 시리즈 제2작임을 소개. 정면 커튼이 열리고 북경 팔경의 하나인 천단의 경치가 나타난다.
	[제3경과 제4경_꽃 파는 아가씨] 오빠 유가 변했다는 소식에 모두들 놀라고, 봉란은 오빠가 후회하고 있다고 말한다. 소매는 오빠가 작곡한 〈꿈의 지나정〉을 이번 북경반점의 자선홍행에서 봉란이 불러달라는 지배인의 말을 전한다. 북경역에 등장한 신혼부부. 남편은 부인의 손이 아닌 짐꾼의 손을 잡는 해프닝을 벌인다.
	[제5경_밤의 북경역(北京站)] 여순경 여가 등장하여 늘 열심히 일하는 봉란을 격려한다. 봉란은 오빠가 아편을 끊은 것이 남경정부의 덕분이며, 남아있는 지나의 관습을 없애기 위해서는 북경에서부터 힘을 모아 악습을 떨쳐내야 한다고 말한다. 봉란은 오빠를 아편에 빠뜨린 양을 원망하지만, 양은 아편의 좋은 점을 말한다. 장은 봉란에게 호텔 자선 행사에서 노래해 주기를 간곡히 바란다.
	[제6경_왕부정(王府井) 풍경] 가판대에서 전부 10전의 일본 물건을 판매하는 풍경, 호텔에서 일하는 보이들과 보이 장(長)의 대화가 펼쳐진다.
	[제7경_북경호텔(北京ホテル)] 유는 일본인이 경영하는 호텔에 일본인 손님들이 많이 찾아와 〈꿈의 지나정〉을 들어준 것에 기뻐한다. 그러나 유를 기다리고 있던 양은 호객을 위해 봉란을 빌려달라고 협박한다. 약속을 어긴 건 자신이니 동생 봉란에게 해코지하지 말라는 유의 말에 장은 권총을 꺼내든다. 이때 자선홍행 행사의 시작을 알리는 음악이 나온다.

장별 내용	[제8경_의무회(義務戲)] 무대는 일제히 밝아지고 중국연극의 가면을 쓴 아이가 나와서 춤을 춘다. 가면의 춤이 끝나자 아가씨 3명이 노래를 부르며 중국 악기의 연주가 나온다. 정면 관객석이 좌우로 나뉘어 아름다운 극중극의 장이 펼쳐진다.
	[제9경_규문단(閨門旦)] 부채를 든 아가씨 30인이 계단에 서서 전진하며 춤을 추며 극중극이 펼쳐진다. 둥근 부채를 든 남녀 두 개의 조가 등장해 춤을 추고 규문단이 노래를 부른다. 하수 장막에 "15분간 휴식"이라는 내용이 게시된다.
	[제10경_북경구경] 용의 막이 다시 올라가며 승합버스를 탄 일본인 구경꾼 대삼(大森), 금진(今津) 등장하여 안내아가씨의 메가폰을 가지고 노래 부른다. 남녀 구경꾼들은 기모노를 입고 삼십 인의 춤추는 명랑한 아가씨와 함께 무대 앞으로 나와 춤춘다.
	[제11경_호궁과 아가씨] 남자 10인이 허리를 낮추고 호궁을 켜고 노래하는 아가씨가 등장하여 백화가(百花歌)를 부른다. 뒤쪽으로 아름다운 북경의 풍경이 선명하게 환등으로 비춰진다.
	[제12경_중앙공원] 일본인 관광객과 중국인 운전기사의 요금 흥정과 대화가 이어진다. 〈동아행진곡〉이 합창되고 중앙공원의 노천레스토랑에서 대삼과 금진은 메뉴를 주문한다. 일본어를 모르는 보이와 실랑이를 벌이던 중 장(章)이 등장하여 메뉴 주문을 도와주는데, 이때 소매가 꽃을 팔며 노래 부르는 소리가 들려온다. 또 독창으로 '아편은 외국의 것, 중국에 들어와 사람을 죽인다'며 아편의 위험성을 경고하는 노래가 불려진다.
	[제13경_유혹] 또다시 아편에 빠져 폐인생활을 하던 유는 환등의 오색의 색이 움직이는 가운데 무대 중앙으로 나와 쓰러진다. 무대 위로는 아편의 해악을 알리는 글자들이 크게 비춰진다.
	[제14경_여향각(餘香閣)] 오빠를 구하기 위해 노래하는 봉란의 〈꽃 파는 아가씨〉 노래에 유는 슬퍼한다. 유는 자신을 망쳐놓은 것에 만족하지 못하고 여동생까지 볼모로 잡은 양을 욕한다. 여순경 여가 등장하여 봉란에게 약속한대로 여럿이 도우러 왔으니 안심하라고 외친다. 이때 양이 유에게 권총을 겨누는데 봉란은 이를 눈치 채고 유를 가로막고, 갑자기 나타난 장이 양을 총으로 제압한다. 여순경 3인이 나타나 동아행진곡을 합창하며 장은 북경에 희망이 찾아왔음을 알린다.
	[제15경_황혼의 연경(燕京)] 봉란과 유가 벤치에 앉아 사이좋게 〈꿈의 지나정〉을 노래하고, 유는 봉란의 상처 입은 허리를 쓰다듬어준다. 북경 명소가 무대 뒤쪽에 환등처럼 나타난다.
	[제16경_나부끼는 오색 깃발] 합창하는 아가씨 20인 등장하고, 적, 황의 당자인형을 든 무동이 각각의 색깔별로 허리에 두르고 움직인다. 주제가 〈북경〉과 〈꿈의 지나정〉의 합창으로 막이 내린다.

구성된 이 작품에서는 아편을 둘러싸고 벌어지는 사건이 매우 긴박감 있게 묘사된다. 주요 등장인물로는 꽃 파는 아가씨 봉란(鳳鸞)과 여동생 소매(素妹), 그리고 이들의 오빠인 유(劉)가 있다. 한때 아편에 빠졌던 유는 자신의 과

거를 뉘우치고 새로운 삶을 살기 위해 애쓰지만, 아편장수인 양(揚)은 여동생 봉란을 납치하는 악행을 벌이며 아편에서 벗어나려는 유를 끊임없이 괴롭힌다. 회유와 협박에 넘어가지 않는 유에게 양은 권총을 겨누지만 봉란은 자신의 몸을 던져 총알을 가로막는다. 이러한 사태를 간파하고 있던 북경호텔의 일본인 지배인 장(章)이 때마침 나타나 양은 사살되고 여순경 여(黎)에 의해 양 일당은 모두 체포된다. 이로써 남매는 일상을 회복하고 북경에 희망이 찾아오는 해피엔딩의 결말이 북경의 내용이다.

발단-전개-위기-절정-결말의 전형적인 구조를 지닌 《북경》의 플롯은 관객들이 무대에 몰입할 수 있도록 하는 매우 효과적인 수단이 되고 있다. 이러한 드라마적인 재미를 토대로 작품이 전달하고자 하는 메시지는 일본이라는 패권국가가 아편에 빠진 '유'로 상징되는 중국을 구해 내는 위대한 구원자라는 내용이다. 《북경》의 핵심적인 주제는 서구의 제국주의 세력으로부터 대동아공영권을 보호하고 선도한다는 사상이며, 또 이러한 주제의식을 효과적으로 드러내기 위한 장치들이 곳곳에 매우 섬세하게 배치되어 있다. 그렇다면 작품의 내용과 함께 이러한 세부적인 장치들이 어떻게 활용되고 있는지 구체적으로 살펴보도록 하겠다.

극의 시작을 알리는 중국풍의 전주곡이 연주되는 가운데 무대에 특별하게 설치된 장막 위에 용의 두 눈이 붉게 빛나고, 양쪽 화도(花道)에서도 빛의 광채가 뿜어져 나온다. 무대를 묘사하는 지문을 통해 《북경》의 무대가 실제로 얼마나 화려하고 웅장한 분위기였는지 추측하게 되는 대목이다. 여기에 의무희(義務戱)13)의 축제를 기념하는 노래까지 곁들여져 전반적으로 축제적인 분위기 속에서 막이 열린다. 이때 용의 장막 근처 상수(上手)와 하수(下手)로부터 서양식 자동차를 탄 아가씨 두 명이 등장하며 작품의 첫 번째

---

13) 의무희(义务戲)는 자선연극 또는 무료연극을 의미하며, 극중에서 언급되는 의무희는 북경호텔의 지배인 장이 개최하는 자선흥행 연주회를 가리킨다.

주제곡에 해당하는 〈북경北京〉을 부른다.

〈북경〉
지나의 도시 수없이 많아도
북경은 매우 좋은 도시
야래향의 꽃이 피는
북경은 매우 좋은 도시
북경 북경 초록빛 도시
오색의 깃발은 나부낀다
아침 해의 깃발을 세워서
평화를 찬미하는 대북경
북경 북경 초록의 도시
이제 신흥의 의기 드높은
협화의 정신 한줄기에
나날이 발전해 가는 대북경

"나날이 발전해 가는(日每のび行く)" 신흥의 도시 북경을 찬미하는 이 노래는 작품 전체에서 가장 많이 등장하는 음악적 모티브로 특히 작품이 시작되고 끝나는 위치에 전략적으로 배치됨으로써 매우 중요한 극적 장치가 되고 있다. 먼저 음악적인 측면에서 살펴보았을 때, 밝고 희망에 찬 노래 분위기는 작품 전체의 정조를 이끌어 가는 동시에 북경이 대동아공영권에 동참함으로써 공존·공영하게 된다는 작품의 주제의식을 암시하는 동시에 강화한다. 이와 함께 노래 가사 속에는 다양한 은유적 장치들이 숨겨져 있는데, 가장 먼저 주목되는 단어는 "오색의 깃발(五色の旗)"이다. 일본 제국주의 이데올로기의 맥락에서 볼 때 오색은 정치성이 매우 짙은 상징색이다. 그것

그림 13 주제가2 〈북경〉의 악보

은 일본이 대동아공영권으로 통합하고자 한 5개의 민족을 표상하기 때문이
다. 지문에 설명은 없지만 오색은 오족의 민족에 해당하는 적·청·황·백·흑
의 5가지 색깔이었을 것으로 보인다.14) 이렇게 오색의 깃발에 담긴 강한 상
징성은 뒷부분의 가사 "협화의 정신(協和の精神)"과 결합함으로써 '오족협화
(五族協和)'의 의미는 완성된다. 오족협화라는 제국 통합과 식민 지배의 토대
가 되는 이념이 주제가 속에서 직접적으로 표방되는 것이다. 이와 함께 "아
침 해의 깃발(旭のみ旗)"이 일본의 제국주의를 표상하는 욱일승천기(旭日昇天
旗)를 지시한다는 점을 감안할 때, 주제가 〈북경〉은 주제가의 지위에 걸맞게
음악적인 뉘앙스와 가사의 함의를 통해 제국주의 이데올로기를 전달하는

---

14) 오색이 상징하는 민족은 만주·조선·일본·몽고·중국이며, 만주는 백색, 조선은 청색,
일본은 적색, 몽고는 흑색, 중국(한족)은 황색으로 표현되고 있다. 이 오색은 또한 만
주국의 국기를 구성하는 다섯 개의 색채이다.

역할을 충실히 수행하고 있다.

이렇게 〈북경〉이 활기차게 합창되는 가운데 무대는 북경 8경 가운데 하나인 천단(天壇)으로 바뀐다. 천단은 북경 남쪽에 위치한 역사적인 건축물로 선대의 황제들에게 풍년을 기원하는 제를 올렸던 장소를 말한다. 이렇게 제단이라는 장소를 특별히 배경으로 선택한 부분에서 무대가 단순한 연극의 장소가 아닌 무언가를 기원하는 장소를 겸하고 있다는 사실을 읽어 낼 수 있다. 그리고 이러한 예상에 어긋나지 않게 무대 위에서는 의미심장한 사건들이 전개된다. 무대 한편에서는 중국인 어린아이 두 명이 등장하고 이어서 일본인 남자 두 명이 등장하는데, 남자들이 어린아이들을 보고 일본제 과자를 선물로 건네자 아이들은 감사의 인사를 하며 과자를 받는다. 남자들이 아이들에게 보여 준 시혜적인 행동과 함께 뒤따라 나오는 이들의 적절하게 시국적인 대사는 대동아공영 시리즈로서의 《북경》의 성격을 직설적으로 노출하고 있다.

남자 II: 이것은 일본의 과자란다.

(라며 건네주자, 과자를 받은 어린이 I)

어린이 I: 감사합니다.

남자 II: 그럼 여러분, 약진하는 아세아, 우리들의 동아(東亞)는 우리들 동양
　　　　인의 손으로 굳건히 합시다.

일동: 동아는 우리들 동양인이 굳건히 합시다!!

(라고 강력한 어조로 말한다)

남자 I: 이 명랑한 우리들을 보십시오. 남경 정부 성립의 소리는 중화민국에
　　　　밝은 새벽이 온다는 것이지요. 그래서 첫째로는 중국을 사랑하고, 둘째
　　　　로는 일본을 사랑하고, 셋째로는 동아를 사랑하여 북경 1억의 시민은 행
　　　　복한 나날을 보냅니다.

'동아를 사랑하리(東亞を愛し)'는 정치성 강한 메시지를 외친 남자 I 는《북경》이 전편 시리즈《몽골》을 잇는 "대동아공영권 시리즈 제2작(大東亞共榮圈シリーズ 第二作)"이라는 작품 소개와 함께, 북경에 대해 "세계적인 관광의 도시이자 웅대한 고대 건축의 아름다움과 순수한 미술이 현존하는 고대 도시의 위용을 보여 주는 도시(世界にほこる觀光の都、其の雄大な古代建築美と美術の粹を現存して、舊都の威容を示して居りますこの北京)"라는 찬사를 보낸다. 남자 I 은《몽골》의 왕오와 같이 극중 인물인 동시에 서술자로서의 역할을 하고 있는 것이다. 이러한 남자의 역할을 통해 작품의 정체성은 확실하게 선언되는 동시에 일시적으로 관객들의 인식에 개입하고 환기함으로써 '낯설게 하기'와 같은 일종의 서사극적 효과를 거두고 있다. 그러나 앞서 주제가의 합창에 의해 만들어진 밝고 희망적인 분위기는 흐트러짐 없이 일관되게 유지되고 있다. 때마침 주제가 〈북경〉이 다시 등장함으로써 다가올 대동아의 활기찬 미래를 축복하는 낙관적인 정조가 한층 더 강화되기 때문이다.

그런데 여기서 주목해야 할 부분은 '노래를 부르는 방식'에 있다. 지문에 따르면 맨 처음 주제가는 남자들의 독창 형식으로 시작되지만 아가씨들이 합류함으로써 합창 무대로 바뀐다. 이러한 소리의 영역은 각본에서는 인지 불가능하지만 실제 무대를 상상했을 때 절대로 간과할 수 없는 음악적인 제스처이다. 하나의 소리가 여러 개의 소리로 확장되는 감각적인 경험은 관객들로 하여금 의미론적 차원과는 다른 감정적 차원에서 의식의 변화를 유도하기 때문이다. 따라서 노래하는 방식에 세심한 변화를 준 것은 감동을 극대화하여 국가 정책으로의 참여를 이끌어 내기 위한 전략적 장치였을 가능성이 크다. 대동아공영을 통한 제국 통합이라는 실질적인 제의의 내용은 감각적 인지의 차원으로 확장되며, 여기서 프로파간다가 다양한 층위에서 수행되고 있다는 사실을 확인할 수 있다.

이와 같이 《북경》에서 음악의 활용도는 매우 높게 나타나는데, 특히 합

창 형식은 대사들 사이에 끊임없이 삽입됨으로써 극의 전개에 적극적으로 개입하고 더 나아가 극 전체를 이끌어 나가고 있다. 남녀들의 〈북경〉 합창이 끝나고 3경으로 막이 바뀌면 거대한 악보 하나가 무대 뒤에 배경으로 나타난다. 〈꿈의 지나정夢の支那町〉15)이라는 노래는 〈북경〉과 함께 작품의 주제가에 해당하는 주요 테마로 극의 전개에 있어서 음악이 개입하는 양상을 잘 보여 준다. 극중에서 주인공 유가 작곡한 것으로 설정되어 있는 이 노래는 동생 봉란이 특히 멋지게 잘 불러서 북경호텔 지배인 장으로부터 일본인 자선행사의 공연 의뢰를 받게 되는 곡이며, 양 일당에게 납치되어 행사에 참여하지 못하는 위기를 보여 주는 곡이며, 또한 모든 위기가 해결되고 일상을 되찾은 이후 유와 봉란 남매가 이중창으로 부르는 평화의 노래인 것이다.

〈꿈의 지나정〉
꿈의 지나정 북경의 하늘에
종이 울린다 새벽의 종이
황금의 기와에 아침 햇볕을 받아서
옛날을 그리워하는 자금성
꿈의 지나정 전문가16)에도
목이 메는 호궁(胡弓)에 랜턴은 켜지고
비취의 귀걸이에 자수의 허리띠에

---

15) '지나정(支那町)'은 문자 그대로 번역하면 중국의 거리, 중국의 마을 내지는 중국의 도시가 된다. 그러나 이 작품의 각본에서는 '중국'이라는 단어가 동시에 사용되고 있으므로, '지나'라는 표현을 '중국'으로 번역하지 않고 원문 그대로 표기하는 편집 원칙에 따라 '지나정'으로 번역한다.
16) 전문가(前門街)는 북경시에 위치한 대로(大路)로서 현재의 전문대가(前門大街)를 가리킨다.

오색의 깃발을 지닌 북경의 아가씨

그림 14 주제가1 〈꿈의 지나정〉의 악보

먼저 노래의 가사를 살펴보면 북경의 마을 풍경을 전달하기 위해 다양한 시각적·청각적 이미지들을 사용하는 감각적인 묘사가 두드러지게 나타나고 있다. 이 가운데 청각적 이미지를 강하게 환기하는 호궁이라는 소재는 한자가 지시하는 바와는 달리 활의 종류가 아니라 활로 줄을 켜는 일본의 전통 현악기를 가리킨다. 호궁(胡弓)은 일본 악기인 동시에 호금(胡琴)이라는 중국 악기와 같은 군에 속하는데,[17] 중국과 일본—더 나아가 동양 문화권 전반—에 공통적으로 존재하는 악기인 호궁은 《북경》의 청각적인 이미지의

---

17) 일본 악기 호궁은 나무로 된 작은 울림통에 두 개의 줄을 매어 활로 켜는 찰현악기로 중국의 호금과 같은 군의 악기이다. 얼후, 해금 등 중국을 비롯한 아시아 지역에는 호궁과 유사한 형태의 현악기가 수십여 종 존재한다.

창조에 있어서 중요한 역할을 한다. 또한 악기 특유의 애절한 음색을 지닌 호궁은 동양적인 분위기를 연출하는 데 부족함이 없으며, 중국과 일본 문화 모두를 아우르는 호궁은 양국의 관객들에게 자연스러운 공감대와 친밀감을 형성하는 데 효과적인 악기로 활용되고 있다. 이러한 청각적인 이미지의 효과와 함께 황금기와, 자금성, 비취, 자수 등의 시각적인 소재는 북경을 눈앞에 그리듯 연상시킨다. 그러나 앞서 〈북경〉과 마찬가지로 오색의 깃발로 노래의 말미를 장식하고 있는 모습은 〈꿈의 지나정〉의 창작 의도를 재고하게 하는 지점이다. '오색'의 이미지는 이 책에서 다루게 될 또 다른 작품들에서 빈번하게 차용되는 일본 제국주의의 상징색이라는 점에서 역시 간과될 수 없다.

한편 음악적인 면에서 볼 때 〈꿈의 지나정〉은 모데라토 빠르기의 G장조 곡으로 과도하지 않지만 전반적으로 무겁지 않은 즐거운 분위기를 지닌다. 1도와 5도를 왕복하며 5도권을 크게 벗어나지 않는 단순한 화음의 전개 위에 스타카토의 가벼운 뉘앙스가 추가된 ♪♪♪♪♩♩ 리듬 형식이 반복적으로 사용되고 있어 음악적인 인상은 단조롭지만 누구나 쉽게 다가갈 수 있는 친근감 있는 구성이다. 이러한 음악적 특징으로 인해 〈꿈의 지나정〉은 해피엔딩의 결말 부분에 있어서도 내러티브를 감정적인 측면에서 보완하는 역할을 하게 되는 것이다. 이렇게 작품에서 음악은 선두에서 특정한 의미를 제시하는 기능과 후미에서 내러티브의 의미를 보완하는 기능 이 둘 사이를 끊임없이 유영하고 있다. 북경역으로 무대 배경이 바뀌면서 등장하는 합창곡 〈쾌쾌화차〉는 이 가운데 전자의 편에 서 있다.

〈쾌쾌화차〉

쾌쾌화차

쾌쾌화차

출발합니다

쾌쾌화차

쾌쾌화차

신경행입니다

13시발 국제열차입니다

천진행과 봉천행은

빨리 승차해 주세요

쾌쾌화차

쾌쾌화차

출발합니다

쾌쾌화차

쾌쾌화차

포두행입니다

16시발 국제열차입니다

대동행과 장가구행은

빨리 승차해 주세요

　북경역의 분주한 표정을 묘사하고 있는 이 노래는 제목처럼 쾌활한 분위기를 연출한다. 〈쾌쾌화차〉는 악보가 출판되지 않아 음악적인 특징을 확인할 수 없지만, '쾌쾌화차(快快火車)'의 반복적인 리듬과 '출발(出發)', '승차(乘車)'의 단어가 주는 박진감 등에서 국제도시로서의 북경의 약동하는 에너지가 뚜렷하게 감지된다. 이렇듯 재미에 포인트를 맞춘 〈쾌쾌화차〉 안에는 그러나 정치적 함의들이 넘쳐난다. 노래에 등장하는 여러 도시들은 일본 제국과 식민지의 관계를 드러내 주는 상징적인 공간이다. 먼저 중국의 수도 북경은 주변 국가의 도시로 나아가기 위한 국제열차의 출발점이자 다양한 인종과 민족의 교차점이라는 점에서 장소적인 의미가 있다. 말하자면 일본 제국이 뻗어 나가기 위한 거점인 것이다. 또 북경으로부터 이어지는 국제열차의 목적지 신경(新京), 봉천(奉天), 천진(天津), 포두(包頭), 대동(大同), 장가구(張家口) 또한 의미 없이 나열된 도시명이 아니다. 중국·만주·몽골의 수도 및 주요 도시에 해당하는 이 지역은 일본 무역의 대외적 확장에 있어서 절대 빠뜨릴 수 없는 가치를 지닌다. 기차라는 소재가 일본 제국주의의 메타포에서 빠지지 않고 등장하는 클리셰(cliché)라는 점에서 〈쾌쾌화차〉는 또 다른 목적지를 향하고 있다.

이와 관련해 일본 제국이 만든 조선 영화에서 기차의 정치적 함의를 짚어 낸 이영재의 연구는 적절한 시사점을 던져 준다.[18] 그는 영화 《군용열차》를 예로 들어 설명하는데, 영화 속에서 클로즈업 되는 기차는 식민지로 뻗어 나가는 일본 제국 약진의 상징이자 일본 제국을 배신한 스파이를 죽음으로 벌하는 일종의 초월적 사법기관으로 기능한다. '쾌쾌화차'는 제국과 식민지를 연결하는 물적 토대로서 확장해 나가는 일본 제국의 영토(대동아공영권의 영토)의 상징이 되고 있으며, 이러한 점에서 각기 다른 이 두 대의 기차는 동일한 지향점을 향한다. 다른 점이 있다면 영화 《군용열차》가 우울한 정서가 지배적인데 반해 가극 《북경》은 희망과 기대의 감정이 우세하게 나타난다는 정도이다. 기차 메타포는 이 밖의 작품에서도 제국주의의 상징물로 자주 등장한다는 점에서 눈여겨볼 만한 장치이다.

한편 북경역에서 벌어지는 신혼부부의 코믹한 실수, 케케묵은 지나의 악습을 떨쳐 내야 한다고 역설하는 봉란과 이를 격려하는 여 순경, 전부 10전의 일본 물건을 판매하는 가판대의 풍경, 북경호텔 보이들이 티격태격하는 모습, 중국 연극의 가면을 쓴 아이의 춤 등 끊임없이 이어지는 사소한 해프

---

18) 이영재, 『제국 일본의 조선 영화』, 서울: 현실문화, 2008, 21~25.

닝들은—전편인 《봉칼》에서와 마찬가지로—북경의 현재와 미래를 낙관적으로 바라보는 일본 제국주의의 시선을 반영하는 지표들이다. 북경의 유명한 명소인 중앙공원에서 벌어지는 일본인 관광객과 중국인 인력거꾼들 간의 대화는 이를 뒷받침한다.

인력거꾼: 繪兩毛錢[19]

금진: 어라, 지나어로 무언가 말을 하는데.

대삼: 아마 빨리 요금을 달라는 소리일 거야. 자네, 10전은 조금 미안하지 않겠어.

(인력거 운전수 두 명은 그저 비실비실 웃고만 있다.)

금진: 이 남자한테 물어보고 싶어도 중요한 말이 통하지를 않으니, 자 50전 정도면.

대삼: 게다가 기다리게 했으니까 한 명당 25전 정도는 내야 하지 않겠어?

금진: 기다리게 했으니, 25전 정도인가.

(이때 인력거꾼 1이 금진 쪽으로 오면서.)

인력거꾼 1: 음, 그 정도면 좋습니다.

대삼: 뭐지, 자네들 일본어 할 줄 아는 거였어?

인력거꾼 2: 알아듣지요. 우리 중국인들은 제1은 중국을 사랑하고, 그다음 일본을 사랑하고 제3으로는.

인력거꾼 1과2: 동아를 사랑합니다!

대삼: 그렇군, 그럼 무심코 나쁜 말을 해선 안 되겠군요.

(두 사람 웃으면서 돈을 지불한다.)

인력거꾼들: 감사합니다.

---

19) 繪兩毛錢은 실은 给兩毛錢이 맞는 표현이며 '20전을 달라'는 뜻이다. '繪'은 명백하게 오자이지만 원문 그대로 표기한다.

(라고 예의를 갖춰 말하며 물러난다.)

금진: 저런 사람들까지인가, 중국은 일본과 손을 맞잡는 것이야말로 중화민
　　　국의 건설이 완성되는 것임을 알고 있다.

대삼: 말하자면 선린우호, 공동방공, 경제제휴의 3원칙은 이렇게 전진하고
　　　있다는 말이지. 근데 말이야 이 중앙공원의 명물은 맛있는 지나요리
　　　지!!!

금진: 그거 좋지, 세상에서 여자는 일본여자를 찬미하고, 요리는 북경요리라
　　　는 말이 있을 정도니까. 그런데 대체 뭘 주문해야 될지 모르겠단 말이야.

대삼: 걱정할 필요 없지. 방금 운전수 남자가 말한 것처럼 중국을 사랑하고,
　　　일본을 사랑하고, 동아를 사랑하니까 설령 말이 통하지 않아도 그 정신
　　　만은 통한단 말이지.

이렇게 코믹한 상황이 끝나자 상수의 화도에서 여순경의 일대가 힘차게
〈동아진행곡東亞進行曲〉을 합창하며 하수로 이동한다. 그러나 다가올 희망
의 미래만을 말하는 데 그치는 것은 아니다. 이어지는 독창은 "아편은 본래
외국의 물건, 지나에 건너와 사람을 죽인다. 첫째는 정신력, 둘째는 돈, 식사
도 대충 옷도 없이 친형제도 돌아보지 않고 몸을 망친다. 아편은 본래 외국
의 것. 지나에 들어와 사람을 죽인다(阿片はもとは外國のもの 支那に渡つて人を殺す
一に精力 二に金費ひ 食事もろくろく 着物も持たず 親兄弟にも見放され 運勢つきて身をほろ
ぼす 阿片はもとは外國のもの 支那に渡つて人を殺す)"며 아편의 위험성에 대해 말한
다. 이렇게 '독약과 같은 아편을 탐닉하여 일상을 지배당한' 유가 무대에 등
장하자, 무대의 조명 장치는 중국의 어두운 과거를 경고하기 위해 환등의
효과를 활용한다. 무대 위로는 오색의 환등이 어지럽게 움직이는 가운데 유
가 무대 중앙으로 나와 쓰러지자 다음과 같은 내용의 문구가 크게 비추어
진다.

타이틀 1: 아편의 해악을 제거하기 위해 아편전쟁은 일어났다.

타이틀 1: 그러나 영국에 패배한 중국은 오히려 아편을 공식적으로 수입하 게 되었다.

타이틀 1: 아편 피우는 흡연실(煙館)

타이틀 1: 신정부 성립과 함께, 아편 금지가 단행되어, 북경의 아편굴은 차츰 차츰 그 자취를 감추게 된 것이다.

물론 중국에 아편을 들여놓은 외국이란 아편을 빌미로 중국과 전쟁을 벌인 영국을 의미한다. 그러나 자막은 일본이 남경에 친일적인 신정부를 성립함으로써 중국을 아편 중독으로부터 일으켜 세웠다는 내용을 객석에 전달하고 있다. 이 네 개의 자막을 통해 확인할 수 있는 것은 서구 제국주의의 침략으로부터 동양을 구원하는 역할을 자임함으로써 제국주의 지배를 정당화하고자 한 일본 제국주의의 속성이다. 자막과 환등의 효과를 통해 조성되었던 그로테스크한 무대의 분위기는 자신의 부끄러운 과거에 대한 유의 통렬한 자기반성과 대동아공영을 위해 헌신하겠다는 장엄한 맹세로 잠시 일단락되는 듯하다.

유: 내가 나빴어. 너에게 이런 걱정을 끼쳐서. 오늘부터 다시 태어난 인간이 되어, 그리고 중국을 위해, 아니 대동아 공존공영을 위해, 일신을 우리 남경 정부에 바치겠어.

그런데 여동생 봉란의 손을 잡고 나가려는 유에게 양이 권총을 겨누는 상황이 발생하고 이에 따라 위기는 최고조에 달한다. 이때 재빠르게 상황을 눈치 챈 봉란이 유를 보호하기 위해 가로막고, 이러한 상황을 예견하고 잠복해 있던 장이 양을 향해 총을 쏘아 제압함으로써 모든 사건은 한순간에

해결된다. 〈동아진행곡〉이 성대하게 울려 퍼짐으로써 정서적인 측면에서도 위기의 종결은 선포되고 있다. 북경호텔의 일본인 지배인 장은 양을 소탕하고 사건을 제압함으로써 아편에 빠진 중국을 구원하는 정의로운 일본의 상징으로 등극한다. 그리고 장은 일본 국가의 대변인이 되어 "희망에 찬 우리 북경(希望にみちた吾が北京)"이라는 가극 《북경》의 궁극적인 메시지를 전달한다. 무대 위로는 북경의 명소들이 환등처럼 나타난다.

> 장: 여러분, 이러한 일들이 몇 번이고 계속되는 동안, 이 북경은 점점 명랑화
> 되었습니다. 삼십만의 집집마다 오색의 기가 나부껴, 동아의 질서는 세
> 기의 새벽과 함께 빛나기 시작했습니다. 희망에 찬 우리 북경!

마지막 [16경_나부끼는 오색 깃발(翻る五色旗)]은 적색과 황색의 당자인형(唐子人形)을 든 소녀들의 춤과 20명의 소녀들이 부르는 합창으로 대단원의 막이 내려진다. 합창은 1막에서 사용된 축제의 노래와 주제가1 〈꿈의 지나정〉, 주제가2 〈북경〉의 세 곡을 연달아 노래하는 것으로 짜인다. 마지막 장을 특징짓는 음악적인 구성 방식은 첫째 앞서 살펴본 노래 속의 함의들을 상기시킴으로써 작품의 메시지를 재차 강조하고 둘째, 대사보다는 음악을 통해 말하는 방법을 채택함으로써 메시지를 좀 더 감각적이고 정서적인 방식으로 전달하겠다는 연출가의 의도로 읽힌다. 중국은 환희와 희망 속에 대동아공영의 신질서를 기꺼이 받아들이고 이로써 제국 통합의 새로운 동반자로 우뚝 선다. 그리고 일본은 중국을 위기로부터 구출한 진정한 구원자이자 동양의 맹주로서 확고하게 자리매김한다.

3. 《동으로의 귀환東へ歸る》: 동양 기표의 이중성

대동아공영권 시리즈의 마지막 편에
해당하는 《동으로의 귀환》은 소설을
원작으로 한다. 각본 첫 페이지에는 프
라 사라사스(Phra Sarasas)의 『운명의 강
(Whom the Gods Deny)』을 원작으로 표
기하고 있는데("泰國前經濟相 ブラ・サラサ
スの原作「運命の河」より"), 원작소설의 저
자인 프라 사라사스는 매우 독특한 인
물이다. 「일본의 화폐와 은행(日本の貨幣
と銀行)」으로 박사학위를 받은 그는 경
제 전문가이자 태국의 경제상을 역임
한 고위급 관료였다.[20] 때문에 일본을

포함한 국제 경제에 능통했을 뿐 아니라 일본 제국의 대외정책에도 매우
호의적인 태도를 유지한 친(親)일본적인 인사였다. 1940년에 영어로 쓰인
『운명의 강』은 1942년 나카니시 다케오(中西武夫), 가와타 키요시(河田清史)의
공동 번역으로 일본어판이 출간되었으며,[21] 같은 해 2월 나카니시 다케오
의 각색과 연출에 의해 다카라즈카 가극 《동으로의 귀환》으로 재탄생한다.

---

20) 프라 사라사스는 1950년 12월 28일 니혼대학에서 경제학 박사학위를 받은 것으로 확
인된다. 논문의 서지정보는 ブラ・サラサス, 「日本の貨幣と銀行」, 日本大学 経済学博士, 1950
年(昭和25年).

21) 1942년 문림당쌍어방(文林堂双魚房) 판본은 『운명의 강(運命の河)』을 "맹방(盟邦) 태국
의 정치가이자 문학가인 저자가 심혈을 기울인 신동아소설(盟邦泰國の政治家であり文
學者たる著者が心血を注ぎし新東亞小說)"이라고 평하고 있다. ブラ・サラサス 著, 中西武夫・
河田清史 共訳, 『運命の河―東へ帰る』, 東京: 文林堂双魚房, 1942.

표 5 《동으로의 귀환》의 전체 내용 구성

기 본 정 보	제목: 《東へ歸る》 구성: 전 15장 원작: Phra Sarasas(プラ・サラサス), 『Whom the Gods Deny』 연출 및 각색: 中西武夫(나카니시 다케오) 공연: 月組 1942년 2月26日~3月24日 宝塚大劇場 초연 　　　 月組 1942년 4月1日~4月29日 東京宝塚劇場
줄 거 리	프랑스 유학 중인 태국 외교관 아마라의 딸 람파 마하디는 폴 로이라는 동양 출신 사관생 도를 만나 사랑에 빠진다. 람파가 미사푸르 국의 왕위 계승자라는 사실을 알고 있는 아마 라는 이들의 교제를 불허한다. 그러나 곧 자신은 미사푸르 왕국의 공주였고 폴은 남동생이 라는 출생의 비밀이 밝혀져 람파의 사랑의 고통은 끝나고, 남매는 합심하여 폭정에 시달리 는 미사푸르 국을 되찾기로 결심한다. 미사푸르 국의 호리 제전 행사에 갑자기 나타난 마 야는 뛰어난 미모와 변설로 미사푸르의 왕위 찬탈자의 아들이자 현재의 국왕인 라바나의 마음을 빼앗는 데 성공한다. 독살 계획의 성공으로 폭군 라바나는 죽지만 그의 고통에 연 민을 느낀 마야 또한 자살을 결심한다. 그러나 그녀는 람파, 즉 스리 시마 데비 공주라는 사 실이 밝혀지고 그녀는 유서를 통해 동생인 마힌드라를 후계자로 지목한다. 마힌드라 왕자 는 람파의 사촌동생 압파를 부인으로 맞아 미사푸르 왕국을 정의롭고 부강한 나라로 만들 것을 신 앞에서 맹세한다.
등 장 인 물	람파 마하디: 스리 시마 데비 공주(왕녀), 미사푸르 왕국의 왕위 계승자 압파 마하디: 람파 마하디의 사촌 동생 푸라 아마라 마하디: 주 프랑스 태국 외교관, 전 캘커타 총영사 르봉: 토우르 여학교 교장 크로와 대좌: 소미에르 사관학교 교장 폴 로이: 람파의 연인이자 친동생인 마힌드라 나라도우 왕자, 미사푸르 왕국의 왕위 계승자 나라 장군: 미사푸르 국왕의 충신, 내란 중 사망 마야: 나라 장군의 딸로 내란 중 실종되어 생사 불명, 극중에서는 람파의 1인 2역 나디르: 미사푸르 국의 애국파 신하 마하라쟈 바하도우루 나렌드라: 미사푸르 왕국의 전 국왕 라바나: 미사푸르 왕국의 현 국왕, 왕위 찬탈자의 아들
장 별 내 용	[1장_7월 14일] 여생도와 사관생도의 화려한 무도회에서 선생님들의 소개로 람파와 폴은 처음 만나 왈츠의 상대가 된다. [2장_동양의 조류] 람파와 폴은 동양에 대한 추억과 지식을 공유한다. 폴은 람파에게 어린 시절 엄마가 불러주시던 자장가를 청한다. [3장_케이·도·파츠시] 람파의 아버지 아마라는 딸의 생일을 맞아 목걸이를 선물하며, 동 양은 위험하니 가지 말라고 당부한다. 로이와 람파는 서로 사랑의 마음을 확인하고, 압파 는 걱정하는 람파에게 꿈 이야기를 가장해 둘 사이의 관계를 아버지에게 털어놓으라고 권 유한다.

장별내용	[4장_지나간 날의 그림자] 람파는 아마라에게 로이와의 관계를 꿈에 비유하여 고백한다. 아버지는 출생의 비밀을 알려 주며 딸의 연애를 반대한다. 람파는 아마라의 친딸이 아니라 지체 높은 미사푸르 왕국의 왕녀인 스리 시마 데비 전하(殿下)였던 것이다.
	[5장_캘커타의 밤(18년 전의 회상)] 캘커타 주재 태국 총영사관으로 미사푸르 국의 사령관 나라 장군이 아기와 편지를 전달한다. 아기는 아마라의 친구인 미사푸르 국왕의 딸이었다. 아마라 부부는 친딸을 태국의 친척에게 보내고, 공주를 자신의 친딸로 위장해 키우기로 결심한다.
	[6장_사랑과 의무의 싸움] 아마라는 람파에게 미사푸르 국과 불행한 국민을 생각하고 조국을 사랑하는 것이 공주의 의무이며, 일본과 같은 강력한 나라가 되기 위해 동양을 공부해야 한다고 말한다. 람파는 모후, 부왕, 폴 로이, 양모 등의 환청의 말소리에 뒤섞여 고뇌한다.
	[7장_챠오피아 강 근처] 태국 복장을 한 람파와 압파는 태국에 도착해 동양의 아름다운 풍경에 찬탄한다. 조국에 대한 사랑이 조금씩 싹트는 찰나 람파는 독사에 물린다.
	[8장_퐁텐브로] 퐁텐브로 사관학교의 폴은 람파가 위중하다는 내용의 전보를 받고 방콕으로 갈 수속을 한다.
	[9장_두 개의 목걸이] 람파는 사랑과 조국 사이에서 선택의 기로에 놓인다. 자신을 불행의 씨앗이라 탓하며 괴로워하는 람파에게 폴이 찾아온다. 같은 목걸이를 가진 폴과 람파는 모후의 유품을 통해 서로 친남매 사이라는 사실을 깨닫게 된다. 사랑이냐 조국이냐 하는 선택의 고통은 단숨에 끝나고, 남매는 힘을 합해 나라를 위해 전력을 다하자고 맹세한다.
	[10장_미사푸르의 정원] 나디르는 '미사푸르 국을 어여삐 여기시어 광영을 누리게 해 달라'며 브라흐마 신에게 기도한다. 이때 갑자기 전란 중에 실종되었던 의붓딸 마야가 나타나, 국가를 위해 희생하겠다고 말하지만 나디르는 '연약한 여자의 몸으로 너무 위험하다'며 딸을 말린다.
	[11장_호리 제전] 불교와 바라문(브라만)교가 함께 주관하는 농경 제의. 제의 거행 중에 데우스의 무희 4명 중 1명이 실수로 넘어지는데, 이를 불길한 징조로 여긴 라바나 왕과 제사장은 무희 4명을 처형하여 신께 용서를 청하고자 한다. 그러나 마야가 등장하여 왕에게 미신에서 벗어나라고 직언한다. 왕은 마야의 미모와 말솜씨에 반해 무희들을 모두 살려주고 나디르의 집에 오늘밤 방문할 것을 예고한다.
	[12장_월출] 마야에게 반한 라바나 왕은 나디르의 집을 방문한다. 지금까지의 학정은 주변의 간신들 탓이라고 고백한 라바나 왕은 마야에게 왕비가 되어 줄 것을 청한다. 나디르와 마야는 고민하지만 마야는 정의만이 우리의 위안이라고 말한다.
	[13장_죽음의 사본] 마야는 왕궁에 찾아가 라바나와 대화를 나눈다. 라바나는 자신의 청에 대해 마야의 답을 재촉하지만 마야는 대답을 다음날로 미뤄 달라고 부탁한다. 마야의 아버지 나디르가 선물로 보낸 독 묻은 책을 읽던 라바나 왕은 고통을 느끼며 마야를 부른다. 라바나는 아버지의 죄에 대해 벌을 받는 것이라고 괴로워하다가 결국 마야에게 안겨 사망한다.

장 별 내 용	[14장_생사일예] 마야는 라바나를 죽인 것에 대한 복잡한 심경을 브라흐마 신에게 토로하 며 동정심, 삶의 덧없음, 증오 등이 뒤섞인 속에서 자살을 결심한다. 라바나가 한 것처럼 나디르의 책에 침을 묻혀 책장을 넘기고 차를 마셔 독을 삼킨다. 그리고 자결한 마야는 스 리 시마 데비 공주였다는 사실이 밝혀진다. 그녀의 유서에는 자신의 죽음에 낙담하지 말 고 동생인 마힌드라(폴 로이) 왕자에게 왕위를 승계하라는 내용이 담겨 있다.
	[15장_새로운 시대] 합창과 평화의 종소리가 울리며 마힌드라 왕자가 부민드라의 왕위를 승계한 날을 축하한다. 새로운 통치자가 된 마힌드라는 악습 철폐와 정치 개혁을 약속하 고, 압파를 왕비로 맞아 브라흐마 신의 가호 속에서 미사푸르 왕국을 어질게 통치할 것을 선언한다.

대동아공영권 시리즈의 마지막 편인 만큼 이 작품은 각색과 연출에서 눈여
겨볼 지점들이 많다. 전작에 비해 더욱 공을 들인 극적 장치의 배치를 통해
대동아공영의 프로파간다를 한층 더 치밀하게 드러내고 있기 때문이다. 특
히 동양이라는 기표를 드러내는 방식은 이 작품의 본질과 직결되는 가장
중요한 지점이라 할 수 있다.

1장의 첫 무대는 무도회 장면이다. 프랑스의 축제일을 기리기 위해 마련
된 무도회장에는 여학교와 사관학교의 생도들이 모여 화려한 왈츠의 춤을
추고 있다. 이곳에서 소개를 받은 주인공 람파와 폴은 서로에게 호감을 느
끼게 된다. 태국과 인도의 다른 국적에도 불구하고 첫 만남부터 이들이 친
밀감을 가지게 된 가장 큰 계기는 무엇보다 람파와 폴 양쪽 모두 동양인이
라는 인종적 공통분모에 있다.

　르봉: 크로와 대좌, 소개해 드립니다. 람파 마하디와 사촌동생 압파 마하디
　　　입니다. 람파의 아버지인 프라 아마라 마하디는 태국의 외교관입니다.
　　　이 둘은 저희 학교에서 맡고 있는 유일한 동양의 영양(令孃)입니다.
　크로와 대좌: 소미르의 사관학교장 라 크로와 대좌라고 합니다. 오늘밤은 꽃
　　　과 같이 아름다운 따님들이 가득하지만, 특히 이분들의 이국적인 아름
　　　다움은 진주에 둘러싸인 두 개의 루비와 같은 아름다움이라고 생각했

습니다. 저의 생도 가운데에도 동양의 청년이 있습니다. 로이 군, (폴 로이 앞으로 나온다) 저의 자랑인 생도 폴 로이입니다. 이쪽은 람파 마하디, 그리고 압파 마하디. 태국 외교관인 프라 아마라 마하디의 따님과 사촌동생 분이시다. 댄스 상대로 부탁드려보는 게 어떻겠나.

르봉: 대좌가 칭찬하시는 것을 보니 틀림없이 훌륭한 청년이군요. 어디 출신 이신가요.

폴: 봄베이입니다.

크로와 대좌: 폴은 로이라는 미국인 가문을 상속하기로 되어 있습니다.

르봉: 아마라 가의 아가씨들과 딱 맞는 상대시군요. 세 분이서 아름다운 동양의 꿈과 추억에 대해 이야기해보세요. 그럼 크로와 대좌.

(크로와와 르봉은 퇴장한다. 세 명만이 무대로)

폴: 태국 출신이시군요.

람파: 네. 하지만 사실 저는 태국도 동양도 알지 못합니다. 압파는 태국에서 자랐지만요.

압파: 여학교에서 처음 저희는 함께 살게 되었습니다.

폴: 그렇습니까. 저도 아기였을 때밖에 동양을 알지 못합니다.

람파: 아 당신도.

폴: 저는 아주 조금밖에 동양에 대해 기억하지 못합니다.

람파: 저도 그래요. 압파가 정말 부러울 뿐이에요.

압파: 람파는 저에게 몇 번이고 몇 번이고 동양에 관해 이것저것 물어 보았어요.

람파: 챠오피아 강의 물결, 방콕, 츄란랑카르의 유적…몇 번이고 압파에게 들었지요.

폴: 부럽군요, 저도 압파 님으로부터 말씀을 듣고 싶습니다.…왈츠가 들려옵니다. 두 분 중 어느 분께서 춤추시겠습니까.

압파: 람파, 당신이 언니이니까…

폴: 동양의 풍습에 따르는 겁니까…그럼 람파 님께…

화제의 중심인 동양은 람파, 폴 그리고 압파를 포함한 세 명의 유학생을 묶어 주는 구심점의 역할을 하고 있다. 유럽에서 자란 람파와 로이에게 더욱 특별한 동양은 알고 싶지만 결코 알 수 없는, 아름답고 신비로운 미지의 장소로 인식되고 있음을 이들의 대화를 통해 알 수 있다. 동양에 관한 이야기는 장이 바뀌어도 계속 이어지지만, 다른 한편 동양을 묘사하는 방식은 더욱 감각적인 층위로 심화된다.

람파: 두 사람은 정말 비슷하네요. 어머니가 안 계신 것도, 동양에 태어나서
　　　동양의 추억을 가지고 있지 않은 것도.

폴: 정말 그렇군요. 저는 수도원의 담장 밖은 알지 못했습니다. 그렇지만 동
　　양의 저 하늘은 어린 시절 자주 올려다보아서 알고 있습니다.

람파: 저도 알고 있습니다. 저 에메랄드와 같은 푸른 하늘. 깊은 지혜를 가득
　　　히 담은 하늘.

폴: 그렇습니다. 밤에는 별이 다이아몬드와 같이 아로새겨져 신비롭게 빛을
　　냅니다.

람파: 저는 재스민의 향기를 기억하고 있어요.

폴: 바이얀 나무[22]며 연꽃이며, 두리안과 망고와…람파, 당신이 어머니 품에

---

22) 각본에 "バイヤンの木"로 표기되어 있는 바이얀 나무는 반얀 나무(Banyan Tree, 菩提樹)를 가리킨다. 반얀 나무는 현존 식물 중 줄기가 가장 큰 수종으로 나무 한 그루가 숲 하나를 이룬다고 한다. 보리수는 람파와 폴 로이의 고향인 인도를 상징하는 나무이며, 붓다가 그 아래서 깨달음을 얻은 신목(神木)이라는 점에서 인도인들에게 신성시되는 나무이다. 또 힌두교 경전에서는 시바 신과 연관되어 언급됨에 따라 힌두교도들에게는 소원을 이뤄 주는 나무로 숭배 받고 있다.

안겨 들었던 그리운 자장가 노래를 불러 주시지 않겠습니까.

람파: 네, 알겠어요.

람파와 폴의 대화는 에메랄드빛 하늘, 다이아몬드처럼 반짝이는 밤하늘의 별로부터 재스민 향기와 반얀 나무, 연꽃, 그리고 두리안, 망고와 같은 시각과 후각을 자극하는 소재들을 거론함으로써 동양을 환기하고 동양을 감각의 직접적인 대상으로 제시하고 있다. 동양에 대한 감각의 기억을 공유하는 행위는 처음 만났지만 상대방에게 친밀감을 느끼게 해 주는 계기가 되는 동시에, 람파와 폴 사이에 이어진 끈을 예시하는 복선의 기능까지 수행하고 있다. 특히 람파가 불러주는 〈자장가〉는 군인인 폴 로이마저 눈물짓게 하는 힘을 보여 준다.

〈자장가〉

이슬 맺힌 나무그늘

햇빛을 가리는 요람에

미풍을 실어 보내는 나의 부채여

부드러운 바람

달콤한 재스민의 향을 타고

가만히 불어오는 바람

사랑스런 나의 아이를

꿈길로 이끄는

부드러운 향기의 바람

〈자장가〉는 폴 로이로 하여금 양친에 대한 애정과 동양에 대한 그리움을 자극하는 청각적 매개물로 매우 의미 있게 사용되고 있다. 지금은 "유럽에

그림 15 〈자장가〉의 악보

살며 유럽의 교육을 받고 있지만 종국에 우리는 동양으로 돌아가야 한다

(ヨーロッパにすみ、ヨーロッパの教育をうけてゐますが、結局は東洋人は東洋へ歸るのではあ

りませんか)"는 폴의 굳은 결의는 자장가의 음악적 호소력이 '동으로의 귀환

(東へ歸る)'에 대한 자각으로 전환되는 지점을 잘 보여 주고 있다.

　　그러나 동양 여성의 아름다움에 찬탄하는 크로와 대좌를 필두로 하여

"깊은 신비와 지혜를 품고 있는(深い知慧や智慧をたゝえた)" "우리가 모르는 조

국(私たちの知らない祖國)"인 동양에 경의를 표하는 폴에 이르기까지 동양은

끊임없이 이국적인(exotic) 대상으로 소환되고 있다. 작품 전반에서 자주 언

급되는 힌두교의 여러 신들 또한 이와 같은 맥락에서 이국주의의 시선을

보완하고 있다. 동양에 강한 유대감을 느낀 폴에게 브라흐마 신은 동양으

로 자신들을 인도해 주는 신비한 힘을 지닌 존재로, 그리고 아버지에게 자

신의 꿈 이야기를 가장해 폴과의 관계를 고백하는 람파에게 힌두교의 경전

라마야나와 마하바라타는 자신의 마음을 폴에게 끌리게 하는 초자연적인 힘의 원천으로 암시된다. 이후에도 종교적인 소재는 동양에 대한 이국적 시선과 빈번하게 결합한다. 위기 앞에서 신을 찾는 등장인물들의 간구(懇求), 칼리 여신의 모습을 한 자신을 상상하는 람파, 농경 제의인 호리 제전, 데우스 여인들의 종교적인 춤 등 이 작품에서 종교는 동양을 신비로운 매력으로 표상하는 가장 중요한 소재 가운데 하나이다.

그러나 이처럼 동양이 어머니의 품과 같이 위안과 안식을 주는 고향, 또는 아름답고 신비로운 이상향의 이미지만으로 그려지는 것은 아니다. 람파의 아버지 아마라에게 있어서 동양은 딸이 접근하지 않았으면 하는 금기의 장소이기 때문이다. 아마라의 말을 통해 동양이라는 기표에 내포된 두 번째 함의가 제시된다.

> 아마라: 우리들은 정말 오랫동안 태국에 돌아가지 못했구나. 람파는 아기 때
>   이후로 한 번도 동양을 보지 못했다.
> 람파: 제가 편지로 몇 번이고 아버지께 부탁드렸는데 들어주지 않으셨어요.
>   아버지는 언제나 동양은 위험하다고만 말씀하셨어요.
> 아마라: 동양은 정말로 위험한 곳이야.
> 압파: 숙부님, 저는 이해할 수가 없어요.
> 아마라: …하지만 어쩌면 동양으로 돌아가지 않으면 안 될지도 모르지. 가까
>   운 미래에…

여기서 동양은 '위험한 동양(東洋は危険)'이라는 또 다른 이미지로 제시되고 있음을 알 수 있다. 아마라가 람파의 출생의 비밀을 밝힘에 따라 그 이유는 곧바로 드러나게 된다. 람파는 자신의 친딸이 아니라 미사푸르 국의 선왕인 마하라쟈 바하도르의 딸인 스리 시마 데비 왕녀이며, 친아버지가 음모

파의 모략에 의해 독살당한 이후 자신의 딸로 키워 왔다는 것이다. 또 암살 사건 이후 전왕의 충신인 나라 장군이 람파의 남동생을 수도원으로 급히 피신시킴에 따라 남매는 헤어지게 되고, 게다가 교통사고로 위장한 암살 기도로 람파의 양모 아마라 부인까지 살해당했다는 것이 아마라가 털어놓은 람파의 비극적인 가족사이다. 따라서 그의 기억 속에 존재하는 동양은 살인과 폭력이 난무하는 혼란하고 미개한 곳일 수밖에 없었다.[23]

그렇다면 동양은 왜 두 개의 모습으로 분열되는가. 그러나 이와 같이 동양을 바라보는 이중적인 시선은 비단 이 작품뿐만이 아니라 동양을 기술하는 많은 문헌에서 등장하는 관습화된 공식이다. 식민자(the colonizer)가 피식민자(the colonized)에게 느끼는 욕망(desire)과 혐오(contempt)의 양가적인 감정은 이와 동일한 선상에 있다.[24] 욕망과 혐오라는 상반된 감정은 결국 야누스의 얼굴처럼 이국주의라는 한 몸체에 딸린 두 개의 얼굴일 뿐이다. 오리엔탈리즘으로 수렴되는 이국주의의 시선은 결국 "제국주의와 식민주의의 일면"[25]이며, 그러므로 이 작품에 나타나는 '그리운 동양'과 '위험한 동양'이라는 동양 기표의 이중성은 서구의 오리엔탈리즘을 답습한 일본의 식민주의적인 시선이라고 보는 것이 옳을 것이다.

한편 동양을 위험한 장소로 경계해 오던 아마라는 이제까지의 태도를 바꾸어 미사푸르 국의 진짜 계승자인 람파에게 동양에 대한 진심어린 애정을 처음으로 드러낸다. 그에게 동양은 분명히 "정말로 위험한 곳(東洋は本當に危

---

23) 에드워드 사이드는 "당시 동양이란 러시아뿐만 아니라 전통적인 의미의 동양까지 포함하여 항상 위험하고 위협적인 것을 상징하였다는 점은 누구의 눈에도 분명하게 보였다"고 지적하고 있다. 에드워드 사이드 지음, 박홍규 옮김, 『오리엔탈리즘』, 교보문고, 2014, 59.

24) 로버트 영 지음, 이경란·성정혜 옮김, 『식민 욕망: 이론, 문화, 인종의 혼종성』, 성남: 북코리아, 2013 참조.

25) 에드워드 사이드, 앞의 책, 221.

險)"이었지만 동시에 "돌아가지 않으면 안 될지도 모르는(東洋に歸らなくては
ならないかも知れない)" 복잡 미묘한 아이러니의 장소였던 것이다. 결국 아마라
는 현재 음모파의 아들이 다스리고 있는 미사푸르 국은 과중한 세금과 폭
정, 악질로 고통에 빠져 있다고 밝힌 뒤, 람파에게 부디 폴을 잊고 미사푸르
를 되살려 달라는 당부의 말을 덧붙인다. "조국에 대한 사랑(祖国への愛)"은
한낱 이성에 대한 사랑을 뛰어넘는 숭고한 "의무(義務)"라는 것이 그 이유
이다.

> 아마라: 의무입니다. 그리고 조국에의 사랑입니다.…당신을 위해 그리고 조
> 국을 위해 기꺼이 죽은 많은 생명을 생각해 주십시오..…나디르는 지금
> 도 미사푸르의 관직에서 물러나 살고 있으나 그를 중심으로 선왕의 옛
> 신하들이 비밀 당파를 조직하고 있습니다. 오늘 그에게서 온 편지에는
> 당신이 극비리에 동양에 돌아와 주기를 희망하고 있었습니다. 나디르는
> 기회가 가까이 오고 있음을 알리고 있었습니다. 공주님, 저는 우선 당신
> 을 미사푸르에서 가까운, 그리고 안전한 태국으로 모시고 싶습니다.
> 람파: 동양에, 태국에…그리고 미사푸르에…나의 나라에…
> 아마라: 당신은 동양을, 미사푸르를 배우지 않으면 안 됩니다. 동양의 역사
> 를, 정치를, 풍속을, 종교를 배우는 것입니다. 인도에 대해, 태국에 대해,
> 일본에 대해 배우는 것입니다. 미사푸르를 일본처럼 강국으로 만들기
> 위해서…

아마라는 미사푸르를 되살리기 위해 람파가 가장 먼저 해야 할 일로 '동
양을 학습할 것(東洋を…学ばねばなりません)'을 역설한다. 그 모범적인 발전 모
델로 제시한 나라는 일본이다. 여기서 탈아입구론(脫亞入歐論)[26]의 변주를 읽
을 수 있는데, 한마디로 일본은 인종적·지리적으로는 동양에 속하지만 인도

나 태국의 동양과는 근본적으로 차별화되는 국가라는 탈아론적인 인식이 저변에 깔려 있는 것이다. 19세기 말 후쿠자와 유키치(福沢諭吉)가 제안한 탈아입구론은 일본이 미개한 동양(당시의 조선과 중국)에서 벗어나 유럽과 같은 문명국의 반열에 올라야 한다는 주장이다. 이후 일본은 잇따른 서구화·근대화 정책을 통해 '탈아'에 성공하고 동양의 유럽이라는 패권적 지위를 자임하게 된다. 이러한 맥락에서 아마라의 대사는 근대화 시기 일본이 의식적으로 규정했던 자기정체성을 반영한다. 그러므로 일본이 서구를 보던 시선은 그대로 아마라가 일본을 보는 시선으로 전이된 것임을 알 수 있다. 물론 일차적으로 그것은 원작 소설의 작가인 프라 사라사스의 시각일 가능성이 높다. 실제로 그는 박사논문 「일본의 화폐와 은행」에서 일본의 경제 발전을 높이 평가하며 자신의 조국 태국 또한 부강한 나라가 되기를 강하게 희망했다. 그러나 문제의 본질은 일본에 대한 작가의 생각이 당시 일본에 팽배했던 모순적인 자기인식, 다시 말해 한편에서는 동양으로부터 스스로를 분리시켜 동양 세계 바깥에 위치시키고 또 다른 한편으로는 동양 내에서의 특별한 지위를 점하려는 이율배반적인 시각과 정확하게 일치한다는 사실에 있다.27) 그리고 사실상 이것이 '대동아공영론'의 요체이다. 이에 대해서는 다시 언급하도록 한다.

한편 아마라의 말에 따라 태국으로 간 람파는 이 "아름답고 조용한 나라

---

26) 후쿠자와 유키치(福澤諭吉)가 1885년 시사신보(時事新報)에 기고한 글의 제목인 탈아론(탈아입구론)은 일본이 조선이나 중국과 같은 미개한 아시아 국가와 같은 반열로 취급되어서는 안 되며, 아시아 국가들과 관계를 끊음으로써 서구와 같은 문명국가로 도약할 수 있다는 주장이다.

27) 제니퍼 로버트슨은 다카라즈카 소녀가극의 제국주의적인 성격을 도출하기 위해 기존의 오리엔탈리즘을 서구식 오리엔탈리즘과 일본식 오리엔탈리즘으로 분류한다. 문화적 우월함(주체)과 이국주의적 신비화(대상)가 동시에 나타나는 것이 일본식 오리엔탈리즘의 다른 점이다.

(美しい静かな國)"에 대해 무한한 애정을 느낀다. 동양에 대한 애정이 깊어 갈수록 아마라가 던져 준 문제 "사랑인가 국가인가(愛と國家とどちらでもえらばせよう)" 둘 중 하나를 선택해야 하는 순간은 더욱 가까워 올 뿐이다. 게다가 여행 중에 뱀에 물린 람파는 생명까지 위태로운 상황이다. 무대는 람파가 고뇌하는 모습에 초점을 맞춘다. 꿈속에서 죽음의 여신 칼리의 모습을 한 자신을 보았다고 말하는 람파는 자신으로 인해 희생당한 영혼들 앞에서 자책한다. 그러나 사랑과 국가 사이에서 람파가 겪은 격심한 갈등은 뜻밖의 우연한 사건에 의해 일순간에 해소되어 버린다.

폴: 람파… 당신의 그 목걸이 좀 보여 주지 않으시겠습니까.

람파: 아… 이것은 저의 어머니의 유품입니다. 저는 어머니가 생각날 때면 항상 이것을 만져 보곤 합니다. 이 속에는 어머니의 머리카락이 들어 있습니다.

폴: 어머니의… (폴은 칼라를 풀고 목걸이를 꺼낸다) 람파, 봐 주십시오. 이것은 제가 가지고 있는 저의 양친의 유일한 유품입니다. 그리고 또한 저의 어머니의 머리카락도 들어 있습니다.

람파: 어머니의…

(두 사람은 그 목걸이의 금합을 살펴본다.)

폴: 똑같은 목걸이입니다. 똑같은 모양이에요. 똑같은 목걸이입니다.

람파: 안을 보여 주세요. 똑같은 색의 머리카락이! 폴! 그럼 당신과 나는 … 진짜 친남매 사이인 겁니다.

폴: 당신이…나의 누나였던 겁니까.…누나.

람파: 폴, 내 남동생! 당신은 미사푸르의 마하라쟈 바하도르 왕자 마힌드라 나라도우인 겁니다. 그리고 나는 스리 시마 데비 왕녀인 거구요…

태국에서 다시 만난 폴과 람파가 혈연의 증표인 목걸이를 통해 친남매 사이인 것으로 밝혀진 것이다. "사랑과 의무가 일치되었다"는 아마라의 말처럼 사태는 깔끔하게 정리된 것이다. 이에 람파는 사랑과 국가 사이의 번뇌를 끝내고 "남동생과 힘을 합해 조국을 위해 의무를 다할 것(弟と力を協せて祖國のために私の義務をつくをうと思ひます)"을 맹세한다. 이렇게 람파와 폴의 출생의 비밀이 드러남에 따라 한 개인의 운명은 국가의 운명으로 손쉽게 전환되고 있다. 람파의 말대로 그녀는 "토우르 여학교의 폴과 만났던 람파가 아니라 미사푸르의 왕녀 스리 시마 데비(私はトゥルの女學校でボールと出會つたランパ・マハデイではありません。私はミサブウルの王女スリ・シマ・デヴイです)"이며, "원대한 목적을 위해 조국에 몸을 바치는 소녀"로 거듭난 것이다. 따라서 이제 남은 것은 사악하고 무능한 왕을 끌어내리고 미사푸르 국을 되살리는 일 뿐이다. 이러한 간절한 염원은 〈기원의 합창祈りの合唱〉이라는 합창곡의 음악적인 형식으로 재현된다.

〈기원의 합창〉
맑은 달의
빛에 젖어
신비의 숲을 지나
신들이 잠든
사원에서 기도를
바친다
브라흐마 신이시여
은혜를 내려 주소서
신의 종인 저희들에게
행복을 내려 주소서

은혜를 내려 주소서

합창에 이어지는 나디르의 기도는 미사푸르 왕국을 향해 '동쪽으로 귀환'하려는 이들의 의지를 다시 확인시켜 준다. 또 "이 세상에 정의가 사라지지 않았다면…신이시여…공주님을 지켜 주십시오(この世に正義は亡びないとすろならば…神よ…姫をお守り下さい)"라는 그의 독백에서 람파의 운명은 공적인 것으로 완전한 합의가 이루어지고 있음을 알 수 있다. 이와 같은 국면의 전환은 작품의 메시지와 관련해 매우 큰 의미를 지닌다. '위험한 동양'이 '그리운 동양'으로 이행하는 앞으로의 사태를 선취하고 있기 때문이다. 대동아공영의 미래가 멀지 않아 보인다. 그렇다면 위험한 동양은 어떻게 폐지되는가.

무대는 미사푸르 왕국의 농경 제의인 '호리 제전(ホリの祭典)'이 펼쳐지는 마하라쟈 궁전이다. 제의의 시작을 알리는 공 소리가 울리자 금과 은이 담긴 바구니를 들고 처녀들 네 명이 종교적인 춤을 추는 광경이 펼쳐진다. 춤이 끝난 이후 처녀들이 실수로 바구니를 쏟게 되는 불길한 사태가 벌어지자, 제사장은 국왕인 라바나에게 처녀들을 신에게 바쳐 용서를 구해야 한다고 청한다. 이때 마야라는 미지의 여성이 갑자기 나타나 처형을 멈춰 줄 것을 간구하는데, 무엇보다 왕은 마야의 아름다운 외모에 놀란다.

마야: 저는 미사푸르의 국민입니다.
라바나: 무슨 이유로 신성한 의식을 방해하는가.
마야: 소란을 끼쳐 드렸습니다. 저는 가엾은 네 명의 데우스 처녀의 목숨을 구해 달라고 청하고자 합니다. 우연의 실수로 귀한 네 명의 목숨을 빼앗는 것은 잔혹한 일이라고 아룁니다.
라바나: 이 나라의 관습을 모르는 것처럼 보이는구나. 호리 제전에서 4명의 데우스는 실수 없이 그 의무를 다하지 않으면 안 된다. 처녀 한 명이 쓰

러진 것은 불길한 징조이다. 신의 마음을 달래기 위해서는 네 사람의 목
숨을 바치지 않으면 안 되는 것이다.

마야: 전하, 전하처럼 영명하신 분께서 이렇게 우매한 미신에 휘둘린다는 것
은 생각할 수 없는 일입니다. 저는 전하의 뜻을 거스르려는 것이 아니라,
이 우매한 미신을 반대하는 것입니다. 이러한 형벌은 선왕 마하라쟈 바
하도르의 시대에 이미 폐지된 것이 아닙니까.…

라바나: 그대는 내 정치에까지 입을 놀리고 있는 것으로 보이는구나. 그 죄
는 그대의 죽음으로 갚는 것이 좋겠지.

마야: 저를 죽이시는 것은 전하의 나약함을 보이시는 것이지 강함을 보이시
는 것이 아닙니다. 연약한 소녀에게 연연하여 사형에 처하는 나라는 불
안정한 나라라고 아뢸 수밖에 없습니다.

그러나 라바나는 마야의 아름다움과 변설에 매혹되어 그녀의 목숨을 살
려 주기로 한다. 그리고 마야의 매력으로 인해 폭군이었던 라바나는 한 여
인을 사랑하는 부드럽고 낭만적인 남성으로 변모한다. 남성을 사로잡는
'외적인 아름다움'과 '내적인 아름다움'이 위기를 극복하는 덕목으로 제시
되는 이 상황은 비상시(非常時)에 있어서 여성의 미덕과 의무의 문제를 다시
한 번 상기하게 한다. 그러나 이 대목에서 더욱 중요한 것은 라바나와 마야
의 대립 구조에 있다. 라바나는 미신에 빠져 인신공양을 일삼는 전근대적
인 '위험한 동양'을 상징적으로 나타내는 반면 마야는 라바나의 야만성을
일깨우는 문명화된 근대를 상징하고 있다. 이렇게 볼 때 마야는 람파와 폴
이 그리던 회복해야 하는 '그리운 동양'의 모습이 어떠해야 하는지를 몸소
보여 주기 위해 투입된 막중한 역할의 인물이다. 결국 마야는 자신의 탁월
한 여성성으로 우매한 전근대를 독살한다. 근대화의 힘에 의해 위험한 동양
은 폐지된 것이다. 그리고 "새로운 태평성대(新しき御代)"가 열린다.

〈새로운 시대〉

새로운 시대 이제야 찾아와

즐거운 날들이 찾아와

동포여 손을 맞잡고

다함께 나아가는 이날

밝은 햇빛 아래

깃발은 바람에 나부끼고

나아가자 함께

눈부시게

발걸음 드높이

용맹스럽게

그림 16 〈새로운 시대〉의 악보

무대 위에는 평화의 종소리가 울려 퍼지는 가운데 주제가 〈새로운 시대 新しき御代〉의 합창이 희망에 찬 미래를 알린다. '행진곡풍으로 힘차게(行進曲(力强く))'라는 연주 지시를 통해 알 수 있듯이 "손을 맞잡고 함께 나아가야 할(手をとりて…ともに進まん)" 새로운 시대의 환희가 음악 형식 속에서도 그대로 반영되어 있다. 이렇게 음악을 통해 조성된 희망적인 분위기 속에서 새로운 인물 폴 로이는 미사푸르 국의 왕으로 등극한다. 마야로 변장하고 라바나를 살해한 람파는 아버지의 복수를 완수한 후 자책감과 삶의 덧없음에 자살을 선택했기 때문이다. 그녀가 남긴 편지에는 "미사푸르에 광영이 찾아올 것이니 자신의 죽음에 슬퍼하지 말고 남동생에게 왕위를 양위하라(夏がこの國の人々の上に訪れることでせう…ミサブウルの王位は、弟のマヒンドラが繼ぐべきです)"는 내용의 유언이 담겨 있다. 왕위에 오른 마힌드라 나라도우는 아버지의 뜻을 이어받아 노예제도를 철폐하는 등 각종 개혁 정책을 펼칠 것을 약속한다. 그리고 아버지와 어머니, 누나의 영혼 앞에 미사푸르를 "동양의 강국으로 만들겠다(この國を東洋の强國に育てたい)"고 다짐한다. 반전에 반전을 거듭했던 이야기는 여기서 끝이 난다.

《동으로의 귀환》은 이렇게 강한 동양을 건설하는 문제로 귀결된다. 그러나 미사푸르의 새로운 왕이 선언한 '강한 동양'이란 앞서 제시된 위험한 동양, 그리운 동양과는 또 다른 층위에 있다. 그것은 전자처럼 미개하고 혐오스러운 공간도 아니고, 후자처럼 이상화되고 신비화된 미지의 공간도 아니다. 강한 동양이란 이 두 동양을 지양하고 전근대에서 근대로 도약한 '새로운 동양'을 의미한다. 그리고 궁극적으로 그것은 제국 일본이 이끄는 대동아공영의 제국 공동체로 수렴한다. 《동으로의 귀환》을 통해 대동아공영권 시리즈는 이렇게 새로운 동양 세계의 구축이라는 환상적인 꿈을 제시하는 것으로 대단원의 막을 내린다.

제6장

오족협화와 왕도낙토의 서사

1.《만주에서 북지로満州より北支へ》: 내지 연장과 민족 화합의 꿈

그랜드 레뷰《만주에서 북지로》는 만주국의 대련에서 시작하여 봉천, 신경, 무순 등의 도시와 만리장성을 거쳐 중국의 자금성에서 종결되는 일본의 북방 식민지 일주의 대장정에 관한 이야기이다. '그랜드 레뷰(グランドレビュゥ)'라는 작품의 형식이 말해 주는 것처럼, 이 작품은 일반적인 레뷰 작품들에 비해 방대한 규모와 분량을 지닌다. 전체 구성이 25경으로 장의 전환이 압도적으로 많으며, 각 장마다 다른 도시들을 배경으로 하고 있어 대장정이라는 말이 무색하지 않게 이야기의 스케일 또한 크다. 1938년 기시다 다쓰야(岸田辰彌)의 연출로 초연된 이 작품은 같은 해 도쿄·오사카·나고야에 있는 다카라즈카 전용극장에서 총 3차례 공연되어 여느 작품에 비해 상대적으로 많은 공연 횟수를 보인다.

연출가 기시다 다쓰야라는 이름은 주목할 필요가 있는데, 그는 창립자 고바야시 이치조에 버금가는 영향력과 활동력을 과시한 인물로 한 세기를 넘는 다카라즈카 소녀가극의 역사에 있어서 일대 전환점을 마련한《몽 파리モン·パリ》가 바로 그의 작품이다.1) 이와 같은 그의 특별한 위치는《만주에서

1) 기시다의 이탈리아 및 프랑스 유학으로 일본 전통물 일색이었던 소녀가극에 새로운 연출 기법이 도입됨으로써 다카라즈카 소녀가극은 일개 아마추어 아동극에서 전문적인 가극으로 발돋움하게 되었으며, 현재의 다카라즈카 레뷰 형식을 확립하는 중요한

그림 17 《만주에서 북지로》 무대배경

북지로》의 의의와 중요성을 웅변적으로 제시해 준다는 점에서 더욱 특별한
의미를 더한다. 1920년대 중반 기시다 다쓰야는 고바야시와 소녀가극의 양
식 문제를 두고 잠시 의견 대립을 보인 적도 있으나,[2] 이 작품에 와서는 완
전한 의견의 일치를 이루고 있다. 공연을 앞두고 열린 좌담회에서 "만주와
북지 일대를 시찰하고 돌아온" "교장선생님(고바야시 이치조)의 뜻에 따라"[3]
각본과 연출 작업에 임했다는 그의 말을 통해 어떠한 갈등이나 충돌도 없
이 작품 제작과정이 순탄했음을 알 수 있다.

　대동아공영권 시리즈가 만들어지기 3년 전에 제작된 이 작품은 만주, 더
정확히는 만주국의 건국이념을 배경으로 한다. 1932년 관동군에 의해 괴뢰

　계기가 되었다. 《몽 파리》는 1927년 초연 당시에 상업적인 흥행의 성공을 거두었을 뿐
만 아니라 초연 이후에도 여전히 사랑과 관심을 받는 작품이다. 가장 최근의 공연으로
는 《몽 파리》 공연 90주년을 기념한 2017년 9월의 공연이다.

2) 기시다 다쓰야는 가부키 레뷰(歌舞伎レビュウ)와는 다른 본격적인 가극으로 '그랜드오
페라'를 탐색하는데, 이는 고바야시 이치조의 구극개량 노선과 완전히 배치되는 것이
었다. 그가 내세운 가극 혁신의 핵심적인 내용은 남성 배우를 가입시킨다는 것, 그리
고 소녀배우들이 성인이 된 후에도 배우로 활동하게 한다는 것이었다. 그러나 그랜드
오페라단을 창설한다는 그의 견해는 수용되기 어려웠는데, 특히 남성가입론의 경우
많은 이들의 거부감과 반대에 부딪쳤다. 고바야시 이치조는 남성멤버의 가입이 소녀
가극의 본질을 흐릴 것이라는 입장을 강하게 표명하며 기시다 다쓰야와 대립하는 양
상을 보였다. 渡辺裕, 『宝塚歌劇の変容と日本近代』, 東京: 新書館, 1999, 102~106.

3) 「満州より北支へ 座談會」, 『宝塚少女歌劇脚本集』, 1938年(昭和13年) 참조.

표 6 《만주에서 북지로》의 전체 내용 구성

<table>
<tr><td rowspan="1">기
본
정
보</td><td>제목:《満州より北支へ》
구성: 전 25경
연출: 岸田辰彌(기시다 다쓰야)
공연: 星組 1938年 1月1日~1月31日 宝塚大劇場
　　　星組 1938年 3月3日~3月29日 東京宝塚劇場
　　　星組 1938年 4月1日~4月10日 名古屋宝塚劇場</td></tr>
<tr><td>등
장
인
물</td><td>아리마(有馬): 작품의 주인공으로 제1차 무장이민대원인 가와노의 형부
벳부(別府): 아리마의 친구, 중국 미녀와 결혼
치바(千葉): 아리마·벳부의 친구이며 하얼빈에서 살고 있는 부유한 일본인 화가
무샤: 러시아 소녀로 일본 여성의 대척점에 있는 행실이 나쁜 러시아 여성
기타무라(北村): 척무성 제1차 무장이민대 챠무스 지역대의 지도원
기타무라의 처: 자상하면서도 의지가 굳센 일본인 여성을 표상
가와노(河野): 기타무라 휘하의 무장이민대 대원이자 아리마의 처남
가와노의 처: 가와노의 아내이자 아리마의 여동생</td></tr>
<tr><td>장
별
내
용</td><td>[1경_프롤로그] 히노마루와 만주국기의 커튼이 걸린 무대 위에서 〈만주국 국가〉가 만주어
로 제창한다.

[2경_대련부두(大蓮埠頭)] 기선 뒷부분을 무대배경으로 팡파르, 마치풍의 음악이 울리고 주
인공 아리마와 벳부가 등장하자 일동 환영의 만세를 외친다.

[3경_노천시장(露天市場)] 노천시장 상점의 매대 앞에서 호객 행위를 하는 상인과 물건을 사
는 아리마와 벳부의 해프닝을 소개한다. 이들은 모자를 소매치기 당하는 등 소도아 시장에
서 유쾌하지 않은 경험을 한다.

[4경] 선전영화《특급 아시아호와 산업만주》 상영

[5경_요양(遼陽)] 배경은 화재가 일어나 포연에 휩싸인 요양성 성벽으로, 러일전쟁 당시 부
상 입은 장교와 병사의 대화가 이어진다.

[6경_안산(鞍山)] 소화(昭和)제광소의 쇠 녹이는 기계장치를 배경으로 톱니바퀴댄스와 재즈
음악, 라인댄스가 펼쳐진다.

[7경_봉천북릉(奉天北陵)] 북릉누각의 문 앞에서 청 태종의 능(陵)에 참배한 아리마와 벳부는
봉천 지나극장에서 상연되는 애신각라(愛新覺羅)를 보러 간다.

[8경_봉천(大舞臺)] 극중극의 등장인물과 순서를 소개하고, 무대의 모습을 자세히 묘사한다.

[9경_무순(撫順)] 무순 탄광의 노천굴에서 광부 토롯코가 등장하고 유쾌하게 민요를 부른다.

[10경_챠무스(佳木斯)1] 무장이민 지도원 기타무라의 집에 가와노와 그의 부인이 등장하자
때마침 비적이 나타난다. 체포된 이들은 실은 비적이 아니라 아리마와 벳부였다. 기타무라
는 아리마와 벳부를, 아리마와 벳부는 기타무라를 서로 비적으로 오인했으나 오해는 모두
풀린다. 오히려 아리마가 가와노의 매형이었다는 사실이 밝혀진다.</td></tr>
</table>

	[11경_챠무스(佳木斯)2] 미영촌 농장의 고량밭(수수밭)을 배경으로 농부 24인이 몸뻬(もんぺ) 바지를 입고 춤을 추고, 가수 4명이 만주 찬가를 합창한다.
	[12경_국도신경(國都新京)] 근대식 고층 건축물이 빛을 내는 가운데 만주국 근위병 24명이 라인댄스를 선보인다.
	[13경_난화의 영광] 난화(蘭花)의 발레와 함께 '욱일의 빛을 받아 난화가 피어난다'는 노래를 부른다.
	[14경_하얼빈 야화1] 일본인 화가 치바의 아틀리에에 아리마와 벳부가 방문하고, 치바는 러시아 소녀 무샤 데리고 등장한다. 병든 어머니를 모신다는 무샤에게 세 남자들은 돈을 주며 선심을 베푼다.
	[15경_하얼빈 야화2] 송화강 요트클럽, 무샤가 화려한 옷을 차려입고 등장하는데 그녀는 전날의 가난하고 불쌍한 소녀가 아니었음이 밝혀진다. 치바는 끝까지 신사다운 품위를 지킨다.
	[16경_흥안령(興安嶺)] 사금(砂金) 채집장에 '수매사금'이라는 간판이 있고 24명의 무용수가 춤을 춘다.
	[17경_만주리(滿洲里)] 눈보라가 치는 만주리에 경비병이 총을 들고 경계 근무를 서면서 노래를 부른다.
	[18경_여순(旅順)] 다카라즈카 소녀가극의 제복을 입은 20인이 노기 마레스케(乃木希典)4) 장군을 찬양하며 〈수사영의 회견〉을 합창한다. 이와 함께 활인화(活人畵)로 여순 전적을 칭송한다.
	[19경_항공로(航空路)] 만주항공로에 아리마와 벳부가 비행복을 입고 등장한다. 라마교의 악승은 주악을 하며 등장하고 축제가 시작된다.
	[20경_열하(熱河)] 아리마와 벳부는 라마교의 사원에서 그로테스크한 분위기의 소품들을 구경한다. 라마승의 연주와 기괴한 검무가 이어진다.
	[21경_만리장성(萬里長城)] 극중극으로 맹강녀(孟姜女)의 슬픈 전설에 대한 이야기를 보여 준다.
	[22경_일지사건(日支事件)] 16인의 돌격 탭댄스를 통해 일본군의 중국 산해관(山海關) 점령 장면을 묘사한다.
	[23경_북지(北支)] 명대의 13릉을 구경하던 아리마에게 벳부는 사금에 투자한 전 재산을 잃었다며 신세한탄을 한다. 명대의 성조(成祖)의 혼령이 나타나 아리마에게 중국 미녀를 신부로 건네준다.
	[24경_피날레1] 아리마와 중국 미녀의 지나식 혼례의 장면이 펼쳐진다. 벳부는 실패한 줄 알았던 사금광에서 석유가 분출됨에 따라 부자가 되고 아리마와 함께 합동결혼식을 올린다. 일본 육군의 합창이 이어진다.
	[25경_피날레2] 자금성의 대화전을 배경으로 출연자 전원이 등장하여 애국행진곡을 합창하고 만세를 외친다.

국(傀儡國)의 형식으로 세워진 만주국은 왕도낙토(王道樂土)와 오족협화(五族協和) 사상을 건국이념으로 한다. 여기서 '오족'은 몽고인, 조선인, 만주인, 일본인, 한인(중국인)의 다섯 민족을 가리키는데, 이 다섯 개의 민족들이 조화와 평화를 이룬 상태가 바로 오족협화이다. 또 어진 황제의 왕도정치에 따라 모든 국민들이 행복하게 사는 이상적인 국가 형태를 왕도낙토라고 한다. 그리고 이 유토피아 사상의 실현 가능성이 타진된 "근대의 실험실"[5]이 바로 만주였다. 그러나 《만주에서 북지로》는 실험이 채 완료되지 않은 상태에서 그 결과를 대단히 성공적인 것으로 단정하고 있다. 만주에서 북지로 이어지는 긴 여정 속에서 주인공들은 이 '핑크빛 미래'에 관해 과연 '어떤' 이야기를 '어떻게' 하는지 귀 기울여 들어 볼 필요가 있다. 이들의 관광경로를 따라가며 중요한 대목들을 중심으로 작품의 서사적 특징과 그 의미에 대해 살펴보도록 하겠다.

막이 열리면 프롤로그에 해당하는 첫 장의 배경으로 제국 일본을 상징하는 히노마루(日の丸)와 만주국의 오색기가 그려진 커튼이 설치되어 있다. 또 무대 중앙 위쪽으로는 '만수무강'이 세로로 적힌 액자를 중심으로 좌우 양편에 '민족협화'와 '왕도낙토'의 이념이 게시되어 있다. 이러한 무대배경 속에서 "일본, 만주, 조선, 한족, 몽골, 러시아의 오족의 여인 각 다섯 명의 여자(日、滿、朝、漢、蒙、露の五族の女各五人)"가 등장한다. 여기서 지문의 표현대로라면 조선, 만주, 일본, 몽골, 한족의 오족에 러시아가 포함되는 사실상의 육족 연합이 되기 때문에 약간의 혼동이 야기되고 있다. 그러나 실제로 만주

---

4) 노기 마레스케(乃木希典, 1849~1912)는 일본의 무사, 군인, 교육자이며 러일전쟁에서 여순군항 공방전을 지휘했고 메이지 천황 사망 후 순사(殉死)한 것으로 유명한 인물이다. 일본에서 '노기대장' 또는 '노기장군'이라 불리는 일이 많으며, 전통적인 무사도와 군인정신의 귀감이 되는 사무라이로 평가받는다.

5) 임성모, 「국방국가의 실험: 만주국과 일본파시즘」, 『중국사연구』 Vol.16, 중국사학회, 2001, 193.

그림 18 1938년《만주에서 북지로》 공연 사진⁶⁾

국은 오족의 동양인들을 포함하여 프랑스인, 유태인, 독일인, 러시아인 등 다양한 인종과 국적의 사람들이 모여 살았던 곳이었고, 민족 간의 경계를 허물고 공존의 상태를 희구한 공간이었다는 점을 감안한다면 일견 '실수 아닌 실수'로 이해되는 측면도 없지 않다. 이후 등장하게 되는 러시아 소녀의 극중 역할 또한 이를 뒷받침한다.

위 사진은 오프닝 무대의 실제 모습을 보여 주는데, 각각의 민족의상을 입은 여인들이 5명씩 무리지어 서 있는 모습을 확인할 수 있다. 이와 유사한 모습은 또 다른 곳에서도 확인 가능한데, 당시 삽화나 엽서 등에는 이와 같이 오족을 상징하는 여성들의 모습이 자주 등장한다. 그 대표적인 예로 1936년에 벽화로 제작되어 만주국 총무청의 한쪽 벽면을 장식했던 다음의 그림 속에는 각 민족을 대표하는 다섯 명의 소녀들이 사이좋게 춤을 추고 있다.⁷⁾ 왼쪽부터 차례로 한인, 만주인, 일본인, 조선인, 몽골인 소녀가 각 민족의 전통복식에 해당하는 의상을 입고 일렬로 나란히 서 있다. 의상의 색

---

6) 실제 공연 사진에서도 여섯 개의 민족을 대표하는 소녀 배우들의 모습을 확인할 수 있다. 宝塚歌劇団編, 『宝塚歌劇五十年史』, 宝塚歌劇団, 1964.

7) 최재혁, 「1930·40년대 일본회화의 만주국 표상」, 『미술사논단』 Vol.28, 한국미술연구소, 2009, 114.

그림 19 오카다 사부로스케(岡田三朗助)의 〈왕도낙토(王道樂土)〉

상 또한 각 민족을 상징하는 청색, 황색, 적색, 백색, 흑색으로 채색되어 있는 것을 볼 수 있다. 한편 소녀들 옆으로는 풍성하게 놓인 과일과 농작물들, 그리고 멀리 뒤의 배경으로는 근대식 고층 건물과 연기를 내뿜으며 가동 중인 공장 건물들이 그려져 있다. 만주의 비옥한 토지와 산업의 발전을 묘사하고 있는 이 그림은 당시 만주국 건설을 통해 일본이 꿈꾸었던 낙원의 이미지를 제시하는 동시에, 민족 간의 화합이야말로 왕도낙토로 가는 최선의 방법이라는 메시지를 성공적으로 전달하는 것으로 보인다. 이렇게 이상적으로 그려진 왕도낙토와 오족협화 사상은 원래의 만주국 건국이념의 지위를 넘어 차츰 대동아공영 사상과 식민지 지배를 정당화하는 논리로 발전하게 된다.

그림과 비슷한 모습으로 등장했으리라 추측되는 오족의 여성들은 〈만주국 국가〉[8]를 함께 제창하며 대장정의 시작을 알린다. 특징적인 것은 모든 대사와 지문이 원칙적으로는 일본어로 작성된 것임에도 불구하고 만주국

---

8) 〈만주국 국가〉가 만주어로 표기되어 있는 관계로 번역을 위해 일본어의 2차 번역본을 원본으로 사용했다.

의 국가는 유독 만주어로 표기되어 있다는 점이다. 이러한 언어의 혼종성은 비단 이 작품에만 나타나는 것은 아니다. 이는 본고에서 다루는 작품 전반에서 매우 흔하게 발견되는 현상으로 이 작품 내에서도 몇 차례-3경의 노천시장 상인의 호객 장면, 20경의 혼례의 합창에서-더 등장한다.

〈만주국 국가〉[9]
천지 가운데 신만주 있어
신만주는 곧 신천지라네
하늘을 찌르듯 고통도 우울도 없이
여기에 우리나라를 세우자
친애의 마음 뿐, 원망도 복수도 없네
인민 삼천만, 인민은 삼천만,
세상이 열 번 바뀌어도 우리는 자유를 얻으리
인의를 중시하고 예양을 귀히 여기고
우리 몸을 갈고 닦으세
가정을 다스리고 그로써 나라를 다스리세
그 밖에 무엇을 더 구하겠는가
오늘날 세계와 동화하고
미래에 천지와 함께 흐르리라

노래의 가사는 삼천만 만주인의 단합을 통해 만주국을 자유와 행복의

---

9) 1933년판 〈만주국 국가〉의 가사는 다음과 같다. 天地內, 有了新滿洲. 新滿洲, 便是新天地. 頂天立地, 無苦無憂, 造成我國家. 只有親愛並無怨仇, 人民三千萬, 人民三千萬, 縱加十倍也得自由. 重仁義, 尚禮讓, 使我身修; 家已齊, 國已治, 此外何求. 近之則與世界同化, 遠之則與天地同流.

낙원으로 만들자는 유토피아적인 전망으로 시작된다. 다음에 이어지는 내용은 왕도낙토로 가기 위한 구체적인 실천 덕목인데, 특기할 만한 점은 '인의(仁義)'와 '예양(禮讓)'을 존중함으로써 수신제가(修身齊家)하고 치국평천하(治國平天下)한다는 지극히 유교적인 세계관이 제시되고 있다는 것이다. 한 국가(國家, nation)를 음악적으로 상징하는 국가(國歌, national anthem)는 국가가 공식적으로 표방하는 가치를 함축한다는 점에서 매우 중요한 의미를 지닌다. 이러한 맥락에서 〈만주국 국가〉 곳곳에 현저하게 나타나는 유교적인 윤리의 흔적들은 '왜 유교인가'라는 의문을 던지게 한다. 유교란 근대의 실험실로서 근대화의 최첨단을 추구한 만주국의 표면적 모습과는 다소 이질적인, 혹은 완전히 상반된 가치를 숭배하는 사상이기 때문이다. 언어의 혼종과 유교 숭배 현상이 일본 제국주의 이데올로기와 관련해 지니는 의미에 관해서는 이후 제3부에서 자세히 다루게 될 것이다.

주지하다시피 이 작품은 일본의 북방 식민지를 탐방하는 형식으로 되어 있다. 따라서 주인공들은 주요 도시들과 명소들을 방문하게 되는데, 이들이 거쳐 가는 총 14군데의 장소는 단순히 여행 중에 방문하는 장소를 뛰어넘는 특별한 공간적 의미를 지닐 수밖에 없게 된다. 이들이 첫 방문지 역시 "만주국의 현관"[10]에 해당하는 대련(大連)으로, 이는 일본의 만주 침공 당시 교두보가 되었던 도시이다. 〈만주국 국가〉의 합창이 끝나고 대련부두로 배경이 바뀌자 무대 위에 설치되어 있었던 모형 배 한 척이 서서히 내려온다. 그랜드 레뷰(Grand Revue) 형식에 걸맞게 무대설비 또한 상당히 웅장한 규모였음을 보여 주는 대목이다. 이러한 가운데 팡파르와 마치(march)풍의 음악이 흘러나오고, 팔자(八字) 모양으로 도열한 만주국 병사와 만주국 소녀들이 배경의 또 다른 한 부분을 이루고 있다. 병사들의 사열을 받으며 주인

---

10) 「滿州より北支へ 座談會」, 『宝塚少女歌劇脚本集』, 1938年(昭和13年), 118.

공인 아리마와 벳부가 배에서 내려오자 만주의 고위 관직에 있는 대관이 이들을 반긴다. 만주국 소녀들의 라인댄스 속에 화려하고 성대한 환영식은 끝나고 이로써 이들의 본격적인 만주 일주는 시작된다.

여정의 시작은 대련시에 위치한 소도아(小盜兒) 노천시장이다. "더럽고 냄새가 난다고 말해도 소도아 시장을 보지 않고는 만주를 말할 수 없다(汚いの臭いのと云ふれど、この小盜兒市場を見ずしては、滿洲を語るに足らんのだ)"는 아리마의 말처럼 만주를 대표하는 명물 가운데 하나로 제시되고 있다. 그러나 아리마와 벳부는 이곳에서 별로 유쾌하지 않은 경험을 한다. 전부 10전이라는 싼 값을 내세우며 필라멘트가 나간 불량품 전구를 파는 상인의 호객으로부터 간신히 벗어난 아리마는 중국산 모자를 써 보는 사이 벗어 놓았던 모자를 모자장수에게 도난당하고, 벳부는 카메라 상인에게 소매치기를 당한 것이다. 그러나 아리마는 신사답게 이해하라는 말을 남기며 퇴장한다. 이 장면에서는 만주인과 일본인의 대조적인 재현이 두드러지게 드러난다. 만주 노천시장의 상인들이 야비하고 저열하게 그려지는 반면 아리마는 신사적인 품위와 관대함을 잃지 않고 있다. 코믹한 상황 속에서도 '관대한 일본인'의 이미지는 이후에도 여러 차례 재현된다.

아리마와 벳부의 만주 및 북지 탐방을 통해 이 작품이 가장 역점을 두는 부분은 만주의 '산업발전'과 '이민정책'이다. 노천시장 장면의 바로 다음 장에서 상영되는 선전영화 《특급 아시아호와 산업만주特急アヂア號と産業滿州》는 전자에 해당되는 것이다. "만철(滿鐵)의 배려로 공개된" 영상 속의 특급 아시아호[11]는 "제비보다 빠른 시속 83.5 킬로미터를 자랑한다"는 것이 연

---

11) 특급 아시아호(特急アジア号)는 남만주철도주식회사(南滿洲鐵道株式會社), 통칭 만철(滿鐵)이 일본의 독자적인 기술로 개발한 고속열차이다. 이른바 '동양에 있어서 땅의 왕(東洋に於ける陸の王者)' 특급 아시아호는 대련역(大連驛)에서 신경역(新京驛)까지 700km의 구간을 8시간에 주파했고, 최고속도 130km/h, 표준운행속도 82.5km/h의 당시로서는 그야말로 놀라운 속도를 과시했다. 일본의 독자적인 기술로 설계된 아시아호는

출가 기시다 다쓰야의 설명이다. 영화에 관한 설명은 이것이 전부이지만, 당시 제작된 유사한 다큐멘터리 영상을 통해 추측해 보면 열차를 따라 개발사업이 펼쳐진 근대화된 만주를 유람하는 것이 영화의 내용이었을 것으로 보인다.[12] 또 철도를 "펼치고 넓힌 일만여 킬로, 펼쳐진 곳에 넓혀진 곳에 꽃이 핀다(敷いて延ばした一万餘キロ 敷いたところに延びたととろに花が咲く)"는 영화의 테마송은 만주의 식민정책을 낭만적이고 매혹적인 것으로 보는 영화의 시각을 대변하는 것으로 보인다.

한편 선전영화 상영에 이어지는 소녀들의 댄스 장면은 더욱 즉물적인 방식으로 관객들의 의식에 침투함으로써 만주의 발전한 산업의 모습을 각인시킨다. 안산(鞍山)에 위치한 소화제광소(昭和製鑛所)로 바뀐 무대 위에는 쇠를 녹이는 기계 장치가 부지런히 돌아가고 있고, 그 주위로 24명의 소녀들이 톱니바퀴 댄스(歯車ダンス)를 선보이기 시작한다. 기계의 빠른 움직임을 묘사한 이 춤은 연출가 기시다 다쓰야가 좌담회 자리에서 밝힌 바 있는 "각본 구성에서 가장 역점을 둔 '스피드(スピディ)'"에 해당한다.[13] "은색 메탈 소재에 짧은 스커트 단이 톱니바퀴 모양을 한(銀色メタリック材料にて造り短いスカートの端が歯車になつて居る)" 의상을 입은 이들은 기계의 리듬에 대해 노래한다.

노래하자 활기찬 노래를

리듬, 기계의 리듬

척척척

리듬에 맞춰

일본의 과학기술의 진보, 만주와 중국 대륙에의 영향력 확장을 드러내는 상징물로서 당대 수많은 문학 작품 및 영화의 모티프로 등장하기도 했다.

12) 비슷한 시기의 만주 이민 장려 다큐멘터리 영화 《만주 여행滿州の旅》을 참조.

13) 「満州より北支へ 座談會」, 『宝塚少女歌劇脚本集』, 1938年(昭和13年), 118.

일하자 활기차게

리듬, 기계의 리듬

척척척

리듬에 맞춰

노래하자 노래하면 일도

척척 신바람이 난다

힘든 일도 즐겁다

노래하자 활기찬 노래를

노래하자 경쾌한 마음으로

척척척 노래하자

노래에 이어 "평온하게 시작된 춤은 점차 격렬해지고 급속하게 빨라지며(ダンスは始め静かに次第に烈しく急速になる)", 음악 또한 "춤과 어울리는 상승음(音樂も之に伴ひ尙擬音)"이 효과적으로 나타나고 있다. 춤과 음악을 통해 빠르게 돌아가는 기계를 형상화한 이 독특한 장면은 산업만주를 소녀들의 신체를 통해 더욱 생생하고 감각적인 방식으로 제시함으로써 앞서 상영된 영화의 서사를 보완하고 강화한다. 이러한 점에서 톱니바퀴의 춤과 노래는 작품의 주제를 드러내기 위한 효과적인 극적 장치로 사용되고 있다. 그런데 이와 같이 기계의 움직임을 모방하는 춤은 실은 1927년 《몽 파리》에서 이미 '기차 춤(Train Dance)'으로 시도된 바 있다.

사진 속에서 세 개의 기차 바퀴 모양이 새겨진 바지를 입고 일렬로 길게 늘어선 소녀배우들의 신체는 그대로 기차의 몸이 되어 역동적인 속도의 힘을 재현한다. 유럽과 아시아 여러 나라를 유람하며 "이동하는 박람회(a traveling exhibition)"의 역할을 하는 《몽 파리》는 기차 댄스를 통해 제국주의적 확장과 "기계적 합일(mechanical unison)"을 향해 전진하는 일본인을 재현

그림 20 《몽 파리》의 기차 댄스

한다는 점에서 그 제국주의적 속성이 지적되기도 한다.14) 앞서 《북경》에서
도 살펴보았듯이, 기차라는 기표는 '약진'·'발전'·'통합'·'확장'의 의미와 결
합하여 일본 제국주의 이데올로기를 상징하는 소재이다. 다시 말해 기차는
곧 일본 제국주의인 것이다. 이후 무순 탄광 장면에서 기계는 석탄 채굴용
으로 다시 한 번 등장하는데, "활기차게 터뜨립시다, 모두 소리를 모아 유
쾌하게 밀어 봅시다(いざ元氣に彈けよ、いざ皆聲を合わせて いざ愉快に押せよ)"를 노래
하며 활기차게 일하는 노천굴 광부들의 모습은 기계의 부품으로 전락한 제
국주의의 도구에 지나지 않는다.

　이렇게 영화·춤·노래의 형식을 이용해 만주 산업발전의 홍보가 끝나자,
무대 위에 다시 등장한 주인공들은 만주 봉천에 위치한 북릉(奉天北陵)에 도
착해 있다. 여기서 아리마와 벳부는 북릉의 "숭고하면서도 현란한 자태(崇高
にして然も絢爛たる姿)"를 칭송한다. 그러나 이들의 대화는 결국 만주국의 정통
성에 정당성을 부여하기 위한 것임에 유의해야 한다. 아리마는 마치 청조가
만주로부터 세워졌다는 사실을 몰랐던 수많은 '벳부들'에게 경고라도 하는

---

14) Jennifer Robertson, "mon Japon: the revue theater as a technology of Japanese
　　imperialism," *American Ethnologist*, Vol.22, 1995, 979~980.

듯이 훈계조의 말투로 친구를 일깨우고 있다.

> 아리마: 어이, 말이 너무 가볍지 않나. 자네 같은 배금주의자들은 돈이면 뭐
> 든 할 수 있다고 생각하겠지만 세상에는 금력(金力)으로는 결코 안 되는
> 일이 너무도 많아. 자네, 제왕의 권력이나 위력이란 만리의 장성, 피라
> 미드 같은 것이네. 자네도 역사책이라도 읽어 보게.
> 벳부: 과연 그럴지도 모르지.
> 아리마: (자신만만하게) 대저 이 북릉이라는 곳은 청의 태종(淸太宗), 문황제
> (文皇帝)를 기리는 곳이야. 자네도 알고 있겠지만, 청조는 만주로부터 흥
> 한 나라지.
> 벳부: 그랬군, 전혀 몰랐어.

만주의 발전된 산업과 유구한 역사를 통해 만주국의 위대함과 낙토로서
의 가능성이 제시되었다면, 극의 중반 이후부터는 만주 이민에 관한 이야
기로 초점이 옮겨진다. 전환된 무대는 무장이민자들이 거주하는 챠무스(佳
木期)라는 지역으로, 새롭게 등장하는 인물 기타무라(北村) 부부가 바로 이 무
장이민그룹에 해당된다.15) 지문에서는 기타무라 집 내부의 풍경이 상세히

---

15) 만주개척이민(滿洲開拓移民) 혹은 무장이민(武裝移民)은 일본제국 척무성(拓務省) 및
관동군(關東軍)에 의해 시행된 국책 이민정책이다. 무장이민대는 민간인이면서도 상
당한 무장을 갖추고 훈련·조직된 준–군사조직의 모습을 띠었다. 《만주에서 북지로》
에서 묘사되는 1차 무장이민은 관동군과 척무성이 주관하여 1932년 만주국 챠무스
(佳木斯) 지역 미영촌(彌榮村)에 이주시킨 492명의 청년 남성들을 말하며, 다음해에는
대원들의 결혼을 위해 '대륙신부'가 될 일본인 여성을 선발·파견했다. 작품에서 미화
되는 바와는 달리 정책 초기의 대원들은 질병·정신질환·범죄에 연루되어 내지로 강
제송환 되는 등 많은 잡음이 있었다. 또한 무장이민대의 이주 과정에서 현지인 농부
들은 농토를 헐값에 매매토록 강요받았고, 토지를 잃은 농민들의 상당수는 항일 투
쟁을 벌이던 단체에 합류한다. 작중의 비적(匪賊)은 이들을 일컫는다.

묘사되고 있는데, 집 구조부터 방 안에 놓여 있는 집기들, 농기구들, 라디오, 잡지에 이르기까지 무장이민자들의 삶을 마치 사진을 찍듯이 보여 주고 있다. 내부 풍경 가운데에는 청년들도 포함되는데, 총포와 농기구를 손질하고 있는 이들은—각본에서 언급된 바는 없지만—무장이민 그룹의 지도원급 간부에 해당하는 기타무라 수하의 청년단인 것으로 보인다. 이들은 라디오에서 흘러나오는 나니와부시(浪花節)를 듣고 있다. 우리나라의 판소리에 해당하는 나니와부시는 실제로 1930~40년대 일본에서 큰 인기를 얻었던 구술문학 장르이다.16) 이 대목에서는 고향을 떠나온 일본인 무장 이민자들의 향수를 대변하며, 기타무라 부부와 청년 단원들에게 일본인의 공동체의식을 일깨우는 소재로 활용되고 있다.17) 이어지는 기타무라의 대사는 작품의 뼈대를 이루는 무장이민 서사가 어떠한 맥락 속에서 기능하는 것인지 잘 보여 주고 있다.

---

16) 에도 막부 말기에 유행하던 서민적인 예능들이 결합된 '상민의 문학' 나니와부시는 메이지 시대에 정립되어 큰 인기를 누렸다. 나니와부시(浪花節) 또는 로쿄쿠(浪曲)는 이야기에 노래를 붙인 구승문예(口承文藝) 양식으로 주로 샤미센 반주가 붙는다. 근대 이전의 고도로 양식화된 전통 예능에 비해 이해하기 쉽다는 특징으로 인해 나니와부시는 대중을 선동하는 도구로 자주 이용되곤 했는데, 청일전쟁이나 러일전쟁을 주제로 한 전시 로쿄쿠, 충군·애국을 노래한 군사 로쿄쿠와 애국 로쿄쿠 등이 그 대표적인 예이다. 나니와부시의 연행자인 로쿄쿠시(浪曲師)는 태평양전쟁이 한창이던 1943년에 최고치에 달하여 전국적으로 약 3천 명에 달했으며, 이들은 전쟁터와 총후의 산업 현장을 돌며 위문공연을 했다. 시국의 내용은 이와 같이 나니와부시의 인기에 편승하는 방식을 통해 국민들의 일상에 침투했다. 일제강점기 말에는 나니와부시가 내선일체와 황국신민화 정책의 일환으로 조선 사회에 유입되기도 했다. 박영산, 「일제강점기 조선어 나니와부시(浪花節)에 대한 고찰」, 『동아시아문화연구』 Vol.69, 한양대학교 동아시아문화연구소, 2017, 참조.

17) 나니와부시와 근대 공동체의 관계에 대해서는 兵藤裕己, 『声の国民国家―浪花節が創る日本近代』, 東京: 講談社, 2009 참조.

기타무라: (웃으면서) 어쩔 수 없는 녀석들이구만. (가와노의 처에게) 이야,

됐어 됐어, 그러나 대체적으로 내지의 사람이 이 만주에 대해 대단히 오

해를 하고 있는 것 같아. 과연 겨울은 대단히 춥지, 그러나 이 페치카를

태우고 있으면 집안은 셔츠 한 장으로 있을 만하고, 여름은 내지와 같이

축축하고 습한 더위 같은 것은 없이 활짝 개어 있어서 꽤나 살만 해. 혹

자들은 또 비적이 나온다고 말할지도 모르겠지만, 그런 것은 한 해에 한

번도 있을까 말까 한 일이지. 도쿄와 오사카 같은 곳을 봐. 매일같이 강

도니 살인이니, 그 쪽이 훨씬 무서워. 아하하하… (그때, 문 밖에서 많은

사람의 소리가 나고 시끄럽게 문을 두드리며)

한마디로 만주는 생각보다 안전할 뿐만 아니라 일본 내지보다 여러 면에
서 더욱 살기 좋다는 얘기이다. 기타무라의 말이 끝나기 무섭게 비적이 출
몰하는 작은 소동이 벌어지지만, 이 또한 아리마와 벳부를 비적으로 오해한
데서 빚어진 해프닝으로 유쾌하게 처리되고 있다. 게다가 비적으로 체포되
어 온 아리마는 알고 보니 기타무라의 손님으로 와 있던 가와노(河野)의 매
형이라는 사실이 밝혀지면서 가족주의 또는 온정주의적인 시선까지 보태
지고 있다. 지도원이라는 직위에 걸맞게 만주이민에 대한 불안과 공포를 불
식시킨 기타무라의 카리스마적인 신념은 농민들이 부르는 노래를 통해 재
확인되며 '만주 이민의 장려'로 발전한다.

오족협화여 왕도낙토

삼천만인 마음은 하나

비적 출몰은 옛날 일이요

지금은 협화의 바람이 분다

붉은 석양과 수수밭

곡식 여무는 천리의 들이 펼쳐진다

만주는 진정한 이민의 낙토

비싼 비료도 필요 없다네

꽃도 피는구나 챠무스(佳木斯)의 야사카(彌榮)

가을에는 단풍도 사랑의 색깔

이 노래는 광활하고 비옥한 농토와 풍부한 농업 산출량을 '만주 낙토' 로 이민해야 할 이유로 제안하고 있다. 이에 더하여 사금(砂金)이라는 매력적인 요인 또한 이민의 필연적 근거로 제시되는데, 홍안령(興安嶺)에 위치한 사금 채취장에서 아리마와 벳부는 사금 캐는 아가씨들과 함께 "만주 좋은 곳, 한 번 와 보세요(満洲よいとこ 一度はおいで)"를 외치며 앞서 깊은 인상을 남겼던 기타무라의 대사를 보강한다. 이는 또 다시 만주 찬가로 이어져 만주국 수립의 정당성을 지지하는 방향으로 이행한다. 표면적으로 두드러지지는 않지만 노래를 통해 작품 전개상의 논리적 흐름을 만들고자 한 연출가 기시다 다쓰야의 주도면밀한 노력이 엿보인다. 다음의 노래에서는 일본 제국의 상징인 '아침 해(旭)'나 만주국의 상징인 '난화(蘭花)'와 같은 시어를 배치하고 있는데, 이를 통해 괴뢰국이라는 만주의 실상은 미학적으로 은폐되고 있다.

축원하라 노래하라

새로운 영광 있는 이 나라

아침 해의 빛에 기상 높게도

빛나는 이 나라

모두 모여서

이 나라를 축원하여 기도하라

축원하라 노래하라 난화의 영광을

한편 비적으로 오해를 받았던 아리마와 벳부는 국제도시 신경(新京)의 화려한 고층빌딩을 본 뒤 하얼빈에 있는 화가 친구 치바(千葉)에게로 간다. 치바의 아틀리에에서는 러시아 소녀 무샤가 치바에게 자신의 딱한 처지를 호소하며 모델로 써 달라고 애원을 하는 상황이 펼쳐진다. 커튼 뒤에 몰래 숨어서 이 광경을 지켜보던 아리마와 벳부의 장난기 넘치는 모습은 어느새 사라지고 또다시 '관대한 일본인'이 되어 커튼 뒤로부터 나온다. 이로써 앞서 대련의 노천시장에서 묘사되었던 이상화된 일본인의 이미지가 재차 강조된다.

> 치바: 어쩔 수 없지, 그래도 괜찮아.(라며 오원짜리 지폐를 꺼내 소녀에게 주며) 자, 이것을 줄 테니 빨리 돌아가서 어머니께 맛있는 거라도 사 드리렴.
> (아리마, 벳부 커튼 뒤에서 뛰쳐나오며)
> 아리마: 이봐 치바, 자초지종은 저 뒤에서 들었는데 변함없이 순수하구만.
> 치바: 뭐야, 거기 있었던 거야?
> 아리마: 좋아 나도 돈을 주겠어.(라며 지폐를 꺼내 소녀에게 쥐어주며) 아가씨, 이걸 드릴 테니 어머니에게 잘 해 드리세요. (벳부에게) 이봐, 자네도 동참하지.
> 벳부: 음, 나도 해볼까, 좋아.(라며 은화를 한 개 건넨다)
> 아리마: 뭐야, 겨우 오십 전인가, 부자가 인색하구만.
> 무샤: (방문 앞에서) 선생님들, 감사합니다. 신의 은혜가 선생님들께 깃들기를.

집안 형편이 어려운 타국의 소녀에게 아량을 베푸는 관대함은 정도의 차이는 있지만 세 명의 일본 청년 모두에게 공통적으로 나타나는 덕성으로 그려진다. 이러한 맥락에서 볼 때 "전시 체제하의 오락은 즐거움과 감격이 있어야 한다"[18]고 주장하는 당시의 논평은 매우 적절하게 공명하고 있다.

그러나 식당에서 다시 만난 화려한 차림의 무샤는 그들의 "순정이 조롱당한(純情が弄んだ)" 사실을 깨닫게 해 준다. 그녀는 착하고 가난한 소녀가장이 아니라 불량한 러시아인 소녀일 뿐이었다. 서슴지 않고 욕을 내뱉는 무샤의 악녀 이미지는 예의 바른 일본 여성의 규범적인 모습과 은연중에 대비된다는 점에서 눈여겨볼 만한 대목이다. 또 한편으로 러일전쟁으로 적국이 된 러시아였으나 만주국 안에서는 협화해야 할 대상이 되는 이율배반적인 상황도 이 대목에서 읽을 수 있다. 중요한 것은 이 작품에서 '관대함'이라는 덕목은 만주국의 슬로건인 왕도낙토와 오족협화의 실험을 성공시키기 위해 일본인 남성에게 덧씌워진 이미지라는 것이다.[19]

이후 이들은 열하(熱河)의 그로테스크한 라마 사원을 거쳐 북지로 입성하는데, 그 첫 관문이 되는 장소는 만리장성의 산해관(山海關)[20]이다. 무대 위에는 "천하제일관(天下第一關)"이라 적힌 성문과 장성의 성벽이 배경을 이루고 있다. 그러나 이 장면에서는 주인공을 중심으로 특정한 사건이 벌어지지 않고 극중극의 형태로 또 다른 이야기인 맹강녀(孟姜女) 전설[21]을 재현한다.

---

18) 秋津邦子, 「戰時體制下の宝塚に望むもの」, 『歌劇』, 1938年(昭和13年) 上卷, 99.

19) '영국 신사'라는 이미지는 영국이 인도를 식민지로 관리하던 시기에 만들어진 이미지이다. 작품 곳곳에 나타나는 관대한 일본인이라는 정형화된 공식은 이와 동일한 맥락에서 이해할 수 있다. 박형지·설혜심, 『제국주의와 남성성: 19세기 영국의 젠더 형성』, 파주: 아카넷, 2016 참조.

20) 산해관(山海關), 즉 천하제일관(天下第一關)은 중국 하북성에 위치한 만리장성의 관문이자 요새로 한당송명(漢唐宋明) 이래 북적(北狄)의 침략을 막기 위한 핵심적인 군사 요충지였다. 산해관은 중원으로 가는 길목이므로, 이곳의 수성(守城)이 실패하면 그것은 곧바로 남경·북경의 함락을 의미할 정도로 큰 전략적 가치를 지녔다. 일본의 관동군이 1933년 이 지역을 함락함으로써 본격적으로 중국 본토로 진군하는 교두보가 마련된다.

21) 맹강녀는 만리장성 설화에 등장하는 여성으로 진나라가 만리장성을 축성하던 때 남편이 요역(徭役)을 위해 끌려가자 남편을 찾으러 먼 길을 떠돈다. 그러나 맹강녀가 공사 현장에 도착했을 때 남편은 이미 목숨을 잃은 후였고, 남편의 죽음을 알게 된 그

만리장성에 얽힌 민간 서사인 맹강녀의 전설은 진시황 시대 만리장성에 인부로 징용된 남편이 돌아오지 않자 시신 더미를 파헤쳐 가며 남편의 시신을 찾아낸 뒤 굶어죽는 맹강녀의 사랑 이야기이다. 맹강녀 이야기의 재현에 있어서 이 작품이 역점을 두는 것은 두 가지로 압축할 수 있는데 그 첫 번째는 열녀(烈女)의 덕목이다. "기다리며 살아가도 돌아오지 않는 남편을 찾아 1만 리, 사람들의 소문을 따라 산해관에 와 보았더니, 이미 이 세상 사람이 아니라네(待てど暮せど 歸へり來ぬ 夫を尋ねて 一萬里 人の噂にありと云ふ 山海關に來て見れば 既に此の世の人ならず)"라고 노래하며 구슬피 우는 맹강녀의 모습은 그 자체로는 아름다운 사랑 이야기이다. 그러나 산해관은 중원의 입구로서 전략적 요충지이며, 일지사건(日支事件), 즉 중일전쟁 당시 일본군이 점령하여 승리를 굳힌 장소이다. 다음 장에서 이어지는 일지사건의 재현은 맹강녀 전설이 맥락에 따라 다른 의미로 해석될 수 있는 가능성을 열어 놓는다. 이렇게 남편을 잃은 맹강녀의 슬픔은 지속되지 못하고 환영들이 합창하는 장면에 의해 기괴하고 환각적인 감각으로 희석되고 단절된다. 그리고 이것이 맹강녀 재현에 나타나는 두 번째 특징이다.

만주를 넘어 북지로 들어온 아리마와 벳부는 만주에서 청대의 북릉을 방문한 데 이어서 북지에서는 유명한 명대의 13릉을 찾는다. 그러나 이곳에서 벳부는 신세한탄 하기에 여념이 없다. 사금채취에 투자한 돈을 모두 잃고 일본에 있는 약혼자도 포기해야 할 상황이니 더 이상 살 자격이 없다는 것이다. 이유는 다르지만 아리마는 "예술의 도시 북경(此の藝術の都)"에서 결혼하여 평생 살 것이며 일본으로는 돌아가지 않겠다는 뜻을 밝힌다. 이때 갑자기 데우스 엑스 마키나(deus ex machina)[22)가 연출되는데, 명나라 성조

너는 미쳐서 죽는다.

22) 데우스 엑스 마키나(Deus ex Machina)란 '기계를 타고 내려온 신'이라는 뜻으로 극작가가 뜻밖의 인물을 등장시켜 해결되지 않는 문제를 단번에 해결하는 극작술을

(成祖)의 혼령이 홀연히 나타나 "미녀 한 명의 손을 잡고 아리마에게 건네주며(一人の美女の手を取つて有馬に與へる)" 사라진 것이다. 이렇게 하여 만주로 이민 가야 할 이유가 한 가지 더 추가된 셈이다.

마지막 피날레는 중국의 풍속을 따르는 성대한 혼례식의 풍경으로 이루어진다. 혼례식의 합창 가운데 "나에게는 멋진 신랑님이 얻어지도록 나에게는 귀여운 신부님이 얻어지도록 낭랑님 기도를 들어 주세요 낭랑님 복을 내려 주세요(私にやいい花婿きつとさづかります様に 私にやいい花嫁きつとさづかります様に 娘々様お願ひをお聞き下さい 娘々様御利益さづけ給へ)"라는 소절을 보면 중국의 전통적인 축일인 낭랑절(娘娘節)[23]을 토대로 혼례가 치러지고 있음을 알 수 있다. 그러나 혼례를 치르는 것은 아리마만이 아니다.

아리마: 벳부 군인가, 이건 도대체 어찌된 일인가.

벳부: 뭐라기보다도, 이렇게 할 수 있는 겐가, 큰 일이 되어 버렸구만, 내가 '한 푼도 없게 되었으니 결혼은 포기해 주구려' 하고 전보를 쳤더니, 땡전 한 푼 없어도 괜찮다고 하더니 이렇게 일본에서 비행기를 타고 날아와 버렸지 뭔가.

아리마: 그거 멋진데. 나도 마침 막 결혼을 하려는 참이었네, 그럼 여기서 함

일컫는다. 그리스 비극에서는 기중기에 거꾸로 매달리는 기계를 사용해 이 전지전능한 신을 등장시켰다. 작위적이지만 초월적인 의미가 부여되는 그리스 비극과는 달리 데우스 엑스 마키나는 신적인 해결이 만들어 내는 극적 환상을 조롱하기 위해 활용되기도 한다. 브레히트는 이 기법을 통해 관객에게 사회적인 현실을 각성시키고자 한 대표적인 연출가이다. 빠트리스 파비스 지음, 신현숙·윤학로 옮김, 『연극학 사전』, 서울: 현대미학사, 1999, 91~92.

23) 낭랑이란 송자낭랑(送子娘娘) 혹은 주생낭랑(註生娘娘)으로 불리는 여신으로 중국의 민간 신앙에서 아이를 내려 주고 복을 준다고 믿는 농경신이다. 불교의 관세음보살과 도교의 선도성모가 혼합된 모습의 여신이며, 축일인 낭랑절(음력 3월 20일)에는 아낙네들이 축제를 주도하며 향을 사르고 자녀의 안녕과 장수, 가내의 복을 빌었다.

께 피로연을 하세.

벳부: 그거 축하할 일이구만. 꼭 그리 하세나. 그리고 또 하나 자네가 기뻐할

일이 있네. 자 이것을 보아 주게.(하고 전보를 건넨다)

아리마: (아리마 흥분하여) 전보인가, 무엇? 빚이라고(借金)?

벳부: 빚이 아니라 사금(砂金)이라네.

아리마: 아아 그런가, 사금인가, 사금, 사금이란 말인가.

벳부: 아니, 사금광. 더 깊이 채굴하여 들어갔더니 석유분출, 매장량 세계 제

일이라네!

아리마: 와아, 만세!!

일동: 만세!!

'석유'는 또 다른 데우스 엑스 마키나의 역할을 하며 벳부의 결혼과 사업 문제를 전부 해결해 주는 극적 장치로 사용되고 있다. 이 대목에서는 일본 군대가 늘 결핍에 시달렸던 석유에 대한 욕망을 읽어 낼 수 있다. 이렇게 하여 아리마와 벳부는 공동으로 결혼식을 올리고, 자금성의 대화전을 무대로 한 일본 육군들의 행진곡 합창과 또 하나의 행진곡으로 피날레가 구성된다. 제목이 표기되어 있는 이 노래는 각본에 실린 가사를 통해 〈애국행진곡愛国行進曲〉이라는 사실을 알 수 있다. 이 행진곡은 기본적으로는 군가의 양식을 지니고 있지만 동시에 일반인들 사이에서 상당한 인기를 얻었던 유행가이다. 각본에는 1절부터 3절까지 출연자 전원이 합창하는 것으로 되어 있다. 〈애국행진곡〉에 대해서는 다음 장에서 더욱 자세히 살펴보도록 한다.

〈애국행진곡〉

보라 동해의 하늘 밝아서

욱일(旭日) 드높이 빛나면

천지의 정기 발랄하고

희망은 약진하는 대팔주(大八洲)

맑고 명랑한(淸朗)한 아침 구름에

우뚝 솟아나는 후지산의 모습이야말로

완전무결하게(金甌無缺) 흔들림 없이

우리 일본의 긍지가 되네

만세 일계의 큰 임금을

빛으로 영원히 받들어 모시고

신민 우리들 모두 함께

천자의 위엄(稜威)으로 섬기는 대사명

가라 팔대주를 집으로 하여

사해의 사람들을 이끌며

바른 평화를 떨쳐 세우자

이상은 꽃으로 피어 향기를 뿜네

지금 몇 번인가 우리들에게

시련의 폭풍이 포효한다 해도

단호히 지켜라 그 정의

나가라 길은 단 하나뿐

아아 멀고 먼 신대(神代)로부터

힘차게 발걸음을 맞추어

대행진해가는 아득한 저 곳

황국 언제나 영광 있으라

일본 제국의 광영을 찬미하는 행진곡의 합창으로 작품은 종결된다. 여행
중에 뜻밖의 행운을 만난 두 주인공들은 전혀 의도하지 않았던 만주와 북

지 이민에 성공적으로 안착한다. 광활한 북방 지역을 아우르는 이들의 여정은 결국 성공적인 이민으로 귀결되는 것임을 알 수 있다. 특히 일본 남성과 중국 여성 사이의 결혼식은 민족 결합과 내지연장주의의 강력한 메타포로 작용하고 있다. 주요 인물인 아리마·벳부·치바라는 이름이 동시에 일본의 지명이라는 사실도 내지연장의 꿈을 소극적이면서도 동시에 매우 적극적인 자세로 보여 준다. 잘 알려진 바와 같이 만주국은 인종·국적·종교·언어·사상의 혼합을 실험한 공간이다. 통합에는 많은 문제와 잡음들이 있었던 것이 사실이지만, 왕도낙토와 오족협화의 만주 건국이념을 대전제로 시종일관 낙관적인 시선을 견지하고 있다. 요컨대 《만주에서 북지로》는 "아름다운 동양찬가의 멜로디"[24]를 관객과 공유함으로써 새로운 동양의 낙토를 무대 위에 가시화한 작품이며, 오락과 정치의 결합을 통해 다카라즈카 소녀가극의 전시 선전매체로서의 가능성을 충실하게 보여 주는 작품이다. 단편적이지만 그 속에 나타난 통합의 다양한 단서들은 이후의 논의를 위한 중요한 밑거름이 된다는 점에서 더욱 큰 의미를 지닌다.

2. 《동아의 아이들東亜の子供達》: 기억과 망각의 이중주

《동아의 아이들》(1943)은 이 책에서 다루는 작품 가운데 유일한 동화가극에 속한다. 어린이를 주인공으로 하는 만큼 교육적인 성격이 강하게 나타나며, 동화가극이라는 장르적 특성상 의인화된 동물들과의 대화 장면이 매우 자연스러운 작품이다. 또 1938년 이후부터 나타나기 시작한 '어린이(子供) 시리즈'[25] 가운데 가장 많이 공연된 작품이기도 하다. 이렇게 표면적으로

24) 《満州より北支へ》 홍보자료, 『宝塚少女歌劇脚本集』, 1938年(昭和13年), 132.
25) 《동아의 아이들》 외의 어린이 시리즈로는 《어린이에게는 과자를子供にはお菓子を》(1938),

그림 21 1943년 《동아의 아이들》 공연 사진

드러나는 특징들은 비교적 평이하고 예측 가능한 것들이다. 그러나 주제의 문제로 조금 더 깊이 들어가 보면 《동아의 아이들》은 앞에서 검토한 《만주에서 북지로》의 연장선 위에 있는 작품임을 알 수 있다. 왕도낙토 및 오족협화 사상과 이를 근거로 한 영토 확장의 꿈이 동일한 어법을 통해 반복되기 때문이다. 오히려 북방 지역만이 아닌 남방 지역의 식민지까지 제국의 영토 안에 포섭한다는 점에서 《동아의 아이들》은 한층 더 발전된 제국주의 서사라고 할 수 있다.

　소남(昭男)과 화남(和男),[26] 두 어린이의 식민지 이웃 나라 체험을 중심으로 전개되는 이 작품은 전체 18장의 구성이지만 내용을 기준으로 보면 만주와 북중국의 북방에 관한 이야기와 인도차이나 반도의 남방에 관한 이야기의 두 부분으로 나뉜다. 어린이들의 이국 체험에는 다양한 조연들이 등장하는데, 특이한 것은 이들은 모두 인간이 아닌 신이나 자연물이라는 사실이

《어린이의 사계절子供の四季》(1939~1940), 《태양의 아이들太陽の子供達》(1943), 《국민의 노래国民の歌》(1943) 등이 있다.

26) 소남(昭男)과 화남(和男)의 이름에서 앞 글자만 따면 소화(昭和)가 된다. 이는 당시 일본의 천황이었던 소화 천황을 연상시키고자 한 작가의 뚜렷한 의도로 볼 수 있다. 소남·화남은 일본어 음독으로는 쇼난·와난, 훈독으로는 아키오·카즈오가 되지만 여기서는 소남·화남으로 통일한다.

표 7 《동아의 아이들》의 전체 내용 구성

기 본 정 보	제목: 《東亜の子供達》 구성: 전 18장 연출: 高木史朗(다카키 시로) 공연: 雪組 1943年 7月27日~8月24日 宝塚大劇場 　　　雪組 1944年 1月1日~1月30日 東京宝塚劇場 　　　月組 1943年 8月26日~9月24日 宝塚大劇場 　　　月組 1944年 2月21日~3月4日 広島, 博多, 名古屋
등 장 인 물	소남(昭男): 화남과 형제지간인 어린이 화남(和男): 소남과 형제지간인 어린이 칠복신(七福神): 소남·화남에게 가르침을 주며, 극을 이끌어 가는 주요한 역할을 하는 일곱 신. 일본에서 실제로 섬겨지는 민간 신앙의 일곱 신으로, 불교·도교·신토 세 종교의 신이 혼합되어 칠복신을 이룬다. 대흑(大黑)·비사문(毘沙門)·변천(辨天)·포대(布袋)는 불교의 신, 에비스(惠比須)는 신토의 신, 복록수(福祿壽)와 수로인(壽老人)은 도교의 신. 모모타로(桃太郎)·우라시마타로(浦島太郎)·가구야공주(かぐや姫): 일본 전래동화의 주인공들 북풍: 소남·화남의 여행을 도와주며, 대동아공영권에 찬동한다. 기러기: 중국과 일본을 오가는 기러기들, 대동아전쟁에 찬성한다. 제비: 남양(南洋)과 일본을 오가는 제비들로, 일본 어린이는 세계를 지도할 것이라 한다.
장 별 내 용	[제1장_잘 자라 아가야] 자장가와 함께 '황군의 군마에게 먹일 찻잎을 모으느라 지친 어린이'에 대한 시가 낭독된다. [제2장_동화의 보물선] 모모타로·우라시마타로·가구야공주·칠복신이 동화의 나라의 어린이들에 둘러싸여 있다. 소남군·화남군의 방에 보물선이 들어오고 모모타로·가구야공주·우라시마타로가 배에서 내려온다. 칠복신은 아이들에게 선물을 준 뒤 아세아 여러 나라를 보여 주기로 한다. [제3장_학을 타고] 소남과 화남이 학을 타고 날아가는 모습의 환등(幻燈). [4장_구름과 북풍] 하늘에서 만난 북풍은 만주는 대동아공영권에서 가장 이상적인 왕도낙토이며, 일본인 조상들이 피와 땀으로 일궈놓은 곳임을 잊지 말라고 아이들에게 당부한다. [제5장_고량전(高粱畑)] 수수밭 사이에서 개척촌 사람들이 등장하여 〈마차의 노래〉를 부르며 즐겁게 춤춘다. [제6장_옥야(沃野)] 드넓은 보리밭에서 코사크인이 아코디언을 연주하며 코사크 댄스를 춘다. [제7장_왕도낙토(王道樂土)찬가] 보리밭의 충령탑을 중심으로 꿈의 궁전 같은 동양의 이상향이 솟아오르고, 오족(五族)의 가수들이 등장해 〈왕도낙토찬가〉를 대합창한다. [제8장_기러기들 넘어가다] 기러기 두 마리가 등장하여 중국과 일본의 관계가 점점 좋아지고 있다며, 자신들이 중국 하늘에서 보고 들은 바에 관해 이야기한다.

장별내용	[제9경_북경] 기러기는 진정한 적인 공산군을 중국인들과 합심하여 물리쳐야 한다고 말한다. 대표적 사례로 일본군 덕분에 가정의 평화를 되찾게 되었다는 왕록의 이야기를 소개한다.
	[제10장_연화등(蓮花燈)] 연꽃이 핀 연못에 연화아등(蓮花兒燈)을 떠내려 보내는 중국의 풍습에 대해 노래한다.
	[제11장_왕씨(王家) 집 앞] 왕맹의 3남매인 첫째 아들 초, 둘째 딸 정향, 막내아들 록이 등장한다. 초는 공산군에 들어가 첫 번째 임무로 열차를 폭파시키는 데 성공하지만, 그로 인해 아버지 맹이 사망한다.
	[제12장_일지(日支)의 봄] 초는 일본과 협력해 선전부에서 일하고, 왕록은 비장한 각오와 함께 일본 유학을 결심한다.
	[제13장_도미를 타고] 도미를 탄 소남과 화남은 남양(南洋)에 도착하여 제비의 안내를 받는다. 제비는 일본의 인도하에 아름다운 낙원을 가꾸고 있는 남양의 모습을 보여 준다.
	[제14경_제비] 13명의 제비들이 즐겁게 춤추는 가운데 4명의 제비는 아름다운 화원을 배경으로 노래한다.
	[제15경_남녘의 낙원] 아름다운 남녘의 낙원을 찬미하는 5부의 노래와 춤, 새들과 꽃의 대합창이 펼쳐진다.
	[제16경_아세아는 즐겁다] 칠복신이 재등장하여 아세아는 하나의 집과 같으며 공영권의 모든 사람들은 가족처럼 사이좋게 지내야 한다고 말한다. 소남·화남도 "아세아는 하나의 즐거운 집이다"라며 화답한다.
	[제17경·18경_태양찬가 I·II] 커다란 태양이 떠오르는 가운데 공영권의 민족들이 모여 태양을 향해 예를 올리고, 이윽고 태양은 히노마루(日の丸) 깃발이 된다. 전원 〈태양찬가〉를 대합창하며 막이 내린다.

다. 소남과 화남이 아세아(亞細亞)의 여러 나라를 볼 수 있었던 것은 칠복신 (七福神)의 신성한 힘 덕분이며, 북풍(北風)과 기러기와 제비의 도움 또한 북방에서 남방까지 안전한 체험을 가능하게 한 자연의 힘이었다. 이렇게 초자연적인 힘의 도움을 통해 어린이들이 가장 많이 보고 듣게 되는 것은 왕도낙토가 세워진 모습과 식민지 주민들이 이에 환호하는 모습이다. 칠복신과 동물들은 주인공 어린이들에게 대동아를 이끌어 나갈 일본의 주역임을 잊지 말 것을 끊임없이 상기시키며 밝은 미래를 향한 전진만을 외친다. 한마디로 말해 '보아야 할 것'만을 보여 주고 '보지 말아야 할 것'은 보여 주지 않는 것이 이 작품의 핵심이다. 따라서 동화가극의 교육적이고 교훈적인 성격은 이

작품의 형식이라기보다는 본질에 가깝다. '동아의 아이들'을 통해 수행되는 '기억과 망각의 이중주'가 더욱 위험한 이유도 바로 여기에 있다.

첫 장면은 소남과 화남이 잠들어 있는 침실에서 나직하게 〈자장가〉를 낭독하는 것으로 시작된다. 이 자장가는 "아버지의 음성, 어머니의 음성과도 비슷한(父の聲、母の聲にも似て)" 소리로 어린 소남과 화남을 잠들게 하지만, 가사에 담긴 내용은 앞으로 아이들이 만나게 될 인물과 겪게 될 사건들을 예언적으로 암시하는 듯하다. 잠들었던 아이들은 보물선이 방에 나타나자 깜짝 놀라 '고요하고 편안한' 잠으로부터 깨 버린다.

〈자장가〉
내 아이여,
고요하고 편안히 잠자는
내 아이여,
오늘 하루
황군(皇軍)에 봉사하는 군마의 차각(茶殼)을
모아 오느라 지친
내 아이여
먼 신사에 참배하고
황군의 무운장구와
한없는 공적을 기도하는
내 아이여
잘 자거라
내일의 날 내일의 세계는
너희들을 기다리고 있다
우리들을 넘어서 가는 내 아이여

들어라

먼 선조의 소리를

신들로부터 전해 온 일본의 소리를

여명을 전하는 드높은 아세아의

종(鐘)을

새로운 세계

새로운 역사가

너희들을 기다리고 있다

내 아이여

편안히 건강하게

잠들라

내일의 날 내일의 날까지

보물선에서 내린 것은 동화의 나라에서 온 모모타로(桃太郎), 우라시마타로(浦島太郎), 가구야공주(かぐや姫), 그리고 칠복신(七福神)이다. 모모타로와 우라시마타로, 가구야공주가 한결같이 기원하는 바는 "일본이 아세아의 나라들을 이끌어 미영을 정벌하고(丁度日本が、亜細亜の國々を從へて米英を征伐する)" "이상적인 국가를 동아에 건설(理想の國龍宮が、この東亜に、建設されつゝあるのです)" 하는 것이며, "신들의 이상 위에서 하루 빨리 우뚝 서기 위해(亜細亜が神々の理想のもとに立上る)" 동아의 신들을 모셔온 것이라고 자신들이 나타난 이유를 밝힌다. 칠복신도 자신들의 소개를 하며 아이들에게 인사를 하는데, 여기서 칠복신이란 대흑(大黒), 포대(布袋), 에비스(恵比須), 복록수(福錄壽), 수로인(壽老人), 비사문(毘沙門), 변천(辨天)으로 도교 및 불교의 신과 일본 신토의 신이 결합된 일곱 신을 말한다. 신들 또한 입을 모아 "일본인의 사명(日本人の使命)"에 관해 외치는데, 그 사명이란 일본은 세계에서 "가장 근면하며 도덕적인 나라(一番よく働く民族、一番道徳の美しい國)"이며 따라서 "아세아와 세계를 이끌어 가야 한다(亜細亜と世界を導く)"는 것이다. 그리고 이러한 일본인의 사명을 물려받은 소남과 화남에게 왕도낙토 건설에 필요한 능력과 덕성을 선물하기로 한다.

복록수: 소남군, 화남군, 나는 도덕의 신입니다. 일본은 세계에서 가장 도덕이 아름다운 나라입니다. 지금부터 아세아를, 세계를 이끌어 가는 것에서 더 나아가 이 일본인의 도덕이 얼마나 아름다운 꽃을 피울지 나는 진심으로 즐겁습니다. 일본인의 가장 아름다운 점은 성심(誠心)입니다. 어떤 일을 함에 있어서도 일본인은 성심을 가지고 합니다. 일본의 군대가 세계에서 가장 강한 것은 이 성심이 있기 때문입니다. 알겠지요? 나는 이 성심을 군들에게 드리겠습니다.

수로인: 나는 건강을 군들에게 주겠습니다. 나는 건강에 관한 일을 관장하고 있는 신이니까요. 군들이 이제부터 나라에 힘을 다하기 위해서도, 단단한 마음으로 전투에 임하기 위해서도 가장 중요한 것은 건강입니다. '국민을 튼튼하게 국가를 강하게' 일본인이 모두 건강해지는 것은 일본이 그만큼 강해지는 것입니다. 각자 자신의 신체를 자신의 신체라고 생각하면 안 됩니다. 이것은 천자로부터 맡겨진 신체인 것입니다.

포대: 나는 교육의 업무가 전문이지만 소남군, 화남군! 지금부터의 일본인은 이제까지와 같은 섬나라 근성이어서는 안 됩니다. 어떤 일에도 동요하지 않는 묵직한 대국인의 마음을 가지지 않으면 안 됩니다. 작은 일에 바로 화를 내거나 하찮은 일로 싸우거나 해서는 안 됩니다. 가만히 인내하는 마음을 갖지 않으면 안 됩니다. 나의 자루(포대) 속에는 인내가 가득 들어 있습니다.

비사문: 나는 힘을 소남군과 화남군에게 드리겠습니다. 나는 힘에 관한 일

을, 군대의 일을, 국방의 일을 언제나 생각하고 있지만 일본인의 강함은 세계 제일입니다. 왜 일본인이 강한가 하면 그것은 일본인이 세계에서 가장 바르기 때문입니다. 가장 바른 자, 그것이 가장 강한 자입니다. 군 들도 이제부터 일본을 지켜나가기 위해 신체를 닦고 마음을 닦고 훌륭한 군인이 되는 단련을 하지 않으면 안 됩니다.

변천: 나는 예술의 신입니다. 일본인은 가장 아름다운 마음을 가지고 있습니다. 그러므로 세계에서 가장 훌륭한 예술을 가지고 있습니다. 그래서 아세아의 나라들이 똑같은 예술과 종교를 가지고 있는 것을 나는 기쁘게 생각합니다. 나는 일본인의 아름다운 진심이 예술을 통해 모든 아세아의 사람들에게 이해되기를 희망합니다.

이렇게 소남과 화남은 성심·건강·인내·힘의 네 가지 선물을 칠복신으로부터 받게 된다. 그러나 이 네 가지 선물은 모두 개인의 삶의 질의 향상을 위한 것이라기보다는 국가와 대동아공영을 위한 것이다. '국민이 튼튼해야 국가가 강해진다'는 표어와 같은 수로인의 말은 이러한 맥락에서 볼 때 실존적 개인의 소멸을 가장 간단명료하게 표현해 준다. 칠복신들은 극이 끝날 때까지 끊임없이 '해야 한다(must)'와 '해서는 안 된다(must not)'를 번갈아가며 잠들어 있던 아이들의 의식에 직접적으로 침입한다. 일본의 어린이들을 국가에서 필요로 하는 강한 군인으로 만들기 위해 의식 교육을 하는 것이 결국 동화의 나라에서 온 이들의 사명인 것이다. 네 개의 선물에 이어 대흑은 아이들에게 아세아 나라들을 돌아보는 데 필요한 매우 실질적인 선물로 요술방망이를 내려 주는데, 이것을 가지고 있으면 자연의 소리를 들을 수 있는 신비한 힘을 얻게 된다. 이 능력으로 아이들은 이후 바람의 소리와 새가 말하는 소리를 알아듣게 된다. 또한 에비스는 바다를 건네 줄 도미를 내어 주고 복록수는 만주에 타고 갈 학을 선사하며 아이들의 아세아 체험이

그림 22 〈제4장_구름과 북풍〉의 한 장면

성공하기를 기원한다. 칠복신들은 "바르게 세우자 태양의 아이들(正しく築け 太陽の子供)"이라고 노래하며 두 아이를 배웅하고, 학을 타고 날아가는 아이 들의 모습은 환등으로 투사된다.

한편 구름을 뚫고 만주에 도달한 소남과 화남은 북풍을 대면하게 된다. 북풍은 만주의 상공을 맴도는 바람이라고 자신을 소개한 뒤 아이들과 일종 의 훈화의 시간을 갖는다. 그 내용은 다음의 세 개의 대사로 압축된다.

1. 나는 항상 만주의 일본인들이 일하는 모습을 지켜봐 왔다. 일로전쟁과 만 주사변, 그리고 이 만주 땅에 왕도낙토를 건설하기까지, 나는 언제나 일본 인의 존귀한 자세를 보아 왔다. 일본인은 실로 눈물겨운 노력을 거듭해 이 만주를 세웠다. 봐라, 여순(旅順)이 보일 것이다. 저 전적을 잘 보아 두어라.

2. 만주국은 일본인의 피와 뼈로 세워진 것이다. 현재와 같은 왕도낙토가 건 설되기까지 군들의 아버지와 할아버지의 신과 같은 희생의 고된 노동을 잊어서는 안 되는 것이다.

3. 일본인이 생각한 아름다운 이상의 나라 동아공영권의 제1의 모범, 그것이 만주다. 보아라, 저 수수밭을. 그리고 왕도낙토를 마음으로부터 찬미하고

노래하는 다섯 민족들의 소리를 들어 보아라.

한마디로 북풍이 하는 말은 만주국을 세우기 위해 불가피했던 제국주의 전쟁의 정당성, 그 만주국 건설에 몸을 바친 일본인들의 희생정신, 그리고 그 결과물로 구축된 만주 낙토이다. 아이들은 의심 없이 북풍의 말을 귀 기울여 듣는다. 그러나 그 내용은 결국 기억과 망각에 관한 것이다. '잊어야 할 것'과 '잊지 말아야 할 것'이 북풍의 자의적인 판단에 의해 왜곡되어 아이들의 의식에 그대로 전해지는 위태로운 상황인 것이다. 그러나 오족 민족들의 노랫소리를 들어 보라는 세 번째의 말이 끝나자마자 개척촌의 수수밭으로 장소가 바뀐 무대 위에서는, 개척촌 주민들이 흥겹게 춤추고 노래하는 소리가 들려온다. 〈마차의 노래馬車の歌〉를 부르며 마차를 타고 등장한 만주인 부부는 물론이고 심지어 말까지도 "노래 소리에 기분이 들떠 춤추는(楽しい歌に馬もつい浮かれて踊り出す)" 상황이 연출된다. 이에 뒤이어 오족(五族)의 민족을 대표하는 가수들이 충령탑을 중심으로 모여 〈왕도낙토찬가王道樂土讚歌〉를 합창하는데, 이 두 개의 상황은 북풍의 말이 거짓이 아닌 현재진행형의 현실임을 보여 주기 위한 근거가 되는 것이다.

〈왕도낙토찬가〉
찬양하라
드높이, 자
황도(皇道)의 빛을 입고
낙토 만주
축언하라
엄숙히, 자
서운(瑞雲) 용맹스레 입고

낙토 만주(樂土 滿州)

아아 충령의 탑

보라 솟아오르라

흔들림 없이

그 옛날 나라를 세우던

수많은 신들

우러르며

세우자 함께

오족의 민족 모여서

낙토 만주

오족협화와 왕도낙토의 사상이 뚜렷하게 나타나는 노래이다. 그런데 여기서 음악의 역할이나 왕도낙토 사상보다 더 주목되는 것은 바로 '충령의 탑(忠靈の塔)'이다. 충령탑이라는 상징적 기념물은 이 작품에서 세 번 언급되는데, 첫 번째는 북풍이 여순에서 피를 흘린 일본인의 전적(戰跡)을 보라는 대사에서, 두 번째는 오족의 대표 가수들이 〈왕도낙토찬가〉를 합창하는 연행의 장소로, 그리고 위의 〈왕도낙토찬가〉의 가사로 사용된 것이 그 세 번째 사례이다. 알라이다 아스만(Aleida Assmann)은 인간의 집단기억은 기념비, 추모지, 박물관, 아카이브와 같은 매개물을 통해 전승된다고 주장했다.[27] 기억에 필연적으로 동반되는 망각의 속성으로 인해 인간은 지워지는 기억을 담아 놓을 기억의 공간을 필요로 하는 것이며, 그 기억의 공간을 통해 세대에 걸쳐 공동체의 기억을 공유하게 되는 것이다. 충령탑은 제국주의 전쟁에서 목숨을 잃은 일본인들을 추모하기 위한 기억의 장소이다. 그리고 이

---

27) 알라이다 아스만 지음, 변학수·채연숙 옮김, 『기억의 공간: 문화적 기억의 형식과 변천』, 서울: 그린비, 2011 참조.

작품에서는 그 공간을 잊지 말아야 할 상소로 끊임없이 불러내고 있다.[28] 동일한 레토릭은 아니지만 만주사변과 지나사변 당시 일본인의 희생을 강조하는 내용들이 빈번하게 나타나는 것이 이 작품의 두드러지는 특징이다. 1943년에 제작·초연된 시기적 특수성도 이러한 현상의 한 원인이 되었을 것이다. 그러나 중요한 것은 이 작품은 '죽은 자들을 기리는 장소'가 되고 있다는 사실이며, 더욱 중요한 것은 기억과 추모의 대상은 희생당한 일본인에 한정된다는 사실이다. 기억과 망각, 포섭과 배제는 항상 짝을 이루어 존재한다. 이러한 맥락에서 볼 때 《동아의 아이들》은 그 기억과 망각의 회로가 어떻게 구성되는지를 정확하게 보여 주는 작품이라 할 수 있다.

이렇게 만주의 북풍에게서 많은 것들을 듣고 배운 형제는 기러기 두 마리의 도움으로 중국 땅으로 넘어간다. 매년 중국과 일본을 오가는 기러기는 아이들에게 중국의 모습을 자세하고 친절하게 보여 줌으로써 북풍을 잇는 여행 안내자의 역할을 한다. 기러기가 들려주는 첫 번째 이야기는 일본이 왜 대동아전쟁을 일으켰어야 했는지 이제는 중국인들이 그 진심을 이해하며 아세아 부흥을 위해 합심하고 있다는 내용이다. 그리고 기러기의 가르침 가운데 가장 핵심적인 부분인 '내부의 적'에 관한 이야기를 시작한다. "가까이에 있는 진정한 적(眞實の敵は隣村に居る)"이자 "악당(隣村の惡黨)"은 왕록이라는 소년의 이야기를 통해 드러나는데, 그것은 다름 아닌 공산군을 말한다. 중국을 사랑하는 유일한 길이라 믿고 공산군에 자원입대한 록의 형 초는 첫 번째 임무로 "한간(漢奸)의 고관이 탄 열차를 전복시키라(漢奸の高官が乘つて居るから…顚覆を計れと…命ぜられた)"는 지령을 받고 실행에 옮기지만, 그 '한간의 고관'은 바로 아버지 맹이었다. 결국 아버지는 "일본과 힘을 합해

28) 비슷한 예는 《만주에서 북지로》에서도 한 차례 제시되고 있는데, 주인공들의 여정 가운데 한 곳인 여순에서 노기 마레스케(乃木希典)를 기리는 뜻으로 다카라즈카 소녀가 극단 20명이 제복을 입고 추모의 합창을 했다.

동양 평화를 위해 노력해 달라(日本と力を協せて東洋平和の為に努めてお呉れ)"는 유언을 남긴 채 숨을 거두고 만다. 자신의 잘못을 뉘우친 초는 "일본군의 배려로 악몽에서 깨어나(日本軍の思ひ遣りで、すつかり悪夢から醒め)" 일본과 함께 일지친선(日支親善)에 온몸을 바친다.

왕록의 이야기는 악당 공산군과 구원자 일본이라는 선과 악의 대결구도로 모아진다. 무장 항쟁으로 일본에 저항한 당시 중국 공산군은 실제로 일본의 중국 지배와 대동아공영권 건설에 있어서 가장 큰 걸림돌이었고, 그러므로 궤멸해야 할 최대의 적이었다. 이러한 식민지 정치의 현실은 작품 속에 그대로 반영됨으로써 선악의 구도가 설정되고 있으며, 여기에 공산군의 악성마저 끌어안는 관대한 일본인의 이미지까지 보태짐으로써 그 대립구도는 더욱 선명하게 부각되고 있다. 이 모든 상황을 지켜보며 중국을 위하는 진정한 길이 무엇인지 고민하던 왕록은 결국 일본으로 유학을 떠난다. 기러기가 주는 마지막 교훈은 왕록이 일본 유학 중에 가족에게 보낸 편지로 대신하고 있다.

제가 일본에 온 지 벌써 2년 가까이 되어 갑니다. 그날 이후로 일본, 중국, 그리고 세계가 뭐랄까 어지러울 정도로 빠르게 변하고 있습니다. 대동아전쟁 그리고 중국의 참전. 지금은 아세아인의 아세아 건설의 종이 드높게 울려 퍼집니다. 이제야 중국도 이 성스러운 아세아 부흥의 전투에 참가하여 일본과 생사를 같이하고 신중국을 다시 일으켜 동아에 영원의 낙토를 건설하고 광영의 오천년 중국 문화를 부흥하지 않으면 안 된다고 생각합니다. 일본은 남자도 여자도 노인도 아이도 전부가 하나가 되어 싸우고 있습니다. 일본 어디를 가도 활기에 넘치고 있습니다. 정말로 느긋하고 여유 있게 싸움에 임하는 일본의 자세를 모두에게 보여 드리고 싶습니다. 저는 일본인의 위대함을 이제 다시 느끼지 않을 수 없습니다. 일본이 없었다면 중국은 어떻게 되었을까요. 아세아의 나라들은 어떻게 되었을까요. 저는 이제부터 더욱 더 일본을 공부하고 배워서 끝까지 목적을 달성하지 않고는 돌아가지 않을 작정입니다. 매일 아버지의 사진을 참배하고 있습니다. 형에게 가끔 활기찬 편지를 받습니다. 어머님, 누님, 모쪼록 건강에 각별히 유의해 주십시오. 왕록으로부터.

왕록의 가족사에 관한 이야기는 이 비장한 편지를 끝으로 마감된다. 2년간의 유학 생활 동안 왕록은 일본이야말로 중국이 배워야 할 모범이라고 확신하게 되는데, 왕록의 생각은《몽골》이나《동으로의 귀환》에서 이미 제시된 바 있는 토모로치린과 람파가 일본을 보는 시선과 같으며, 일본의 동양에 대한 서열화된 사고방식과 같다. 다카라즈카 소녀가극에서는 이것이 종종 유학 모티브로 가시화되어 나타난다. 그러나 동시에 '일본 유학 모티브'는 내러티브의 전개와 위기의 해결, 특히 식민 본국과 식민지 지방을 결합하는 분기점이 되는 사건으로서 중요한 극적 장치의 역할을 한다. 이로써 이 작품 또한 성취하고 있는 것은 일본을 중심으로 한 왕도낙토 건설의 정당성이라는 메시지의 전달이다. 바야흐로 "일지의 봄(日支の春)"이 찾아온 것이다.

북방 지역의 순례는 이렇게 낙관적인 분위기 속에 마무리되고 이제 소남과 화남은 에비스가 선물한 도미를 타고 남방으로 이동한다. 바다를 건너며 이들이 보게 되는 것은 "히노마루가 휘날리고 있는 인도차이나(佛印), 말레이시아, 버마, 수마트라, 자바, 호주 등의 섬나라(マライ佛印ビルマがある、スマトラジャバ濠洲がある、日の丸の旗ヘンボンと飜へる島々がある)"이다. 이 지역의 안내자를 자청한 제비가 아이들에게 하는 첫 마디는 "일본의 어린이들은 신의 자식, 태양의 자식이기 때문에 공부를 열심히 해서 세계를 지도해야 한다(日本の子供は、神様の子です。太陽の子です。日本の子供は、これからの世界を指導して

行く為に、一そう勉強しなければいけないのです)"는 것이다. 그렇게 해야만 "너희들이 컸을 때 아세아에 낙원이 찾아오고 지구는 아름다운 세계가 된다(貴方達が大きくなる時、亜細亜にほんとうの楽園が出来上がるのですね。地球が、ほんとうに美しい世界になるのですね)"는 설명이다. 앞서 이미 수도 없이 반복되어 온 내용이지만 그럼에도 불구하고 여기에는 약간의 변화가 감지되는데, 주로 이야기를 듣거나 궁금한 것만을 묻던 아이들이 힘껏 공부해서 훌륭한 일본인이 되겠다고 자신의 생각과 각오를 처음으로 드러낸 것이다. 동화가극인 동시에 교육극을 본질로 하는 이 작품은 이러한 방식으로 어린이들의 의식 변화의 과정을 성공적인 것으로 그려 내고 있다. 그리고 이와 함께 남쪽 나라 이야기는 짧게 마감된다. 남방 지역의 무대는 북방 지역에 비해 스토리 구성이 거의 없이 '남쪽 낙원(南の楽園)'에 관한 춤과 노래를 통해 단순하면서도 화려하게 표현되고 있다. 무대의 구성은 다음과 같다.

1. 극락도의 노래

2. 두 명의 극락도의 춤과 12인의 작은 새의 춤

3. 3인의 공작새의 춤

4. 2인의 남쪽의 꽃과 24인의 꽃의 춤

5. 일동 대합창: "아름다운 낙원/남쪽의 고향/작은 새가 노래하고/꽃이 미소 짓는/아름다운 꿈/큰 이상 아래에서/공영의 낙토가 탄생하네/아아 찬미하자/아아 노래하자/아름다운 낙원/남쪽의 고향"

이렇게 아세아 지방의 견학을 성공적으로 마친 아이들에게 칠복신은 다시 등장한다. 가장 인상적인 대사는 "즐겁고 멋진 여행(とても素晴らしい旅でした)"이 모두 "명랑하신 칠복신의 도움 덕분(七福神さまはとても朗かですね)"이라는 소남의 말에 대한 대흑의 답이다. 대흑에 따르면 "칠복신은 아세아 각지의 신들로 에비스는 일본의 신이고 비사문은 인도의 신이며 수로인과 복록수는 지나의 신(七福神は亜細亜の神々なのだ。儂や恵比須さまは、日本の神様だが、毘沙門さまは印度の神様だし、壽老人も福祿壽さまも支那の國の神様だ)"에 해당한다. "이 동아의 신들이 사이좋게 한 배에 타고 동아의 부흥을 위해 노력(東亜の神々が仲良く一つの船に乗り合せて東亜を復興さそうと努力)"하고 있으니 "모두가 사이좋게 아세아를 한 가족의 형제와 같이 함께 도와 나가야 한다(皆が仲良く、亜細亜を一つの家の様に兄弟仲良く助け合つて行くのだ)"는 것이다. 소남과 화남도 〈아세아는 즐거운 하나의 집이다亞細亞は楽しい一つの家た〉를 노래하자 공영권의 아이들이 모두 손을 맞잡고 등장하여 다함께 합창한다. 연달아 또 하나의 합창곡 〈태양찬가太陽讚歌〉를 "공영권 전체의 민족"이 나란히 서서 "태양이 떠오르는 가운데(太陽が上り切る時)" 대합창을 한다. 합창이 진행되는 가운데 "태양은 히노마루 깃발로(太陽はそのまゝ日の丸の旗となる)" 바뀐다.

〈아세아는 즐거운 하나의 집이다〉
아세아는 즐거운
하나의 집이다
아세아는 즐거운
하나의 집이다
아세아의 사람들
손을 잡자
아세아의 사람들
둥글게 되자
모두들 하나가 되자
즐거운 일은 함께 나누고
괴로운 일은 함께 돕는

언제나 즐거운 하나의 집이다
우리들의 이상을 이야기하고
우리들의 희망을 이야기하는
함께 번영하는 하나의 집이다

　이 두 곡의 합창과 함께 행진곡 〈적은 몇 만敵は幾万〉이라는 기성 군가를 모모타로와 원숭이, 꿩, 개를 포함한 출연자 전원이 합창한다. 모모타로는 원래 동화 속의 인물이지만 이 작품에서는 동물들을 이끌고 귀축미영을 정벌하러 나선 영웅으로 그려지고 있다. 모모타로 일행이 〈적은 몇 만〉을 합창함으로써 일본의 '전진'과 '확장'은 계속된다는 메시지를 강렬한 여운으로 남기며 무대의 막은 완전히 내려진다.

　《동아의 아이들》은 1943년 초연된 이후 패전 바로 직전 해인 1944년까지 도쿄, 오사카, 히로시마, 하카타, 나고야 등 전국을 순회하며 총 4차례 공연되었다. 어린이들을 주인공으로 어린이들에게 이야기를 들려주는 형식을 취하는 이 작품은 그러나 그 어떤 작품보다 더욱 강도 높게 제국주의 이데올로기를 선전한다는 점에서 예상 밖의 의외성을 보여 준다. 그 속에서 제국 일본이라는 주체에 의해 규정된 기억의 대상과 망각의 대상은 교차를 거듭하며 새로운 역사를 써 나가고 있다. 대동아공영권과 '고향'의 결합, 공영권의 다섯 민족과 '가족'의 결합은 굳이 노스탤지어와 가족주의가 가진 퇴행적 측면을 지적하지 않는다 하더라도 그 은폐의 효과는 쉽게 파악할 수 있다. 그러한 인위적 창조물이 아이들의 의식 속에 직접적으로 침투된다는 점에서 이 작품은 오늘날 직면하고 있는 탈식민주의의 동시대적 상황에 있어서도 시사하는 바가 크다. 그러나 더욱 중요한 것은 제국주의 이데올로기는 기억과 망각이라는 서사의 층위에서만 작동되는 것이 아니라는 사실이다.

제3부
제국 통합의 감각적 재현
비언어적 텍스트 층위의 분석

　지금까지 프로파간다 연구는 지배 권력이 피지배자들의 이성이나 의식을 변화시키거나 또는 더 나아가 마비시키는 폭력적인 측면에 집중되어 왔다. 그러나 권력이란 인간의 이성이나 의식의 영역에만 영향력을 행사하는 것이 아니라 신체나 감성과 같은 감각적인 영역에도 각인되는 것이다. 이는 제국주의 이데올로기가 이성과 감성, 정신과 육체의 이분법적 인식의 틀을 넘어 양자 사이의 긴밀한 상호작용을 거쳐 동시적으로 작동할 수 있는 가능성을 열어 놓는다. 다카라즈카 소녀가극이 프로파간다를 수행하는 방식은 이러한 다층적인 요인을 고려하지 않고는 그 지엽적인 한계로부터 벗어날 수 없다.

　제2부의 언어적 텍스트의 분석을 통해 살펴보았듯이 프로파간다의 메시지는 일차적으로 각본의 내용을 통해 전달된다. 그러나 언어적인 텍스트가 공연이라는 무대화 과정을 거쳐 감각기관에 직접 지각되는 부분 또한 프로파간다가 작동하는 또 다른 방식으로서 주목할 필요가 있다.[1] 이에 따라

---

[1] 총동원체제하에서 일본은 국민의 감각기관을 지배하는 방식을 통해서도 제국주의 정책을 수행해 나갔다. 여기서 일본 제국주의 국가가 청각기관에 개입한 사례는 이 책의 관점과 관련해 시사하는 바가 크다. 1941년 3월 공포된 국민학교령에 따르면, 예능과 음악(藝能科音樂)의 음감교육의 목표는 "국방(國防)을 위한 연성(練成)으로서 청음병(聽音兵)과 같은 예리한 청각을 함양"하기 위한 것이었다. 이를 위해 교사들은 학생들에게 화음을 듣게 하여 오선지에 써보게 하거나 분산화음으로 부르게 하거나 화음 가운데

제2부에서 작품의 서사적 층위를 중심으로 제국주의 프로파간다가 서술되었다면, 제3부에서는 앞선 논의를 토대로 제국 통합의 이데올로기가 작동하는 또 다른 영역으로 감각적 층위에 초점을 맞춰 논의를 전개하고자 한다.

구체적으로는 공통감각으로서의 동양적인 것, 규율화되는 신체와 정서, 판타스마고리아 기법의 전유라는 세 개의 범주를 프로파간다가 작동하는 원리로 상정하고 그 구체적인 재현 양상을 검토한다. 이러한 비언어적 텍스트의 층위에서는 배우들에 의해 발화되는 다양한 언어들의 소리로부터, 또는 이국적인 춤과 노래의 연행으로부터, 그리고 특정한 리듬감이나 정서의 재현으로부터 제국 통합의 이데올로기는 언어가 아닌 감각적인 매개물을 통해서도 말해질 수 있다는 사실을 확인할 수 있다. 이와 같이 감각의 내용 속에서 제국 통합의 계기를 모색하고자 하는 이 책의 시도는 곧 프로파간다의 기관으로서 다카라즈카 소녀가극 특유의 양식적 특징이 무엇인지 규명하는 작업과 같은 것이다.

특정 음을 노래하게 하는 등의 지도방식이 요구되었다. 戶ノ下達也는 당시 음감교육의 대상이었던 어린 학생들이 "군국주의적인 규율화로부터 멀지 않은" 존재였다는 사실을 통해 전쟁과 음악의 사회사를 정리하고 있다. 戶ノ下達也, 長木誠司 編著, 『總力戰と音樂文化: 音と聲の戰爭』, 東京: 靑弓社, 2008, 162~163, 189.

제7장

공통감각으로서의 동양

1. 동양에 관한 시선의 정치학

다카라즈카 소녀가극을 통해 재현된 동양적인 것에 관해 논의하기 위해서는 먼저 '동양'이라는 개념에 얽혀있는 권력 또는 시선의 문제에 관해 역사적으로 간단히 짚어 볼 필요가 있다. 흔히 지적되는 바와 같이 동양이란 유럽의 지리적 상상력에 의해 타자로 표상된 상상의 지리(imaginative geography)이며, 일본의 근대 국민국가 및 제국주의 패권국가로의 도약 과정 속에는 서구화를 통해 학습된 오리엔탈리즘의 인종적 사고가 그대로 반복되기 때문이다. 일본은 동양·서양이라는 상상된 지리 개념 안에서 어떠한 모습으로 자신을 규정하고 있는가. 또 다카라즈카 소녀가극이 동양의 재현을 통해 제국 통합의 이데올로기에 연극적으로 기여하는 방식은 무엇인가.

"그들은 스스로 자신을 대변할 수 없고, 다른 누군가에 의해 대변되어야 한다."[1] 에드워드 사이드(Edward Said)가 1978년에 발표한 『오리엔탈리즘(Orientalism)』은 마르크스(Karl Marx)의 이 유명한 말로 시작한다. 17세기 지리상의 발견과 함께 촉발된 '동양'이라는 미지의 세계를 향한 욕망은 별다른 단절 없이 20세기까지 순항한다. 수세기에 걸쳐 지속된 동양을 향한 서구의 지적 욕구는 학술적인 저술로, 문학작품으로, 회화와 조각으로, 오페

---

1) 에드워드 사이드 지음, 박홍규 옮김, 『오리엔탈리즘』, 서울: 교보문고, 2014, 221.

라와 발레로 모습을 바꾸며 다방면에 걸쳐 헤아릴 수 없이 많은 작품들을 생산해 냈고 또 소비되었다. 그러나 19세기 제국주의의 논리를 뒷받침해 주었던 우생학(eugenics) 연구에서 확연하게 드러나듯이, "혼종(hybrid)" 또는 "아말감화(amalgamation)"2)에 대한 서양인의 공포는 인종적으로 열등한 동양을 타자화 전략을 통해 배제함으로써 스스로에게 우월한 정체성을 재확인시켜 주는 심리학적인 기제로 작용했다. 이에 따라 동양에 대한 객관적인 지식은 요원하게 되었고 결국 환상과 왜곡을 심화시키는 방향으로 전개되었다. 미개하지만 신비로운 동양의 이미지는 유럽의 제국주의 역사와 함께 수정이나 비판 없이 반복 재생산됨으로써 고정된 이미지로 고착될 수 있었다. 에드워드 사이드는 이와 같이 동양에 대한 고정된 지식체계에 문제를 제기한 것이다. 푸코적인 관점에서 지식을 권력으로 사유한 그는 '오리엔탈리즘'이 생산한 지식들을 해체함으로써 동양 연구의 신기원을 마련한다.

관념, 문화, 역사를 진지하게 이해하거나 연구하기 위해서는 반드시 그 강제력, 더 정확하게 말하자면 권력의 편성형태를 함께 연구하여야 한다는 점이다. 동양이란 날조된–또는 나는 그것을 '동양화된' 것이라고 부른다–것이라고 생각하고 그것을 단순히 상상력의 필요에 의해 생긴 것이라고 생각함은 잘못이다. 서양과 동양의 관계는 권력관계, 지배관계, 복합 헤게모니의 여러 가지 정도에 관련된 것이다.3)

사이드가 보기에 동양이란 서양이 창조한 관념적 허상이며, 오리엔탈리즘은 서양 세계의 우월함을 입증하고 동양 지배의 정당성을 확보하기 위해

---

2) 로버트 영 지음, 이경란·성정혜 옮김, 『식민 욕망–이론, 문화, 인종의 혼종성』, 성남: 북코리아, 2013, 28.
3) 에드워드 사이드, 앞의 책, 22~23.

자의적으로 만들어진 '담론(discourse)'4)에 불과하다. 그러므로 정형화된 동양의 이미지는 제국주의가 가진 보편성을 단적으로 드러내 주는 것이라고 단언한다 해도 무리가 없다. 영국, 프랑스, 독일, 미국, 그리고 일본에 이르기까지 종래의 패권국가들은 자국의 헤게모니 창출과 그 존속을 위해 오리엔탈리즘의 세계관을 전유하고 변용했다. 이러한 가운데 일본은 오리엔탈리즘과의 관계사에 있어서 그 어떤 국가보다 복잡하고 독특한 지위를 차지한다. 인종적·지리적으로 동양에 속하는 일본은 오리엔탈리즘의 대상—물론 근대 유럽인들이 최초로 인식한 동양(the Orient)이란 아랍 세계를 지칭하는 것이었지만—과 주체 사이를 끊임없이 오가며 신비화된 서양의 타자이자 동시에 그러한 서양의 시선을 그대로 자기화한 동양의 오리엔탈리스트라는 두 가지 측면을 모두 지니기 때문이다.

일본이 오리엔탈리즘의 대상이 된 시기는 17세기로 거슬러 올라간다. 일찍이 네덜란드 상인과의 교역이 잦았던 일본은 도자기를 수출하는 과정에서 우연히 히트상품을 산출하게 되는데, 그것은 바로 우키요에(浮世絵)였다. 에도 시대의 대표적인 풍속화 양식인 우키요에는 화려한 색채와 독특한 구도로 유럽인들의 눈을 매료시킴으로써 유럽에서 일본 붐을 일으킨 결정적인 계기를 제공했다.5) 이른바 자포니즘(Japonism)으로 불리는 일본문화 열풍은 유럽인들에게 새로운 오리엔탈리즘의 상상력을 자극하며 동양에 대한 인식의 지평을 넓히는 동시에 예술적 영감의 원천으로 작용했다.

19세기 말 전 세계적으로 번성했던 박람회는 이와 같이 동아시아 지역으로 확장된 오리엔탈리즘의 시선이 일본의 대외 이미지 정치와 재결합하는

---

4) 담론(discourse)이란 푸코의 개념으로 지배권력이 만들어 낸 특정한 지식의 체계를 말하며, 오리엔탈리즘은 서양이 만들어 낸 동양에 관한 담론을 대표하는 사례이다.

5) 대표적으로 인상주의 화가 빈센트 반 고흐(Vincent van Gogh)와 클로드 모네(Claude Monet)의 그림에는 우키요에 화풍이 뚜렷하게 나타난다.

그림 23 시카고 박람회의 봉황전(鳳凰殿)　　　　　　　파리 박람회의 일본관

양상을 정확하게 보여 준다. 일본은 문호 개방 이후 최초로 1862년 런던 박람회에 주체적인 결정에 따라 참여하게 되는데, 당시 일본 정부는 국가 홍보와 이미지 쇄신에 있어서 박람회가 매우 효과적인 수단이라고 판단했기 때문이다. 정부 주도로 거금을 들어 시카고박람회(1893)에 참여한 일본은 "예의 바르고 섬세한 감각을 가졌으며 서구 문명을 받아들이려고 하는 나라"⁶⁾로 자국을 인식시키는 데 성공한다. 이후 일본은 파리 박람회(1900), 세인트루이스 박람회(1904), 일영 박람회(1910)에 적극적으로 참여하며 박람회의 정치를 전개해 나간다.

　박람회 참석의 첫 번째 목적은 원시적이고 열등한 비문명국이라는 오명을 벗기 위해, 또는 박람회 주최국과의 친선 회복이라는 외교적인 필요성에 있었다. 그러나 일본이 자신들을 보여 주는 데 시종일관 주력한 점은 이국성과 원시성의 느낌을 강조하는 것이었다.⁷⁾ 기술과 산업의 교류라는 코스모폴리타니즘적인 취지에도 불구하고 박람회의 공간은 "백인, 남성, 서구인, 부르주아의 시선에 따라" 인종과 문화를 진열하는 "자본주의 및 제국주

---

6) 김영나, 「박람회라는 전시공간」, 『서양미술사학회논문집』 Vol.13, 서양미술사학회, 2000, 81~85.

7) 김영백, 「동서교섭사로 보는 일본의 '미학적 국가주의': 19세기 말~20세기 초 세계박람회 속 일본의 전시관 건축을 중심으로」, 『미술사연구』 No.31, 미술사연구회, 2016 참조.

의의 문화적 장치"[8]였다는 사실은 부인할 수 없다. 근대화·문명화에 대한 자신감을 드러내면서도 일본은 여전히 셀프 오리엔탈리즘의 틀 안에서 대상화된 동양의 이미지를 창조하고 있다는 사실 또한 마찬가지이다.[9]

　그런데 여기서 흥미로운 점은 이와 같이 서구의 시선에 따라 자기정체성을 규정했던 일본은 서구화·근대화 이후 동아시아의 패권국가로 등극함에 따라 구미의 박람회 제도를 재전유하게 된다는 사실, 그리고 서양의 오리엔탈리즘을 자기화함으로써 그 렌즈를 통해 동양의 식민지를 동일한 방식으로 바라보게 된다는 사실이다. 다시 말해 더 이상 오리엔탈리즘적인 시선의 대상이 아닌 주체로 자기를 바꾼 것이다. 오카쿠라 텐신(岡倉天心)[10]이 주장한 동양 중심의 세계관은 이러한 지점을 단적으로 보여 준다. 19세기 말 후쿠자와 유키치의 탈아론(脫亞論)이 제기되고 청일전쟁과 러일전쟁으로 일본의 제국주의적 영토 확장이 본격화되던 시기, 오카쿠라는 런던에서 영어로 『동양의 이상』(1903)을 출간함으로써 '아시아는 하나(Asia is one)'임을 서구

8) 김영나, 앞의 글, 97~98.

9) 자포니즘에 의해 구축된 일본의 대외 이미지는 서양의 회화나 오페라에서 표상되어 왔던 것처럼 언제나 '여성적인 수동성'이었으며, 서양인의 가치관에 의거해 만들어진 '이국적인 타자'였다. 문화 재현의 주체로부터 동떨어져 있던 자포니즘의 일본은 20세기 중반 이후 "쿨 재팬(Cool Japan)"의 슬로건을 통해 국가 이미지 쇄신에 힘쓴다. 이러한 일본의 대외 이미지 전략의 역사적인 흐름에 대해서는 다음의 논문을 참조할 것. 윤상인, 「일본의 대외 이미지는 어떻게 형성되는가」, 『한림일본학』 Vol.20, 한림대학교 일본학연구소, 2012.

10) 메이지 시대 문인이자 미술사학자로 활약한 오카쿠라 텐신(1863~1913)의 본명은 오카쿠라 가쿠조(岡倉覺三)이다. 오카쿠라는 동경제국공학대학에서 철학을 강의했던 어니스트 페놀로사(Ernest Fenollosa)의 조수가 되는 인연으로 페놀로사가 일본 미술품을 수집하는 데 도움을 주었으며, 서구 세계에 일본 문화의 우수성을 알리는 일에도 주력했다. 주요 저서로는 『동양의 이상(The Ideals of the East)』(1903), 『일본의 각성(The Awakening of Japan)』(1904), 『차에 관한 책(Book of Tea)』(1906), 『동양의 각성(The Awakening of the East)』(1902년 집필했으나 미완성)이 있다.

세계에 알린다. 근대 서양 사상을 '백색 재앙(white disaster)'으로 통렬하게 비판하고 동양의 정신적인 우수성을 그 대안으로 내세움으로써 동양 세계의 단결을 호소한 그의 아시아통합론은 대동아공영론을 잉태하는 모체가 된다.[11] 대동아공영론은 오카쿠라의 아시아통합론, 즉 아시아는 하나이지만 아시아의 중심은 일본이라는 사상을 그대로 물려받고 있는 것이다.[12] 이와 같이 일본은 세계에 대한 인식의 변화를 통해 오리엔탈리즘의 주체로 거듭나게 된다. 그러나 여기서 대상과 주체의 자리는 고정된 것이 아니라 상황에 따라 변화하는 유동적인 것이라는 사실 또한 함께 염두에 둘 필요가 있다.[13] 이에 대해서는 제10장의 구미(歐美) 지역 해외공연 부분에서 더욱 상세하게 논의할 것이다.

앞서 제5장에서 분석한 대동아공영권 시리즈는 기본적으로 일본이 주체의 자리에서 바라본 동양의 모습을 제시하고 있었다. 특히 《동으로의 귀환》에서 그려진 '그리운 동양'과 '위험한 동양'이라는 이분법적 대립물로서의

11) 최유경, 「오카쿠라 텐신의 아시아통합론과 불교—『동양의 이상』과 『일본의 각성』을 중심으로—」, 『종교와 문화』Vol.14, 서울대학교 종교문제연구소, 2008, 198~204.

12) 기노시타 나오유키 지음, 김영순 옮김, 「오카쿠라텐신(岡倉天心)에 있어 〈일본미술사론(日本美術史論)과 동양(東洋)〉」, 『인물미술사학』 No.4, 인물미술사학회, 2008, 220~222.

13) 이러한 맥락에서 니시하라 다이스케(西原大輔)가 지적한 후지시마 타케지(藤島武二)의 오리엔탈리즘 회화 〈조선풍경〉은 오리엔탈리즘이 일본식으로 전환되는 지점을 잘 보여 준다. 19세기 프랑스 미술계에서는 이국적인 풍물을 소재로 취하는 오리엔탈리즘 회화가 유행했는데, 20세기 초반 이를 접한 일본에서는 프랑스의 오리엔탈리즘 회화를 본보기로 삼아 일본의 식민지를 그리자는 견해가 대두하기 시작했다. 〈조선풍경〉은 타케지가 1913년부터 두 차례의 조선 여행을 마친 뒤 그린 작품으로 "화면에서 근대를 느끼게 하는 것은 일체 배제되어 있고", 복식이나 가옥 형태가 전부 "조선 반도의 향토성에 철저한 표현으로 일관"하고 있다는 것이다. 이와 같이 조선을 바라보는 일본의 오리엔탈리즘적인 시선은 일본이 오리엔탈리즘의 대상에서 주체로 역전되는 양상을 반영한다. 니시하라 다이스케 지음, 김정민 옮김, 「근대 일본회화의 아시아 표상」, 『미술사논단』Vol.20, 한국미술연구소, 2005, 420~421.

동양은 서구적 주체의 눈에 비친 타자화된 동양의 전형적인 모습이었으며, 그것은 또한 일본의 시선으로 바라본 동양과 같았다. 그리고 그 대안으로 제시된 '강한 동양'은 일본에 의해 선도되는 '새로운 동양'의 미래를 뜻하는 것이었다. 이러한 도약의 과정은 일본의 외부자로서의 시선과 내부자로서의 시선이 상호 교차되고 있는 모습을 드러낸다. 일본은 대동아공영론의 주창과 함께 탈아론(脫亞論)의 입장을 유보하고 대동아민족의 내부자로서 '우리의 동양'을 바라보려는 시선을 새롭게 추가한 것이다. 대동아공영권 시리즈 《몽골》·《북경》·《동으로의 귀환》은 모두 이러한 시각에서 만들어진 작품이다. 그러나 이러한 내부자의 시선 속에서도 일관되게 관류하는 사상은 일본은 단순하게 동아민족을 구성하는 일원이 아닌 동양을 침탈한 침략자 서양으로부터 동양 세계를 지켜 주는 강력한 구원자라는 메시지이다.

이러한 맥락에서 볼 때 영미귀축(英米鬼畜) 타파를 공동의 목표로 세운 일·독·이 삼국동맹과 그 삼국동맹의 결속을 다지는 의미에서 제작된 추축국 시리즈 또한 결국 '구원자로 재현된 일본'이라는 지점에서 대동아공영권 시리즈와 동일한 궤를 그린다. 중요한 것은 서양인에 맞서 동양인들만의 세계를 구축하는 일이며, '동양적인 것'을 전유하고 개발하는 일은 그러한 새로운 동양의 미래를 구현하기 위한 출발점이 된다는 사실이다. 동양을 상상할 수 있는 권한을 서양으로부터 찾아온 일본은 동양을 상상하는 새로운 주체로 거듭나게 되며, 일본을 포함한 동양에 의해 상상되기 시작한 동양은 유럽의 오리엔탈리즘과는 또 다른 의미에서 정치적인 의미를 획득하게 된다.

2. 배타적 대항 담론으로서의 동양

1937년 중일전쟁 발발을 기점으로 형성된 동양주의(Pan-Asianism)는 '반

서양과 '반근대'를 표방하며 대동아공영권의 결집에 활용된 정치화된 담론이었다.[14] 동양주의의 재건은 "동아의 문화를 진흥하고 황색민족으로서 다시금 세계에 이채(異彩)를 드러내는"[15] 중요한 계기로 인식되었으며, 동양적인 것의 개발은 그만큼 제국주의 이데올로기와 불가분의 관계를 지니는 것이었다. 이에 따라 동양주의 담론은 정치와 비정치, 내지와 외지의 구분에 상관없이 제국주의 시대의 사상적 지형도를 형성하는 데 지대한 영향력을 행사했다. '동양'이라는 소재는 특히 창작의 영역에서 다양한 형식으로 구체화되는데, 일례로 1940년대 조선에 있어서 동양적인 것을 선호하는 현상은 장르와 분야를 막론하고 문화예술계 전반의 창작 경향을 압도했다. 연극계의 경우 유치진이나 함세덕과 같은 연극계 주요 인사들이 이러한 움직임을 선도함으로써 고전을 소재로 한 작품의 제작은 급격하게 증가한다.[16] 이 가운데 특히《춘향전》은 단연 최고의 제작 편수를 자랑한다.《춘향전》은 장혁주 각색의 연극《춘향전》이외에도 빅타가극단의 악극《춘향전》, 제일악극단의《여자 춘향전》, 약초가극단의《춤추는 춘향전》과 같이 음악극의 형식으로도 다채롭게 창조되었다. 향토가극을 창안하여 향토색 짙은 '민족가극(民族歌劇)'을 이끌었던 안기영의 작품 또한 이러한 동양주의적인

---

14) 여기서 말하는 동양주의는 근대초극론(近代超克論)과 같은 의미를 지닌다. 동양주의는 서구의 물질문명 세계에 대응하는 반서양주의적 옥시덴탈리즘으로서 "대동아라는 상상의 지리"를 강화하는 정치적 담론으로 기능했던 것이다. 당시 조선의 희곡 작품에는 이러한 경향이 강하게 나타나는데, 임선규의《빙화》(1942),《새벽길》(1945), 조천석의《개화촌》(1945) 등의 1940년대 전반기 희곡 작품은 이를 보여 주는 대표적인 사례로 제시된다. 이상우, 「심상지리로서의 대동아(大東亞)−1940년대 전반기 희곡에 나타난 반서양주의와 인종적 상상력」, 『한국극예술연구』 Vol.27, 한국극예술학회, 2008 참조.

15) 「世界的異彩 東洋主義の再建」, 滿洲日日新聞 1939年(昭和14年) 9月5日 기사.

16) 《심청전》,《춘향전》,《백제의 칼》,《견우직녀》,《장화홍련전》등이 그 예이다. 박노홍 지음, 김의경·유인경 [꿈]편, 『박노홍의 대중연예사 I 』, 서울: 연극과 인간, 2008, 참조.

창작 경향의 테두리 안에 있다.[17]

한편 외지에서 개발된 조선적인 것은 내지의 조선 붐을 타고 일본으로 진출하게 된다. 조선 극단들의 활발한 일본 진출은 조선이라는 브랜드를 부착함으로써 이국적인 유행 상품으로 소비될 수 있었다. 그러나 이국적인 것이란 동시에 민족적인 것을 의미했다. "민족의식의 고취를 위한 도구"[18]라는 안기영의 향토가극이 지니는 의의에서도 드러나듯이 조선적인 것은 민족의 독립에 대한 자각과 저항을 이끌어 내는 위험성을 내포하기 때문이다. 그럼에도 불구하고 이러한 민족적인 지역색이 허용된 배후에는 단순히 이국주의의 소비 욕망만으로 설명될 수 없는 복잡한 정치 역학이 작용한다. 바로 여기에서 동양주의의 모순적인 지점이 드러난다. 러일전쟁과 청일전쟁 이후 제국주의 국가로 발돋움하게 된 일본 제국에 있어서 동양주의란 '서양 대 동양'이라는 기획된 구도 안에서 대동아인의 결집을 도모하는 '배타적 대항 담론'이었다. 그것은 또한 동양의 맹주의 자리를 보장해 줄 제국주의의 근거이기도 했다. 그러므로 민족주의적 저항의 부정적인 가능성에도 불구하고 조선적인 것을 포함한 동양적인 것의 총체를 보유한다는 의미는 대동아공영의 궁극적인 목표에서 볼 때 위험성보다는 효용성의 가치가 더 큰 것이었다. 아이러니하게도 "차이를 만들어 내는 징표"[19]로서의 지역색은 오히려 제국 일본의 문화적 역량을 입증하는 지표로 인식되었던 것이다.

---

17) 《콩쥐팥쥐》(1940?), 《견우직녀》(1941), 《은하수》(1942), 《에밀레종》(1944)은 안기영이 작곡한 향토가극 작품으로 손꼽힌다. 전통설화나 고전을 소재로 하는 향토가극은 서양 오페라나 신파조 악극, 소녀가극(레뷰)과 구분되는 대중적인 음악극 양식이다. 유인경, 「근대 "향토가극"의 형성과 특질 연구─안기영 작곡 가극 작품을 중심으로」, 『공연문화연구』 Vol.19, 한국공연문화학회, 2009, 231~23.

18) 전정임, 「작곡가 안기영의 향토가극 연구」, 『음악과 민족』 Vol30, 민족음악학회, 2005, 191.

19) 김청강, 「"조선"을 연출하다: 조선악극단의 일본 진출 공연과 국민화의 (불)협화음 (1933~1944)」, 『동아시아문화연구』 Vol.62, 한양대학교 동아시아문화연구소, 2015, 195.

이와 같이 이국주의와 동양주의가 적절히 결합된 동양적인 것의 개발은 국책선전극 시기 다카라즈카 소녀가극에서 하나의 큰 흐름을 형성한다. 다카라즈카 소녀가극이 동양을 소재로 한 작품들을 대거 제작하기 시작한 것은 바로 이러한 동양주의 담론의 공고한 토대 위에서였다. 만주사변과 중일전쟁을 거치면서, 일본물이나 서양물에 집중되었던 초창기의 공연 레퍼토리는 서양물의 급감과 더불어 동양물 또는 동양적인 것에서 소재를 취하는 방향으로 뚜렷하게 선회한다. 그 중에는 식민지의 내러티브를 각색하는 양상도 눈에 띄게 나타난다. 18세기 조선의 고전소설 《숙향전淑香傳》(1938), 베트남(安南) 전설 《코로아 이야기ㅋㅡㅁㄱ物語》(1942), 중국 명대의 소설 《서유기西遊記》(1942)를 다카라즈카 소녀가극으로 재구성한 것이 그 대표적인 사례이다. 이와 같이 다카라즈카 소녀가극에 의해 식민지의 내러티브가 전유되는 현상은 동양적인 것을 구성하는 하나의 특징적인 사례로서 후속연구가 필요한 부분이다. 그러나 동양적인 것의 개발은 식민지의 내러티브를 전유하는 방식에서 그치지 않고 작품 곳곳에 더욱 내밀하게 배치되어 무대화된다. 동양적인 것이 감각적으로 구체화되는 지점은 다카라즈카 소녀가극이 '공통감각으로서의 동양을 구축하는 방식과 그 의미'를 함축한다는 점에서 면밀하게 검토할 필요가 있다.

3. 동양적인 것의 발명 및 재현

전시하의 다카라즈카 소녀가극의 작품에서 동양적인 것이 가장 두드러지게 나타나는 분야는 언어·종교·민속의 세 분야로 압축할 수 있으며, 공통적인 재현상의 특징은 기본적으로 '수집'과 '전시'의 원칙을 그대로 따른다는 데 있다. 이러한 기본 원칙에 입각하여 언어적 측면, 종교적 측면, 민속적 측면에서 재현되는 '공통감각으로서의 동양'[20]에 대해 대표적인 몇 가지의 사례들을 중심으로 살펴보기로 한다.

동양적인 것의 재현이 뚜렷하게 드러나는 첫 번째 분야는 '언어'이다. 다카라즈카 소녀가극에 사용되는 언어는 일본어를 기본으로 한다. 그러나 일본어 외에도 몽골어, 조선어, 중국어, 만주어, 러시아어 등 지역색을 드러내는 다양한 종류의 언어들이 인물 간의 대화나 노래의 가사 속에 삽입되는 모습을 어렵지 않게 찾아볼 수 있다. 이질적인 언어들이 상호 결합하는 양상은 수집과 전시의 원칙을 따르는 동양적인 것의 재현 방식과 함께 제국 통합의 이데올로기가 감각적으로 무대화되는 지점을 살펴보는 데 있어서 매우 좋은 예가 된다.

먼저 중국인 무역상과 몽골 현지인 사이에 벌어지는 사건들을 중심으로 플롯이 전개되는 《몽골》은 몽골어와 일본어가 결합하는 양상을 잘 보여 준다. 중국인 왕오와 몽골의 아가씨들이 만나는 첫 장면에서는 아가씨들이 왕

---

20) 일반적으로 공통감각, 또는 커먼 센스(sensus communis, common sense)는 공동체의 구성원들 사이에서 자명한 것으로 여겨지는 지식, 즉 상식을 의미한다. 그러나 나카무라 유지로는 커먼 센스를 '상식'과 '공통감각'으로 구분할 것을 주장한다. 커먼 센스는 인간의 정상적인 판단력이라는 상식의 의미로 통용되어 왔지만, 단어가 지니는 원래의 뜻은 인간 신체의 모든 감각들을 통합하는 능력으로서의 '공통감각'이며, 전자의 의미가 강조된 것은 불과 18세기 이후의 일이라는 것이다. 아리스토텔레스는 후자의 공통감각을 감성과 이성의 결합으로 이해한 바 있으며, 칸트 또한 상식이 아닌 미적 판단 및 감정 전달의 전제가 되는 선험적인 능력으로 파악한 바 있다. 칸트는 미적 판단의 네 가지 계기로 무관심성, 무개념성, 목적 없는 합목적성, 필연성, 이 가운데 주관적 필연성의 근거가 바로 공통감각이라는 것이다. 그러나 이 책에서 사용되는 공통감각은 나카무라 유지로의 주장처럼 상식에 의해 거세된, 따라서 회복되어야 할 인간의 원초적인 능력 또는 칸트가 말하는 미적 판단의 근거가 되는 능력과는 궤를 달리한다. 나카무라 유지로 지음, 양일모·고동호 옮김, 『공통감각론』, 서울: 민음사, 2003, 13~17; 임성훈, 「공통 감각과 미적 소통—칸트 미학을 중심으로—」, 『인문논총』Vol.66, 서울대학교 인문학연구원, 2011, 9~15.

오를 주인으로 착각하고 "에진(ェジン)"이라고 부른다. 이에 왕오가 자신은 주인이 아니라고 오해를 바로잡아 주자 아가씨들은 "충실한 쟈로치(忠実なジャロチ)", 즉 충실한 하인이었느냐고 반문하며 놀라워한다. 이 장면에서 일본어의 가타카나[21]로 표기된 몽골어 '에진'과 '쟈로치'는 주인과 하인에 해당하는 단어이다. 특히 "충실한 쟈로치"의 경우 일본어 '충실한'과 몽골어 '쟈로치'가 직접 결합되어 하나의 의미 단위를 형성함으로써 언어의 혼종성을 단적으로 보여 주고 있다. 또 5장에서는 찰합이(察哈爾, 차하르)의 부족장인 맹장이 자신의 아들·딸을 주대에게 소개해 주는데, 이 장면에서는 "サイン・バイナ(御気嫌いかが?)"이라는 몽골어 인사말을 서로 주고받는 대목이 등장한다. 몽골어와 일본어가 병기된 이 말은 '안녕하세요'라는 뜻으로 몽골족에 대한 친밀감을 드러내기 위한 장치로 볼 수 있다.

아가씨들: 어머나, 에진(주인)

왕오: 그러니까 내가 그 충실한 하인이라는 것도 알겠지요.

아가씨들: 에? 충실한 쟈로치(하인)

노래하는 아가씨1: 그럼 당신의 에진은 어떤 분?

노래하는 아가씨2: 내가 보기엔 반드시 젊은 분이라고 생각해요.

한편 일본어와 중국어가 결합하는 사례는 《북경》·《만주에서 북지로》·《동아의 아이들》의 세 작품에 걸쳐 골고루 나타나고 있다. 특히 《북경》의 경우 중국어가 사용되는 빈도가 상당히 높게 나타난다. 제1경을 여는 합창곡은 그 대표적인 예이다. 자선흥행 연극인 의무회(義務戲)에 사람들을 초청하는 내용의 이 노래에서는 '오세요'를 뜻하는 "儞來來(니라이라이)"라는 중국어

---

21) 일본어의 문자 체계는 히라가나와 가타카나로 구성되는데, 히라가나는 일반적인 글자를 쓰는 데 사용되고 가타카나는 외국어나 외래어를 표기하는 데 주로 쓰인다.

후림구가 일본어 가사 사이사이에 삽입되어 총 여섯 차례 반복되고 있다. 또 "姑娘的衣裳漂亮", "聽戲去怎魔样", "鐘響了"와 같은 중국어 표현들이 등장하는 모습도 확인할 수 있다.

《북경》에서 비중 있게 활용되는 또 다른 노래인 〈동아진행곡東亞進行曲〉[22]은 가사 전체가 만주어(滿洲語)로 구성되어 있다는 점에서 특이한 사례이다. 이 노래는 실제 공연에서도 만주어로 합창되었던 것으로 보인다. 다만 각 본의 표기에 있어서는 소녀가극의 배우와 팬들을 배려해 만주어 음가를 일본어 가타카나로 나타내고 있다. 《만주에서 북지로》의 오프닝 장면에 삽입된 〈만주국 국가〉 또한 만주어만으로 합창되었다는 점에서 이와 유사한 사례를 보여 준다. 가사의 표기는 마찬가지로 가타카나 체계에 의존하고 있다.

〈동아진행곡〉

イヤッヲウ イユスウス チエンネン ウエンホアクワンムアン ユエースーペエルチンセン

ウーチーウイ ピエン トウドウ シユエスウ シャンクワンリエンヌリ チエンスーヲ シン

チー シュウリシャンツシャン ツアイ ムチエン ツンリーチエチヨウチエン イースエン

リエンホーアーンムヲン ペイシャンチインルウスヲー ルーツツウイーマアイツオアント

ウウエントエンツウン カントンシンヌリ チエンスーヲシンチー シュウミンランテエン

テイ ッアイムチエン

---

22) 〈동아진행곡東亜進行曲〉 또는 〈동아민족진행곡東亞民族進行曲〉은 대만 출신 작곡가인 강문야(江文也)의 대표작으로 1941년 작곡되었다. 〈동아민족진행곡〉은 왕정위(汪精衛) 정부, 즉 일본의 괴뢰정권이었던 남경 정부의 주제곡으로 중화일보(中華日報), 대판매일(大板毎日), 동경일일신문사(東京日日新聞社)의 공모에 응한 강문야의 곡이 중화민국 국민정부 행정원 선전부(中華民國國民政府行政院宣傳部)에서 심사 끝에 선택되었다. 작사는 양수담(楊壽聃), 편곡은 니키 타키오(仁木他喜雄)가 맡았으며, 일본 콜롬비아 관현악단의 반주로 당시 이름난 가수였던 백광(白光)과 황세평(黃世平)이 취입했다.

〈만주국 국가〉

テイエン テイネイ ユウリアオ シンマンチヨウ シンマンチヨウ ピエンシン テイエン テ
イ テイン テイエン リーテイーウーク ウーユーワ ツアオ チオン ウオークオ チアツー
ユー チンアイピンウーユ アンチヨウ レンミン サンチエンワン レンミン サンチエンワ
ン ツオンチア シーペー イエ テイツーユーワ チヨンレンイ シアン リーヤン シーウ
オー シエン シウ チアイチ クオイーチイ ツーワイ ホチウ チンチー ツオーユイー シー
チエ コンホワ ユアンチー ツオー ユイー テイエンテイ トウリウ

한편 1경의 합창곡에 이어 일본인 남자들과 중국인 어린이들이 인사하
는 2경에서도 중국어와 일본어의 결합 현상은 뚜렷하게 나타난다. '안녕하
세요'와 '감사합니다'를 뜻하는 중국어 인사말 "儞很好嗎",23) "儞好啊", "謝
謝儞"24)가 서로 오고간 후 남자2는 아이들에게 일본어로 "너희들 건강하
니?(君達元気)"라고 묻는다. 이에 대해 어린이1은 중국어로 "좋습니다. 당신
은요(好啊儞納)"라고 자연스럽게 반문하고 있으며, 어린이2는 중국어와 일
본어를 섞어 "매우 좋습니다. 덕분에요(托福好, お陰様で)"라고 답한다. 이 장
면이 주목되는 이유는 이질적인 언어들이 뒤섞임에도 불구하고 양자 사이
의 의사소통에는 전혀 문제가 없다는 사실 때문이다.

이와 비슷한 상황은 중국인 인력거꾼과 일본인 관광객 대삼과 금진의 대
화에서 한 차례 더 반복되는데, 이 장면이 위의 장면과 다른 점은 언어의 차
이에서 비롯되는 문제를 직접적으로 드러낸다는 것이다. 일본인 관광객들
은 중국인 인력거꾼의 말 "繪兩毛錢(ケイリヤンオチエン),"25) 즉 '20전 주세요'

---

23) 문법적으로는 儞很好嗎이 맞지만 원문의 표기대로 儞很好嗎을 사용한다. '嗎'는 '嗎'의
명백한 오기(誤記)이지만 원본을 존중한다는 원칙에 의거해 각본의 표기를 그대로
따른다.

24) 여기서 '儞'는 간체자인 '你(너)'와 같은 글자로 오늘날에는 거의 사용되지 않지만, 여
기에서는 각본의 표기대로 '儞'를 따른다.

라는 말을 이해하지 못해 택시비 지불에 애를 먹는 상황이 벌어진다. 그러나 이러한 불통(不通)의 문제는 곧바로 해소되는데, 중국인 인력거꾼은 실은 일본어에 매우 능통했던 것이다. 난처한 상황은 이와 같이 간단히 정리되고, 대동아공영에 대한 양국 국민의 합의를 보여 주는 유쾌한 분위기로 전환된다.

타민족들 사이에 언어를 두고 벌어지는 이러한 작은 에피소드들은 하나의 해프닝에 불과할 수도 있지만, 언어와 민족이 다를지라도 의사소통에는 전혀 문제가 없다는 사실을 우회적으로 드러낸다는 점에서 단순한 해프닝으로 치부할 수만은 없다. 서로의 말을 이해한다는 것은 결국 서로의 마음을 이해하는 문제로 이어지기 때문이다. 《동아의 아이들》에서 아이들을 향해 기러기가 거듭해서 강조하는 "대동아전쟁에 대해 중국인들이 일본의 진심을 이해하게 되었다(大東亜戦争によつて支那の人達が、日本の本當の眞心を理解する様になつた)"는 말은 언어의 문제가 정치의 문제로 확장되는 모습을 잘 보여 주고 있다. 일본어와 중국어의 결합은 궁극적으로 양국 사이에 있었던 과거의 나쁜 기억을 잊고 서로 화해하는 모습을 보여 주는 것이다. 이러한 점을 고려하면 언어적인 층위에서 보이는 《북경》의 동양주의적인 요소는 수집·전시의 기본 원칙을 보여 주는 동시에 동양주의의 본질, 즉 대동아공영론과 식민지 지배의 정당성을 위한 정치 담론의 성격을 드러낸다는 점에서 눈여겨 볼 필요가 있다.

《북경》에서 나타나는 바와 같이 중국어는 다카라즈카 소녀가극 작품에서 가장 많이 사용되는 비일본적인 언어이다.26) 《만주에서 북지로》 또한 일

---

25) 원문에는 繪兩毛錢으로 표기에 오류가 있다. '20전 주세요'를 의미하기 위해서는 給兩毛錢라는 표현이 적절하다.

26) 일본 정부는 1938년 범동양주의를 체계적으로 확립하기 위해 상해에 별도의 연구소를 설립하여 중국의 문물을 조사하는 한편 적극적인 프로파간다 기관으로 활용했다. 「汎東洋主義理論の組織的體系を樹立」, 滿洲日日新聞 1938年(昭和13年) 1月18日 기사.

본어와 중국어의 혼용 사례로 지적될 수 있는 작품이지만, 이 작품만의 특징적인 점은 만주어와 러시아어의 사용에 있다. 만주어가 노랫말에 사용되었다면, 러시아어의 경우 극적인 사건과 결부되어 대사를 통해 드러나고 있다. [제14·15경_하얼빈 야화Ⅰ.Ⅱ]는 러시아 소녀 무샤가 방탕함의 본색을 드러내는 부분이며, 무샤와 아리마가 나누는 대화에서는 러시아어 인사말 "スパシイブオー(Спасибо, 감사합니다)"이 사용되기도 한다. 이와 함께 이 장면의 말미에는 러시아 전통 무용인 코사크 댄스(コサックダンス)가 삽입되어 러시아적인 지역색을 한 차례 더 강조하고 있다.

조선어와 일본어가 혼용된 독특한 사례도 있다. 이 책의 분석 대상은 아니지만 다카라즈카 소녀가극단에 의해 각색된 조선의 서사인 《숙향전》(1938)이 그것이다. 조선어와 일본어가 결합되는 노래는 1경과 5경에 등장한다. 이 대목을 좀 더 자세히 들여다보면 숙향전 제1경은 천하대장군과 지하여장군의 두 장승 옆에서 여성들이 윤무를 하는 가운데 〈초야 초야 불로초야チョウヤ、チョウヤ、ブルロチョウヤ〉를 부른다. 조선어 발음을 음차한 가사는 밑줄 친 부분으로 "초야, 초야, 불로초야"와 "이름이 좋아서 불로초인가"이다.

초야, 초야, 불로초야
초야, 초야, 불로초야
호호-야, 호야-야
그 이름도 그윽한
영원히 늙지 않는 꽃이여
우리들 처녀들 야야
젊은 꽃이여
이름이 좋아서

불로초인가

늙음을 모르는 젊은 꽃

초야, 초야, 불로초인가

그리운 그대 꿈꾸는

젊은 날을 노래하고파

야·야·야—

이 노래는 이후 주인공 숙향의 새아버지와 새어머니가 되는 승상 부부가 아이를 내려 달라고 소원을 비는 장면 바로 앞부분에 삽입된다. 젊음을 향한 아쉬움을 토로하는 내용의 이 노래는 이어지는 장면과 무관해 보이는데, 불로초가 도교에서 불로장생을 의미하는 신비의 풀인 것을 감안해 보면, 아마도 이 노래는《숙향전》이 지니는 도교적인 요소를 통해 조선적인 것을 보여 주기 위한 장치로 사용된 듯하다. 다음의 사례는 제5경의 숙향방랑(淑香放浪)에 사용된 노래 〈아리랑ァリラン〉이다. 5경은 승상 부부 집에 수양딸로 들어간 숙향이 하녀의 모함에 의해 도둑의 누명을 쓰고 결국 집에서 쫓겨나게 되는 내용으로 〈아리랑〉은 집을 나가기 전에 숙향이 부르는 독창곡이다.

아리랑, 아리랑

아라리요

갈 곳은 아득한 곳

먼 하늘

사람은 말하지 않고

나는 떠돌이

아득히 먼 곳에서 한창

행복하게 산다고

아리랑, 아리랑

아라리요

갈 곳은 아득한 곳

먼 하늘

행복하게 산다고

사람은 말하지만

가련한 물거품

덧없는 꿈

아리랑, 아리랑

아라리요

갈 곳은 아득한 곳

먼 하늘

그리운 그대여

언제쯤에나 만나려나

옷은 찢어지고

발은 아프네

일본어 "アリラン, アリラン, アラリーョー"로 표기되어 있는 후렴구 "아리랑 아리랑 아라리요"는 조선어 발음과 거의 비슷한 음가를 지니고 있다. 후렴구를 제외하고는 전부 일본어 가사로 구성되어 있으며, 원래의 〈아리랑〉을 번역한 것이 아니라 다카라즈카 버전의 《숙향전》을 위해 새롭게 창작된 〈아리랑〉이다. 천계에서 추방되어 속세에 내려와 고아로 걸식하다 누명을 쓰고 또다시 버림을 받은 숙향의 서글픈 신세, 그리고 숙향의 심정을 대변해 주는 〈아리랑〉의 구슬픈 선율은 일본에 의해 표상된 '조선적인' 것의 전형, 즉 '한(恨)'의 정조와 맞닿는다는 점에서도 눈여겨볼 만한 대목이다.[27]

이와 같이 일본어와 비일본어의 결합을 보여 주는 사례들은 전시체제하의 다카라즈카 소녀가극의 전략적인 면모를 확연하게 드러낸다. 언어란 민족을 구별 짓는 가장 기초적인 요소 가운데 하나이다.[28] 낯설고 다른 소리는 이질감을 느끼게 할 뿐만 아니라 듣기에 따라서는 불쾌감을 유발하기도 하며, 반대로 동일한 음성 체계를 사용하는 사람들 사이에는 무의식적인 친근감과 동질감이 형성되기도 한다. 그러나 다카라즈카 소녀가극이 일본어와 비일본어를 혼용하는 이유가 전자에 있는 것은 결코 아닐 것이다. 오히려 언어 혼종 현상은 극의 스토리와 결합해 '의사소통의 문제없음'으로 귀결되고 있는 모습을 고려한다면 그 전략적 목적은 후자인 친밀감 형성에 가깝다. 바흐친의 대화주의가 지향하는 "많음(the many)과 열려 있음(openness)"[29]의 상태를 의도적으로 표방하고는 있지만, 소녀가극의 언어적 다양성은 결국 '대동아는 하나'라는 동일성의 지점으로 모아지고 있다. 이로써 다카라

---

27) 일본의 미술평론가인 야나기 무네요시(柳宗悅)는 조선의 전통 미술과 공예품에 조예가 깊었으며, 특히 석굴암 본존불의 아름다운 미소에 찬사를 보냈다. 조선 특유의 미학을 한(恨)과 비애(悲哀)의 미로 이론화한 그의 저서 『조선의 예술』의 한 대목에는 조선 민족을 바라보는 그의 시각이 잘 드러난다. "음악에 이르면 더 한층 이 특질을 인정할 수 있을 것이다. 나는 실내에서 또는 길가에서 때때로 조선의 음악을 들을 수 있었다. 그러나 그것을 들을 때마다 쓸쓸하고 의지할 데 없는 슬픈 감정에 가슴이 메인다. 끊임없이 가라앉는 듯하고 무엇인가 잃은 것 같은 긴 음률, 음에도 같은 조선의 선이 흐르고 있다고 나는 언제나 생각한다. 그것은 어디까지나 애상의 음악인 것이다. 그것은 펴서 찢는 것 같은 중국의 상음(常音)과 큰 대조를 이룬다." 이와 같이 그는 한의 정서를 중국 및 일본과 차별화되는 조선 고유의 속성으로 파악했다. 그러나 수동화된 정형적인 틀로 조선을 바라보는 시각은 오리엔탈리즘의 시선과 일치한다는 점에서 수많은 비판을 받아 온 것이 사실이다. 야나기 무네요시 지음, 박재삼 옮김, 『조선과 예술』, 파주: 범우사, 2006, 45~46.

28) 언어는 공통의 문화, 종교, 관습과 함께 민족 개념을 형성하는 원초적인 요소에 해당한다. 임지현, 『민족주의는 반역이다』, 서울: 소나무, 1999, 21.

29) Shanti Elliot, "Carnival and Dialogue in Bakhtin's Poetics of Folklore," *Folklore Forum* 30, 1999, 133.

즈카 소녀가극은 두 가지 전리품을 획득하게 된다. 오족의 언어―만주어, 조선어, 중국어, 일본어, 몽골어, 그리고 추가적으로 러시아어―를 재현하는 주체의 위치를 일본이 선점한다는 사실, 그리고 언어의 경계는 무의미하다는 메시지를 가시화함으로써 오족 간의 협화가 가능하다는 사실을 우회적으로 입증한 것이 바로 그것이다.

다음으로 두 번째 종교적인 측면에서는 동양 문명의 정신성을 과시하려는 지향성을 뚜렷하게 살펴볼 수 있다. 대동아공영권 지역 안에는 불교, 유교, 도교, 힌두교 등의 동양의 전통 종교와 함께 각종 제의와 민간 신앙이 존재한다. 그리고 다카라즈카 소녀가극 안에서 이렇게 다양한 신앙 체계들은 작품의 소재로서 중요하게 활용되고 있다. 종교적인 모티브는 일차적으로는 지역의 풍물로 묘사되지만 서구의 물질문명과는 차별화되는 동양적인 정신의 우월성이 은연중에 암시된다는 점에서 동양주의 담론의 테두리 안에 있다. 다시 말해 종교는 언어적인 측면과는 또 다른 층위에서 동양적인 공통감각을 창조하는 하나의 축을 형성하는 것이다.

동양의 종교 가운데 가장 높은 빈도로 등장하는 것은 단연 불교이다. 불교적인 소재들이 특히 자주 등장하는 작품은 《몽골》·《만주에서 북지로》·《동아의 아이들》의 세 작품인데, 대표적인 예로 《몽골》의 경우 불교의 정신성이 작품의 정치적 메시지와 얼마나 긴밀하게 결합되는지를 잘 보여 준다. 이 작품에는 라마불교[30]의 부족 제사장 지위에 해당하는 활불(活佛)이 주요한 인물로 등장하고 있었는데, 앞서 살펴본 것처럼 활불은 대연회의 자리에서 "동아민족의 융성"을 기원하며 대동아공영에 대한 적극적인 지지를 표명했다. 활불의 본연의 임무는 종교적인 지도자이지만 그와 동시에 일정 부분 정치적인 지도자의 역할을 겸하고 있다는 사실을 알 수 있다. 이처럼 종교

---

30) 몽골, 네팔, 티베트 지역의 불교.

와 정치가 결합하는 현상은 전시하의 다카라즈카 소녀가극 작품에서 흔하게 나타나는 특징이며, 그 함의에 대해서는 제4부에서 다시 논의하기로 한다.

한편《몽골》의 피날레에 배치된 한가루챠무(ハンガルチャム)와 라마 제전(喇嘛の祭典)은 동양적인 종교의 재현과 관련해 주목할 만하다. 라마 제전의 장면은 비록 실제의 공연 자료는 남아있지 않지만 상세한 지문의 설명을 통해 내용과 형식을 짐작해 볼 수 있다. 라마 제전 부분의 지문을 다시 한 번 살펴보자.

이 노래를 합창하면서 상수로부터 라마승이 십팔인 나오고, 상·하수의 마이크 앞에 선 노래하는 사람들, 다음으로 예불을 진행하는 자, 화산(花傘)을 든 자, 다음으로 가마에 탄 활불이 이어진다. 음악만 남고, 하수로부터 교문(敎文)을 받는 선남선녀가 팔인 나와서, 활불의 가마 아래에 엎드려 그 교문을 받고, 행렬에 따라 멀리 가고, 상수로부터 동심(童心)의 춤(가면) 대, 중, 소, 육인이 몽고식의 악기의 소리에 따라 나와 춤을 춘다. 이렇게 라마 제전의 장에 들어간다. 전장으로부터 동심의 춤이 끝나고, 두 칸을 넘는 두 개의 커다란 나팔의 나무 끝이 위로 올라오는 것을 보고, 요귀(妖鬼)를 꾀는 공물, 차분해진 소리가, 긴 여운을 남기며 소리를 낸다. 한 소리, 두 소리 마치 그것에 빨아 당겨진 듯이, 귀면(鬼面)·수면(獸面)의 화신 악마가 두드려 쳐서 소리가 나게 하는 타악기의 박자에 따라서 춤추고 나온다. 다음으로 보살의 춤이 시작된다. 이것은 여성을 나타내므로, 리듬도 부드러운 춤이다. 그 가운데에 행복의 춤(가면)이 혼자 춤을 춘다. 이 춤은 코사크의 춤으로 공통되는 춤이다. 우상(偶像)으로 변하여, 흑백의 소 세 마리가 나와 춤추고, 태고(太鼓)의 춤추는 사람이 삼십인. 이렇게 되어, 태고의 박자에 리듬을 맞추어 재미있게 춤춘다. 이렇게 전의 화신들이 전부 등장하여, 소위 전설로 되는 악마를 중심으로 돌며 한바탕 춤춘다. 그 사이 행복의 춤을 추는 자가 악마에 대하여 공물을 진상하여 악마의 마음을 달래고, 방심하게 하여, 단도를 들고 악마를 죽인다.

지문의 설명을 근거로 유추해 보면 라마 제전의 장면에는 적어도 70명 이상의 배우들이 등장하는 대규모의 무대였음을 짐작해 볼 수 있다. 지문에 묘사된 바와 같이 항마(降魔)와 강복(降福)의 행위를 비롯한 다채로운 라마불교의 의례들은 연출가 및 극단 관계자들의 사전 현지 조사 작업을 토대로 한 것인데,[31] 이와 같이 치밀한 피날레 장면의 구성은 연출가가 극의 전개에 있어서 종교적인 모티브를 얼마나 중요하게 인식하고 있었는지를 잘 보여 주는 지점이다. 또한 이 두 개의 제의는 몽골 전통의 참 춤(Tsam Dance)이나 음악이 매우 다양하게 재현되고 있다는 점에서 민속적 측면에서의 동양적인 것의 재현과도 맞닿아 있다.

종교적인 색채가 강하게 나타나는 또 다른 작품《동으로의 귀환》은 인도의 가상국가인 미사푸르 국을 배경으로 하는 만큼 힌두교의 소재가 중요하게 활용되고 있으며, 종교적인 모티브를 소거한다면 극의 전개가 불가능할 만큼 비중이 크다. 주인공 람파는 뱀에 물려 사경을 헤매면서 꿈속에서 칼리 여신, 즉 힌두교의 죽음의 여신의 모습을 한 자기 자신을 보는가 하면,

---

31) 《몽골》의 각본을 쓰기 위해 작가 우즈 히데오(宇津秀男)는 몽골을 직접 방문해 내몽골 괴뢰 정부의 수장인 데므치그돈로브 칸(德王)과 회합했다. 그는 찰합이(察哈爾)의 맹장을 만나 몽골 여러 부족의 정치·경제적 사정에 대해 자세히 듣고 그들의 문화와 풍속, 종교와 예술에 대한 자료를 채집하여「몽강을 가다(蒙疆を往く)」라는 몽골 견문록을『歌劇』에 발표했다. 이는 수집과 전시라는 다카라즈카 소녀가극의 동양 재현의 원칙을 잘 보여 주는 예로서 매우 의미 있는 자료이다. 이밖에도 다카라즈카의 작품들은 발표를 전후로 잡지『歌劇』또는『東寶』등에 작품에 대한 상세한 해설과 좌담회(座談會) 자료를 싣는 경우가 많은데,《몽골》과 마찬가지로 작가 혹은 극단 관계자가 작품의 배경이 되는 대동아공영권 내의 지역을 직접 탐방하여 그곳의 문화를 채집하고 이를 바탕으로 극을 창작하는 것이 관행이었다.

그림 24 한가루차무 축제의 참 춤(Tsam Dance)

아버지에게 폴과의 사랑을 고백하는 장면에서는 힌두교의 경전인 라마야나와 마하바라타의 신성한 위력을 빌리기도 한다. 등장인물들이 어려움에 처한 상황에서 힌두교의 주신(主神)인 브라흐마 신에게 간구를 올리는 장면을 쉽게 찾아볼 수 있다. 또《동으로의 귀환》에서도 종교적인 제의는 특별하게 다뤄지고 있다. 제16장에 등장하는 힌두교의 제의인 '호리 제전(ホリの祭典)'32)이 그것이다.

제의의 시작 장면에서 주목되는 부분은 불교 승려와 브라만교 승려의 행렬인데, 여기에서 불교, 힌두교 등 동양의 신앙체계들이 총체적으로 결합된 호리 제전의 첫 번째 특징이 드러난다. 각본에 총 7개의 지시문으로 설명되고 있는 호리 제전의 절정은 데우스(デウス)로 분한 여성 무용수 네 명이 추는 춤이다. 공(Gong)을 치는 행위와 종자를 뿌리는 행위의 모방은 해당 지역의 농경 제의를 소녀가극이 매우 충실하게 재현하고 있다는 사실을 보여 준다. 또 춤을 추는 도중에 여성 한 명이 넘어지는 사고가 일어나는데 제사장은 이를 '불길한 전조'로 간주하고 여성들을 신에게 제물로 바칠 것을

32) 여기서 호리 제전은 인도의 힌두교 축제인 홀리(Holi) 축제를 의미한다.

제안한다. 이 대목에서 드러나는 종교적 금기(religious taboo)에 대한 천착은 작품의 종교적인 색채를 더욱 부각시킨다.

한편 불교와 더불어 동양의 대표적인 종교 사상이라 할 수 있는 유교의 소재는 《만주에서 북지로》에서 가장 대표적으로 살펴볼 수 있다. 이 작품의 첫 장면에 등장하는 〈만주국 국가〉는 주지하다시피 유교적인 이념을 강력하게 표명하는 것이었다. "인의를 중시하고 예양을 귀히 여기고 우리 몸을 갈고 닦으세 가정을 다스리고 그로써 나라를 다스리세"와 같은 가사는 수신제가치국평천하(修身齊家治國平天下)라는 유교의 덕목을 노래로 풀어 놓은 것에 다름 아니다. 실제로 만주국은 공자에 대한 제사를 올리고 충효의 덕목을 높이 평가해 효자와 열녀들을 표창하는 등 유교를 거의 '국교 수준의 종교'로 장려했다.33) 이러한 유교적 정신성이 확장되는 장소가 바로 열성조의 무덤이다. 식민지 순례의 형식을 지닌 이 작품에서 주인공 아리마와 벳부가 방문하는 장소는 매우 특별한 의미를 지니는데, 만주지역의 청대(淸代) 봉천 북릉과 북중국에 위치한 명대(明代)의 13릉이 그러한 장소이다. 장면들의 묘사 방식은 매우 인상적인데, 특히 주목되는 것은 아리마와 벳부의 입을 빌려 동양적인 이미지와 숭고한 정신성에 찬미를 보내는 일본 제국의 시선이다. 이들이 북릉에서 나누는 대화는 이러한 지점을 잘 드러낸다.

벳부: 그것도 솜씨 나름, 아무리 자네가 뽐낸다 해도, 지금의 비취의 색만은
      바라지 않는다네.
아리마: 실은 나도 지금 그렇게 생각하던 참일세.
벳부: 하지만 저 비취에는 정말 놀랐네. 저 용이 조각되어 있는 거대한 계단
      도, 참도(參道)에 깔려 있는 부석(敷石)도 전부 비취인데, 더구나 최상품뿐

---

33) 한석정, 「동아시아 국가 만들기의 연결고리: 만주국 1932~1940」, 『중국사연구』 Vol.
    16, 중국사학회, 2001, 129~130.

일세. 여자 머리에 장식하는 이렇게 자그마한 장신구도, 오백원, 천원이

나 하는 물건이네. 슬쩍 보아도 일억, 이억 정도 돈으로는 엄두도 못 내지.

아리마: 어이, 말이 너무 가볍지 않나. 자네 같은 배금주의자들은 돈이면 뭐

든 할 수 있다고 생각하겠지만 세상에는 금력(金力)으로는 결코 안 되는

일이 너무도 많아. 자네, 제왕의 권력이나 위력이란 만리의 장성, 피라

미드 같은 것이네. 자네도 역사책이라도 읽어 보게.

이들이 경탄을 금치 못하는 '비취빛'이나 '용의 문양'은 동양을 강력하게 환기하는 이미지로, 그리고 '제왕의 권력과 위력'은 유교적인 모럴을 대변하는 요소로 제시되고 있다. 또한 정신을 물질로 평가하려는 아리마에게 일침을 놓는 벳부의 대사는 배금주의적인 서양의 물질문명과는 근본적으로 다른 동양의 정신문명을 암시하는 것으로 '배타적 대항 담론으로서의 동양주의'를 잘 반영하고 있다.

동양의 신들을 총집합시키고 있는《동아의 아이들》은 종교가 정치와 결합하는 지점을 가장 직설적으로 발언하고 있는 작품이다. 이 작품에는 주요 인물로 칠복신(七福神)이 등장해 아이들의 식민지 견학에 도움을 주고, 미래의 바람직한 일본 국민이 될 수 있도록 끊임없이 아이들에게 가르침을 준다. 그러나 이들의 가장 큰 역할은 작품 막바지의 대흑의 대사 속에 나타난다. 대흑은 "칠복신은 아세아 각지의 신들인데, 나와 에비스는 일본의 신이고 비사문은 인도의 신이며 수로인과 복록수는 지나의 신(七福神は亜細亜の神々なのだ。儂や恵比須さまは、日本の神様だが、毘沙門さまは印度の神様だし、壽老人も福禄壽さまも支那の國の神様だ)"이라고 밝히며, 우리 신들처럼 아세아의 모든 사람들이 "동아의 부흥을 위해(東亜の復興の為)" 함께 도울 것을 제안하고 있다. 칠복신이란 결국 대동아공영의 논리가 함축된 매우 정치적인 존재로서 동양의 종교들이 동아민족의 통합에 봉사해야 한다는 메시지를 직접적으로 전

달하는 역할을 담당하고 있다. 이러한 칠복신의 역할은《몽골》에서 건배사로 동아민족의 융성을 외치던 활불을 연상하게 한다. 요컨대 다카라즈카 소녀가극에서 종교의 역할은 동양의 정신문명의 총체를 제시하고 그 신성성을 강조함으로써 동양인으로서의 우월감과 동질감을 이끌어 내는 데 있다. 그것은 정치와 종교 간의 유기적인 관계를 단적으로 반영하는 것이며, 동시에 통합을 이끌어 내는 공통감각으로서의 종교에 대해 반추하게 한다는 점에서 시사하는 바가 크다.

마지막으로 민속적인 측면에서 동양적인 것이 재현되는 양상에 대해 살펴보자. 다카라즈카 소녀가극이 동양을 표상하는 특유의 양식적 특성이 가장 잘 나타나는 것은 바로 이 민속의 영역이다. 상업적 음악극으로 출발한 다카라즈카 소녀가극 양식 안에서 춤과 노래는 매우 자연스러운 극의 구성 요소이다. 소녀배우들에 의해 연행되는 춤과 노래 속에서 동양적인 것은 감각적으로 재구성된다. 여기에는 각 지역의 춤과 음악, 전통 연극, 제의나 축제의 재현이 포함되는데, 이러한 민속적인 예술의 연행을 통해 식민지 지방의 지역적인 색채는 감각적으로 더욱 구체화된다. 일례로《북경》에서〈백화가百花歌〉의 반주에 사용되는 호궁(胡弓)과《몽골》에서 노인에 의해 연주되는 마두금(馬頭琴) 음악은 소리를 통해 몽골인의 역사와 생활양식을 묘사하고 있으며,《북경》의 극중극인 규문단(閨門旦)의 경극 공연과《만주에서 북지로》에서 봉천 대무대에 올려진 청조의 애신각라(愛新覺羅) 공연의 재현은 극을 통해 화려한 중국 문명을 연상하게 한다. 또《만주에서 북지로》·《동아의 아이들》 속에서—내러티브와 큰 연관성은 없지만—짤막하게 삽입되고 있는 코사크 댄스는 춤의 형식을 통해 러시아 민족까지 소환해 내고 있다.

이 가운데《만주에서 북지로》에서는 동양의 민속예술을 지문을 통해 매우 상세하게 제시하고 있다는 점에서 그 중요성을 미루어 짐작할 수 있다. 그 첫 번째는 애신각라의 공연 장면이다. 극중에서 주인공인 아리마와 벳부

그림 25 코사크 댄스를 추는 소녀 배우(왼쪽)와 몽골 라마 제전의 춤(오른쪽)

는 봉천에 위치한 청조(淸朝)의 북릉을 방문한 이후 봉천 대무대에서 열리는 지나극을 보러 가기로 한다. 이에 따라 [제8경_봉천(대무대)]는 장면 전체가 애신각라를 재현하는 극중극에 할애되고 있다. 극중극의 구성과 세부적인 장면에 대한 설명은 다음과 같다.

ㅇ 배경, 평무대, 전경의 아래는 좌우에 출입구가 있는 현란한 지나극의 무대
가 되고, 산문(山門)은 똑같이 현란한 지나극의 울타리(袖)가 된다.

음악(지나악기)

지나악사(六人)

도구방34)(四人)

애신각라(大人面, 적색)

부인

호족(1)(청면에 악의 구마도리35))

---

34) 도구방(道具方)이란 무대 장치 및 소품 담당자를 말한다.
35) 구마도리(隈取り)란 배우의 얼굴에 과장된 청·홍·흑색 선의 윤곽을 그려 넣어 등장인

호족(2)(황면에 대악의 구마도리)

애신각라의 가신(八人)

호족(1)의 가신(四人, 청의)

호족(2)의 가신(四人, 황의)

부인의 시녀(八人)

○ 극의 순서: 호족(1)과 가신 나와서 호족(1)을 중심으로 춤추며, 그곳에 호족(2)와 가신 등장. 호족(1)과 (2) 춤을 추고서 2인은 동맹을 맺는다. 도구방은 탁자를 들고 나와서 아름답게 면포를 걸친 큰 잔을 놓고 의자 두 개를 들고 탁자의 양측에 놓는다. 호족(1)과 (2)는 의자에 앉아 잔을 들고 교환하여 마시고, 호족(1)은 탁상에 서서 사방을 둘러보고, 이윽고 내려와 가신을 불러 무언가를 명한다. 가신 두 사람은 말에 타는 모습으로 달려가서, 호족(1)과 (2)가 함께 춤을 추는 사이에, 도구방은 탁자와 의자를 정리하고, 이전의 가신들은 저항하는 부인을 끌고 나와, 호족(2)의 앞에 앉게 하여 예를 올리고 퇴장하며, 부인이 도망치려고 하는 것을 호족(1)과 (2)는 붙잡아 끌어와 되돌려 놓고, 호족(2)는 큰 잔을 들고 부인에게 강제로 마시게 하며, 부인은 그것을 거절하여 바닥에 떨어뜨린다. 호족(2)가 노하여 검을 뽑아 들고 부인을 베려고 하는 그때, 음악 고조되고, 애신각라 및 가신 십인이 말에 타고 달려와 싸우는 연기를 하고, 호족(1)과 (2) 및 부인을 둘러싸고, 이윽고 호족(1)과 (2) 및 애신각라는 마주보고 일어서 돌며 춤추고, 애신각라의 가신과 호족(1) 및 (2)의 가신과 마주 보고 돌며, 마지막으로 호족(1)과 (2)는 패배하여, 애신각라에게 무릎을 꿇어 항복의 예를 올리고, 도구방은 커다란 멋진 의자를 정면 가운데 세우고, 애신각라, 짧은 춤을 춘 후, 그곳에 앉고, 부인의 손을 취하여 자신의 왼쪽에 앉히며, 일동 일어나서 돌고, 그 앞에 정면 방향으로 애신각라에게 항복한 이들이 무릎을 꿇고 앉으며, 시녀 등장하여 우아하

물의 성격과 특징을 표현하는 가부키식의 분장·화장법이다.

고 아름답게 춤춘다.

다음으로 《만주에서 북지로》의 피날레를 장식하는 아리마의 결혼식 장면은 동양적인 민속을 종합적으로 보여 주는 좋은 사례이다. 이들의 결혼은 아리마와 벳부가 명대(明代)의 13릉을 방문했을 때 성조(成祖), 즉 명나라 황제 영락제(永樂帝)의 혼령이 나타나 중국인 미녀를 신부로 내려 줌으로써 성사된 것이었다. 성조는 자신이 맺어 준 뜻 깊은 결혼의 자리에도 참석하여 주례의 역할까지 맡고 있다. 결혼식 또한 북지(北支)의 풍습을 따라 진행되고 있어 결혼 예절부터 음악이나 의상(사진 참고)에 이르기까지 북지의 결혼 풍속들이 끊임없이 나열되고 있다. 또 여기에 낭랑절이라는 중국의 축제까지 결합시킴으로써 무대 위는 흡사 전시회장과 같이 다양한 볼거리로 가득 채워지고 있음을 확인할 수 있다.

북경정양문

○ 시녀의 춤

(그 사이, 양 화도로부터 지나 풍속에 따라)

○ 혼례의 행렬 등장

(혼례의 악사, 깃발, 노인, 신부 신랑의 호아챠이[36]를 들고, 행렬의 남녀들 여러 명.

○ 합창(對花)

핀 꽃은 무슨 꽃

정월의 꽃은

꽃은 그것이야말로 황금빛

---

36) 花轎는 꽃가마를 뜻하며, 만주어의 발음으로는 '호아챠이', 현대 중국어로는 '후아지야오(huājiào)'이다.

그림 26 《만주에서 북지로》의 애신각라 공연 배우들(왼쪽)과 아리마의 혼례 장면(오른쪽)

이엔츈호아[37]요 라파론돈

친운챤 도루도루아혼

생각해 내었어요

이엔츈호아(イエンチュンホア)는

사랑스런 꽃이에요

하라리코톤(ハラリコトン) 비녀에 꽂읍시다

파파론돈 챤운챤

도루도루도루도루아혼

도도루사에 도도루사에 도도루사에

라

도루도루도루사에 도루도루도루사에

---

37) '이엔츈호와'는 영춘화(永春花)의 중국어 발음을 일본어로 음차한 것으로 개나리를
뜻한다.

도루도루도루 라사에

(일행은 무대 중앙에 꽃가마를 놓고 고각(高脚) 춤을 추는 사람 13인이 좌우

로부터 등장)

오늘은 즐거운 해에도 한번인

낭랑절(娘娘節)의 축제

할아버지 할머니 아들딸도

마을 가운데 모여서

가내안전 상업매출(商賣) 번창

빌어 봅시다

올해야말로 귀여운 아기가

꼭 얻어지도록

나에게는 멋진 신랑님이 얻어지도록

나에게는 귀여운 신부님이 얻어지도록

낭랑(娘娘)님 기도를 들어 주세요

낭랑님 복을 내려 주세요

○ 용의 스커트를 입은 20인, 하수 화도로부터 등장

(용의 머리, 스커트의 바깥을 용의 비늘로 장식하였으며, 무용수 각인 그것

을 입고 순서대로 나온다)

(용 퇴장)

(성조는 신랑의 가마를 열고, 아리마는 지나의 신랑이 입는 옷으로 차려입고

나와 자신의 신부의 가마를 열고, 전경의 미녀는 신부 옷을 입고 나온다. 성

조는 두 사람의 손을 맞잡게 하고)

○ 합창(對花)

이외에도 각 지역의 민속과 풍속의 재현은 스토리에 못지않게 상당히 비

중 있게 다뤄지고 있다. 무대 위에서 그것들이 실제로 어떤 모습으로 구현되었을지 정확하게 알 수는 없지만, 한 가지 분명한 사실은 그 속에는 동양적인 모든 요소들이 다카라즈카 소녀가극의 무대 위에 총집결되어 있다는 사실이다. 그것이 가능한 이유는 연출자와 제작진들의 철저한 사전 답사 과정이 선행되었기 때문이다.[38] 이러한 맥락에서 볼 때 《만주에서 북지로》의 두 장면이 웅변적으로 말해 주는 바는 다카라즈카 소녀가극이 동양을 표상하는 방식이 철저하게 '수집'과 '전시'의 원칙을 따른다는 사실일 것이다.

다소 거칠게 살펴보았지만 이와 같이 1938년 이후 다카라즈카 소녀가극의 동양주의적인 양상은 정치 담론으로서의 동양주의를 토대로 구축된 보편화된 특징이다. 소녀가극의 무대가 동양을 표상하는 수집과 전시의 원칙은 결국 근대 박람회 공간에서 드러난 시선의 정치학과 같다는 사실을 상기한다면, 조선적인 것, 중국적인 것, 몽골적인 것은 지역적 특성을 지닌 특수(the particular)이지만, 일본 제국이 인위적으로 규정한 동양적인 것의 보편(the universal) 속에 묶일 때 그 특수성은 무화되어 버리는 것이다. 따라서 지역색이란 차이나 균열을 생산하는 것이라기보다는 동양을 통합하는 공통감각이라는 전제 속에서만 그 개별적 가치를 인정받는 것이다. 언어·종교·민속을 통해 동양적인 것이 재현되는 양상은 결국 이 하나의 지점, 즉 '동양'이라는 공통감각의 개발'로 귀결된다. 동양이라는 상상의 지리는 이론적인 방식만이 아니라 공통의 감각을 무대화하는 정서적인 작업을 통해서도 획득되는 것이다.

---

38) 다카라즈카 소녀가극의 작품들은 발표를 전후로 잡지 『歌劇』이나 『東寶』에 작품에 대한 상세한 해설과 좌담회 자료를 싣는 경우가 많다. 이 자료들을 살펴보면 동양을 소재로 하는 작품 대부분은 작품의 배경이 되는 대동아공영권 내의 지역을 직접 탐방하여 그곳의 문화를 채집하고 이를 바탕으로 극을 창작하는 것이 보통의 관행이었다.

제8장

규율화되는 신체와 정서

1. 근대 일본의 규율권력과 소녀가극

메이지 유신과 함께 확립된 일본의 천황 중심제는 전무후무할 정도로 중앙에 정치권력을 집중시켰다. 이는 전근대를 혁파하고 서구와 같은 근대화의 길로 나아가기 위해서는 필수불가결한 일이었다. 강력한 국가 권력의 주도로 단행된 각 분야의 제도 개편은 과거의 습성에 얽매인 의식의 영역부터 일상생활의 미시적인 영역까지 골고루 영향을 미쳤다. 메이지 정부의 이 같은 제도 개편의 노력은 궁극적으로 "대중의 국민화(the nationalization of the masses)"[1]라는 하나의 소실점으로 수렴하게 된다.

이러한 대중의 국민화의 연장선에서 다카라즈카 음악학교의 규범은 주목할 필요가 있다. 다카라즈카 음악학교는 개교부터 현재까지 생도들에 대한 교육이 엄격하기로 유명하다. 이들은 마치 사관학교와 같이 철저한 수직적 서열을 따르며, 입학 시에 배포 받은 규칙집에 따라 일상 전반에 걸쳐 규율을 생활화한다. 일탈 행위에 대해서는 "규범 작용의 최대치로서의 징벌"[2]이 가해지며, 학칙을 심각하게 어길 경우 퇴학 조치를 받아 학교와 무대로 다시는 복귀할 수 없다. 그때부터 다카라젠느(タカラジェンヌ)[3]의 명예로

---

1) 조지 모스 지음, 임지현 옮김, 『대중의 국민화: 독일 대중은 어떻게 히틀러의 국민이 되었는가?』, 서울: 소나무, 2008.

2) 渡部周子, 『つくられた「少女」』, 日本評論社, 2017, 3.

운 삶과는 완전히 다른 길을 가야 한다. 따라서 학교에서 요구하는 규율을 성공적으로 내면화한 생도만이 진정한 배우로 성장할 수 있다. 소녀생도들에게 요구된 규범이 무엇이었는지 간명하게 보여 주는 것은 다카라즈카 음악학교의 교훈인 '맑게, 바르게, 아름답게(淸く、正しく、美しく)'이다. 구체적인 교훈의 내용에 대해서는 "'맑게'는 항상 깨끗한 심신을 지키는 것, '바르게'는 규칙을 지키고 항상 바른 행동을 하는 것, '아름답게'는 외모뿐 아니라 마음도 아름다운 것, 이것이 다카라즈카 음악학교의 교훈"[4])이라는 것이 고바야시의 설명이다. 주지하다시피 그것은 가정의 재생산을 위해 소녀에게 부과되었던 애정, 순결, 미적 규범이 학교라는 규율권력에 의해 변주된 또다른 규범이다. 그리고 이렇게 다양한 규율권력에 노출되어 있는 소녀생도들에게 규범의 변용과 확장은 여기서 그치지 않는다.

제국주의 전쟁이 본격화되면서 소녀생도들에게는 국가에 의해 만들어진 또 다른 집단 규범, 즉 제국주의 국가 규범이 더욱 강력한 규범으로 추가된다. 규범에 길들여진 존재로서 타자화된 소녀생도들에게 제국주의 규범의 실천은 큰 마찰이나 갈등 없이 이루어진다. 물론 그 배후에는 신국민극을 구상하던 때부터 '국민적인' 것을 창조하고자 한 창립자 고바야시 이치조의 굳은 의지가 1940년 상공대신으로 임명되는 시점과 맞물려 강력한 추진력으로 작용했을 것이다. 그러나 무엇보다 중요한 것은 새로운 규율권력이 소녀배우의 신체에 어떠한 형식과 내용으로 힘을 투사하느냐에 있다. 인간의 모든 신체 동작 및 신체에 새겨진 규율은 "그 시대의 국가나 사회의 양상,

---

3) 파리의 여성을 파리지엔느(Parisienne)라고 부르는 것처럼 다카라즈카 가극단의 생도들을 다카라젠느라고 부른다. 이 용어가 처음 사용된 것은 다카라즈카 극장과 동보극장에 소속되어 있었던 작곡가 시라이 데쓰조(白井鐵造)에 의해서였다. 그는 1937년에 《다카라젠느》라는 제목의 레뷰를 만들기도 했다. 宝塚歌劇団, 「宝塚歷史ミ=事典」, 『夢を描いて華やかに―宝塚歌劇80年史―』, 1994, 252.
4) 이지예, 앞의 글, 65쪽 재인용; 田辺節郎, 『タカラジェンヌへの道』, 堅省堂, 1994, 19~20.

경제적 요구에 따라 규정되고 끊임없이 새로 형성"[5]되는 것이기 때문이다.

이러한 맥락에서 근대 일본 국민국가가 국민의 신체를 구성하고 조정한 역사는 매우 주목된다. 전통사회와 근대사회는 신체를 대하는 시각 자체가 서로 완전히 달랐던 것이다. 메이지 이전까지의 몸이 보존해야 할 대상이었다면 메이지 이후의 신체란 운동과 단련을 통해 만들어지는 것이었다.[6] 이와 관련해 효도 히로미의 '남바(ナンバ) 신체'[7]에 대한 설명은 적절한 예를 제공한다. 그에 따르면 오른발과 오른손, 왼발과 왼손이 함께 나가는 남바의 신체는 통제 불능인데다 개인마다 편차가 컸으며, 이렇게 제각각인 남바의 신체는 근대의 군대조직에 매우 부적합한 것이었다. 이와 같이 남바의 부적절한 신체를 교정하는 문제는 근대적인 군대를 조직하는 문제와 직결되는 사안이었다. 국민체조, 신체검사, 체력장 제도와 같은 체력관리정책은 국민의 신체를 수치화·규격화하고 총동원체제가 요구하는 건강한 노동력으로 재구성하기 위한 가장 효율적인 방안이었다. 규격화된 신체는 "규율권력이 아무런 제한 없이 작동할 수 있는 비옥한 토양"[8]으로서 일본의 근대를 앞당기고 제국주의 국가로 나아가기 위한 밑거름이 된다.

---

5) 고모리 요이치 외 지음, 허보윤 외 옮김, 『감성의 근대』, 서울: 소명출판, 2011, 203.
6) 미즈노 나오키 외 지음, 정선태 옮김, 『생활 속의 식민지주의』, 서울: 산처럼, 2007, 90.
7) "남바란 일본 무용계에서 쓰이는 말로, 오른발이 앞으로 나가면 오른손과 오른쪽 상반신을 앞으로 내밀고, 왼발이 나가면 왼손과 왼쪽 상반신을 앞으로 내미는, 다리와 상반신을 같이 움직이는 신체동작을 말한다. 무용에서뿐 아니라 노(能), 교겐(狂言)의 발동작, 분라쿠(文楽)의 인형 움직임 등을 자세히 살펴보면 그 움직임이 남바라는 것을 알 수 있다. 또한 검도나 유도 등의 무도, 또는 스모 같은 격투기의 신체 움직임에서도 발을 끄는 듯이 슬쩍 움직여 앞으로 전진하거나 후퇴하는 모습을 보면 오른쪽 다리와 오른쪽 상반신, 왼쪽 다리와 왼쪽 상반신이 연동해서 움직인다는 것을 알 수 있다." 효도 히로미 지음, 문경연 외 옮김, 『연기된 근대: '국민'의 신체와 퍼포먼스』, 서울: 연극과 인간, 2007, 122~127.
8) 임지현 외 지음, 『우리 안의 파시즘』, 서울: 삼인, 2016, 39.

한편 국민의 신체를 조형하는 국가적인 사업은 다카라즈카 음악학교에서도 예외는 아니었다. 다카라즈카 음악학교의 소녀생도들은 규범화된 일상생활을 통해 인성을 기르는 동시에 악기 연주, 성악, 무용 등의 기예(techne)로서의 예술교육을 통해 신체를 단련한다. 신체의 단련에는 고바야시가 말한 바와 같이 아름다운 심성과 함께 외모까지 아름답게 가꾸는 것을 목표로 한다. 그러나 음악학교에서 기계적으로 단련된 소녀들의 신체는 츠보이 히데토가 지적한 바와 같이 "공공성으로 쉽게 용해되는 것"[9]이었다. 그것은 가부장제도와 국민국가라는 근대의 규율권력이 만들어 낸 집단적인 소녀 표상으로서 익명성 안에서 개별성을 상실한 개체이다. 이러한 익명성과 집단성은 전쟁의 본격화와 함께 더욱 심화되는 방향으로 나아간다. 그것은 곧 전쟁에 적합한 신체가 된다는 것을 의미한다. 그렇다면 총동원 체제하에서 다카라즈카 소녀배우의 신체에 각인된 규범이란 무엇이며, 소녀배우의 신체 속에서 그 규범은 어떠한 방식으로 재현되는가.

2. 춤추는 신체, 노래하는 신체, 행진하는 신체

신체에 새겨지는 규범은 한편 리듬의 형식을 취한다. 근대 산업혁명 이후 공장의 탄생, 즉 자본주의적 생산양식의 출현은 인간의 생활방식에 획기적인 변화를 일으킨 것과 함께 인간의 신체에도 막대한 영향을 끼친 사건이었다. 이는 인간의 생체리듬의 기준을 자연에서 기계로 근본적으로 뒤바꾼 것이다. 다음의 인용문은 근대 시기 공장 출현의 의미를 신체와 리듬의 관계 속에서 지적하는 내용이다.

---

9) 坪井秀人, 『感覚の近代: 声·身体·表象』, 名古屋: 名古屋大学出版会, 2006, 330~336.

지역공간, 주거공간, 노동공간이 공장생산에 적합히게 창출되어 이렇게 조직화되고 인공화 된 공간에서 자연의 리듬과는 다른 새로운 시간관념과 노동관념이 만들어지고 시간규율을 기본으로 하는 공장질서가 성립되었다. 이때의 노동은 자연의 리듬과는 다른 인공화 된 공장의 리듬에 심신이 함께 순치되도록 강제되었다.[10]

찰리 채플린의 《모던타임스(Modern Times)》는 이처럼 기계의 움직임에 신체의 리듬을 완벽하게 일치시킨 비(非)인간의 모습을 희화화한 것이다. 이와 관련해 앞서 《만주에서 북지로》에서 살펴본 톱니바퀴 댄스 또한 유사한 예시를 보여 준 바 있다. "노래하자 활기찬 노래를, 리듬 기계의 리듬, 척척척, 리듬에 맞춰, 일하자 활기차게, 리듬 기계의 리듬"을 노래하며 톱니바퀴의 춤을 추는 소녀들의 신체는 기계 부품이 된 인간을 적나라하게 제시하는 것이다. 그러나 전자가 산업사회를 비관적인 시각에서 접근한 것과는 달리 후자의 경우 만주의 개발을 독려하고 활기에 찬 '산업만주'를 칭송하는 낙관론을 보여 준다는 점에서 일견 유사해 보이는 이 두 개의 신체는 양극단에 위치한다. 그러나 인간의 재현에 있어서 공통적인 것은 규율권력과 인간의 신체 사이에 모종의 관계가 상정된다는 사실이다. 따라서 다카라즈카 소녀배우의 춤추고 노래하는 행위, 그리고 그 리듬을 구현하는 신체는 규율권력의 지배라는 정치적인 구도 안에서 바라볼 필요가 있다. 기차, 또는 기계 장치의 재현을 통해 일본 제국의 약진을 표상한 소녀의 신체는 한편 또 하나의 리듬을 몸에 새김으로써 '대동아라는 집합적인 제국 공동체'를 무대 위에 세운다. 그것이 바로 행진하는 리듬이다.

이러한 새로운 리듬감의 고안은 메이지 정부의 국가주의적 교육 목표와

---

10) 고모리 요이치, 앞의 책, 204.

밀접한 관계를 지닌다. 메이지 정부는 국민의 신체를 근대화하기 위한 일환으로 학교 교과목 가운데 특히 창가[11] 교육과 체육 교육에 힘을 쏟는다. 1878년과 이듬해인 1879년 문부성 산하에 체조취조부서(体操取調掛)와 음악취조부서(音樂取調掛)를 설치하고 이자와 슈지(伊沢修二)를 두 부서의 수장으로 임명하는데,[12] 이는 신체적 행동과 음악 교육은 그만큼 불가분의 관계가 있다는 인식을 선명하게 보여 주는 것이다.[13] 이러한 취지에서 시작된 학교 교육을 통해 7.5조 율격의 새로운 리듬이 전국 각지에 보급된다. 4분의 4박자나 4분의 2박자의 곡과 쉽게 결합하는 7.5조의 율격은 2박자 계통의 음수율을 말한다. 당시 일본의 창가나 군가는 대부분 이러한 2박자 계통의 단순한 율격을 따르고 있다. 특히 군가의 경우 점 8분 음표와 16분 음표가 결합된 퐁코부시 리듬(ピョンコ節)이 곁들여짐으로써 군가의 정형적인 형식으로 굳어진다. 율동형 특유의 경쾌하고 진취적인 분위기를 연출하는 퐁코부시 리듬은 행진하는 데 있어서도 최적의 리듬감을 제공해 주기 때문이다.

---

11) 창가(唱歌)란 학제 개편이 대대적으로 단행된 1870년대부터 사용된 용어로 "악기에 맞추어 가곡을 바르게 부르고 덕성의 함양과 정조의 도야를 목적으로 하는 교과목과 그 교과에 사용되는 가곡"을 말한다. 이강숙 외, 『우리 양악 100년』, 서울: 현암사, 2001, 68.

12) 이자와 슈지는 1882년(明治15年) 학사자문회를 앞두고 한 강연에서 "창가는 청음을 단련하는 기술로서 즉 체격을 바르게 호흡을 규칙적으로 하여 폐장의 강장을 이룸으로써 인체를 건전"하게 한다고 주장하며, 음악이 덕육(德育)에 이로운 점을 다음과 같이 밝히고 있으며, 이를 통해 이자와 슈지의 음악관을 파악할 수 있다. "순수하고 바른 노래를 부르는 때에 마음은 그 자체로 바르게 되고, 화악(和樂: 일본음악)의 음을 들을 때 마음이 저절로 조화로워진다. 마음이 조화로워져서 바르게 된 때에는 사악한 생각이 밖으로부터 능히 들어오지 못한다. 마음에 사악한 생각이 없는 때에는 항상 선함을 좋아하고 악을 피하는 사람(들)이 된다. 이것으로 마음을 바르게 하고 몸을 수양하는 풍속을 쉽게 하는 것은 음악에 다름 아니다." 奧中康人, 『國家と音樂—伊沢修二がめざました日本近代』, 春秋社, 2008, 220.

13) 이강숙 외, 위의 책, 124~135.

이러한 리듬의 형식은 청일전쟁과 러일전쟁 시기 대중들 사이에서 유행하면서 급속도로 확산되는데, 이러한 행진곡 리듬의 확산은 남바의 신체를 근대화함으로써 총동원령체제하에서 징병의 대상이 된 국민 전체를 '행진 가능한 신체'로 교정한다는 의미를 지닌다.[14]

　다카라즈카 소녀배우들의 몸이 행진하는 신체로 전환되기 시작하는 시기는 대략 1930년대 이후로 전쟁이 본격화되는 시기와 일치한다. 기시타 다쓰야(岸田辰弥) 연출로 《뉴욕행진곡紐育行進曲》[15]이 발표된 이후, 다카라즈카 소녀가극단의 레퍼토리에는 행진곡이라는 표제의 사용이 현격하게 증가한다. 《해군행진곡海軍行進曲》(1930), 《태평양행진곡太平洋行進曲》(1934), 《홍아행진곡興亜行進曲》(1939), 《다카라즈카 행진곡寶塚行進曲》(1939), 행진보 《군함기軍艦旗》(1942) 등이 그 예인데, 행진곡이라는 직접적인 표제보다 중요한 것은 작품 전반에 걸쳐 흔하게 사용되는 행진의 리듬이다. 다시 말하자면 '행진곡 리듬의 전유'는 총동원체제하의 다카라즈카 소녀가극에 나타나는 매우 일반화된 음악적 특징이라는 것이다. 그렇다면 실제 작품 속에서 행진곡 특유의 리듬 형식이 어떠한 맥락에서 어떻게 사용되고 있는지 구체적으로 살펴볼 필요가 있다. 그것은 행진이라는 행위가 개별적인 소녀의 신체를 더욱 집단적인 신체로 변용시키는 과정을 보여 주기 때문이다.

　일·독·이 추축국 시리즈는 행진곡 리듬의 두드러진 활용을 통해 이러한 지점을 잘 보여 주고 있다. 시리즈 1편에 해당하는 《이탈리아의 미소》는 로마 제국의 역사를 소환하여 무솔리니 정권의 정당성과 삼국동맹의 희망찬 미래를 제시해 주는 작품이다. 사건들 간의 개연성이 미약한 파편화된 플롯

---

14) 효도 히로미, 『연기된 근대: '국민'의 신체와 퍼포먼스』, 124.

15) 1929년 1월 화조(花組)에 의해 도쿄 다카라즈카 대극장(宝塚大劇場)에서, 설조(雪組)에 의해 같은 해 2월 도쿄 다카라즈카 대극장과 3월 도쿄 가부키자(歌舞伎座)에서 공연되었다.

구조로 인해 이 작품은 오히려 연극적인 요소들이 프로파간다를 수행하는 데 있어서 중요한 역할을 담당한다. 행진하는 행위와 행진곡의 리듬으로부터 신체에 직접적으로 지각되는 감각의 언어는 따라서 작품의 기획 의도와 직결되는 '비언어적인 메시지(non-linguistic message)'이다.

이 작품에서 행진하는 장면이 가장 인상적으로 등장하는 장소는 [5경_길거리에서]와 피날레이다. 5경에서는 〈로마찬가〉의 합창에 이어 바릴라 소년대원들의 행진과 이들이 행진하는 모습을 따라하는 어린이와 할머니의 행진이 등장한다. "힘차게 걸어가는(元気よく歩いて行く)" 아이를 따라 너무 과하게 힘을 내걷던 할머니는 급기야 넘어지게 되는데, 이를 지켜보던 파시스트 당원 청년이 할머니를 부축하는 공동체주의적인 메시지는 일사불란한 행진의 리듬이 생산하는 비언어적인 메시지와 결합함으로써 파시즘의 집단주의 이데올로기를 다층적으로 재구성한다. 피날레의 행진 장면 또한 마찬가지인데, 신흥 이탈리아 제국의 발전을 기원하며 출연진 모두가 퍼레이드의 재현에 참여함으로써 민족 제의로서의 면모를 강하게 드러낸다. 행진과 민족 제의의 관계에 대해서는 이후 재론할 것이다. 중요한 것은 행진하는 행위, 그리고 그 행위로부터 만들어지는 비언어적인 메시지는 각본이라는 언어적인 매개물 속에는 잘 드러나지 않는다는 것이며, 그러므로 각본을 무대화한 상황을 적극적으로 상상할 때 비로소 그 의미를 지각할 수 있다는 사실이다.

한편 《새로운 깃발》은 앞의 장을 통해 히틀러의 나치 제국에 의해 호명된 국민들의 노래로 분석되었다. 여기서 국민들이 부르는 노래들은 공통적으로 독일의 제3제국이 진취적인 미래를 향해 나아간다는 전진 또는 행진의 의미를 암시하고 있는데, 이러한 함의는 가사에서뿐만 아니라 음악적인 형식에서도 두드러진다. 그 대표적인 예로 〈전진〉이라는 노래가 있다. 히틀러 유겐트 대장 출신인 폰 쉬라흐가 작사한 이 노래는 한 소녀가 들려주는

그림 27 《새로운 깃발》의 삽입곡 〈전진〉 1~8마디

이야기의 바로 뒤에 삽입됨으로써 내러티브를 보조하는 역할을 하는데, 이 야기의 내용은 장래의 독일 국민의 훌륭한 어머니가 되기 위해 소녀들 또 한 총후(銃後)에서 열심히 단련한다는 다짐을 핵심으로 한다. 따라서 노래의 주체는 자연히 장래의 어머니가 될 소녀이며, 가사의 내용 또한 "내일을 떠 맡은 우리들"이 "새로운 시대의 정신"을 향해 앞으로 나아간다는 소녀들의 결연한 의지를 보여 주고 있다.

　　제시된 악보의 가사는 〈전진〉의 시작 부분에 해당하는 "나아가자 나아 가자 즐거운 소리는 울려 퍼진다 나아가자 나아가자 무엇이 두려우랴 도이 칠란드 영광되게 나아가라 우리들 죽는다 하여도(進め進め樂の音は響く 進め進め 何をか恐れむ ドイツチエランド榮えゆけ 我等死すとも)"이다. 4분의 4박자로 구성된 이 노래는 처음부터 끝까지 전체 마디가 2박자로 이등분되는 것이 특징이

다. 구체적으로 살펴보면, 첫 번째 마디의 경우 16분 음표와 부점이 붙은 8분 음표가 연속적으로 두 번 등장하는데, 이는 퐁코부시 리듬의 앞과 뒤를 바꿔 놓은 형태이지만 리듬의 효과는 퐁코부시 리듬에 의해 연출되는 행진곡풍의 연장선에 있다. 또한 이어지는 마디에서 3연음의 형태가 반복되며 첫 번째 마디와 차별화된 리듬을 제시하고 있지만 두 번째 마디는 행진곡에서 타악기 반주에 자주 사용되는 리듬 형식이라는 점에서 유사한 효과를 낸다. 세 번째 마디는 첫 번째 마디의 음표 조합을 약간 변형한 것으로 가사 또한 동일하게 붙어 있는 것을 확인할 수 있다. 이 노래에서는 전체적으로 이 세 가지 리듬 형식이 반복적으로 사용되고 있으며, 퐁코부시 리듬이 주도적으로 사용되는 것은 아니지만 2박자 계통의 율격에 의해 행진곡의 분위기가 만들어지고 있는 사실은 뚜렷하게 드러난다.

《새로운 깃발》의 피날레 〈빛나는 하켄크로이츠(전진하는 독일)輝くハーゲンクロイツ(進め独逸)〉는 합창과 행진의 네 파트만으로 구성된다는 점에서 주목된다. 각본에 따르면 2번째 파트에는 "발을 맞추어 나가며(足並揃へて)"라는 지시문 아래 "모두 맞추어 발을 들어라 높이 서라 기계와 같은 정확함을 가지고 너의 생명의 율동을 큰 북과 같이 강하고 용맹스럽게 쳐라(皆んなそろつて 足をあげよ 高く立て 機械の如き正確さをもて 汝の生命の律動を 太鼓の如く強く勇しく打て)"라는 노래의 가사가 뒤따르고 있다. 발을 맞춘다는 문구를 감안할 때 이 노래는 행진곡의 형식일 가능성이 크다. 또 마지막 4번째 파트는 직접적으로 행진을 지시하고 있는데, "나아가라 새로운 깃발 아래 위풍당당한 독수리 아래에서 행진하라(進め 新しき旗の下威風堂々驚の下 行進せよ)"라는 구호와 함께 전원이 행진하는 것으로 작품은 종결되고 있다. 작품의 가장 중요한 자리에 행진을 배치할 만큼 작품에서 행진이라는 행위의 재현은 작품의 주제를 드러내는 데 있어서 가장 핵심적인 사안임을 미루어 짐작할 수 있다.

한편 대동아공영권 시리즈에서 행진곡이 가장 인상적으로 사용되고 있

그림 28 《동으로의 귀환》의 피날레 곡 〈새로운 시대〉 10~13마디

는 작품은 《동으로의 귀환》이다. 이 작품의 결말은 폭정에 시달리던 미사푸르 국에 새로운 군주가 선출되어 각종 악습을 철폐하고 '새로운 시대'가 열리는 해피엔딩이다. 희망찬 미래가 선언되는 마지막 장면은 《새로운 깃발》과 마찬가지로 행진곡의 합창으로 마무리되고 있다. 전형적인 행진곡 양식에 속하는 노래 〈새로운 시대〉의 음악적 특징을 살펴보면 다음과 같다.

"동포여 손을 맞잡고(同胞よ手をとりて)" "발걸음 드높이 용맹스럽게 나아가자(あしぶみ高く いさましく 進め)"와 같이 밝고 진취적인 가사에 걸맞게 악보의 첫머리에는 '행진곡풍으로 힘차게(行進曲 力强ク)' 부를 것이 지시되어 있다. 또 4분의 2박자와 장조 화성의 기본적인 골격 위에 풍코부시 리듬이 반복되는 악곡의 형식은 행진곡이 지녀야 할 모든 요소를 충족하고 있다. 이러한 특징들이 만들어 내는 음악적인 층위의 내러티브는 새로운 군주에 의해 선언된 희망찬 미래와 같은 맥락에 있다. 작품의 궁극적인 주제인 '강한 동양' 또는 '새로운 동양' 수립의 문제는 피날레의 행진곡 리듬의 보조를 통해 관객에게 더욱 효과적으로 전달되는 것이다. 그리고 이로써 대동아공영의 사상은 이념적인 측면에서 그리고 감각적인 측면에서 완결적인 구조를 취하게 된다.

지금까지 살펴본 두 개의 사례들이 작품을 위해 새롭게 작곡된 노래였다

그림 29 〈애국행진곡〉 1~9마디

면, 마지막 사례들은 기존의 행진곡이 삽입된 경우로 《만주에서 북지로》의 〈애국행진곡愛國行進曲〉과 《동아의 아이들》의 〈적은 몇 만敵は幾万〉이 여기에 해당된다. 먼저 《만주에서 북지로》는 주인공인 일본인 아리마와 벳부가 만주와 북중국에 여행을 왔다가 뜻밖의 행운을 얻는 내용으로 끝을 맺는데, 〈애국행진곡〉은 이러한 해피엔딩의 피날레를 장식하는 합창곡으로 쓰였다.

이 노래 역시 4분의 2박자와 G장조의 토대 위에 퐁코부시 리듬 프레이즈를 반복하는 단조로우면서도 전형적인 행진곡 형식이다. 〈애국행진곡〉의 작곡을 맡은 세토구치 도키치(瀬戸口藤吉)는 〈군함행진곡軍艦行進曲〉(1900)의 작곡가이자 행진곡의 아버지로 유명세를 떨치던 작곡가이다. 그리고 이러한 작곡가의 명성에 걸맞게 이 노래 또한 행진곡의 형식미와 대중성의 요소를 골고루 갖추고 있다. 실제로 〈애국행진곡〉은 대중들 사이에서 최고의 '국민가요'로 애창되었는데, 폴리도르, 콜롬비아 레코드사에서 발매된 음반이 100만 장 이상 팔릴 정도로 인기 있는 유행곡이었다.[16] 그런데 이와 같이 대중적인 인지도가 높았던 〈애국행진곡〉은 식민지 학생들의 심신을 단련하기 위한 교육적인 성격도 동시에 지니고 있었다. 조선초등교육연구회(朝鮮初等教育研究會)가 발간한 책자에는 "창가유희 「애국행진곡」에 대하여(唱歌遊戲 「愛國行進曲」について)"와 관련해 다음과 같은 내용이 실려 있다.

문부성 신제학교 체조요목 「유희」의 보조교재로서 특히 시국에 상응하는 체

---

16) 제국극장에서 상연된 〈애국행진곡〉의 영상은 이후 프로파간다 영화에 삽입되기도 했다.

육유희 「애국행진곡」을 소개하고, 이에 철저를 기하기 위해 그리고 지방 각지의 희망도 있으므로 각 동작의 도해를 통해 해설해드리겠습니다.

지도상의 주의 1. 본 교재는 사학년 이상에게 실행하며 이후 그 내용과 형식의 요구정도를 심화시켜 나가도록 합니다. 2. 가곡의 내용은 개인적인 것이 아니라 집단적으로 만들어 나가는 것입니다.

이 책자는 학교 선생님들을 위한 지도서로 체육유희 교과목에 대한 지도방침을 전달하고 있다. 〈애국행진곡〉이라는 창가에 체조를 결합하여 교육함으로써 어린 학생들이 황국 신민으로서의 덕성과 체력을 겸비하도록 지도한다는 내용이다.[17] 여기서 '유희'라는 단어 사용에 주의할 필요가 있는데, 전시체제하의 운동회에서 연행되는 체조와 행진에 대한 츠보이 히데토의 지적은 이와 관련해 시사하는 바가 크다.[18] 그는 운동회에서 수행되는 체조와 행진은 체력의 연성을 통해 전쟁에 대비하는 실용적 목적과 "보여주기 위한 유희의 성격"을 동시에 지닌다고 지적하고, 이를 각각 '하는 신

---

[17] 다카라즈카 소녀가극 월간지 『歌劇』에는 이와 관련해 「건민운동에 대하여(健民運動について)」라는 제목의 글이 실려 있다. 이 글에서 저자는 대동아전쟁 발발 이후 소극적이던 기존의 건강의 정의가 국가에 "봉공 가능한 체력"이라는 적극적인 것으로 바뀌었다고 지적하며, 당시 후생대신이었던 고이즈미(小泉)의 말을 빌어 체력을 형태적 체력, 기능적 체력, 정신력으로 세분화하여 밝히고 있다. 이에 따르면 형태적 체력은 일반적으로 말하는 신장·체중·가슴둘레와 같은 체격을 말하며, 기능적 체력은 생리적 기능력(심장과 폐의 건강 상태)과 운동 기능력(달리기, 도약하기, 던지기 등)을 말한다. 또 정신력이란 체력과는 직접적으로 관계가 없는 주의력, 인식력, 판단력을 가리킨다. 요컨대 체력이란 "육체적이고 동물적인 것만이 아니라 항상 위대한 정신력을 동반하는 황국민적(みたみわれ)인 자각을 하게 되는 심신일여로서의 활동력과 체력"이며, 이는 "부단한 질적 연성"에 의해 가능하다는 것이 대동아전쟁 시기 국민들에게 요구된 "왕성한 체력" 즉 건강이다. 阿部吉治, 「健民運動について」, 『歌劇』, 1943年(昭和18年) 1月, 17.

[18] 坪井秀人, 앞의 책, 308~312.

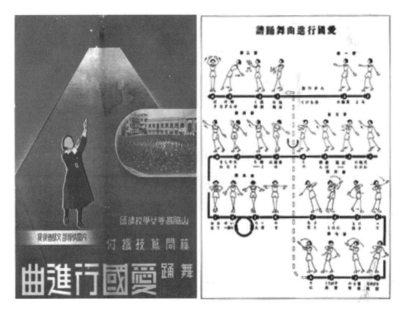

그림 30 〈애국행진곡〉의 무용보

체(する身体)'와 '보여지는 신체(見せる身体)'로 규정하고 있다. 전자는 행위자의 주체적 성격을 후자는 피사체로서의 대상화된 성격을 말하는 것으로 체육유희로 재구성된 〈애국행진곡〉 또한 두 가지 성격을 모두 지닌다. 그러나 "개인적인 것이 아니라 집단적으로"라는 지도방침이 말해 주듯이 개별적인 개인은 집단화된 국가 안에 쉽게 포섭되는 익명화된 존재라는 사실을 다시 한 번 상기할 필요가 있다. 《만주에서 북지로》의 〈애국행진곡〉 또한 무대와 객석 모두에서 왕도낙토와 오족협화라는 집단화된 이데올로기가 각인되는 중요한 계기로 작용하고 있다.

　《동아의 아이들》에서도 행진곡의 리듬은 제국 통합과 확장의 매개물로서 의미 있게 활용되고 있다. 주인공 어린이들이 남방 식민지와 북방 식민지를 아우르는 공영권 전체를 일주하는 내용을 담고 있는 이 작품은 마지막 장에 음악을 매우 정교하게 배치하고 있다. 〈아세아는 즐거운 하나의 집

그림 31 〈히노마루 행진곡〉의 악보 및 무용보

이다亞細亞は楽しい一つの家た〉, 〈태양찬가太陽讚歌〉, 그리고 〈적은 몇 만敵は幾万〉
을 연이어 합창함으로써 오족협화와 왕도낙토 및 이러한 이상 국가를 만들
기 위해 영미귀축을 정벌해야 한다는 메시지가 음악적 매체를 통해 전달하
고 있는 것이다. 피날레 곡인 〈적은 몇 만〉의 가사에는 호전적인 정신이 강
하게 반영되어 있다. 작품 속에서는 모모타로 일행과 출연 배우 전원이 합
창하는 것으로 되어 있다.

　〈적은 몇 만〉
　적은 몇 만 있다고 해도
　모두 다 오합지졸의 형세로다
　오합의 형세가 아니라 해도
　우군은 정의롭고 도리가 있어

사악함은 그 바름에 이길 수 없고

곧음은 그 굽음보다 이기기 쉬우니

굳은 마음의 고집은

돌에 화살을 세우는 전례 있으니

돌에 선 화살의 전례 있으니

어째서 두려워할 일 있으랴

그림 32 〈적은 몇 만〉의 악보

어째서 흔들릴 일 있으랴

　가사에서 드러나는 호전적인 성격과 마찬가지로 음악적인 형식 또한 가사를 뒷받침하고 있다. 악보를 보면 〈적은 몇 만〉에서는 4분의 4박자와 7.5조 율격의 전형적인 군가 형식이 확인된다. 마지막 소절에서 4분의 2박자로 변박이 되지만 2박자 계통이라는 점에서는 차이가 없으며, 퐁코부시 리듬의 사용도 현저하게 나타난다. 1886년에 작곡된 이 노래는 청일전쟁과

러일전쟁 당시 일본군의 사기 진작을 위해 널리 불렸다. 아이러니한 것은 이러한 일본 군가의 선율은 새로운 가사가 덧붙여진 뒤 조선의 항일 혁명가 또는 독립군가로 사용되었다는 사실이다. 청일전쟁 때 전사한 일본 해군 병사의 이야기를 담은 〈용감한 수병勇敢なる水兵〉은 항일정신을 담은 가사로 개사되어 〈권학가勸學歌〉로 불려졌으며, 〈적은 몇 만〉 역시 독립군가의 선율로 차용된 바 있다.19)20)

그러나 여기서 중요한 것은 리듬 형식이 신체와 맺는 새로운 관계이다. 1930년대 이후의 다카라즈카 소녀가극에서 두드러지게 나타나는 행진곡 리듬의 전유 현상은 다카라즈카 소녀배우들의 춤추고 노래하는 신체가 총동원체제하의 '행진하는 신체'로 이행하는 지점을 일관되게 보여 주고 있다. 그것은 행위의 주체로서의 '하는 신체'에서 규율권력에 의해 타자화된 '보여지는 신체'로 도약하는 것과 같다. 이렇게 규율화 된 신체의 리듬감은 무대를 매개로 하여 공유됨으로써 집단주의적인 감각으로 발전한다. 리듬이라는 감각적 매개물이 제국 통합의 서사와 결합하는 것이다. 이러한 점에서 다카라즈카 소녀배우들의 신체에 의해 재현된 행진의 리듬은 신체 위에 작동하는 제국주의 프로파간다의 가능성을 입증해 주는 강력한 논거가 된다.

---

19) 이강숙 외, 앞의 책, 53~59.

20) 이러한 사실은 당시 조선의 문화가 일본의 문화 및 식민지 정책에 의식적으로든 무의식적으로든 상당 부분 조응하고 있었음을 단적으로 보여 주는 예라고 할 수 있다. 일제 강점기 창가교육에 의해 한국 고유의 장단(長短) 체계가 와해되고 7.5조와 퐁코부시 리듬과 같은 일본의 리듬체계가 흔적으로 남아 있는 것이 바로 오늘날 우리의 학교에서 불리는 교가이다. 한국 민중들이 가장 많이 불러온 굿거리와 자진모리 장단은 8분의 12박자의 3박자계여서 일본 근대의 율격과 같이 2박자로 쪼개지지 않는다. 3박자계와 2박자계는 조선과 일본 간의 서로 다른 음악적 감수성을 구분 짓는 중요한 음악적 요소였던 것이다.

3. '명랑한' 제국 공동체

한편 신체의 규율화 문제는 정서의 영역으로 확장되어 반복 재생산된다. 육체와 정신이 이분법적으로 나누어질 수 없는 것과 마찬가지로 이성과 감성 또한 분리될 수 없다. 칸트에 의해 주목 받기 시작한 감성은 이후 이성의 수동적인 타자가 아닌 주체적이고 독자적인 능력으로 복권되며 이성의 한계를 넘어서는 위치로까지 상승한다.[21] 그러나 여기서 중요한 것은 어떠한 능력이 우위에 있는가보다는 이질적으로 보이는 양자가 상호 유기적으로 연결되어 있다는 사실이다. 일찍이 이를 간파한 국민국가 일본은 감성의 영역에 대한 통제를 시도하는데, '감정의 규범화'가 바로 그것이다. 앞서 살펴본 신체의 규율화는 그 토대가 되는 작업이다. 건강한 신체는 건전한 감정의 전제 조건이기 때문이다. 이는 앞서 살펴보았듯이 신체 단련을 위한 체육교육과 "덕성의 함양 및 정조의 도야"[22]를 목표로 하는 음악교육을 하나로 통합한 국가 차원의 인식에서도 잘 드러난다. 국가권력에 의해 조형된 건강한 신체 속에 인위적으로 만들어진 감정을 기입하는 것은 정해진 수순이다. 보고, 듣고, 느끼는 기관을 통제한다는 것은 국가가 한 개인의 정신을 빈틈없이 지배하는 것이기 때문이다. 그러므로 신체의 규율화의 연장선에서 감정의 문제를 검토하는 일은 규율권력의 실체를 규명하기 위해 필수적이다. 그렇다면 건강한 신체에 깃드는 건전한 감정이란 무엇을 말하는가. 또 전시체제제하의 다카라즈카 소녀가극은 어떠한 감정을 '집단적인 심성'으로 권장하고 재현하는가.

---

21) 들뢰즈와 레비나스는 감성에 대한 칸트의 해석을 비판하며 감성이 기호의 해석을 매개하는 일차적 기관으로서 지성에 앞서는 인간의 감각적 능력이라고 선언한다. 서동욱, 「들뢰즈와 레비나스에서 감성의 중요성: '상처'의 경험에 관하여」, 『철학과 현상학 연구』 Vol.20, 한국현상학회, 2003 참조.

22) 이강숙 외, 앞의 책, 68.

쇼와 10년, 즉 1930년대 중반을 전후로 하여 '명랑(明朗)'이라는 단어가 일본 대중매체에 현격히 높은 빈도로 등장한다. '명랑=건전'이라는 등식이 만들어지는 것은 이 시기이다. 그러나 오늘날 개인의 성격을 가리키는 데 사용되는 이 단어는 지금과는 다른 쓰임새를 가지고 있었던 것이다. 쇼와 12년(1937년)에 발간된 『생활의 명랑화: 「경제정심」 체험수양편(生活の明朗化: 「経済精心」 体験修養編)』에서는 명랑의 기초적인 의미에 대해 다음과 같이 설명하고 있다.

우리들의 신은 양심이며 양심에 순종하는 사람은 명랑하게 생활하는 것이 가능하다.…우리들 자연의 자녀들로서 맑은(清) 생애를 바란다면 이는 언제나 명랑하게 살아감에 있으며, 명랑은 신의 마음을 아는 것이다. …현대에 맑은 양심으로 사는 자는 내세에는 맑은 영(靈)으로 모셔지는 바를 믿어야 한다. 명랑하게 살아가는 자는 장건(壮建)함이 있으니 신용이 있고 무엇도 두려움 없이 장수하며 일상은 유쾌하게 된다. 잘 깨달아야 할 바, 깨달은 때에는 이미 명랑하게 된다.[23]

---

23) "교훈실화(教訓實話): 1. 자신의 현재의 환경, 위치, 재능, 결점, 조상(祖先) 등 자기 자신을 깊이 탐구 숙지할 것. 2. 우주와 국가 사회의 큰 은혜를 진정으로 깨닫고, 또한 일본 국민으로 태어난 것은 세계 인류 중에서 가장 행복한 일임을 깨달아, 천황의 조상들의 유훈을 지키고 명치 대제(明治 大帝)의 교육 칙어의 실천궁행을 힘쓰며, 일상 유의식에서 더욱 감사의 생애를 힘쓸 것. 3. 만사 갖가지의 형편에서 대자연을 상대로 하여 또 친구로 하여 하늘에 향하여 자신의 덕을 쌓고, 잘 생각하여 타인을 시기하지 말며 원한을 품지 말고, 스스로 반성하여 자신의 향상을 힘쓸 것. 4. 천명에 복종하여 무엇에도 지성을 다하여 정려(精勵) 할 것. 5. 깨닫는다는 것은 입으로는 말하지 못할 정도로 깊이 아는 것으로서 힘써 일한다 함은 어디까지나 정신을 담아 완수하는 것." 宮崎秀渓, 体験修養編, 『生活の明朗化: 「経済精心」』, 大日本明朗社, 1937年(昭和12年), 1~2.

이 글은 명랑함에 신적인 숭고함이라는 추상적인 권위를 부여하면서도 세부 요목들에서는 '명랑한 인생을 사는 법', '가족의 명랑화', '부부의 원만', '친절의 가치' 등 가정의 의미를 일깨우며 일상생활에서 지켜야 할 생활준칙들을 제시하고 있다. 명랑이라는 덕목은 이와 같이 일상생활과 매우 밀접한 관계 속에서 언급되고 있는데, 이는 사회시스템 전반을 개혁하는 문제로 이어진다.

신체제는 생활양식을 답답하게 만드는 것이며, 우리들의 생활을 위협하는 것이라고 말하는 소리를 듣게 된다. 새로운 일본의 상을 그리는 우리들은, 신체제는 희망과 광명을 가져오는 현상타파의 구원의 신으로서 추앙하고 싶다고 생각한다. 이렇듯 사고방식의 다름은 일본의 현 단계의 상의 파악 방법이 상이한 것에 그 이유가 있고, 미래 일본의 설계도의 다름에 그 이유가 있다. 여기서 우리들의 운동의 의미가 있다.[24]

『명랑생활운동(明朗生活運動)』의 서문에 실린 이 인용문은 명랑한 생활이 구체제를 근대적인 신체제로 바꾸는 토대임을 역설하고 있다. 이와 동일한 인식하에 "국민생활의 명랑화"를 가정, 학교, 공장, 농촌 등 다양한 생활 터전에서의 슬로건으로 제안하는 사례는 당시의 문헌을 통해 쉽게 확인할 수 있으며, 또한 "명랑 쾌활한 천성"을 일본인의 국민성으로까지 제시하는 사례도 심심치 않게 찾아볼 수 있다.[25] 이러한 견해들을 종합해보면 '명랑함'이란 밝고 유쾌한 정서적 상태와 공공의 가치에 해당하는 사회적 윤리 두 가지를 포괄하는 개념임을 알게 된다. 그러나 전쟁 국면이 심화됨에 따라 여기에 제국주의적인 기표들이 결합되기 시작하는데, 이러한 기의의 확장

---

24) 小林竜二郎, 『明朗生活運動』, 教育思潮研究会, 1941年(昭和16年).
25) 武田祐吉, 教學局 編纂, 『萬葉集と國民性』(日本精神叢書; 23), 内閣印刷局, 1940, 14.

현상은 비상시의 국민정신총동원령과 맞물려 전개된다. "명랑 아시아를 건설하자(明朗アジアを建設せよ)", "신생 북지와 명랑 북지(新生支那と明朗北支)", "명랑 신지나의 건설(明朗新支那の建設)", "동아남양 명랑공영론(東亜南洋明朗共栄論)", "동아 명랑화를 위해(東亜明朗化のために)"와 같은 당시의 비평문들은 명랑성과 제국주의적 이데올로기가 결합된 전형적인 사례이다. 공통적인 내용은 식민지의 협조를 구하고 일본의 지배를 정당화하는 것이다. 여기에서 명랑이란 동아민족들이 협화함으로써 안정과 평화가 구축된 이상적인 제국의 상태를 의미한다.

우리들은 어디까지나 중화민국의 반성을 촉구하는 것에 노력을 기울임과 함께, 동아의 천지로부터 우리들과 협력하지 않는 오랑캐들을 축출하고, 동아인(東亜人)으로서 각성된 중화민국 건전분자와 친선 제휴하여, 천황폐하의 마음에 부응하며 받들기를 원한다. 그것은 또한 동아 안정을 구축하는 대일본제국과 그 신민의 사명이다. 이에 암운이 드리운 동아의 과거를 회고하며, 또한 현재를 제대로 바라보기 위하여 지금이야말로 그 제일보를 밟아 나가는 동아의 명랑화에 적으나마 기여하지 않겠는가 하는 의도에 다름 아니다.[26]

이러한 맥락에서 볼 때 명랑이라는 감정을 특정한 시기에 국가에 의해 만들어진 규범 또는 윤리로 해석하는 시각은 타당성을 지닌다.[27] 다시 말해 명랑이란 근대 일본 국민국가의 규율권력이 국민들에게 밝고 긍정적이기를 요구한 규범화된 감정인 동시에 제국 통합의 욕망이 역설적인 방식으로

26) 船田中, 『東亜明朗化のために: 日・支・蘇・英関係の将来』, 日本青年教育会, 1938年(昭和13年), 342.
27) 박진숙, 「박태원의 통속소설과 시대의 '명랑성'」, 『한국현대문학연구』 Vol.27, No.3, 한국현대문학회, 2009 참조.

반영된 역사적인 감정인 것이다. 이러한 사상적 배경 속에서 다카라즈카 소녀가극은 시국이 요구한 명랑함을 수용하고 음악극의 무대를 건전한 감정의 재현 공간으로 재구성하기 위해 다양한 기법들을 고안한다.

이 책의 분석 대상 작품에서 명랑함을 재현하는 데 사용된 기법은 '오해의 모티브', '가벼운 해프닝', '음악과 서사의 결합'의 세 가지로 압축할 수 있다. 먼저 첫 번째 오해의 모티브는 상대방에 대한 착각과 오인으로부터 빚어진 적개심이 특정한 사건을 계기로 해소되는 과정을 보여 줌으로써 명랑성을 재현한다. 《만주에서 북지로》와 《동아의 아이들》은 오해 모티브의 특징과 역할에 관해 잘 보여 주는 작품이다. 《만주에서 북지로》는 만주 이민을 꺼리게 만드는 여러 요인들을 제시하고 있는데, 그 가운데 가장 두려운 존재로 그려지는 '비적'을 둘러싼 오인은 명랑성의 재현과 관련해 주목할 만하다.

(이때, 앞의 사람들 외에, 여러 명의 무장한 단원, 여섯 명의 단원의 처, 아가씨들(몸뻬 바지를 입은 모습), 두 사람의 비적(아리마, 벳부)을 끌고 등장하여 두 사람을 가운데에 밀쳐 쓰러뜨린다. 일동 무언, 기타무라의 처 전등을 켠다.)

아리마: 음, 이거 유감스럽군, 결국 여기까지 와서, 더러운 비적 놈들의 포로가 되어 버렸다니.

기타무라: 잠깐 잠깐(이라고 말하며, 사람들을 밀쳐 흩어내고 앞에 나와) 뭐라고, 너희들은 일본인인가.

벳부: (일어나며) 뭐냐, 너희들은 비적이 아니었다는 거냐.

기타무라: 비적이란 무슨 소리, 실례 아닌가, 우리는 제1차 척무성(拓務省) 무장이민입니다만.

아리마: 무엇이? 제1차 무장이민이라고, 나는 그것을 찾고 있었네, 결국 왔구만, 자 그럼 기타무라라고 하는 지도원은 어디에 있는가.

기타무라: 네, 제가 기타무라 입니다.

아리마: 고맙네 고맙네, 아아 그대가 기타무라이신가, 이야 대단히, 그런 겐
  가, 아 그래 그래, 이번은 또 여동생이 대단히 폐를 끼치고 있어서, 아 그
  렇지, 나는 가와노(河野)의 의형에 해당하는 사람이외다(라며 명함을 찾
  는다).

(가와노 부부 사람들을 헤치고 나와)

가와노의 처: 어머, 오라버니!

가와노: 아리마 씨!

아리마: (우는 소리로) 아아 아야코(綾子), 가와노 군인가.

(세 명 끌어안는다)

기타무라: 아아 오누이이신가, 이것 참 경사스런 일이군요

일동: 만세!

(몸뻬 복장의 여인 여섯 명이 춤을 추며 나온다.)

아리마와 벳부는 기타무라를, 기타무라는 아리마와 벳부를 비적으로 오
해했으나 결국 모두 같은 일본인이라는 사실이 밝혀짐으로써 극적인 긴장
감은 해소된다. 게다가 아리마가 가와노의 매형이라는 사실이 밝혀짐에 따
라 같은 민족을 넘어 가족의 일원으로 묶이는 이 상황은 결국 만주 이민에
있어서 걸림돌이 되는 문제는 절대로 없다는 것, 그리고 설령 반대하는 세
력이 있다 하더라도 결국 적이 아닌 동지가 될 것이라는 낙관적인 전망을
보여 주고 있다.

《만주에서 북지로》가 일본인들 사이의 오해를 다루었다면, 《동아의 아
이들》은 식민자(the colonizer) 일본과 피식민자(the colonized) 중국 간의 오해
에 관해 기러기들의 입을 빌려 이야기한다. 기러기들은 일본이 대동아전쟁
을 일으킨 진정한 이유를 중국인들이 이해하고 있으며, 더 나아가 중국인들

또한 "아세아의 부흥을 위해(亜細亜の復興の為)" 노력하는 일을 진심으로 행복하게 여긴다는 내용을 주인공 어린이들에게 알려 준다. 이와 함께 진정한 적, 즉 일본과 중국의 공동의 적인 공산군에 대한 경계심도 심어 주고 있다. 이와 동일한 내러티브는 이미 《북경》에서 "첫째로는 중국을 사랑하고, 둘째로는 일본을 사랑하고, 셋째로는 동아를 사랑하여 북경 1억의 시민은 행복한 날을 보낸다(第一に中國を愛し、第二に日本を愛し、第三には東亞を愛しながら、北京一億の市民は幸福な其の日を送つて居ります)"라는 대사를 통해 등장한 바 있다. 이와 같이 오해 모티브는 용서와 화해의 도식적인 결말로 귀결됨으로써 그 역할이 분명하게 드러난다. 오해는 해소되기 위해 존재하는 것이며, 따라서 서로에 대한 오해로부터 생긴 적대감은 과거의 일로 화석화되는 것이다. 오해의 해소 과정을 통해 '너희'가 아닌 '우리'라는 연대의식이 강조되면 될수록 제국-식민의 협화의 메시지는 더욱 밝은 색채를 더하게 되며, 이를 통해 전시체제가 요구한 무한히 긍정적이고 낙관적인 명랑성의 일면 또한 뚜렷하게 드러나게 된다.

두 번째, 가벼운 해프닝은 명랑의 일차적인 어의인 '유쾌하고 쾌활한' 정서에 가장 직설적으로 드러내는 방식이다. 그러나 바로 이러한 이유로 가벼운 해프닝에 의해 재현된 명랑함은 역설적인 측면을 드러내기도 한다. 대동아공영권 시리즈 1편과 2편에 해당하는 《몽골》과 《북경》은 이러한 지점을 잘 보여 주는 대표적인 작품이다. 먼저 도표를 통해 두 작품에서 해프닝의 등장 빈도와 그 내용에 대해 살펴보도록 하겠다.

《몽골》에서는 총 4번의 해프닝이 등장하고 있는데, 모두 왕오를 중심으로 해프닝이 전개되고 있음을 알 수 있다. 왕오는 극중에서는 하인 신분이지만 공연 서두에서 주대와 함께 작품 소개를 하는 서사자(narrator) 역할까지 담당할 만큼 중요한 인물이다. 그러나 주인인 주대가 일본 제국에 대해 끊임없이 호의적인 의견을 내놓는 것과는 달리 왕오는 주대의 곁을 지키고

표 8 《몽골》에 등장하는 해프닝

해프닝I (1장)	몽골의 아가씨들이 하인 왕오를 주인 주대로 착각한다.
해프닝II (3장)	아가씨들과 즐거운 대화를 나누는 도중 부인 월매가 나타나 서로 티격태격한다.
해프닝III (6장)	연회 손님들에게 대접할 양을 잡기 위해 칼을 들고 나온 메루킷토를 보고 자신의 머리를 자르려 한다고 생각하고 머리를 내민다.
해프닝IV (9장)	왕오는 꿈속에서 포상으로 받은 아름다운 무희가 부인 월매로 뒤바뀐 현실에 놀란다.

있지만 정치적인 발언은 전혀 입에 올리지 않는다. 코믹한 해프닝 속에서만 성격을 드러내는 왕오는 코메디아 델라르테(Commedia dell'arte)의 유형화된 하인 역을 연상시킨다.[28] 그러나 왕오를 희극적인 인물로만 볼 수 없는 이유는 이 작품이 단순한 희극이 아닌 이유와 같다. 오히려 왕오는 《몽골》의 정치색을 탈색하기 위해 설정된 '지극히 정치적인' 인물로 보는 것이 타당하다.

《북경》에서도 해프닝은 모두 네 차례 등장한다. 해프닝의 빈도수는 동일하지만 《북경》의 해프닝은 전작인 《몽골》보다 더욱 다양한 인물들을 등장시켜 한층 새로운 해프닝의 장면을 시도하고 있다. 특히 해프닝III의 경우, 극 안의 인물인 대삼과 금진이 극 바깥의 인물인 진행요원의 마이크를 빼앗으며 극의 안과 밖을 일시적으로 무너뜨리는 행동은 관객들의 폭소를 이끌어 내기에 충분했을 것으로 보인다. 그렇다면 대삼과 금진은 관객들로 하여금 극으로의 몰입을 방해하고 비판의식을 환기하는 서사극적인 인물로

---

28) 16~17세기 이탈리아의 즉흥적인 가면 희극을 가리키는 코메디아 델라르테(Commedia dell'arte)에는 유형화된 인물군이 다수 등장하는데 그 가운데 잔니는 희극적인 하인 역할이며, 세부적인 성격의 차이에 따라 아를레키노, 풀치넬라, 페드롤리노, 스카라무치아 등의 이름이 붙는다.

표 9 《베이징》에 등장하는 해프닝

해프닝Ⅰ (3경)	신혼부부 한 쌍이 북경역에 도착하고 북경호텔 보이가 이들을 맞으러 나가는데 신랑이 부인인 줄 알고 호텔 보이의 손을 잡고 기차에 탄다.
해프닝Ⅱ (6경)	북경호텔 보이들은 보이장이 월급을 올려 줄 것 같은 분위기였지만 기대와 달리 전혀 그럴 생각이 없음을 알고 낙심한다.
해프닝Ⅲ (10경)	일본인 관광객 대삼과 금진은 음악극의 진행요원인 안내 아가씨의 메가폰을 가지고 노래를 부른다.
해프닝Ⅳ (12경)	중국어를 못하는 대삼과 금진은 인력거꾼과 말이 통하지 않아 난처한 상황에 처하지만 뜻밖에 일본어를 할 줄 아는 사실을 알고 서로 뜻을 모은다.

보이기도 한다. 그러나 이와 상반되는 면은 다음 해프닝에서 곧바로 제시되고 있다. 해프닝Ⅳ에서 서로의 말을 이해하지 못했던 인력거꾼들과 대삼·금진은 하나로 뜻을 모으게 되는데, 그 뜻이란 "중국을 사랑하고, 일본을 사랑하고, 동아를 사랑하는 것(中國を愛し、日本を愛し、東亞を愛し)"이기 때문이다. 이 두 개의 해프닝에서 대삼과 금진의 성격은 모호하고 양가적인 것으로 드러난다. 실제로 두 인물의 극중 역할은 매우 불분명하다. 이들은 일본인 관광객이라는 조연의 역할로 극 후반부에 처음 등장하지만 대동아공영권 시리즈라는 작품의 정체성을 관객에게 직접적으로 전달하는 비중 있는 임무를 맡고 있기 때문이다. 그렇다면 이들을 중심으로 이루어진 해프닝은 명랑함의 재현과 관련해 어떠한 의미를 지니는 것인가.

간단히 말해 해프닝에서 드러나는 대삼과 금진의 모호한 성격은 가벼운 해프닝의 메커니즘이 내포하는 이중적인 지점을 상징적으로 보여 주는 것이다. 두 작품의 해프닝에는 공통적인 특징이 나타나는데, 도표 좌측에 표기된 해프닝의 위치를 보면 두 작품의 해프닝 모두 2~3장에 한 번씩 균일하게 등장하고 있다는 사실을 알 수 있다. 해프닝과 해프닝의 사이에서는 주요 인물들을 중심으로 사건이 발생하고 플롯이 전개되고 있다. 그런데 여기서 해프닝이 배치된 위치가 중요한 이유는 해프닝이 등장하는 맥락과 직결된다. 해프닝들은 언제나 대동아전쟁의 필연성이나 대동아공영 사상의 정당성이라는 시국적인 주제가 언급되는 맥락과 이어지기 때문이다. 다시 말해, 제국주의 프로파간다의 정치적인 국면과 코믹한 상황극의 비정치적인 국면은 끊임없이 맞물리고 있다. 해프닝은 그 경계 지점에 개입함으로써 프로파간다의 정당성에 대한 정치적인 비판의식을 분산시키는 동시에 비판의식이 소거된 비정치의 영역으로 관객들을 몰입시킨다. 그러므로 몰입이 방해되는 전자의 지점은 서사극의 비판적 공간을 만들어 내는 것이 아니라 오히려 명랑함의 무비판적 공간을 강화하는 것이다. 뒤따르는 해프닝으로의 몰입을 통해 일본 제국의 정치에 대한 비판의식이 분산되어 버리기 때문이다. 결국 해프닝은 '몰입'과 '분산'의 두 가지 기능을 전방위로 수행하며 "동아민족의 융성(東亞細亞民族의隆盛)"과 "대동아공존공영(大東亞共存共榮)"의 메시지를 전달하는 효과적인 극적 장치가 되고 있으며, 이로써 비정치의 영역을 정치의 영역으로 전환하는 데 성공하고 있다.

한편 또 다른 공통점은 두 작품의 해프닝은 대부분 오해나 착각으로부터 기인한다는 데 있다. 《몽골》의 왕오가 몽골 아가씨들로부터 주대로 오해를 받은 일이나 반대로 월매를 무희로 오인한 일, 그리고 《북경》에서 호텔 보이를 신부로 착각한 신랑과 중국인 인력거꾼과 말이 통하지 않을 거라고 오인한 대삼과 금진은 모두 오해의 모티브로부터 해프닝을 벌이고 있는 것이다. 이러한 오해들은 결국에는 모두 해소된다는 점에서 '가벼운 해프닝'은 '오해의 모티브'의 연장선에 있다. 그러나 오해의 모티브가 적에 대한 오해를 풀고 과거의 적을 오늘의 '우리'로 통합하는 직설적인 프로파간다의 메커니즘이었다면, 가벼운 해프닝은 이와는 반대의 지점에서 프로파간다를 수행한다. 해프닝은 몰입과 분산의 작용을 통해 우회적인 방식으로 제국주의 이데올로기의 폭력성을 은폐하기 때문이다. 오해의 모티브와 가벼운 해프닝은 표면적으로는 상반된 모양새를 취하지만 본질에 있어서는 규범화된 감정인 명랑함을 동일하게 재현하고 있다. 말하자면 유쾌하고 쾌활한 감정으로서의 명랑함은 결국 건전한 윤리로 수렴되는 덕성으로서 은폐와 순응이 수행되는 역설적인 정치의 장소이다.

마지막으로 세 번째, 음악과 서사의 결합을 통해 극대화되는 명랑함의 효과이다. 다시 말해 서사적인 힘과 그것을 보완하는 음악적인 힘이 밀착함으로써 명랑함이 가장 효율적으로 재현되는 것이 바로 이 세 번째의 방식이다. 이러한 방식은 음악에 내재하는 정서적인 능력과 내러티브적 능력을 적극적으로 활용하는 음악극의 특수성이라고 할 수 있으며, 특히 전시체제하의 명랑의 재현과 관련하여 다카라즈카 소녀가극 전반에 나타나는 특징이다. 대표적인 세 가지의 사례를 살펴보면 다음과 같다. 먼저 추축국 시리즈 《새로운 깃발》의 5장에서는 유겐트 단원인 주인공 자매들이 농촌봉사를 하기 위해 떠나는 장면이 연출된다. 여기서 소녀들은 농촌이라는 곳을 동물과 친구가 될 수 있는 아름답고 낭만적인 곳으로 상상하고 있다.

언니: 감사합니다. 그런데 어디에 간다고 생각하고 있는 거니?
동생: 댄스나 오페라에 가는 거 아니야?
언니: 아름다운 숲과 잡초가 우거진 시골 마을에 일하러 가는 거야.
동생: 소가 음매 ~ 하고 울고 양은 메에 ~ 우는, 돼지는 꿀꿀 ~ 우는, 귀여운 동물들의 친구가 되러 가는 거구나.
두 명: 우리들은 시골로!!

이렇게 시골로 봉사활동을 떠나는 소녀들 주위로 "비슷한 모습의 소녀들 20명이 가방을 손에 들고 기차에 흔들리며(同じ樣な少女達二十人カバンを手に旅の唄を歌ひ乍ら汽車にゆられて居る)" 부르는 노래가 아래의 〈기차 여행汽車の旅〉이다.

〈기차 여행〉

여행은 즐겁다

소녀들의 꿈을 싣고

기차는 간다

창문에는 높고 흰 구름 흐르고

또 사라져 가고

여행은 유쾌하다

아름다운 숲 해에 빛나는 호수

조용한 거리

우리들의 국토 아름다운 나라

그림 33 〈기차 여행〉의 악보

모데라토 빠르기의 B플랫 장조인 이 노래는 전주 부분에서 16분 음표 4개로 구성된 동일한 음형과 음고를 9번 반복하고 있는데, 이렇게 짧은 형태로 된 악구의 반복은 재미있고 즐거운 기분 상태를 연출하기 위해 음악적으로 많이 쓰이는 방법이다. 특히 악보에 해당하는 가사 "여행은 즐겁다 소녀들의 꿈을 싣고(旅は楽し 乙女等の夢をのせ)"를 통해 여행과 더 나아가 봉사활동에 대한 소녀들의 흥분과 기대감까지 묘사되고 있다. 이와 같이 청소년들의 농촌 봉사, 즉 나치 제국이 국민들에게 요구했던 의무를 즐겁게 수행하는 모습이 곧바로 음악적인 층위에서 보완됨에 따라 소녀들의 명랑함은 배가되는 모습을 확인할 수 있다. 또한 이후 소젖을 짜거나 집안일을 거드는 등 "즐거운 노동(楽しい 勞動)"으로부터 소녀들이 느끼게 되는 환희의 감정은 당시 일본 국민국가가 역설했던 "국민생활의 명랑화",[29] "명랑농촌의 건설"[30]이라는 전체주의 모럴과 다르지 않은 것임을 알 수 있다.

한편 음악과 서사의 결합에서는 해피엔딩의 효과를 극대화시키기 위해 주로 작품의 끝 부분에 배치되는 양상이 강하게 나타난다. 음악의 비중이 특별히 더 높게 나타난 《북경》은 그 좋은 예이다. 작품 속에 삽입되는 노래들은 플롯을 반영하는 것이 일반적이지만, 주제가 〈꿈의 지나정〉·〈북경〉과 〈꽃 파는 아가씨〉·〈동아진행곡〉과 같은 테마들의 경우 특히 내러티브와 더욱 긴밀하게 결합하여 사용되는 대표적인 노래들이다. 이 가운데 〈동아진행곡〉은 가장 극적인 방식으로 음악과 서사를 결합함으로써 명랑함을 재현하고 있는데, 작품의 메시지를 전달하는 가장 핵심적인 장소에서 두 번 등장한다. 첫 번째 장소는 인력거꾼들과 언어 문제로 가벼운 해프닝이 벌어졌던 12경이다. 여기서 주인공들은 중국과 일본의 협력을 강조하며 중화민국을 완성하기 위한 3대 원칙으로 "선린우호, 공동방공, 경제제휴(善隣友

---

29) 編輯部, 「國民生活明朗化への提言」, 『公論』 6月, 1944 , 52~62.

30) 岡本馨, 農山漁村文化協會, 「明朗農村の建設」, 『農村文化』 24, 1945, 23~24.

好、共同防共、經濟提携)"를 제시한다. 과거의 적국이었던 양국의 님성들이 동아에 대한 사랑으로 "정신이 통하게(情神は通じる)" 되자, 곧바로 〈동아진행곡〉이 흘러나온다. 〈동아진행곡〉이 등장하는 두 번째 장소에서는 더욱 적극적으로 명랑함이 강조되는데, 주인공 유를 아편으로부터 벗어나지 못하도록 괴롭힌 양이 사라지고 북경에 평화가 회복된 시점에서 이 노래는 다시 합창된다. 여기서 일본인 장에 의해 선언되는 말은 "북경은 점점 명랑화되었습니다. 삼십만의 집집마다 오색의 깃발이 나부껴 동아의 질서는 세기의 새벽과 함께 빛나기 시작했습니다. 희망에 찬 우리 북경!(北京はどんどん明朗化されました た、三十萬の軒毎に五色の旗はひるがへり、東亜の秩序は世紀の夜明けと共に輝き始めました、 希望にみちた吾が北京)"이다.

이 두 대목은 민족 간의 갈등이 해소되고 화합이 성취됨으로써 당시 일본의 대중매체를 뒤덮었던 '북지의 명랑'이 성취된 곳이다. 즉 명랑한 서사가 행진곡의 리듬으로 구성된 신체와 결합함으로써 최대의 극적인 효과를 이끌어 내고 있는 것이다. 이러한 맥락에서 볼 때 명랑이라는 감정은 행진하는 신체와 매우 밀접한 관계에 있음을 알 수 있다. 행진하는 신체는 곧 명랑한 신체이다.

마지막으로 《만주에서 북지로》의 인상적인 결말 또한 행진하는 신체와 해피엔딩의 결말을 통합적으로 제시함으로써 음악과 서사의 결합이 명랑성을 극대화하는 지점을 적절하게 보여 준다. 성공적인 만주 이민과 북방 식민지 지역의 밝은 미래를 보여 주는 작품의 결말은 〈애국행진곡〉의 대중성 및 명랑성과 만나 매우 큰 공명을 일으키고 있다. 주지하다시피 이 노래는 4분의 2 박자의 장조 화성에 풍코부시 리듬이 사용된 전형적인 행진곡 양식이었다. 1절의 가사 "맑고 명랑한 아침 구름(清朗の朝雲)"처럼 음악적인 색채 또한 어둡거나 비관적인 느낌이 전혀 없는 노래이다.31)

이는 장조 음계를 선호하는 일본의 국가적 음악관으로 설명할 수 있다.

당시 일본의 관료들은 장·단조 음계의 성격을 밝히기 위해 고심했고, 이자와 슈지(伊澤修二)의 연구 결과에 의거하여 장조 음계는 "용장 활발하고 쾌활한 정이 넘쳐나 연주자도 심성의 근저에 환락의 느낌이 나타나는데 비하여, 단조 음계는 유약 우울하고 애정(哀情)이 심하여 그 악곡을 연주하는 사람은 비탄 감정에 빠지는 결과"[32]가 된다는 인식을 하게 된다. 이러한 음악관은 음악이 인간의 심성에 영향을 끼친다는 그리스의 에토스 이론을 그 기저에 깔고 있는 것인데, 장조 음계의 악곡에 대한 이와 같은 당시의 높은 선호는 곧 '황국신민으로서의 정조를 순화'하려는 음악 정책과 궤를 같이하는 것이었다.

이상을 종합하면, '오해의 모티브'와 '가벼운 해프닝'의 경우 서로 다른 재현 방식을 보여 주기는 하지만 결국 명랑함의 본질을 공유하는 것이다. 또 '음악과 서사의 결합'은 음악적 층위에 내재된 명랑함을 통해 그 효과를 가장 극대화한다는 점에서 특징적인 양상을 드러낸다. 그리고 이와 같이 다양한 극적 장치를 구사하는 연출의 지향점은 결국 관객과 밀착된 무대를 소통의 통로로 하여 제국 통합의 메시지가 막힘없이 관류하도록 하는 것이다. 그러나 그 지향점이란 오늘날 동시대의 많은 연극이 추구하는 상상력과 비판력을 소유한 관객 개개인의 인지적 공간이 아니라 몰입과 은폐, 무비판에 길들여진 획일화된 감정을 뜻한다.

요컨대 일본의 근대 국민국가는 건강한 육체와 함께 건전한 감정까지 개발함으로써 이성과 감성의 전 영역에서 통합이 이루어진 사회를 계획했으

---

31) 《만주에서 북지로》의 좌담회 자료에서는 피날레 장면은 "명랑북지를 결집해 놓은 장면"이며, 중국인과 일본인의 결혼식 장면에 등장하는 춤은 "중국(남경) 임시정부의 탄생을 축하하기 위해" 삽입되었다는 사실이 제시되어 있다. 「満州より北支へ座談會」, 『宝塚少女歌劇脚本集』, 1938年(昭和13年), 122.

32) 伊澤修二, 「音樂と教育との關係」, 『洋樂事始』, 東京: 平凡社, 1971, 106~107(노동은, 『한국근대음악사』, 서울: 한길사, 1995, 622 재인용).

며, 다카라즈카 소녀가극은 다양한 극적 장치들의 효과를 활용해 명랑함을 집단적인 심성으로 이상화하고 있다. 그것은 유쾌하고 쾌활한 정서인 동시에 국가에 의해 규율화 된 윤리로서의 정서, 두 가지의 의미를 포괄적으로 보여 주는 것이었다. 이와 같이 감정이 재현되는 양상에 대해 검토하는 일은 국가의 규율권력에 의해 인간의 정신과 신체, 그리고 감정까지 동원될 수 있는 가능성으로 논의를 확장한다는 점에서 의미 있는 작업일 것이다. "북지의 명랑, 약진의 만주를 대중들에게 인식시키는 것"[33]을 연출의 목표로 밝힌《만주에서 북지로》의 연출가 기시다 다쓰야의 말은 그러므로 이러한 맥락에서 큰 울림을 지닌다.

---

33) 「満州より北支へ 座談會」, 『宝塚少女歌劇脚本集』, 1938年(昭和13年), 118.

제9장

판타스마고리아 기법의 전유

1. 통합과 몰입의 기법으로서의 환영

'환영', 또는 '환각'을 뜻하는 판타스마고리아(phantasmagoria)는 18세기 후반 프랑스에서 처음 등장했다.[1] 프랑스 대혁명 이후 유럽 문화를 지배했던 낭만주의적 감수성은 이성에 의해 배제되었던 초자연적인 현상에 대한 관심을 촉발시켰다. 꿈이나 사후의 세계, 그리고 유령·마녀·악마와 같은 신비한 존재의 이미지들은 환등기(magic lantern)가 발명되고 보급됨에 따라 입체적이고 환상적인 감각이 재현 가능해지면서 대중적인 쇼의 형식으로 소비되기 시작한다. 환등기의 근대적인 기술을 통해 기괴하고 환상적인 분위기를 연출한 '판타스마고리아 쇼(phantasmagoria show)'는 구경꾼들의 불안과 공포를 자극함으로써 최고의 감각적 쾌감을 선사하는 최신의 오락물이었다. 그러나 아이러니하게도 그것은 환등기의 발명을 주도한 "과학적 합리주의가 미신에 도착된"[2] 지점을 보여 주고 있다. 판타스마고리아란 과학 문명의 이기(利器)를 통해 실재하지 않는 것을 실재하는 것으로 믿게 하는 일종의 '속임수(trick)'이자 '마술(magic)'이었다.

---

1) 판타스마고리아의 사전적 의미는 꿈이나 상상에 의해 만들어진 판타지(Fantasies)나 환영(Illusion)을 가리키며, 이러한 판타스마고리아의 효과는 시각적인 이미지나 청각적인 음향이 연속되고 변형되는 특징을 통해 창출된다고 본다.

2) Laurent Mannoni, "The Phantasmagoria," *Film History*, Vol.8, 1996, 390.

그림 34 환등기를 활용한 매직 랜턴 쇼

'몰입'과 '착시'를 유도하기 위해 판타스마고리아를 창조하는 불변의 원칙은 관객들은 화면 뒤에 설치된 환등기의 프로젝터를 보아서는 안 된다는 것, 그리고 랜턴으로 투사된 영상은 끊임없이 움직이며 크기에 변화를 주어야 한다는 것이다.[3] 이러한 원칙이 깨질 경우 환각의 효과는 무화되기 때문이다. 18세기 당시 유능한 판타스마고리스트(phantasmagorist)로 이름이 높았던 로베르(Étienne-Gaspard Robert)는 유리로 된 하모니카(the glass harmonica)를 이용하여 시각적 효과에 음향적 효과를 더했는데, 이 악기는 기괴한 소리를 만들어 냄으로써 '환각적인 스펙터클(hallucinatory spectacle)'을 더욱 강력하게 만들었다.[4]

연극사에서 '환영(illusion)'의 개념이 최초로 등장한 것은 그리스 시대로 거슬러 올라간다. 아테네 시민들을 중심으로 벌어진 일종의 종교적인 의례인 디오니소스 제의는 시민공동체의 유대를 강화하는 '단합대회의 성격'을

---

3) 위의 글, 390.
4) 위의 글, 398.

지니고 있었으며,[5] 그 공동체적 유대의식의 가장 중심에는 연극적인 계기가 자리 잡고 있었다. 니체는 이와 관련해 극예술에서 환영의 미학적 역할을 강조했는데, 제의 참가자들이 디오니소스 신에게 빙의되는 체험(methexis)[6]으로부터 무대 위에 '새로운 환영'이 만들어지고 또 이러한 연극적인 과정을 통해 개인의 해체와 공동체의 결속이 이루어진다는 것이다. 그리스 시대의 환영이란 관객의 몰입을 이끌어 냄으로써 아테네 시민들을 폴리스(polis)의 일원으로 결속감을 다지는 연극적인 계기이자 정치적인 계기로 기능하는 것이었다.

이후 환영이라는 개념이 중요한 연극적 요소로 다시 등장하게 된 것은 사실주의 연극 사조에 의해서였다. 허구적인 낭만주의 연극에 반기를 들고 등장한 사실주의 연극은 일상의 삶을 무대 위에 사실적으로 재현함으로써 관객들에게 있는 그대로의 현실을 객관적으로 인식시키고자 했다. 그러나 사실주의적인 경향은 '핍진한 현실 묘사'라는 강박적인 대명제하에서 오히려 프로시니엄 무대의 '제4의 벽(fourth wall)' 안에만 실재하는 '실재의 환영'을 만들어 냈다. 이와 같이 사실주의 연극이 아이러니하게 창조해 낸 극적 환상은 브레히트의 서사극 이론이 비판했던 바로 그 지점 위에 있다.

연극의 극중 현실을 연극으로 재현할 수 있다는 것은 인간 생활의 사실적인 묘사가 가능하다는 전제 하에서의 일이다. 이와 같이 무대 위에 설치된 장소가 극적 환상을 고조시키고 또 그 순간 정말 실제의 사건을 경험하는 듯한 착각을 불러일으키는 말투가 사용될 때에는 모든 것이 너무나도 자연스러

---

5) 김세영 외, 『연극의 이해』, 서울: 새문사, 1999, 161.

6) 메텍시스(Methexis)란 그리스 제의에서 참가자들이 제의에 즉흥적으로 참여하여 집단적인 공감 및 집단 창작에 이르는 것을 가리키며, 무대와 관객을 엄격하게 분리하는 미메시스(Mimesis) 개념과 반대의 지점에 있다.

워 나름대로의 판단이라든가 상상력, 혹은 자극 같은 것을 불러일으킬 수 없으며 단지 자신을 연극 속에 내어맡긴 채 같이 경험하고 '자연'의 일부분이 되어 버리는 것이다. 현실은 극적 환상이 아무리 완전무결하다 할지라도 어쨌든 예술적인 구현을 통해 변화되어야 한다.[7]

브레히트에게 있어서 '극적 환상'이란 '아무리 완전무결하다 해도', '예술적인 구현을 통해 변화되어야 하는' 현실을 제대로 보여 주지 못하며 오히려 '착각'만을 일으키는 경계의 대상일 뿐이다. 사실주의 연극이 만들어 내는 환영은 관객들을 가공된 현실 속에 매몰시킴으로써 실제 현실에 대한 비판력을 빼앗아 버리기 때문이다. 일찍이 비극의 가장 큰 심미적 효과로 감정 이입과 카타르시스(catharsis)를 주장한 아리스토텔레스에 대한 브레히트의 비판은 무대와 객석의 일치를 지향한 사실주의 연극에 대한 비판과 동일한 선상에 있는 것이다. 마술주의적 환영의 일종인 판타스마고리아 쇼 또한 브레히트의 비판의 내용으로부터 자유로울 수 없는 것은 두말할 필요도 없다. 관객들의 의식을 이화(異化)시킴으로써 사회 현실에 대한 비판의 장을 확보하고자 한 브레히트의 서사극 이론은 환영 속에 내재되어 있는 위험성을 역설적인 방식으로 드러낸다는 점에서 시사점을 제공한다.[8]

요컨대 서양 연극사에서 다양하게 변주된 환영의 기법은 그러나 공통적으로 '통합과 몰입'의 메커니즘을 작동시킴으로써 관객을 무대에 동화(同化)시키는 데 효과적으로 활용된 극적 장치라 할 수 있다. 그것은 연극 내적인 형식으로서의 총체성(totality)으로부터 연극 바깥의 사회적인 관계들의 합일

---

7) 베르톨트 브레히트 지음, 김기선 옮김, 『서사극 이론』, 서울: 한마당, 1992, 28~29.
8) 그러나 브레히트는 이러한 비판과 동시에 아리스토텔레스 시대의 감정 이입과 자본주의 사회에서 개인의 감정에 몰입하는 것이 다를 수밖에 없다고 수긍함으로써 양자 사이에 뚜렷하게 선을 긋고 있다. 위의 책, 17~18.

(unity)에 이르기까지 모든 통합의 지점들을 포괄한다는 점에서 극적 장치 이상의 의미를 지닌다. 개별적인 예술 장르들의 종합을 지향한 바그너의 음악극은 그 전형적인 사례를 보여 주는데, 이러한 맥락에서 바그너 음악극에 나타나는 판타스마고리아의 환영적 요소에 대한 아도르노의 비판은 주목할 필요가 있다. 이는 다카라즈카 소녀가극에서 재현되는 판타스마고리아의 프로파간다적 성격으로 논의를 확장하기 위한 선행 작업이라는 점에서 의미가 크다.

2. 아도르노의 바그너 음악극 비판

바그너는 수많은 이론적 저작물들을 통해 자신의 예술적 이상 및 그와 맞물린 정치적 신념을 지속적으로 표명한 작곡가로 유명하다. 상업적인 오락물로 전락한 당시 오페라를 개혁하겠다는 일념하에 바그너는 '종합예술작품(Gesamtkunstwerk)'이라는 오페라와 차별화되는 자신만의 새로운 '음악극(Musikdrama)'의 이상을 세운다. 오페라 개혁의 모범으로 삼은 것은 고대 그리스의 비극이었다. 바그너에게 있어서 그리스 시대의 비극은 음악, 문학, 무용, 조각 등이 분리되지 않고 복합적으로 결합됨으로써 본질적인 예술의 세계를 표현할 수 있었으며, 더 나아가 배우와 관객의 혼연일치를 통해 예술과 공동체적 삶이 일치하는 이상적인 미래의 예술을 선취했기 때문이다. 그리스 예술의 복원은 그러므로 곧 공동체적 사회의 성취를 의미하는 것이었다. 바그너가 새로운 음악극의 소재로 주목한 신화와 전설 또한 이상적인 공동체의 건설이라는 그의 일관된 정치적 목표와 상통하는 것이었다. 오랜 세월 전승되어 내려온 서사 문학 속에는 공공성과 총체성을 고양시키는 인류의 보편성이 담겨 있기 때문이다.

그러므로 예술만이 그 무엇보다도 이와 같은 사회적 충동에 그 고귀한 의미를 부여할 수 있을 것이며, 그것을 올바른 방향으로 인도할 수 있을 것이다. 이 같은 위대한 사회적 운동의 어깨 위에, 현재의 문명화된 야만의 상태에서 예술은 그 자신을 끌어 올릴 수 있을 것이며 자신의 명예를 지킬 것이다. 각각의 예술은 공동의 목적을 가지며, 그리고 양자는 그것을 공동으로 인식할 때에만 그에 달성할 것이다. 이것은 강력하고 공의로운 인간의 목표로서, 혁명은 그에게 그 권능을 부여할 것이고, 예술은 그에게 그 미(美)를 부여할 것이다.[9]

이렇게 예술적인 이상과 정치적인 이상을 일치시킨 바그너의 음악극에서 통합과 몰입은 총체성의 구현을 위해 필수적이었다. 바그너는 자신이 상상한 무대 위의 세계를 실제처럼 만들어 주는 극적 장치로서 일루전을 지속적으로 고안해 나간다. 실제로 바그너는 소재의 선택 외에도 통합과 몰입의 기술을 다양하게 구사한 강력한 연출가였다. 무대 전면을 향해 객석의 자리를 빽빽하게 나열한 대륙식 좌석배치법, 객석의 점등 및 박수의 금지, 오케스트라 피트(orchestra pit)를 무대 아래로 끌어내린 바이로이트 극장 특유의 건축 구조 등은 모두 극으로의 몰입을 이끌어 내기 위한 '일루전(illusion)'의 기법들이었다. 이러한 기법들은 '전례 없을 정도로 관객들에게 집중할 것을 요구하는' 당시로서는 파격적인 연출법이었다.[10] 그리고 그 연장선에서 바그너는 마술적이고 신비로운 요소들을 빈번하게 사용했다. 이것이 바로 바그너 작품에서 반복적으로 사용되는 판타스마고리아이다.

9) Richard Wagner, translated by H. Ashton Ellis, *On Music and Drama,* Lincoln: University of Nebraska Press, 1992, 67.
10) Patrick Carnegy, *Wagner and the Art of the Theatre,* New Haven: Yale University Press, 2006, 41.

아도르노는 이러한 바그너 음악극의 성격에 대해 부정적인 입장이었다. 마르크시즘에 사상적 뿌리를 두고 비판이론을 발전시킨 아도르노는 기본적으로 상품 숭배(commodity fetishism)에 대해 비판적인 마르크스의 시각을 계승하고 있다. 마르크스에 따르면 상품 숭배는 인간의 노동이 투하되는 생산관계를 은폐함으로써 '인간들 사이의 사회적 관계를 사물들 사이의 관계인 판타스마고리아적 형식과 같은 것'으로 전락시키는 것이었다.[11] 판타스마고리아의 본질이 최신의 과학 기술과 마술적 기법을 동원해 관객들을 현혹하는 속임수였다면, 마르크스에게 있어서 상품 숭배는 "구경꾼들이 스스로를 꿈과 판타지에 동일시하게 함으로써 생산과정을 가리는 베일"[12]이었다. 상품이 지니는 판타스마고리아적 속성에 대한 마르크스의 비평은 발터 벤야민(W. Benjamin)의 『아케이드 프로젝트(The Arcades Project)』에서 모더니티의 문화현상비평으로 더욱 구체화되는데, 벤야민은 판타스마고리아를 19세기 파리의 도시문화를 설명하기 위한 개념적 도구로 확장한다. '아케이드'란 유리와 철근으로 건축된 오늘날의 백화점과 같은 거대한 구조물로 "호화 상품들의 거래(the luxury-goods trade)"[13]가 이루어지는 소비의 장소를 말하는 것이다. 벤야민은 아케이드에 화려하게 진열된 상품들이 마치 "꿈과 같은 이미지(a dream image)"[14]를 '파노라마'처럼 경험하게 해 주는 판타스마고리아의 본질을 지닌다고 지적한다.

상부구조는 하부구조의 표현(expression)이다. 사회가 존재하는 토대가 되는

---

11) Theodor W. Adorno, *In Search of Wagner*, London; New York: Verso, 2009, 74.

12) Susan Buck Morss, "Aesthetics and Anaesthetics: Walter Benjamin's Artwork Essay Reconsidered," *October*, Vol.62, 1992, 25.

13) Walter Benjamin, "Paris: Capital of the Nineteenth Century," *Perspecta*, Vol.12, 1969, 165.

14) 위의 글, 170.

경제적 조건은 상부구조에서 자신의 표현방식을 발견한다. 마치 배부른 채로 잠든 것처럼 비록 우연히 그것이 꿈의 내용을 좌우할지라도, 그 꿈들 안에 반성(reflection)이 아니라 자신의 표현을 찾는다. 집단(the collective)은 우선적으로 삶의 조건을 표현한다. 그들은 꿈속에서 표현을 찾고, 각성(awakening) 안에서 그에 대한 해석을 발견한다.15)

벤야민은 집단적 성격을 지니는 꿈을 반성적으로 인식하기 위해서는 "변증법적 사유(dialectical thinking)"가 필요하며, 이를 "역사적 각성의 기관(the organ of historical awakening)"16)이라고 평했다. 이러한 각성의 경험을 통해 19세기 파리의 소비문화를 "탈신비화(demystification)"17)해야 한다는 것이 벤야민이 아케이드 프로젝트에서 제시한 결론적인 주장이다. 그리고 판타스마고리아를 바그너 음악극의 퇴폐의 증상으로 지적한 아도르노는 '예술작품을 상품으로 보는(the artwork of commodity)' 마르크스주의의 전통을 공유한다.18)

일찍이 아도르노는 도구적 이성으로 인류를 야만과 맹목에 빠뜨린 전체주의 사상과 또 다른 형식의 도구적 이성으로서 자본주의 체제와 문화산업에 대해 강도 높게 비판한 바 있다. 아도르노에게 있어서 획일화된 자본주의의 대량 생산체계는 인간 소외와 사물화를 야기하는 도구화된 이성이었다. 자본주의하에서 상품은 인간을 위한 것이 아니라 "자본의 성취 그 자체

---

15) Walter Benjamin, translated by Howard Eiland and Kevin McLaughlin, *The Arcades Project*, Cambridge: Harvard University Press, 2002, 392.

16) Walter Benjamin, "Paris: Capital of the Nineteenth Century," 172.

17) Margaret Cohen, "Walter Benjamin's Phantasmagoria," *New German Critique*, Issue 48, 1989, 90.

18) Gyorgy Markus, "Walter Benjamin or The Commodity as Phantasmagoria," *New German Critique*, No.83, Special Issue on Walter Benjamin, 2001, 3.

를 위해"19) 생산되며, 이렇게 생산된 상품은 소비에 대한 허위욕구만을 자극함으로써 인간을 "문화산업의 총체성이라는 틀 속에 포섭"20)하기 때문이다. "동일한 상품에 대한 동일한 욕구"21)를 충족시키고자 하는 허위의식은 개별적인 미적 취향을 빼앗는 동시에 소비되는 상품과 소비하는 인간 주체를 동일시하는 착각과 오류를 조장한다는 것이 아도르노가 독해한 문화산업의 동일화의 원리이다. 바그너 음악극의 판타스마고리아적 요소에 대한 아도르노의 비판은 이러한 사상적 궤적의 큰 틀 안에서 궁극적으로 '총체성'과 '상품성'으로 귀결된다.

상품의 외양(the outward appearance)에 의하여 그 상품을 숭배하는 것, 그것은 리하르트 바그너의 작품들을 지배하는 공식적인 법칙이다. 상품은 마치 스스로 생산하는 것처럼 자신을 드러낸다. 빈번하게 사용되는 반음계주의(chromaticism)와 리딩톤(the leading note)은 그 예이다. 상품 생산의 저변에 깔린 힘과 조건들을 살펴보지 않는다면, 그 상품의 외양은 그 모습 자체로 존재하게 된다.…바그너의 오페라는 마술적인 현혹/기만(magic delusion)을 향해, 쇼펜하우어가 '무가치한 상품의 표피(The outside of the worthless commodity)'라고 칭한 것, 즉 판타스마고리아를 향해 나아가려 한다. 이것은 그의 음악에서 화성과 기악의 음향을 지배하는 원리이다. 끊임없이 반복되는 판타스마고리아는 그의 작품의 핵심적 위치를 차지한다. 모든 악장들은 판타스마고리아에 그 기원을 둔다.22)

---

19) Th. W. Adorno, Ed., J. M. Bernstein, *The Cultural Industry*, Routledge, 1991, 4.

20) 아도르노·호르크하이머 지음, 김유동 옮김, 『계몽의 변증법』, 서울: 문학과지성사, 2001, 207.

21) 위의 책, 184~185.

22) Theodor W. Adorno, *In Search of Wagner*, 74~75.

실제로 바그너가 바이로이트 극장의 무대 장치로 설치한 환등기의 빛의 효과는 18세기 판타스마고리아 쇼의 마술적인 분위기에서 얻어지는 몰입과 환각의 효과와 유사한 것이었다. 아도르노는 이를 벤야민이 지적한 것과 같이 아케이드에 진열된 상품의 판타스마고리아적 외양과 같은 것으로 간주하고 있다. 판타스마고리아의 시각적인 효과가 환등기의 기술적 측면을 통해 보완되었다면, 청각적인 판타스마고리아는 음악적 기법을 통해 이루어진다.

아도르노는 판타스마고리아의 재현 방식 가운데 "소리의 매개(the medium of sound)"[23]를 중요한 요소로 파악했다. 이에 따라 텍스처와 음색, 다이내믹의 조절과 오케스트레이션(orchestration)의 청각적인 소재를 중심으로 판타스마고리아의 효과를 분석하는데, 특히《탄호이저Tanhäuser》(1845)의 베누스버그(Venusberg) 장면 같은 경우 "멀리 있는 소리(distant sound)"를 통해 만들어지는 "음향적인 환각(accoustic delusion)"[24]을 일으키는 대표적인 사례로 제시하고 있다. 이 장면에서 음악은 멀어졌다가 다시 가깝게 되돌아오는 것을 반복함으로써 소리를 통해 하나의 공간이 만들어지는데, 이러한 음향의 공간은 포르테(forte)와 디미누션(diminution)의 다이내믹 조절을 통해 이루어진다는 것이다. 음향적 거리를 창조하기 위한 악기의 음색 활용에 있어서 목관악기 피콜로의 도입은 주목되는데, 피콜로는 포르테의 크고 강한 소리를 점점 줄임으로써 멀리서 들려오는 소리를 효과적으로 만들어 낸다. 악기의 테크닉 면에서 크게 진보가 없는 피콜로는 모든 오케스트라 악기들 가운데 "가장 아카익한(the most archaic)"인 음색으로 "음악적인 동화의 나라(musical fairyland)"[25]를 상상하게 하는 판타스마고리아의 청각적 매개물이

23) Annette Michelson, "Bayreuth: The Centennial "Ring"," *October*, Vol.14, 1980, 67~68.

24) Theodor W. Adorno, *In Search of Wagner*, 75.

25) 위의 책, 75.

그림 35 《탄호이저》의 베누스버그 장면 11~15마디

라는 것이 아도르노의 주장이다. 악보 상에서도 피콜로는 주선율을 기교 있게 연주하기보다는 단순한 셈여림의 변화를 통해 음향적인 배경을 구축하는 역할을 잘 보여 준다. 한편 클라리넷이나 플룻, 호른 등의 다른 파트의 악기들은 동일한 리듬과 선율의 음형을 끊임없이 반복하고 있는 모습을 확인할 수 있다. 이러한 음형의 '반복'은 비단 이 부분만이 아니라 베누스버그 장면 전반에 나타나는 음악적인 특징이라는 점이 중요한데, 미세한 변화 속에서 끊임없이 이어지는 반복의 효과는 최면적이고 도취적인 분위기를 연출함으로써 판타스마고리아적 이미지를 강화하는 데 일조하기 때문이다. 니체는 일찍이 이러한 바그너의 음악은 도취에 빠뜨리는 '마취제'이며 바그너에 대해서는 '최면술의 대가'라고 평하기도 했다.

　이러한 청각적 판타스마고리아의 사례는 《로엔그린Lohengrin》(1848), 《발퀴레Valkyrie》(1856), 《파르지팔Parsifal》(1882)과 같은 작품들 속에서 다양한 논거들을 통해 제시되고 있다.[26] 이와 같이 소리의 공간감을 통해 연출되는

---

26) 특히 아도르노는 발퀴레의 마지막 60마디에 등장하는 불의 메타포(a metaphor for fire)를 판타스마고리아의 본질이 음악적으로 가장 잘 나타난 예로 꼽고 있다. 위의

청각적 원근감은 한편 또 다른 층위로 확장되는데, '시간'과 '꿈'은 바그너 음악극에서 그 확장된 지점을 보여 주는 가장 핵심적인 소재이다. 그리고 시간과 꿈을 통해 재현되는 판타스마고리아는 아도르노에 의해 바그너 음악극의 상품성 비판으로 이어진다.

'시간'이라는 요소는 원시의 시대와 자연에 대한 숭배로 구체화되는데, '반지(Ring)' 시리즈에 등장하는 브륀힐데(Brünnhilde)는 그 대표적인 예로 제시된다. 3막의 경우 지크프리트(Siegfried)에 대한 브륀힐데의 사랑은 "자연 속에서 태고로부터(primordial in nature)" 있어 왔으며,[27] 더 나아가 브륀힐데가 마치 잠들어 있는 쿤드리(Kundry)처럼 "시간으로부터 분리된(detached from time)" 신비로운 존재로 묘사되고 있다고 아도르노는 말한다. 이러한 설명과 함께 영원성을 상징하는 시간이 조직적인 전조나 화성의 변화 등 음악적인 재현을 통해 보완됨으로써 그 성격이 더욱 강화되고 있음을 제시하고 있다. 그러나 아도르노는 이러한 시간의 신비를 낭만주의적인 세계관으로 결부시켜서는 안 된다고 지적한다. 바그너에 의해 허구의 세계가 실재의 세계로 재구성되는 "실재하지 않는 것의 절대적인 실재인 일루전(the illusion of the absolute reality of the unreal)"은 상품의 속성이 내포하는 "반낭만적 측면"[28]이기 때문이다. '꿈'의 소재 또한 생산과정을 은폐하는 판타스마고리아의 매개물로서 중요하게 다뤄지는데, 아도르노가 보기에 꿈이란 '정지된 시간'으로만 존재하는 시간의 역설적인 성격에서와 마찬가지로 '변증법적인 힘을 무력화하는' 판타스마고리아의 존재 형식이라는 것이다.[29]

책, 89.

27) "I fed your tender being/ Before you were begotten;/ Even before you were born/ My shield protected you:/ So long have I loved you Siegfried!"(Siegfried, Act III, sc.3)

28) Theodor W. Adorno, *In Search of Wagner*, 79.

29) 위의 책, 80~81.

꿈이 가장 고양된 곳에 상품은 가장 가까이 있다. 판타스마고리아는 꿈을 향해 나아가는데, 이는 단순히 잠재적 구매자들의 바람을 만족시키는 것에 그치는 것이 아니라, 그 상품을 만들어 내기 위해 수행된 노동을 은폐하는 것(conceal the labour)이 주된 목적이다. 그것은 주체를 그 노동의 산물과 직면시킴으로써 주체성을 거울에 비추듯 보여 준다. 그러나 이러한 방식으로는 그에 투하된 노동은 더 이상 인식 불가능한 것이 되어 버린다. 꿈꾸는 사람은 마치 그것이 기적인 것처럼 무력하게 그 이미지와 조우할 뿐이고, 마치 영원히 존재할 것만 같은 피할 수 없는 자신의 노동의 순환에 얽매여 있을 뿐이다. 그에 의해 만들어졌다는 사실조차 잊혀져 버린 그 대상은 마술적으로(magically), 그리고 마치 완전히 객관적인 현현(an absolutely objective manifestation)인 것처럼 그의 눈앞에 놓여 있다.[30]

마르크스와 벤야민이 보여 준 문제의식은 아도르노에게 그대로 이어지고 있다. 아도르노는 '상품으로서의 예술작품'이라는 마르크스의 논리를 기반으로 바그너 음악극이 오락적인 판타스마고리아 쇼와 공유하는 상품적인 본질에 대해 비판했다. 아도르노가 바그너 음악극에서 판타스마고리아의 매개물로 간주한 신화와 전설의 소재, 악기 소리의 효과, 꿈과 시간의 메타포는 모두 통합과 몰입의 일루전이 상품화로 나아가는 지점을 보여 주는 것이었다. 아도르노는 그것을 지금 여기로부터 동떨어진 "태고의 것(the archaic)"으로 수렴시킨다. 모더니티가 만들어 낸 최신식의 상품은 "오래된 것일수록, 더 새롭다(it sounded so old, and yet was so new)"[31]는 것이며, 이것이 상상력이 거세된 부르주아 사회가 판타스마고리아의 이미지를 만들어 내는 새로운 공식이라는 것이다. 그러나 더욱 중요한 것은 그것이 보편성

---

30) 위의 책, 80.
31) 위의 책, 84.

을 획득하면서 사회적인 접착제로 기능한다는 그의 지적이다.[32] 바그너가 인류의 보편으로 판단한 신화의 전설, 그리고 그 소재를 환상적으로 재구성하는 판타스마고리아의 기술은 아도르노에게는 결국 보편성을 극대화함으로써 총체적 예술, 더 나아가 총체적 사회로 나아가는 뚜렷한 징후로 해석되는 것이다.[33] 그리고 판타스마고리아가 재현되는 이와 같은 방식과 그로 인해 은폐되는 상품성 및 총체성의 문제는 아도르노의 바그너 음악극 비판이 이 책에 시사하는 가장 핵심적인 지점이 된다. 전시체제하의 다카라즈카 소녀가극에서도 판타스마고리아는 은폐의 기법으로 광범위하게 전유되기 때문이다.

3. 다카라즈카 소녀가극과 판타스마고리아

주지하다시피 판타스마고리아란 시각적인 효과와 청각적인 효과를 통해 생성되는 일루전의 이미지이다. 좀 더 구체적으로 말하자면 바그너 음악극에서 판타스마고리아를 재현하는 공식은 '멀리 떨어진' 거리감(distance)과 공간감(spatiality)의 창조로 집약될 수 있다. 신화와 전설의 소재는 과거에 대한 시간적 거리감을, 꿈의 메타포는 다른 차원의 세계에 대한 거리감을, 그리고 오케스트레이션을 통해 구축된 소리의 원근감은 음향적인 공간감을 만들어 냈다. 여기서 주목되는 것은 판타스마고리아를 재현하는 이러한 원칙과 실천들이 다카라즈카 소녀가극에서 매우 유사한 방식으로 반복되고

---

32) 위의 책, 84~85.

33) 이에 대해 아도르노는 바그너 음악극의 인물들이 "보편적인 상징성(Universal Symbols)"을 획득할 수 있었던 가장 큰 이유를 바그너가 자신이 창조한 인물들을 모호하게 판타스마고리아 속에 용해시켜버린 점에서 찾고 있다. 위의 책, 78.

있다는 사실이다. 그러므로 이 절의 과제는 아도르노의 분석 틀을 토대로 하여 이 책의 대상 작품들 속에 나타나는 판타스마고리아의 이미지 연출 방식과 그 함의에 접근해 보는 것이다.

다카라즈카 소녀가극의 공연에서 판타스마고리아가 재현되는 방식 또한 기본적으로는 시각적 판타스마고리아와 청각적 판타스마고리아로 나뉜다. 《이탈리아의 미소》와 《새로운 깃발》은 이 두 가지 형식의 판타스마고리아가 가장 현저하게 나타나는 작품이다. 《이탈리아의 미소》에서 판타스마고리아의 효과가 사용된 장소는 1경·6경·12경·14경의 총 4곳으로 파트별로 한 번씩 배치되어 있다는 사실을 알 수 있다. 인상적인 것은 판타스마고리아를 연출하는 세심함인데, 이와 같이 판타스마고리아를 파트와 파트 사이에 적절히 분배함으로써 극의 완급을 조절하고 이를 통해 추축국 시리즈의 목적인 삼국동맹의 강화, 그 배후에 놓여 있는 제국주의의 심층 구조를 기술적으로 포장하는 효과를 얻고 있다.

먼저 [1경_젊은 승리]에서는 전주곡 커튼 위로 환등 문자가 나타나는데, 그 내용은 "애국의 지도자를 낳고, 열혈의 시인을 길러 낸, 불멸의 예술을 배태한 산과 바다, 사람과 역사의 아름다움이 천년 고도의 꿈을 기리고 있는, 그것이 이탈리아의 국토이다(愛國の指導者を生み、熱血の詩人を育て、不滅の藝術を哺むに適した、山と海、人と歷史の美しさが千古の夢をたゝえてゐるそれがイタリヤの國土である)"이다. 환등이 사라진 후 무대가 밝아지며 백색 유니폼을 입은 이탈리아와 일본의 소년소녀가 등장한다. 오프닝에서 활용되는 환등 문자는 이탈리아의 과거를 아름답게 미화함으로써 파시즘의 정당성에 대한 논리적인 토대를 놓는다는 작품의 목표를 효과적으로 달성하고 있다. 6경의 아름다운 이방인이 하프를 뜯는 환영과 12경의 물의 요정의 환영에 이어, [14경_폐허]에서는 판타스마고리아 기법을 가장 전형적인 방식으로 제시한다. 서사의 주체는 비너스(ヴィナス)의 형상을 한 정체를 알 수 없는 여인이다. 무대 위에 홀연히 나타난 여인은 고대 로마의 "영화로운 날의 환영(榮華の日の幻影)"에 대해 노래하기 시작한다. "끝없는 추억의 죽은 거리여, 망연히 무너진 벽을 향해, 그 영혼의 모습 환영을 쫓는다(果てしなき追憶の死街よ、茫然と崩れし壁にむかひ、そのかみの姿幻に追ふ)", "사랑의 한숨 남기고 땅의 끝으로 사라진 폼페이(愛のといき残しつ 地の果てに消えしポムペイ)." 그녀의 노래를 통해 고대 로마의 폼페이라는 폐허의 시공간 속에서 강조되고 있는 것은 '추억', '과거', '영혼' 등 지극히 비현실적인 이미지들이다. 이야기가 전개되는 맥락을 볼 때 이 여인은 베수비오 화산 폭발로 사망했으나 고향을 떠나지 못하고 떠돌아다니는 영혼으로 보인다. 폼페이의 시절을 추억하는 여인의 노래와 함께 과거의 사람들(혼령)의 목소리가 함께 뒤섞임으로써 청각적인 판타스마고리아는 매우 강렬하게 연출된다. 이러한 14경의 환각적인 분위기 이후에 등장하는 장면이 올림피아 성전에서 "이탈리아 제국 만세"를 외치는 파시스트 제의라는 사실은 판타스마고리아 기법이 어떤 지점과 연결되는지를 웅변적으로 말해 주고 있다.

한편《새로운 깃발》의 경우 1918년을 회상하는 [1경_새로운 깃발] 부분에서 시각적·청각적 판타스마고리아를 대표적으로 볼 수 있다. 막이 열리는 것과 동시에 무대 위에는 병사들이 즐거운 시간을 보내는 모습과 함께 〈새로운 깃발 아래新しき旗の下〉를 부른다. 새로운 깃발, 즉 나치즘의 상징인 하켄크로이츠의 탄생을 축하하는 노래이다. 그러나 씩씩하고 경쾌한 음악은 갑자기 멈추고 시간은 제1차 세계대전에서 독일이 패배한 1918년을 향해 퇴행하기 시작한다. 이 부분의 지문을 보면 다음과 같다.

갑자기 음악이 멈추고 시계는 반대로 돌아간다. 추억에 잠기는 듯이 팀파니와 비브라폰 등의 소리가 교차하며 나선 모양으로 빙글빙글 도는 듯한 소리가 들린다. 그리고 큰 음향과 함께 환등에는 1933년, 1926년, 1923년, 1920

년, 1918년이 차례대로 나타난다. 그네에서 내려온 여자의 의상이 하나씩 하나씩 벗겨지는 것으로 각각의 시대를 대표하는 풍속을 보여 주며 1918년을 향해 역행한다.

파리평화회의에 의한 베르사유 조약을 굴욕적이고 "파괴적인 선언(破壞的宣言)"이라고 간주하는 독일의 입장을 대변하며 뼈아픈 과거의 기억을 되새기는 장면이다. 배우가 옷을 하나씩 벗는 행위를 통해 1933년→1926년→1923년→1920년→1918년으로 시간의 역주행을 묘사하는 이 장면은 빛과 소리의 효과를 표현적으로 활용한 가장 대표적인 경우이다. 여기서 환등의 무대 장치는 시간이 거꾸로 흐르는 기괴한 현상을 환상적으로 제시하고 있다. 환등의 시각적 효과를 보완하는 음악의 사용은 더욱 두드러지는데, 밝은 톤의 음악이 갑자기 멈추고 타악기의 소리가 "추억에 잠기는 듯한" 사색적인 분위기를 연출하다가 또다시 큰 음향을 등장시키고 있다. 이는 큰 소리와 작은 소리를 대비적으로 교차함으로써 음향적인 공간감을 만들어 내는 판타스마고리아의 전형적인 방식이다. 특히 "나선 모양으로 빙글빙글 도는 듯한 소리(螺旋のゆるむ様な音)"는 팀파니와 비브라폰을 둥글게 쓸어 내는 방식으로 표현되었을 것으로 보이며, 몽환적이고 환각적인 분위기를 매우 효과적으로 만들어 냈을 것으로 추측된다. 특히 이 장면은 시각적·청각적 매개물이 결합됨으로써 판타스마고리아의 효과가 더욱 증폭되고 있다는 점에서 주목할 필요가 있다.

이러한 결합의 효과는 2경에서도 나타난다. 1918년으로 변한 무대 위에서는 "조국의 승리를 염원하는(祖国の勝利を念じつゝ)" 노래 〈독일 이겨라ドイツ勝てよ〉가 소년과 소녀들에 의해 합창된다. 전체 4절로 구성된 이 노래는 비록 어린 학생이지만 조국 독일을 위해 좌절하지 않고 열심히 공부할 것, 그리고 공부가 곧 싸우는 것이라는 메시지를 전달하며 총후에 있는 학생의

의무를 내용으로 하고 있다. 〈독일 이겨라〉의 합창이 끝나고 무대는 전쟁에 패한 직후 독일의 혼란한 풍경으로 전환되는데 판타스마고리아는 그 사이에 재현된다.

…음악은 이상한 고조를 보이고, 환등은 다시금 11월 11일!이 된다. 음악은 도중에 망연자실하게 되어 멈추고, 호외의 방울 소리, 고함 소리, 가깝게 되었다가 또 멀리 되고, 무대 위의 사람들은 정지한 채로 움직이지 않고, 호외를 손에 들고 있는 사내, 상수로부터 한 사람 달려 나온다. 하수로부터도 한 사람, 또 상수로부터 한 사람, 그리고 또 하수로부터…. 조국 독일 패전의 비보, 굴욕적인 휴전조약, 스카파 플로의 독일 함대, 70쌍의 자폭을 알리며, 그리고 독일 민족에 있어 잊을 수 없는 파리평화회의 베르사유 체제의 파괴적인 선언이 차차 읽히며, 그 등의 비보를 접하고 눈물을 삼키는 민중의 모습이 암시적으로 보이고, 가수의 손으로부터는 독일 국기가 미끄러지듯 떨어진다. 그리하여 카이저의 독일 제국은 붕괴한 것이다.

이 장면 또한 1경과 유사한 방식으로 판타스마고리아를 재현하고 있다. 독일 제국이 항복을 선언한 1918년 11월 11일의 과거로 역행한 시간은 환등의 효과를 통해 시각적으로 강조되고 있으며, "가까워졌다 멀어지는(近く なり遠くなりする)" 소리가 만들어 내는 음향적인 공간감은 비현실적인 시간과 공간을 열어 놓음으로써 전형적인 청각적 판타스마고리아를 연출하고 있다. 여기서 '가까워졌다 멀어지며' 공명하는 소리는 아도르노가 《탄호이저》의 분석에서 '멀리 있는 소리(distant sound)'가 만들어 내는 효과라고 언급한 "신기루(Fata Morgana)"의 연장선에 있다. 이와 관련해 아도르노는 가깝고 먼 소리가 기만적으로 합쳐지는 순간 사회적인 모델들은 마치 "자연에 뿌리를 둔 것처럼 마술적으로(magically rooted in nature)"[34] 보이게 된다고 지적하고 있다. 마술적인 것이란 자연적인 것, 즉 "영속적 몰역사성(an ahistorical ever-same)"35)을 의미한다. 이는 다시 말해 역사적인 실재를 신화화해 버리는 일루전에 대한 비판이다. 아도르노의 이 같은 분석은 《새로운 깃발》이 선전하거나 은폐하고자 한 메시지와 관련해 시사하는 바가 적지 않다. '잃어버린 깃발(見失へる旗)'이라는 2경의 부제가 말해 주는 것처럼 이 장면은 독일 패전의 역사를 '비판'하는 것이 아니라 판타스마고리아의 기술을 통해 역사적인 기억을 환영의 형식으로 '기념'하고 있기 때문이다.

《북경》은 또 다른 방식으로 판타스마고리아를 재현하고 있다. 이 작품에서도 환등의 시각적 장치는 의미 있게 활용된다. 작품 전체에 걸쳐 환등 장치는 총 3번 사용되는데, 먼저 [11경_호궁과 아가씨]에서는 남자로 분장한 배우들이 현악기 호궁을 켜고 아가씨들이 〈백화가百花歌〉를 부르는 가운데 환등이 나타난다. 각본의 지시문에 따르면 환등을 통해 "아름다운 북경의 풍경을 선명하게(バックには幻燈にて美しき北京の一風景を鮮やかに映される)" 비추는 것과 동시에 이를 배경으로 하여 호궁의 연주와 노래가 연행되는 것으로 설명되고 있다. 이 장면에서 주목할 것은 환등과 호궁의 결합 방식에 있다. 호궁(胡弓)이란 주지하다시피 일본 악기이지만 중국의 호금(胡琴)에 기원을 두는 유사한 형태의 악기이며, 동양 문화권에는 호금을 변형한 현악기가 고래로부터 수십 종 전승될 만큼 보편적인 악기이다. 말하자면 이 작품에서 호궁은 국가와 민족의 경계를 넘는 동양 공통의 소리이며, 동시에 베누스버그 장면에 쓰인 피콜로처럼 '아카익'한 성격으로 시간적 거리감을 환기하는 일루전의 기관이 된다. 여기서 호궁의 소리는 정치적인 메타포로 도약하고 있음을 확인할 수 있는데, 그것은 중국과 일본, 더 나아가 하나로 합쳐져야 할 동양의 미래에 대한 청각적인 상징으로 사용되는 것이다. 13경

---

34) Theodor W. Adorno, *In Search of Wagner*, 75.

35) Gyorgy Markus, 앞의 글, 12.

그림 36 1942년《북경》의 공연 장면

에서 두 번째로 등장하는 오색 환등은 오족협화를 환상적으로 가시화함으로써 이를 뒷받침한다. 호궁의 소리와 환등의 결합은 그러므로 이러한 정치적인 메시지의 생산을 가리는 데 기여하는 극대화된 판타스마고리아의 사례로 볼 수 있다.

마지막으로 [15경_황혼의 연경(黃昏の燕京)]에 등장하는 환등은 11경과 마찬가지로 북경의 풍경을 비추는 데 사용된다. 그러나 15경의 환등이 차별화되는 부분은 환등이 북경을 보여 주는 방식에 있다. 앞선 경우 환등의 효과가 음향 효과와 결합되는 것이 특징이었다면, 여기서는 "북경의 명소를 차례차례 보여 주는(北京名所が幻燈にて次々映される)" 파노라마 방식을 고수하고 있다. 파노라마(panorama)는 일찍이 벤야민이 판타스마고리아의 근거로 주목했던 개념이다. 벤야민은 아케이드와 박람회에 진열된 상품들이 눈앞에 펼쳐지는 모습이 파노라마의 영상과 같으며, 관람객들은 파노라마와 디오라마에 의해 축소된 풍경들 속에 종속된다고 보았다.36) 다시 말해 파노라마란 판타스마고리아를 경험하는 19세기 특유의 '보는 방식'이며, 그로인해 상품화 과정이 은폐되는 것은 필연적이라는 지적이다. 벤야민의 시각

36) Susan Buck Morss, 앞의 글, 22.

을 따른다면, 파노라마 방식으로 제시되는 "명랑화된 북경(明朗化された北京)"은 교환가치만이 남아 있는 상품의 외양과 다르지 않다. 1927년 《몽 파리》이후 다카라즈카 소녀가극에서 자주 활용된 몽타주 기법이나 파노라마 기법이 일본의 이국주의적 소비의 대상이 된 비(非)일본을 보는 방식임을 상기할 때 판타스마고리아와 상품화의 이데올로기적 관계는 부인할 수 없다. 상품으로 대상화된 타자는 대동아공영권의 대상이 되는 타자와 같은 것이기 때문이다.

이와 같이 다카라즈카 소녀가극에서 판타스마고리아는 다양한 방식을 통해 재현되고 있는데, 《동으로의 귀환》에서는 목소리의 환영이 등장한다는 점에서 또 다른 변주를 보여 준다. [제6장_사랑과 의무의 싸움]에서 주인공 람파는 양아버지인 아마라에게서 미사푸르의 왕이었던 친아버지 나렌드라가 음모파에 의해 독살당한 일과 자신은 미사푸르 국의 후계자인 스리 시마 데비 공주라는 출생의 비밀에 관해 듣게 된다. 폴에 대한 사랑이 아니라 "조국에 대한 사랑(祖国への愛)"이 후계자에게 주어진 진정한 의무라는 아마라의 간청에 람파는 연인에 대한 개인적 사랑과 국가에 대한 공적인 의무 사이에서 번뇌하며 독백을 시작한다. 여기서 그녀는 아버지와 어머니, 그리고 폴의 환청을 듣게 된다.

> 람파: …(마이크에서 부왕의 목소리가 들려온다.) "스리 시마 데비 공주여, 그대는 이 아비의 유훈을 지켜, 미사푸르 국을 찬탈자의 손으로부터 되찾지 않으면 안 되느니라." 나의 진짜 어머니. (어머니의 목소리가 들려온다.) "공주여, 나는 그대와 이별한 그 슬픈 날을 기억하노라. 그대는 아직 작은 갓난아기였다. 그러나 지금은 아름답구나. 나의 유품인 목걸이는 지금 아름다운 그대의 목에 걸려 있구나. 나는 그대가 여왕의 관을 쓴 존귀한 자태를 생각하고 있느니라."… (목소리가 바뀌어 아마라

부인의 자장가가 들려온다.) 나를 길러 주신, 다정하신 어머니. (폴의 목소리가 들려온다.) "나에게는 당신과 눈길을 주고받은 것이 마치 처음이 아닌 것 같은 느낌이 듭니다. 계속 이전부터 두 사람은 서로 알고 있었던 것 같은 기분이 들어요." 아아 폴, (그리고 무수한 소리가 겹쳐지며 끊길 듯이 들려온다.) "그대는 미사푸르를 생각하지 않으면 안 된다. 그 불행한 국민들을 생각하지 않으면 안 되느니라." "공주여 아비와 어미의 복수를 하여라." "스리 시마 데비여, 이 목걸이는 그대와 동생을 위해 나의 유품으로 주는 것이니라. 브라흐마 신의 은혜는 언제나 그대들과 함께 있을 것이니라." "람파, 마지막 왈츠가 들려옵니다.…" 람파 쓰러지며 엎드리고 만다.(무대 어두워지며 장면이 끝난다.)

환청은 마이크를 통해 무대 위에 재현되는데, "무수한 목소리가 겹쳐지며 끊길 듯이(無數の聲がきれぎれに)" 들리는 듯한 음향적 원근감의 표현을 통해 일루전의 효과를 획득하고 있는 점에서 이 장면은 주목할 만하다. 람파는 형체 없는 목소리를 통해 돌아가신 어머니와 아버지, 그리고 멀리 파리에 있는 폴 로이의 존재를 체험한다. 그리고 마지막에 들려오는 마치 미사푸르를 위해 희생된 수많은 영혼들이 호소하는 것 같은 음성은 청각적 판타스마고리아를 더욱 강화하고 있다. 한편 람파가 듣는 환청처럼 소리의 원근감이 강하게 나타나는 것은 아니지만, 목소리라는 음향적 매개물을 통해 판타스마고리아를 재현하는 방식은 [제10장_미사푸르의 정원]에서 다시 한 번 등장한다. 미사푸르 국의 충직한 신하였던 나디르는 브라흐마 신에게 폭정과 악질에 시달리고 있는 조국을 다시 일으켜 달라는 기원을 올린다. 그리고 나디르의 장구한 기도가 끝난 뒤 어디선가 정체를 알 수 없는 목소리(聲)가 등장한다.

나디르: 브리흐미여. 나의 기도를 들어 주십시오.…신이여, 당신은 어찌하여 이 나라를 지배하고 있는 수많은 폭도들을 방관하고 계시나이까.…어찌 하여 돌림병에 고통 받고 압정에 신음하는 국민에게 자비를 드리우지 않으십니까.…일찍이 마하라자 바하도르 나렌드라의 치세에는, 광영에 빛나 행복한 삶을 살던 이 미사푸르를 어째서 내버리신 것입니까.…브 라흐마 신이여, 선왕에게 생명을 바친 수많은 충신들의 죽음을 어째서 가엾이 여기지 않으시는 것입니까. 수많은 희생자의 영혼의 고함소리 를 들어주지 않으시는 것입니까.…우리 애국자들의 계획을 어째서 도 와주지 않으십니까.…우리들은 이제 성인이 되신 공주님을 맞이하여, 또한 뜻밖에도 마힌드라 왕자님을 찾아내게 되어, 기쁨의 절정에 서 있 었습니다. 그러나 그것도 잠시, 그들 두 분이 갑자기 자취를 감추고 말 았습니다. 우리들 일동의 절망을 살펴 주시옵소서. 신이여, 공주님이야 말로 우리들의 지도자로서 미사푸르 국을 구하실 주인이십니다. 브라흐 마 신이시여, 우리들의 힘을 쌓아 주십시오. 스리 시마 데비 공주를 우 리들에게 되돌려 주십시오. 이 세상에 정의가 사라지지 않았다면… 신 이여…공주를 지켜 주십시오.

(그때 목소리가 들려온다.)

목소리: 나디르여. 충절한 나디르여. 신은 그대를 버리지 않았습니다.

나디르: (깜짝 놀라서) 그 답은 누구이십니까. 이 나디르의 기도를 들으신 신 이십니까, 사람입니까.(흰 옷의 여인의 모습이 나타난다.) 오오 사람이 로구나. 너는 누구이냐. 무엇 하는 자이냐. (크리스를 뽑아 들고) 여자로 구나. 젊은 아가씨로 보이는구나. 너는 어째서 나의 신성한 기도를 방해 한 것이냐. 대담하고 불경하게도 신의 이야기를 흉내 내었구나. 신은 그 러한 행동을 결코 용서치 않을 것이니라. 아니 나의 비밀의 기도를 들은 이상, 너의 목숨을 빼앗지 않으면 안 되겠구나.

휜 옷의 여인은 마야로 분장하여 자신의 신분을 숨긴 람파인 것으로 드러난다. 그러나 관객들에게 마야의 정체를 드러내지 않고 목소리와 희미한 모습만으로 나디르를 두려움과 혼란에 빠뜨리는 것은 판타스마고리아 쇼에서 유령이 만들어 낸 환영의 효과와 다르지 않다. 특히 나디르가 기도를 드리는 맥락에서 환영이 출몰함으로써 그 효과는 더욱 배가되고 있는데, 나디르의 대사에 따르면 미사푸르 국이 광영과 정의를 되찾게 해 달라는 자신의 간구는 나이 어린 여자에게 "방해 받아서는 안 될" "신성한 것"이며, 이러한 "비밀의 기도(秘密の祈り)"에 누를 끼치는 것은 "불경한 행위"에 해당한다. 나디르는 조국을 향한 의무에 신비로운 신성성의 힘을 부여하고 있는 것이다. 나디르의 바람대로 미사푸르 국은 결과적으로 악정으로부터 벗어나 평화를 되찾는다. 그리고 일본과 같은 "동양의 강국(東洋の強国)"을 지향하며 새로운 시대의 출범을 선포한다. 강한 동양이란 제2부에서 살펴보았듯이 위험한 동양과 그리운 동양을 지양하고 대동아로 통합된 새로운 동양을 의미하는 것이었다. 이러한 맥락에서 볼 때 궁극적으로 나디르에 의해 강한 동양에 부여된 신성성은 대동아공영의 새로운 동양을 신화화함으로써 통합된 동양이 마치 '자연에 기원을 두고(rooted in nature)' 처음부터 존재했던 것처럼 '몰역사적인(ahistorical)' 환상을 만들어 내고 있다. 목소리의 환영은 이와 같이 독특하고 은밀한 방식으로 판타스마고리아의 기능을 수행하고 있다.

이 밖에도 꿈이나 유령과 같은 초자연적인 현상과 시간과 기원(origin)의 이미지를 환기하는 아카익한 소재들은 다카라즈카 소녀가극의 작품들 속에서도 현저하게 나타난다. 특히 극단의 창립자인 고바야시 이치조는 '꿈'에 대해 매우 큰 애착을 드러낸 바 있다. 2장에서 서술한 바와 같이 고바야시는 다카라즈카 소녀가극을 통해 자신의 꿈을 실현시키고자 했고 또 그것을 성공적으로 실행에 옮겼다. 다카라즈카 극장에 손수 파라다이스(宝塚パ

ラダイス)37)라는 명칭을 선사했던 그에게 다카라즈카 소녀가극은 일종의 낙원이자 꿈의 나라(dreamland)38)였던 것이다. 이러한 꿈의 나라를 향한 그의 이상은 단절 없이 이어짐으로써 오늘날까지도 다카라즈카 가극단에서 가장 선호되는 레토릭이 되고 있으며, 그만큼 사용 빈도수 또한 높게 나타난다.

먼저 각본의 내러티브 속에 소재로 등장하는 사례를 살펴보면, 《몽골》의 경우 왕오의 꿈이 해프닝으로 이어지는 장면이 등장한다. 여기서 꿈의 역할은 일본의 제국주의 확장 정책을 은폐하고 관객들의 비판의식을 가로막기 위한 환영을 창조하는 것이었다. 또 《동으로의 귀환》에서는 주인공 람파의 꿈이 두 번 등장하는데, 첫 번째 꿈은 로이에 대한 사랑을 아버지에게 설득하기 위해 꿈속에서 신이 계시를 내린 일이라고 그 운명적인 필연성을 강조하는 대목이다. 그러나 로이가 자신의 동생이라는 비밀이 밝혀지면서 결국 로이와의 사랑은 현실이 아닌 꿈속에만 존재했던 환영으로 일단락지어진다. 두 번째 꿈은 람파가 뱀에 물려 사경을 헤맬 때 꾸게 되는 악몽이다. 여기서 람파는 힌두교의 분노한 죽음의 여신인 칼리(Kali)가 된 자신을 보게 된다. 자신으로 인해 부모님을 비롯한 미사푸르의 많은 국민들이 희생을 당했다는 분노와 자책감으로 인해 자신의 또 다른 인격으로서 칼리 여신의 환영을 보게 되는 것이다. 람파의 악몽은 개인적인 사랑을 포기하고 공적인 의무, 즉 조국을 위한 길을 선택하게 하는 중요한 계기로 작용한다는 점에서 드라마적인 의미 또한 크다.

그러나 꿈의 소재가 판타스마고리아로 가장 직접적으로 가시화되는 것은 노래 가사이다. 《몽골》의 주제가 〈아가씨의 노래〉는 이를 뚜렷하게 보여

---

37) 伊井春樹, 『小林一三は宝塚少女歌劇にどのような夢を託したのか』, ミネルヴァ書房, 2017, 209～210.

38) Jennifer Robertson, "The Revue Theater as a Technology of Japanese Imperialism," *American Ethnologist*, Vol.22, No.4, 1995, 978.

준다. 〈나아가자 몽골〉과 함께 작품의 주제가인 〈아가씨의 노래〉는 무대의
막이 오를 때와 마지막 피날레를 포함해 총 일곱 차례 등장할 만큼 극중에
서 비중 있게 사용되는 노래이다. 이 노래에서는 "몽고는 좋은 곳 꿈의 나라
(蒙古よいとこ 夢の國)"의 가사 속에서 노골적으로 몽골을 "꿈의 나라(夢の国)"로
규정한다. 그 이유는 일본의 도움으로 몽골에 평화가 찾아왔다는 몽골의
부족장 맹장의 말을 통해 설명이 되고 있다. 그러나 "아름다운 꿈(美しい夢)"
으로 포장된 몽골의 외양은 결국 제국주의적 욕망에 의해 소비되는 이국주
의적인 상품에 불과한 것이었다. 일본에 의해 통합된 식민지를 아름다운 꿈
의 레토릭으로 표현한 노래는 《동아의 아이들》에서도 등장하는데, 여기서
의 꿈이란 일본이 건설하고자 꿈꾸었던 북방과 남방 지역의 영토를 대상으
로 한다. 한편 《북경》의 주제곡인 〈꿈의 지나정〉도 이와 같은 맥락에서 '꿈'
이 활용되고 있다. 이 노래는 일본인 호텔 지배인인 장이 봉란에게 불러 줄
것을 요구한 노래이며, 〈아가씨의 노래〉가 차지하는 중요성 못지않게 내러
티브와 긴밀한 관계 속에서 극을 보조한다.

　　〈꿈의 지나정〉
　　꿈의 지나정 북경의 하늘에
　　종이 울린다 새벽의 종이
　　황금의 기와에 아침 햇볕을 받아서
　　옛날을 그리워하는 자금성
　　꿈의 지나정 전문가에도
　　목이 메는 호궁(胡弓)에 랜턴은 켜지고
　　비취의 귀걸이에 자수의 허리띠에
　　오색의 깃발을 지닌 북경의 아가씨

이 노래 역시 중국이라는 일본의 '지방(local)'을 꿈과 같이 아름다운 곳으로 묘사하고 있다. 다만 한 가지 추가된 점이 있다면 중국의 도시를 현재로부터 동떨어진 먼 과거 속에 위치시킨다는 데 있다. "옛날을 그리워하는 자금성(むかしを偲ばす紫禁のお城)"이나 "목이 메는 호궁(むせぶ胡弓)"은 바로 그 구체적인 징후인데, 이러한 표현들은 낡은 이미지를 중국의 이미지에 덮어씌움으로써 "꿈의 지나정(夢の支那町)"을 더욱 판타스마고릭한 것으로 만들고 있다. 오족협화를 의미하는 "오색의 깃발(五色の旗)"은 꿈에 내포된 진의가 무엇인지 잘 보여 주고 있지만, 가사를 지배하는 낭만적인 시선은 그 의미를 간과하게 한다.

나치 제국의 승리를 기원하는 《새로운 깃발》은 꿈의 이미지가 가장 다양하게 보여 주는 작품이다. [제6경_시골로(田舍へ)]에 삽입된 〈기차 여행〉에서 나치 제국을 향한 꿈은 소녀들의 꿈으로 전환된다. 농촌 봉사라는 총후의 역할을 기꺼이 떠맡은 소녀들이 공적인 노동을 위해 떠나는 길은 이 노래 속에서 즐거운 여행이자 꿈을 실현하는 과정으로 묘사되고 있다. 그러나 소녀들의 꿈은 국가에 의해 호명된 국민의 의무였다는 점을 상기할 필요가 있다. 〈기차 여행〉이 총후의 소녀, 또는 여성을 주체로 꿈을 이야기했다면, 제11경에서는 전쟁의 일선에 투입된 남성의 꿈을 노래한다. 가사 일부를 살펴보면 다음과 같다.

〈하늘의 꿈〉
하늘에 높이 띄워라 우리의 꿈
하늘을 찌르며 날아라 우리의 희망
하늘은 우리들의 꿈
날개 빛내며 구름 위를 날아라
사나운 독수리 날개를 털고

하늘이야말로 희망 사내의 꿈

이 노래는 하늘에서 용감하게 싸우는 것을 남성의 의무로 설정하고 있다. 그러나 전사한 자들의 묘비와 이들을 영웅으로 추대하는 살아남은 자들의 모습을 함께 제시함으로써 국가를 위해 생명을 버리는 행위까지도 "사내의 꿈(男の夢)"으로 권장하고 있음을 확인할 수 있다. 그리고 노래가 끝남과 동시에 "꿈과 같이 수많은 비행기들이 하늘을 어지럽게 날아가는 환등(夢の様に飛行機が沢山空に亂れとぶ幻燈)"의 효과를 이용해 12경 전체를 채우고 있다. 이렇게 꿈으로 포장된 국민의 의무가 비행기의 환영과 결합하는 양상을 통해 이 작품이 판타스마고리아의 원리를 정확하게 이해하고 있음을 확인하게 된다.

이와 같이 꿈의 소재가 무의식의 다른 차원에 대한 거리감을 통해 환영의 이미지를 구축한다면, 낡고(old) 아카익한(archaic) 소재들은 시간적인 거리감을 통해 환영에 접근한다. 《만주에서 북지로》를 그 대표적인 작품으로 살펴보면, 주인공들은 만주와 북지를 여행하며 관광 명소를 방문한다. 이들의 방문지 가운데에는 산업만주를 몸소 체험할 수 있는 노동의 현장과 함께 그 지역의 역사적 유물과 문화적 전통이 담겨 있는 유적지들도 중요한 목록으로 포함되고 있다. 봉천 북릉, 열하의 라마교 사원, 명대의 13릉이 그것이다. 이 세 장소들은 공통적으로 조상신을 비롯한 다양한 영혼들이 머무는 곳이라는 점에서 판타스마고리아의 기본적인 조건을 충족시키고 있다. 이후 아리마에게 나타나 신부를 선사하는 명대의 성조는 이 장소의 판타스마고리아적 성격을 더욱 강화하기도 한다. 이렇게 신화적이고 아카익한 장소에서 아리마와 벳부는 동양의 유구한 역사 및 정신성에 감탄하지만 이들의 감탄은 오히려 시간적인 거리감을 전제로 할 때 가능한 것이다. 그리고 동양의 과거에 주목하는 이들의 시선은 결국 시간적인 거리감이 공간적인 거리감으로 전환되는 지점을 보여 주고 있는데, 동양을 과거의 시간 속에 유폐시키는 타자화의 전략은 일본 밖의 공간에 대한 이국적인 거리감을 뜻하기 때문이다. 말하자면 시간적인 거리감이라는 환영은 '고정불변의 동양'이라는 오리엔탈리즘의 공식이 재현되는 전형인 것이다. 이와 같이 이국적인 풍경을 묘사하는 장면들은 비단 이 작품만이 아닌 이 책의 분석 대상 작품에 전반적으로 나타나는 특징이라는 사실에 대해서는 이미 앞 장을 통해 살펴보았다.

이상으로 판타스마고리아의 양상들을 대표적인 사례를 중심으로 살펴보았다. 다카라즈카 소녀가극은 빛과 소리의 효과를 비롯해 마술적인 소재들을 활용하여 다양한 거리감과 공간감을 창조하고, 그것을 통해 다카라즈카 소녀가극 특유의 환상적 세계를 무대 위에 구축하고 있다. 그러나 18세기 말의 판타스마고리아 쇼로부터 20세기 중반의 다카라즈카 소녀가극에 이르기까지 변치 않는 원칙 하나는 무대로의 '몰입'과 객석의 '통합'이다. 그리고 더욱 중요한 것은 몰입과 통합의 원칙은 은폐의 메커니즘으로 작동한다는 사실이다. 요컨대 소비의 욕망을 자극하는 상품의 판타스마고리아적 외양이 노동의 생산관계를 숨기는 것이었다면, 전시체제하의 다카라즈카 소녀가극에서 은폐되는 것은 일본의 제국주의적 욕망일 것이다. 창가대로 처음 창단될 때부터 온천 사업의 성공을 위한 오락상품으로 기획되었던 사실을 감안하면, 다카라즈카 소녀가극의 상품적 성격은 오히려 본질에 가깝다. 프로파간다를 뚜렷하게 지향하는 작품들 속에 광범위하게 나타나고 있는 판타스마고리아의 기법들은 그러므로 소녀가극의 본질적인 상품성이 제국주의 이데올로기를 지향하고 전개되었을 때 도출된 제국주의 상품의 표피에 지나지 않는 것이다. 판타스마고리아를 다카라즈카 소녀가극이 제국 통합을 수행하는 메커니즘으로 주목해야 하는 이유는 바로 여기에 있다. 판타스마고리아가 재현되는 다양한 양상들은 감각적인 공간에서도 제국의 통합이 가능하다는 사실을 입증한다는 점에서 또 하나의 의미 있는 국면을 구성한다.

제4부

'국민'의 연극에서 '제국'의 연극으로

1920년대부터 다카라즈카 소녀가극의 양식화를 위한 구체적인 방안을 두고 극단 내부에서 의견 대립이 있었던 것은 사실이나, 이와는 별개로 1940년대 총동원령과 함께 국가 주도의 국민극 운동(国民劇運動)이 실시되는 시점과 맞물려 다카라즈카 소녀가극의 방향은 결국 국책선전극이라는 새로운 국민극의 형식으로 합의를 이룬다. 앞선 논의들에서는 제국 통합의 이데올로기가 재현되는 구체적인 양상을 살펴봄으로써 다카라즈카 소녀가극이 제국주의 이데올로기를 실천하는 이념적·감각적 공간이 된다는 사실을 제시했다. 이는 다카라즈카 소녀가극이 제국주의 이데올로기의 선전기관이자 명실상부한 '국민극'으로 도약하는 지점을 다각적으로 보여 주는 것이었다. 고바야시 이치조가 일찍이 대극장주의를 통해 실현하고자 했던 새로운 국민극과 전시체제하에서 성취한 국민극의 지위 사이에는 분명한 차이가 존재했다. 그러나 '국민적인 것의 창조'에 정향된 고바야시의 국민극 이상은 전체주의적인 국민극을 예견하는 맹아의 측면에서 간과할 수 없는 것이었다.

이러한 맥락에서 다카라즈카 소녀가극을 통해 수많은 자연인들이 '국민'으로 소환된 사실은 주목할 필요가 있다. 어린이, 소녀, 여성, 대학생, 여학생 등 일본 근대 국민국가에 호명된 존재들은 '애국대학생(愛國大學生)', '군국여학생(軍國女學生)', '여자정신대(翼の女子挺身隊)', '소국민(少國民に榮光あれ)'의 이름으로 가극 무대 위에 재소환되어 '총후의 합창(銃後の合唱)'과 '국민의 노래(國民の歌)'를 부른다. 그리고 노래들 속에 각인된 국민으로서의 의무와 덕성, 즉 제국주의 규범은 다카라즈카 소녀가극을 통해 일본의 국경 너머로 확산되어 나간다. 다카라즈카 소녀가극의 위치는 이제 '국민'의 연극에서 '제국'의 연극으로 도약하는 것이다. 이에 따라 제4부에서는 다카라즈카 소녀가극이 경계를 확장해 가는 양상을 살펴봄으로써 제국으로서의 일본의 위치를 확고히 재현하는 지점을 밝히고, 이를 통해 전시체제제하의 다카라즈카 소녀가극의 의의와 성격을 종합적으로 평가하는 것이 주요한 내용이다.

제10장

소녀 규범의 경계 확장

만선순연과《미와 힘美と力》의 경우

　　다카라즈카 소녀가극의 배우는 주지하다시피 일본 근대 가부장제하에서의 가정 규범, 다카라즈카 음악학교의 학교 규범, 그리고 최상위 권력기관으로서 일본의 국민국가가 요구한 국가 규범의 '3중의 규범'에 묶인 존재로 지적되었다. 앞선 논의들은 결국 규범화된 존재로서의 소녀배우들에 의해 실천된 제국주의 규범에 관한 것이었다. 그리고 그것은 규율권력의 시선과 목소리를 충실하게 반영하는 것이었다. 이에 따라 일본 각지에서 펼쳐진 다카라즈카 소녀가극단의 공연은 내지의 국민들에게 제국주의 규범을 이념적으로 그리고 감각적으로 전파하는 공간이 되었다. 실제로 다카라즈카 소녀가극단은 도쿄와 오사카 이외에도 교토, 기후, 벳부, 나고야, 하카타, 사세보, 오구라, 히로시마, 나가사키, 구마모토, 오이타, 시즈오카, 오카야마, 도쿠야마 등 일본 전역에서 활발한 공연활동을 가졌다.[1] 1940년대 만선순연은 여기서 한걸음 더 나아가 제국주의 규범이 일본의 국경 바깥으로 확장되는 지점을 가시적으로 드러내 준다는 점에서 주목된다. 이를 통해 다카라즈카 소녀가극의 제국주의 규범에 관한 논의는 일본의 국가적 테두리를 넘어 트랜스내셔널한 국면으로 전환된다.

　　다카라즈카 소녀가극단이 해외공연을 시작한 것은 1938년이다. 전시체

---

1) 宝塚歌劇団編, 『宝塚歌劇五十年史』, 宝塚歌劇団, 1964 참조.

그림 37 독일·이탈리아 예술사절단 일행(로마역)

제하의 다카라즈카 소녀가극단은 서구 사회에 일본을 알리는 문화 기구
(culture bureaus)의 역할을 다했다. 이는 일본이 자임한 동아시아의 지도자로
서의 지위를 공고히 하고자 하는 당시 외무성의 문화 외교(cultural diplomacy)
정책의 일환이었다.[2] 이러한 정치적 배경 속에서 다카라즈카 소녀가극단
의 첫 방문지는 일·독·이 방공협정(日獨伊防共協定)의 참여 국가인 독일과 이
탈리아였다. 1938년 10월 2일 "친선 예술사절단으로서 국가적 사명을 짊어
지고" 여성 배우 30인[3]과 남성 17인이 고베 항을 출발하여 11월 5일 베를
린에 도착한다. 그리고 11월 13일부터 동보(東宝)극장 소속의 하타 도요키치
(秦豊吉)를 총감독으로 베를린, 바르샤바, 로마 등지에서 순회공연을 가진 뒤
1939년 3월 귀국한다. 총감독 하타 도요키치의 공연 수기를 보면 독일에서
는《보우시바리棒しばり》를 이탈리아에서는《노도성사奴道成寺》를 상연했는
데, 가부키로 유명한 이 두 작품이 주요 공연 레퍼토리였다는 사실은 당시

---

2) Sang Mi, Park, "The Takarazuka Girls' Revue in the West: Public-Private Relations in
   the Cultural Diplomacy of Wartime Japan," *International Journal of Cultural Policy*,
   Vol.17, No.1, 2011 참조.

3) 조장은 아마쓰 오토메(天津乙女), 부조장은 나라 미야코(奈良美也子)였다. 아마쓰 오토
   메는 실력 있는 연기자로 인정받는 동시에 정치적인 발언권이 강한 유력한 배우였다.
   宝塚歌劇団編,『宝塚歌劇五十年史』, 宝塚歌劇団, 1964, 170.

유럽 순회공연이 일본적인 색채를 강하게 드러내는 것이었음을 미루어 짐작하게 한다.4)

한편 유럽 순연 이듬해인 1939년에는 꿈에 그리던 아메리카 공연이 성사된다. 사요 후쿠코(小夜福子)를 조장으로 한 배우 일행 40명은 "샌프란시스코의 금문만(金門灣)에 일본관이 만들어진 것을 기념"하고, "뉴욕에서 열리는 만국박람회의 일본 부문(ジャパンデー)"에 일미친선사절로 참가하기 위해 4월 4일 미국으로 출국한다.5) 이들은 샌프란시스코와 시카고에서 공연을 마친 후 뉴욕 세계박람회(New York World's Fair, 1939)에 참가한다. 이 행사에는 폴란드, 헝가리, 프랑스, 영국, 미국, 캐나다, 브라질 등 세계 각국을 대표하는 음악단체와 무용단체가 참여했는데, 다카라즈카 소녀가극단은 일본을 대표해 이 자리에 초청받았다. 그랜드 체리 쇼(Grand Cherry Show)라는 제목의 뉴욕 공연에는 박람회의 매니저인 크로버 윌렌(Crover A. Whalen)과 뉴욕타임스 음악부장인 올린 다운스(Olin Downs), 그리고 《몽골》과 《북경》을 연출한 우즈 히데오(宇津秀男)도 참석했다. 특징적인 것은 레퍼토리의 대부분이 일본적인 색채가 강한 전통 음악과 무용으로 구성되어 있다는 사실인데, 우키요에, 가부키, 사무라이, 샤미센, 게이샤 등 일본을 상징하는 기표들은 공연 프로그램 속에 두드러지게 나타난다.

『가극』에 실린 공연 후기6)에 따르면 특히 《샹송 니폰Chanson Nippon》과 《댄스 스노우 플레이크스Dance Snow Flakes》는 독일과 이탈리아 공연에서도 대단한 호평을 받은 것으로 소개하고 있으며, 이와 함께 "생도들의 귀여움이나 작곡의 독특함, 의상의 아름다움"에 대해 현지 관객들의 관심이 매우 뜨거웠던 것으로 전하고 있다. 또 『다카라즈카 50년사』에서도 배우들에

4) 위의 책, 170~172.

5) 위의 책, 173.

6) 吉岡重三郎, 「寶塚少女歌劇米國公演記: 紐育第一夜」, 『歌劇』, 1939年(昭和14年) 8月, 46~49.

그림 38 그랜드 체리 쇼 공연 프로그램

게 작별 인사를 건네며 울먹이던 늙은 택시 운전기사의 에피소드를 감동적인 어조로 소개하고 있는데, 일본문화에 대한 미국인의 관심과 친근감이 근거 없는 것이 아니었다는 점을 강조함으로써 다카라즈카 소녀가극단의 국제친선사절로서의 임무가 성공적으로 완수되었음을 우회적으로 드러내고 있다.[7]

그러나 다카라즈카 소녀가극단의 구미(歐美) 지역 공연에서 가장 주목되

---

7) 그러나 찬사 일변도인 일본 내부의 일반적인 보도 시각과는 달리 고바야시 이치조는 샌프란시스코와 로스앤젤레스 공연이 재정적인 성공을 거둔 데 반해 뉴욕 공연은 적자를 기록하여 재정적인 면에서 기대에 미치지 못했다고 밝혔다. 또 뉴욕라디오시티 뮤직홀의 무대총감독의 의견(다카라즈카 소녀가극은 예쁘지만 관중을 매료시킬 박력 있는 매력이 부족하며, 조명이나 색채 등 무대 연출이 빈약하고 음악과 무용도 강렬한 인상을 주지 못한다)을 빌려 공연의 질적 수준 또한 부족하다는 자기성찰적인 비판을 제시하고 있다. 小林一三, 「ニューヨーク行是非か否か」, 『歌劇』, 1939年(昭和14年) 7月, 44~47; "아름다운 공연"이라는 뉴욕데일리뉴스의 호평이 있었던 것은 사실이지만, 뉴욕타임스의 경우 "배우들은 매력적이지만 언제 끝날지 알 수 없는(지루한) 저급한 카바레 공연 같다"라는 부정적인 평가를 내놓은 것도 사실이다. Zeke Berlin, "Takarazuka: A History and Descriptive Analysis of the All-Female Japanese Performance Company," New York University, 1988, 102~103.

그림 39 극단 일행의 로스앤젤레스 시장 공식 방문

는 지점은 다카라즈카 소녀가극이 서양인에게 일본을 보여 주는 방식에 있다. 주지하다시피 일찍이 자포니즘을 통해 자기정체성을 획득한 일본에게 있어서 서구의 박람회란 오리엔탈리즘의 대상으로서 자신의 국가적·인종적 존재감을 어필하는 문화 외교의 장이었다. 그리고 근대 천황제 국가로 도약한 일본은 박람회 제도를 전유함으로써 서구의 시선을 자기화하고 그러한 시선으로 동양을 이국적인 타자로 바라보는 시선의 주체로 거듭나게 되었다. 이러한 양상들은 이 책에서 분석한 작품들 속에서 이미 수차례 확인되었다. 그것은 일본식 오리엔탈리즘이 주체와 대상을 오가는 유동적인 것임을 다시 한 번 입증해 주는 것이었다. 그러나 다카라즈카 소녀가극단의 유럽 및 미주 지역 공연은 오리엔탈리즘의 주체가 된 일본이 대상의 위치에 여전히 결박되어 있는 '신비로운 동양의 이미지'를 표상한다는 점에서 주목할 필요가 있다. 이는 전통과 과거에 머물러 있으면서 서양인들에게 이국적인 상품으로 소비되기를 기다리는 전형적인 셀프 오리엔탈리즘의 양상을 보여 주는 것이다.

　다카라즈카 소녀가극단의 유럽과 미국 공연이 이국적인 이미지를 통해 일본의 공연문화를 각인시키기 위한 것이었다면, 1940년대 초반 만주의 주요 도시와 조선을 경유하며 이루어진 만선(滿鮮) 지역의 순회공연은 제국 통합의 목적성을 뚜렷하게 보여 준다. 만선공연은 1942년부터 총 세 차례 이루어졌으며, 공연 장소 가운데에는 《만주에서 북지로》에서 소개된 바 있는 장춘, 하얼빈, 대련, 안산, 봉천, 무순, 목단강 등 만주 지역의 거점 도시들도 포함된다. 만주 공연에 앞서 1939년에는 북지에서의 공연이 이미 추진된 바 있는데, 중일전쟁8) 2주년을 맞아 결성된 북지황군위문단(北支皇軍慰問団)은 중국의 청도, 제남, 서주, 개봉, 신향, 석가장, 태원, 보정, 북경, 장가구 등 10여 개 도시에서 공연을 가졌다.9) 『가극』에 상세하게 게재된 관련 기사를 통해 북지 공연의 목적과 관련해 여러 가지 내용들을 추측해 볼 수 있는데, 특히 극단에서 배우들에게 요구한 규칙인 "생도 여행 중의 마음가짐"10)과 생

---

8) 『宝塚歌劇五十年史』에는 일화사변(日華事變)으로 표기되어 있다.

9) 宝塚歌劇団編, 『宝塚歌劇五十年史』, 宝塚歌劇団, 174.

10) 「생도 여행 중의 마음가짐」(엄수해야 할 사항): 1. 과식을 하거나 춥게 자서는 안 됨. 모르는 곳에 가는 것이므로 마실 것에 특히 주의할 것. 2. 혹여 누구라도 한 사람 병이라도 걸리게 된다면, 그것이야말로 큰 일, 모든 사람들이 곤란하게 되므로 아프지 않도록 주의할 것. 3. 자신의 짐은 자신이 정리하고, 수고를 끼치지 말 것. 4. 선중(船中)에서 모르는 사람이 말을 걸 때에는 자신 혼자인 경우에는 상대방의 감정을 해치지 않고 피하도록 마음에 새길 것. 무언가 물건 같은 것을 주시겠다고 할 때에는, "단장(團長)에게 말씀하여 주십시오"라고 정중히 거절할 것. 5. 마침내 상륙하여, 공연, 호텔, 견학, 초대 등, 그 때의 마음가짐은 단장으로부터 지시가 있을 것이니 반드시 지킬 것. 6. 의복, 소지품 등을 항상 깨끗이 하여, 세탁을 잊지 않도록 하고, 행동거지를 올바르게 하여 학교생도의 품위를 마음에 새길 것. 7. 용돈이나 선물 같은 것 등, 나들이 가는 것이 아니라 황군을 위문하기 위해 가는 것. 여학교의 수학여행과 같은 마음가짐으로 검소히 하지 않으면 안 됨. 8. 만일 일본인 부인으로부터 초대를 받은 경우, 가극단 전원이라면 또 모르겠으나, 두 사람이나 세 사람 따로따로 가는 것은 거절하지 않으면 안 됨. 거절할 때에는 "규칙이기 때문에 부득이 안 됩니다"라고 확실히 거절할 것. 9. 간단하여도 좋으니 되도록이면 여행일기를 쓰는 것으로 할 것. 10. 공연의 경우에는 도움이 되기 때문에 의상, 머리장식의 정리, 소도구의 취급 등, 대체적으로 자신의 맡은 역할에 필요한 것은 스스로 정돈하며 서로 간에 도울 것. 11. 대역, 기타 배역은 단장의 명령대로 복종할 것. 12. 소지품은 새로 맞추지 말 것. 가능

도 자신들의 결의를 모은 "북지위문행을 격려하는 말"[11]은 소녀배우의 주체성의 문제, 소녀성과 프로파간다의 관계라는 이 책의 시각과 관련해 흥미로운 시사점을 던진다. 제국주의 규범을 수행하는 주체적 행위자인 동시에 규범에 종속된 수동적 존재일 수밖에 없는 소녀배우의 이중적 정체성은 이를 통해 다시 한 번 명확하게 확인된다.

여기서 한 가지 생각해 보아야 할 것은 다카라즈카 소녀가극이 프로파간다를 작동시키는 또 다른 기관으로서의 『가극』의 역할이다. 다카라즈카 소녀가극단이 창단되고 5년 뒤인 1918년 소녀가극 소식지로 발간되기 시작한 『가극』은 공연 정보와 비평, 배우 관련 기사, 독자 참여란(ファン論壇) 등을 운영하는 다카라즈카 팬들을 위한 대중적인 성격의 잡지였으나, 전쟁이 본격화되면서 『가극』의 성격은 대중 잡지에서 선전 매체로 커다란 변화를 겪게 된다. 여기서 주목되는 점은 『가극』이 가극을 만드는 극단 관계자와 가극을 연행하는 배우, 그리고 가극을 관람하는 관객이라는 다카라즈카 소녀가극

한 적게 할 것. 「북지황군위문단의 조직과 여행 일정(北支皇軍慰問團の組織及び旅行日程)」, 『歌劇』, 1939年(昭和14年) 9月, 37.

11) 「북지위문행을 격려하는 말(北支慰問行を勸ます言葉)」: 오이즈미 우타코(大泉うた子), "총후의 여성인 우리들에게 있어서, 역시나 무대는 전장이라는 것(やはり舞臺は戰場でございますもの)…긴장한 전지(戰地)의 분위기에도, 이번의 여러분들의 열의에 찬 노력이 얼마나 즐겁게 비추어지는 것이겠습니까. 다카라즈카가 가진, 아름다운 정서(寶塚の持つ、美はしい情緒)를 충분히 발휘하여 주십시오."; 노와키 와카나(野分若菜), "우리들의 병사님들을 위해, 나라를 위해서, 어떻게든 힘껏 멋지게 공연하여 주십시오. 무미건조한 토지에서 아름다운 위안조차 아무것도 없는 병사님들에게 여러분의 밝은 아름다움이 가득한 무대는, 반드시 우리들의 상상 이상으로 즐겁게 받아들여질 것이라고 생각합니다"; 하야마 시게루(葉山繁), "여러분과 병사님들의 마음가짐이 모두 일치하여, 여기에 감격 깊은 존엄하고 온화한 분위기가 둘러싸여 가는 것을 알고 있습니다. 그리고 그 이상으로 다카라즈카 소녀가극이 위문단으로서의 특이한 점을, 맑고 바르고 아름다운 다카라즈카 소녀가극을 충분히 보아 주시도록, 여러분 확실히 힘내어서 공연하여 주십시오." 『歌劇』, 1939年(昭和14年) 9月, 41~42.

을 둘러싼 세 주체들이 제국주의 규범의 실천을 향해 의견을 모으는 공간이 된다는 것이다.

『가극』에 게재된 세 주체들의 목소리를 구체적으로 살펴보면, 다카라즈카의 관객들의 경우 "다카라즈카에 상응하는 군사물을 통해 총후의 여성의 모습을 그려서 대부분을 차지하는 여성 팬의 마음에 호소해 줄 것",12) "종래의 연애적인 내용의 레뷰에 조국애를 가미할 것",13) "군가를 부르거나 병사가 행진하는 등의 표면적인 모습만이 아닌 정신을 담아 달라"14)는 등 군사물(軍事物)에 대한 의견을 많이 제시하고 있다. 이에 대해 배우들은 "무대는 전장(舞臺は戰場)"이라는 인식 속에서 "다카라즈카가 지닌 아름다운 정서(寶塚の持つ、美はしい情緒)"15)를 십분 발휘할 것을 다짐하고 있다. 이러한 목소리들을 재구성할 수 있는 권한을 지닌 주체, 즉 극단에 의해 편집된 『가극』의 일관된 제국 '담론'은 제국주의 이데올로기의 메커니즘으로서 『가극』이 차지하는 위치를 가늠하게 한다. 잡지라는 공간 속에서 이들이 만들어내는 담론은 제국주의 규범을 재생산하고 있는 것이다. 극단-배우-관객의 세 주체 이외에 외무성, 해군성, 후생성, 정보국 등의 중앙행정기관을 비롯하여 대정익찬회16)와 같은 제국주의 정책을 주도한 공적 주체들이 『가극』에 자주 등장하기 시작한 것도 바로 이때이다. 이러한 국가 권력기관들은 작품 제작을 후원하고 검열하며, 여성 관객들 즉 총후의 여성들을 관리했다.

---

12) 伊津子, 『歌劇』, 1939年(昭和14年) 上, 101.

13) 洛西總人, 『歌劇』, 1939年(昭和14年) 上, 99.

14) 藤岡利子, 「戰時下の寶塚に俊つ」, 『歌劇』, 1938年(昭和13年) 9月, 30.

15) 大泉うた子, 『歌劇』, 1939年(昭和14年), 9月, 41.

16) 대정익찬회(大政翼贊会, 1940~1945)는 제2차 고노에 내각에서 군부의 권력 독점을 막고 신체제 수립을 위해 관(官)과 민(民)이 결집하여 만든 단체이지만 결국 국책을 수행하는 기관으로 변질되었다. 일본 국민들의 일상을 통제하기 위해 도나리구미(隣組)를 관리한 것도 이 대정익찬회이다.

그림 40 1939년 8월 북지를 방문한 황군위문단　　　　1942년 9월 만주를 방문한 국제친선사절단

　　여기서 주목해야 할 것은 소녀가극의 정치화를 주도하는 것은 하나의 힘이 아닌 다양한 주체들의 동의와 협업을 통해 이루어진다는 사실, 그리고 일정 부분 그 통로의 기능을 『가극』이 담당하고 있다는 사실이다. 그러나 이는 또 다른 지면을 통해 깊이 있게 논의되어야 할 부분이다.

　　한편 이 시기부터 전시색이 농후해지기 시작한 다카라즈카 소녀가극단은 1942년 만주 건국 10주년을 기념하기 위해 '국제친선사절단'의 자격으로 만주에 파견되었다. 국제친선이라는 표어를 내걸긴 했지만 만선지역의 순회공연은 구미지역에서의 그것과는 성격 자체가 완전히 다른 것이었다. 후자가 서양 세계에 이국적인 동양의 문화를 홍보하기 위한 것이었다면, 전자는 국가의 정책을 홍보하기 위한 정치적 선전극이었다. 배우들은 기모노 대신 군복 차림으로 만주와 조선을 방문해 내지와 외지의 결속을 다졌다. 세 차례에 걸쳐 이루어진 만선순연의 구체적인 내용은 다음의 도표와 같다.

　　만선순연의 공연 목록을 살펴보면, 일본의 전통적인 소재로부터 전시체제하에서 새롭게 창작된 작품에 이르기까지 다양한 레퍼토리를 고르게 포함시키려는 기획 의도를 읽을 수 있다. 특기할만한 사항은 만선 순회공연의 마지막 일정으로 경성에서 개최된 두 차례의 조선 공연인데, 제1회 공연은 당시 최신식의 근대적인 시설을 갖춘 대규모 극장이었던 부민관(府民館)에서 10월 24일부터 28일까지 이루어졌다. 1942년 10월 24일자 경성일보의 광고

표 10 만선 순연의 구체적 내용

	제1회 공연	제2회 공연	제3회 공연
일시	1942년 9월 26일~10월 31일	1943년 5월 28일~7월 8일	1944년 9월 26일~12월 7일
장소	장춘(長春), 하얼빈(ハルビン), 대련(大連), 안산(鞍山), 봉천(奉天), 무순(撫順), 경성(京城)	신경(新京. 長春), 하얼빈(ハルビン), 목단강(牡丹江), 안산(鞍山), 대련(大連), 봉천(奉天), 안동(安東), 경성(京城)	신경(新京. 長春), 대련(大連), 봉천(奉天. 瀋陽), 무순(撫順), 하얼빈(ハルビン), 치치하얼(チチハル), 목단강(牡丹江)
내용	·《美と力》(高木史朗 作) ·《太刀盗人》(水田茂 作) ·《奴道成寺》(水田茂 作) ·《宝塚絵巻》(高木史朗 構成)	·《明るい町強い町》(康本晋治 構成) ·《棒しばり》(水田茂 作) ·《桜に明ける紀の国道成寺》(水田茂 作) ·《新かぐや姫》(内海重典 構成)	·《木賊刈》(楳茂都睦平 作) ·《孤忠信》(水田茂 作) ·《太陽の子供達》(高木史朗 作·演出)

그림 41 경성 부민관 공연 광고
(경성일보, 1942.10.24.)

를 보면 부민관 공연의 레퍼토리가 만주 공연과 동일한 《미와 힘美と力》,《태도도인太刀盗人》,《노도성사奴道成寺》,《보총회권宝塚絵巻》이었음을 확인할 수 있다.

이 가운데 《미와 힘》은 소녀의 신체를 매개로 재현되는 제국주의 규범이라는 관점에서 세 차례의 공연 목록 가운데 이 책에서 가장 주목하는 작품이다.[17] 《미와 힘》은 특히 전시체제제하의 다카라즈카 소녀가극 공연에서 단순한 위문이나 선동의 목적만으로 설명되지 못한 부

17) 《노도성사》의 경우 원작에 제국주의 이데올로기의 내용을 첨가해 각색했으나,《미와 힘》에서와 같이 국가가 국민의 신체를 조정하는 시각은 나타나지 않는다. 만선순연은 그동안 위문과 동원의 측면이 강조되어 왔으나 이 책에서는 이 작품을 통해 제국주의 규범의 경계 확장 문제를 다룬다는 점에서 차별화된다.

분, 즉 소녀들에게 부과된 3중의 규범–가정 규범, 학교 규범, 국가 규범–이 경계를 확장해 나가는 모습을 뚜렷하게 보여 주기 때문이다.

《미와 힘》(1942)은 전체 14장으로 구성된《미와 힘의 찬가美と力の讃歌》(1941)를 6장으로 압축한 축약본이며, 도쿄와 오사카의 일본 내지 공연을 마친 후 만주 건국절 기념작으로 선정되어 제1회 만선순연에서 상연되었다.18) 아래 도표는 각색의 과정에서 선택되고 버려진 항목이 무엇인가를 한눈에 보여 주는데, 이는 전쟁 국면이 심화되는 과정 속에서 국가가 더욱 필요로 한 덕목이 무엇이었는지를 말해 주고 있다.

두 작품은 장면의 수는 다르지만 양쪽 모두 제목 앞에 "후생일본(厚生日本)"이라는 슬로건을 달고 있다는 점에서 공통적인데, 특히 《미와 힘》은 오사

표 11 《미와 힘의 찬가》와 《미와 힘》 비교

《미와 힘의 찬가》(1941)		《미와 힘》(1942)	
1장	후생에로!!	1장	후생에로!!
2장	미와 힘의 찬가	2장	미와 힘의 찬가
3장	빛나는 건강미	3장	빛나는 건강미
4장	후생의 합창		×
5장	영양의 이야기		×
6장	영양식의 향연		×
7장	후생의 이야기	4장	후생의 이야기
8장	공장	5장	공장
9장	푸른 동산	6장	푸른 동산
10장	체력장 검정(A)		×
11장	체력장 검정(B)		×
12장	전원의 후생		×
13장	피날레(A)		×
14장	피날레(B)		×

18) 《미와 힘》의 초연은 1942년 7월 26일부터 8월 24일까지 다카라즈카 대극장에서의 설조(雪組) 공연이었다.

카시 후생협회의 추천작이 될 만큼 총동원령하에서의 '후생'이라는 국가주의적 규범의 중요성을 간결하고 명확하게 전달하는 작품이다. 축약본의 특성상 작품의 구성 또한 군더더기 없이 후생이라는 하나의 주제의식으로 모아지고 있다. 그렇다면 《미와 힘》이 후생의 메시지를 어떻게 무대화하는지 그 구체적인 모습을 살펴볼 필요가 있다.

먼저 [1장_후생에로!!]는 후생의 의미를 강조하기 위해 환등을 이용하고 있다는 점에서 특징적이다. 앞서 살펴본 바와 같이 환등은 19세기 아케이드의 상품이 지니는 판타스마고리아의 속성을 대변하는 대표적인 무대장치로서, 판타스마고리아의 꿈과 같은 이미지가 상품의 배후에 놓인 사회적인 관계들을 은폐하듯이 여기에서도 동일한 역할을 한다. 이 장면에서는 빛의 효과를 통해 후생의 의의를 제시하는데, 환등이 강조하는 내용은 국가의 발전을 위한 토대는 강한 개개인의 국민이며 이를 위해 "직역봉공(職域奉公)"해야 한다는 것이다.19) 이어지는 장면들에서는 강한 국민의 이상적인 모습을 마치 경기에서 승리한 운동선수와 같이 묘사하는데, 그리스 시대 경기장을 배경으로 월계관을 든 16명의 배우들이 출연해 주제가 〈미와 힘의 찬가〉를 부르는 가운데 "건강미 넘치는 여인 36명이 주제가에 맞춰 텀블링(인체건축)과 발랄한 체조(健康美の女の踊子三十六人「主題歌」を踊る。カーテン前に前場の三十六人の、健康美の踊子残り、溌剌たるダンブリング(人體建築)體操)"를 선보인다.

〈미와 힘의 찬가〉

1절   아침이다 새벽이다

세기의 하늘에

---

19) "전선에, 총후에, 국가는 강한 국민을 필요로 한다. 국력의 기틀은 인적 자원에 있으니 국가흥륭과 민족발전을 위하여 우리들의 심신을 건전히 생활 내용을 충실히 내일을 위한 왕성한 활동력을 길러 직역봉공의 충성을 다하자."

보라

빛나는 희망의 빛

우리들의 팔은

우리들의 다리는

아시아를 홍하게 하는

힘이다 의기다

2절　단련하자 육체

연마하자 영혼

건강하고 아름답게

황국의 빛

우리들의 팔은

우리들의 다리는

황국을 지키는

검이다 탄환이다

3절　찬미하자 건강

목표하자 후생

내일에의 힘

새로운 생명

우리들의 팔은

우리들의 다리는

세계를 이끄는

팔이다 다리다

한마디로 모든 국민은 건강한 신체를 지녀야 한다는 것이다. 물론 여기
서 말하는 건강이란 삶의 질을 향상하기 위한 조건이 아닌 전쟁에 참여하

그림 42 《미와 힘의 찬가》의 실제 공연 장면

고 총후를 책임질 수 있는 노동력의 조건을 뜻한다. 앞서 검토한 '행진하는 신체' 또한 이 후자의 신체에 해당한다. 즉 신체의 건강은 개인을 위한 가치가 아니라 국가를 위한 공적인 가치를 대변하는 덕목인 것이다. 미와 힘을 지닌 건강한 "우리들의 팔과 다리(吾等の腕は, 吾等の脚は)"는 "아시아를 흥하게 하고, 황국을 지키고, 세계를 이끄는(亜細亜を興す, 皇國を護る, 世界を導く)" 대의를 위한 것이기 때문이다.

한편 미와 힘을 고루 갖춘 건강한 신체는 선천적으로 타고나는 것이 아니라 "단련과 연마"를 통해 도달할 수 있다는 점이 중요하다. 작품에서는 그 구체적인 실천 방법으로 '체조'를 권장하고 있다. 이 작품에서 체조 장면은 총 4번 등장하는데, 청년 한 명이 노래와 대사를 번갈아 가며 후생에 대해 설명하는 [후생의 이야기] 장면에서도 체조는 빠짐없이 강조된다.[20] 청년은 "멋진 신체와 빛나는 마음으로 활력 있게 일하자(立派な身體で 明るい心で

---

20) "운동을 합시다 노래를 부릅시다/유쾌하게 매일을 살아갑시다/멋진 신체로 빛나는 마음으로/활력 있게 일합시다/튼튼한 육체는/일본의 힘이다 일본의 보배다/첫째로도 건강 둘째로도 건강/셋째로도 건강이다/아침은 일찍부터 밖에 나아가서/쿵쿵쿵 활짝활짝/도나라구미도 모여서 체조/하나 둘 하나 둘 셋/먼저 하루의 후생의 시작/아침의 라디오 체조/일찍 일어나고 일찍 잠이 들면 병에 걸리지 않는다네/멋지게 이것이 실행되면/후생 제일과의 졸업이다."

元氣に働きませう)"라는 구호와 함께 아침 일찍 일어나 도나리구미(隣組)21)와 함께 라디오체조를 하자고 외친다. 라디오체조란 당시 일본 국민들이 학교, 공원, 신사 등지에서 매일 아침 실시했던 신체 단련법의 일종으로,《만주에서 북지로》의 무장이민에 관한 장면에서도 등장한 바 있다. 일본 근대 국민국가에 있어서, 특히 총동원체제에 있어서 체조란 국민의 신체를 국가가 직접 관리하기 위한 체력관리정책인 동시에, 국민 전체를 잠재적인 전투력으로 또는 징병 대상으로 하는 국민개병(国民皆兵)정책의 일환이기도 했다. 중요한 것은 체조는 일반적으로 도나리구미와 같이 하나의 조직이 중심이 되어 집단적인 방식으로 이루어졌다는 사실인데, 실제로 체조는 일본 국민을 조직하기 위한 '대중의 국민화' 작업의 일환이기도 했다. 당시 먼 이국땅에 거주하는 일본인들도 라디오 체조로 하루를 시작했다는 기록은 이러한 사실을 뒷받침한다. 이러한 맥락에서 볼 때 체조와 일본 국민의 아이덴티티의 관계, 또는 신체와 내셔널리즘의 밀접한 관계를 지적한 시미즈 사토시(清水諭)의 주장은 눈여겨볼 만하다.22)

이와 같이 집단적으로 구축되는 신체 이미지는 공장을 배경으로 하는 5장의 무대에서도 계속 이어진다. 각본에 따르면 지도자의 명령에 따라 일을 하던 24명의 남녀 직공들과 무용수 8명은 "공장의 복잡한 기계의 움직임을 연상시키는 춤(工場の複雑な機械の働きを連想させる踊り)"을 추는 것으로 설명하고 있다. 기계의 부품이 된 소녀배우들의 신체는 앞서 여러 차례 지적한 바 있다.《몽 파리》에서 소녀의 신체는 기차의 바퀴가 되어 약진하는 일본 제국을 상징했다. 또《만주에서 북지로》에서는 제광소의 기계 장치의 동작을 모방한 톱니바퀴 댄스로 빠르게 돌아가는 기계의 리듬을 보여 주기도

---

21) 도나리구미(隣組)는 제2차 세계대전 당시 국민을 통제하기 위해 일본의 각 지역에 결성된 총후의 조직을 말한다.

22) 清水諭, 「体操する身体」, *Tsukuba Annals of Sociology* 8, 1996, 120.

했다. 기차 바퀴와 톱니바퀴로 변신한 소녀들의 신체는 인간을 기계의 관점에서 바라보는 근대의 시선과 정확하게 일치하는 것이다. 인간을 하나의 기능적인 부품으로 인식하는 이와 같은 왜곡된 시선이 결국에는 개인의 소외로 이어진다는 비판은 이 대목에서도 유효하게 적용된다.

그러나 집단성과 익명성의 문제를 야기하는 기계 장치는 곧바로 사라지고 초록의 넓은 들판의 배경이 펼쳐짐에 따라 황폐했던 무대는 밝고 경쾌하게 바뀐다. 이 대목은 앞서 제3부에서 지적한 대조적인 분위기 전환의 역할을 상기하게 한다. 그것의 목적은 엄숙한 시국의 메시지를 의도적으로 연출된 명랑성이라는 프로파간다의 감각적 장치를 통해 덮어 버림으로써 비판적이고 부정적인 인식을 차단하고 무한한 긍정성을 이끌어 내는 데 있었다.

한편 이와 유사한 시선은 다음 장으로 이어지며 더욱 가시화되는데,《미와 힘》의 마지막 장인 [푸른 동산]은 전원의 풍경 속에서 출연자들 전원이 "스물네 명의 고리를 든 무용수가 고리를 이용해 아름다운 체조를 하는(廿四人の輪の踊子が輪を利用した美しい體操をする)" 동시에 주제가 〈미와 힘의 찬가〉를 합창하는 것으로 끝난다. 이처럼 출연자 일동의 행진이나 합창으로 대단원의 막을 내리는 방식은 총동원체제 시기 다카라즈카 소녀가극의 공식이라해도 좋을 만큼 양식화된 피날레 형식이다. 그러나《미와 힘》의 피날레 장면이 더욱 특별한 이유는 체조의 수식어인 '아름답다'는 형용사의 사용법에있다. 여기서 주목해야 할 부분은 집단적인 체조를 아름다운 것으로 표현하고 있는 대목인데, 그것은 예술적인 성찰의 과정을 거쳐 탄생한 '미적인 것'과는 완전히 다른 범주의 미를 지시하기 때문이다. 라디오체조에서 드러난바와 같이 체조는 전시하의 신체를 조형하는 가장 효율적인 틀로서, 국민전체의 몸을 규격화하기 위한 목적에서 보급된 것이다. 따라서 "아름다운 체조(美しい体操)"는 아름다움이 집단적이고 획일적인 규범화된 신체로부터 도출되는 것임을 뚜렷하게 말해 준다.

여기서 작품 제목인 '미와 힘'의 의미는 명확해진다. 이는 국가를 위해 봉공하기 위한 건강한 육체와 정신으로서 총동원체제하에서 미란 곧 힘이며, 힘은 곧 미와 같은 것임을 뜻한다. 다시 말해 미란 단순한 외모의 아름다움을―포함하는 동시에―넘어서는 전시하의 집단화된 규범을 의미한다. 음악학교를 통해 '맑게, 바르게, 아름답게' 단련된 다카라즈카 소녀배우들의 심신은 '미와 힘'을 보유한 후생일본의 국가 규범을 전달하는 임무에 특화된 매체라는 사실이 여기서 재확인된다. 소녀배우의 신체는 그 속에 내재된 여성성으로 국가주의 및 제국주의의 폭력성을 은닉하는 도구의 역할을 충실히 수행하는 것이다. 이와 같이 소녀의 신체성이 제국주의 정치에 기여하는 바로 이 지점이 다카라즈카 소녀가극이 프로파간다를 수행하는 공연예술의 한 장르로서 가장 뚜렷하게 차별화되는 지점일 것이다. 여기에서 벤야민이 말했던 '정치의 심미화'의 전형을 보게 된다.

서두에서 밝힌 바와 같이 《미와 힘의 찬가》의 축약본에 해당하는 《미와 힘》은 전시체제하에서 국가가 가장 필요로 한 덕목을 극명하게 알려 주는 작품이다. 원본인 《미와 힘의 찬가》에서는 의인화된 햇빛(日光)이 출연해 어린이들에게 편식하지 말고 꾸준히 비타민을 섭취해야 한다고 가르치는 대목, 그리고 체력장검사 장면이 추가되어 있다. 그러나 《미와 힘》은 이러한 아동극적인 요소를 대거 삭제하고 '집단적인 신체 표상'에 주력함으로써 후생의 의미를 한층 극대화하고 있다. 이러한 각색의 특징은 당연하게도 전시체제에 가장 필요한 덕목은 '총후에서 제국 확장 정책의 보루가 되어 줄 국민의 건강'이라는 제국주의 국가의 시선을 반영한다. 다시 말해 '규율화된 신체와 정서'의 내면화인 것이다. 다카라즈카 소녀가극단의 세 차례에 걸친 만선순연은 내지의 규범이 만주·조선·중국 일대의 일본 외지로 경계가 확장되는 양상을 상징적으로 보여 준다. 이러한 측면에서 만선순연은 새롭게 조명되어야 하며, 특히 《미와 힘》은 소녀의 신체에 각인되어 있는 젠더적 규범성이 제국주의 규범과 접목되는 지점을 가장 명확하게 보여 주는 작품이라는 점에서 더욱 주목될 필요가 있다.

제11장

제의적 장소로서의 소녀가극

다카라즈카 소녀가극은 근대 일본 특유의 연극 양식을 가리키지만 동시에 특정한 '장소'의 의미를 지닌다. 한편으로는 가족들이 함께 여가를 즐길수 있는 오락의 장소 및 대중들의 판타지를 충족시켜 주는 욕망의 장소로서, 또 한편으로는 제국 통합의 정치에 동의를 끌어내는 선전의 장소로서 다카라즈카 소녀가극은 다양한 정체성을 획득해 나가며 권력과 욕망이 교차하는 장소가 되었다. 그리고 오늘날에 있어서 '다카라즈카'라는 말은 여성들의 문화를 가리키는 대명사로 일본인들의 인식 속에 완전하게 자리를 잡고 있다.

그러나 패전 이전의 다카라즈카의 무대를 패전 이후와 가장 극명하게 가름하는 기준은 무엇보다 제의적 기능 또는 종교적 성격에 있다.[1] 제의적

[1) 제의성은 고대 그리스 연극와 서양 중세극, 그리고 동양의 전통적인 공연예술 장르에서 보편적으로 나타나는 특징으로 신화나 종교는 제의적인 연극을 구성하는 핵심적인 요소이다. 동양과는 달리 중세 이후 제의적 전통이 단절된 서양 연극의 경우 희곡에 편향된 연극에 대한 반동이 일어났으며, 앙토냉 아르토의 잔혹연극(Theatre of Cruelty)은 그 대표적인 실천에 해당한다. 아르토는 순수한 연극 언어를 회복하기 위해 동양 연극의 제의성의 전통으로 회귀할 것을 주장했다. 이러한 발상의 전환에 결정적인 영향을 준 것은 발리의 연극이었다. 한편 아르토와는 지향점을 달리 하지만 리하르트 바그너의 경우 또한 독일인이 중심이 된 민족 공동체를 만들기 위해 고대 그리스의 제의를 참고했는데, 바그너에게 있어서 제의란 시와 음악과 드라마가 모두 하나로 결집된 종합예술(Gesamtkunstwerk)의 전형을 보여 주기 때문이다. 앙토냉 아르토 지음, 박형섭 옮김, 『잔혹연극론』, 서울: 현대미학사, 1994, 103~106 참조.]

기능은 다카라즈카 소녀가극이 상업적 오락물에서 정치적 선전물로 이행하는 과정에서 나타나는 정체성의 변화를 집약적으로 보여 주는 가장 현저한 특징이라고 할 수 있다. 주지하다시피 소녀가극 안에서 제국 통합의 대의명분은 필연적이고 절대적인 가치로서 끊임없이 신화화되고 있기 때문이다. 이에 따라 소녀가극 안에서 종교성과 정치성은 서로를 참고하며 세속적인 제국주의 이데올로기를 성스러움의 영역으로 끌어올리는 역할을 한다. 다시 말해 소녀가극의 무대는 정치적인 의식이 거행되는 제단으로서 일종의 '제의적 장소'가 되는 것이다.

실제로 총력전 당시의 다카라즈카 소녀가극은 종교적인 색채를 강하게 드러내는 것이 사실이다. 또한 이 책의 대상 작품들에서는 유독 제의적이고 종교적인 장면들이 많이 등장하는데, 일차적으로 그것은 작품의 소재로 나타나지만 단순히 소재의 차원에만 머무르는 것이 아니라 더욱 추상적이고 상징적인 차원으로 도약하는 것이 특징이다. 이러한 측면에서 볼 때 '제의적 장소'로서의 소녀가극은 제7장에서 검토한 일본의 오리엔탈리즘적 시선에 의해 수집된 '동양적인 것의 부분집합으로서의 종교'를 넘어서는 초월적인 의미를 지닌다. 그것은 종교와 제의의 본질인 '신성성'을 더욱 적극적으로 공유한다. 그렇다면 다카라즈카 소녀가극이 제의적 장소로서의 신성성을 획득하는 구체적인 방법은 무엇인가. 이에 대한 대답은 제의적 장면들이 재현되는 맥락을 해체하고 재구성하는 작업으로부터 시작된다. 다카라즈카 소녀가극 내에서 다양한 재현 방식을 통해 연행되는 제의는 그만큼 다층적인 함의들을 만들어 내는 것이기 때문이다.

이러한 맥락에서 대동아공영권 시리즈 가운데 특히 2편 《북경》은 소녀가극의 무대가 하나의 제단으로 기능하고 있는 사실을 직접적으로 보여 준다는 점에서 주목할 만한 작품이다. 주제가의 합창으로 구성되는 [1경_용의 막전]과 함께 실질적으로 오프닝에 해당하는 [2경_천단(天壇)]은 제의적 장소라는 관점에서 주의 깊게 살펴볼 필요가 있다. 천단의 장면에서는 오족 협화의 내용을 담은 주제가 〈북경〉이 다시 합창된 뒤 두 가지의 중요한 사건이 일어난다. 첫 번째 사건은 일본인 남자들과 중국인 어린이들 사이의 대화를 중심으로, 그리고 두 번째 사건은 남자 Ⅰ의 대사를 중심으로 이루어진다.

> 남자Ⅱ: 그래. 착한 아이니까 뭔가 줘야겠구나! 자! 좋은 것을 주겠어요.(라고 말하며 주머니에서 사탕 봉지를 꺼내 들고는)
>
> 남자Ⅱ: 이것은 일본의 과자란다.(라며 건네주자, 과자를 받은 아이 Ⅰ은)
>
> 아이 Ⅰ: 감사합니다.
>
> 남자Ⅱ: 자 그럼 여러분! 약진하는 아세아, 우리들의 동아(東亞)는 우리들 동양인의 손으로 굳건히 합시다.
>
> 일동: 동아는 우리들 동양인의 힘으로 굳건히 합시다!!(라고 강력한 어조로 말한다)
>
> 남자Ⅰ: 이 명랑한 우리들을 보십시오. 남경정부 성립의 소식은 곧 중화민국에 밝은 새벽이 온다는 것이지요. 그래서 첫째는 중국을 사랑하고, 둘째는 일본을 사랑하고, 셋째는 동아를 사랑하여 북경 1억의 시민은 행복한 나날을 보내고 있습니다.(앞에 줄지어 서 있던 남자들은)
>
> 남자들: 北京好日(두 번째 아이 앞으로 나아가며)
>
> 아이Ⅱ: 北京好日 北京好日

이와 같이 연속적으로 벌어지는 두 사건들 사이에서 논리적인 인과관계를 찾아볼 수는 없지만, 두 사건 모두 작품의 주제를 상징적으로 드러낸다는 점에서 극적인 역할은 사실상 같다. 근대화된 일본 국가를 상징하는 일본인 남성이 중국 어린이들에게 일본제 과자를 선물하는 행동은《북경》의

핵심적인 메시지인 '동양의 구원자 일본'을 그대로 반영하는 것이며, "동아는 동양인의 손으로!(東亞は私達東洋人で)"라고 구호를 외치는 선동적인 남자 I 의 발언은 배타적 대항 담론으로서의 동양주의 사상 및 대동아공영의 논리에 정당성을 부여함으로써 대동아공영시리즈의 정체성을 강화하는 것이기 때문이다.

그러나 여기서 더욱 중요한 것은 메시지가 수행되는 장소, 즉 '천단'에 있다. 천단(天壇)이란 중국 명·청대의 황제들이 나라의 풍요를 기원하며 제를 올리던 곳으로 중국 황제의 정통성을 상징하는 성역(聖域)이다.[2] 두 사건 간의 인과관계가 성립하지 않는 것과 마찬가지로 사건의 배경이 되는 천단과 사건의 플롯 사이의 개연성은 발견하기 어렵다. 그러나 상징과 신화로 점철된 제의의 영역에서 논리로 접근할 수 없는 세계가 존재하는 것은 당연한 일이며, 제단이라는 신성한 장소에서 일어나는 행위가 신화화된 무언가를 기원하는 행위와 분리될 수 없는 것 또한 자명한 사실이다. 이 장면 또한 제의의 연장선에서 볼 때 오히려 설득력을 얻는다. 사건에 내재된 정치적 상징성과 천단이 지니는 장소적 상징성이 연출자의 의도에 따라 인위적으로 결합된 것이 바로 이 천단 장면인 것이다. 천단의 신성한 의미를 끌어들임으로써 작품의 메시지가 더욱 강화되고 있는 모습을 이 두 장면을 통

---

2) 천단(天壇)은 현재 중국 북경의 숭문구(崇文区)에 있는 사적이며, 명조(明朝)의 3대 황제인 영락제(永樂帝) 당시에 건축된 제단으로, 황제가 주관하는 농경 및 기우(祈雨)의 제례가 거행된 장소이다. 명·청 교체기를 거쳐 청대에서도 천단에서 황제가 주관하는 국가 차원의 농경 제례의 전통을 계승함으로써 국가적 제사의 장소로서 기능했다. 이후 무력으로 중화제국을 선포하고 황제를 참칭한 원세개(袁世凱) 역시 이곳에서 하늘에 제사를 올린 역사가 있다. 이처럼 천단은 중국 인민들에게는 황제가 하늘에 농경의 의식을 봉헌하는 장소이며, 황제에게는 스스로 '농경의 지도자'를 자처하며 정통성을 선언하는 장소이다. 또한 고대 중국의 삼황오제 중 농경신인 신농씨(神農氏)를 섬기는 제사를 올림으로써 중원의 지도자에게 정통성과 권력적 정당성을 확보하게 해주는 제대(祭臺)이다.

해 확인할 수 있다.

《북경》의 천단 장면이 제단의 장소적 의미를 차용해 제의를 정치화한 것이라면, 제의를 직접 재현하는 방식을 통해 소녀가극의 무대는 문자 그대로 '제의가 거행되는 장소'가 되기도 한다.《몽골》의 피날레를 인상 깊게 장식한 두 개의 제의, 즉 한가루챠무(ハンガルチャム)와 라마 제전(喇嘛の祭典)은 그 대표적인 사례이다. 이 두 제의는 '정치와 종교가 서로를 참고하는 지점'을 잘 보여 준다는 점에서 더욱 흥미롭다. 현지 조사를 기반으로 매우 사실적으로 재현된 두 제의는 주지하다시피 라마불교의 전통적인 종교의식으로서 항마(降魔)와 강복(降福)의 기원을 공통의 목적으로 한다. 그러나 사악한 것을 물리치고 풍요를 기원하는 주술적인 행위는 제의가 이와 같은 사실적인 재현과는 별개로 정치적인 맥락과 긴밀하게 맞닿아 있다는 점에서 주목할 필요가 있다.

여기서 가장 두드러지는 것은 음악의 역할인데, 주제가 〈나아가자 몽골〉과 〈아가씨의 노래〉가 배치되는 방식은 제의가 어떤 틀 속에 포섭되는지를 파악하는 데 있어서 좋은 지침이 된다. 먼저 마지막 피날레 장면에서 주제가 합창과 제의 장면이 어떻게 구성되는지 도표를 통해 살펴보면 다음과 같다.

표 12 《몽골》의 피날레 장면에서의 합창과 제의의 구성 방식

주제가 합창		제의 재현		제의 재현		주제가 합창
〈아가씨의 노래〉	⇒	한가루챠무 제의	⇒	라마 제전	⇒	〈나아가자 몽골〉

도표를 보면 피날레는 제2주제가 〈아가씨의 노래〉의 합창으로 시작해 제의 장면을 거쳐 제1주제가인 〈나아가자 몽골〉의 일동 합창으로 끝을 맺는다. 말하자면 두 개의 제의 장면을 두 곡의 주제가가 에워싸고 있는 형상이

다. 이 두 주제가의 내용은 제국주의적 욕망을 낭만적으로 은폐하는 전형을 보여 주는데, 가사의 내용을 한 문장으로 요약하면 '아가씨들이 손짓하는 아름다운 꿈의 나라 몽골로 세력을 넓혀야 한다'는 당위명제가 된다. 결국 몽골의 전통 제의가 지니는 강력한 주술의 힘은 대동아공영의 유토피아를 구현해 주는 현실적인 수단이 되며, 이로써 사실상 '항마'와 '강복'이라는 제의의 본래 목적은 '영미귀축 타파'와 '제국의 통합'이라는 일본 제국주의의 실질적인 목표로 그대로 치환된다.

한편 몽골의 전통 제의와 함께 소녀가극으로 재현된 또 다른 지역적 제의의 형식으로《동으로의 귀환》의 '호리 제전(ホリの祭典)'이 있다. 호리 제전은 인도의 가상국가인 미사푸르 국에서 거행되는 국가적 단위의 제의로 종자를 뿌리는 행위가 말해 주는 것처럼 전형적인 농경 제의에 속한다. 이 부분은 각본 속에서 총 7개의 지문을 통해 자세하게 서술되고 있는데, 다카라즈카 소녀가극에 의해 치밀하게 무대화된 호리 제전은 통과의례와 제의의 통상적인 속성으로 공식화된 리미널리티가 획득되는 과정을 일목요연하게 보여 준다.[3] 이러한 측면에서 호리 제전의 장면은 주의 깊게 살펴볼 필요가 있다.

호리 제전의 장면은 왕족과 고위관료, 성직자와 제사장의 행렬과 코러스로 시작된다. 그러나 본격적인 제의의 시작은 세 번째 항목에 서술되고 있

---

3) '문지방' 혹은 '현관'을 뜻하는 리미널리티(liminality)는 반 게넵(Arnold Van Gennep)이 통과의례(passage) 분석을 위해 사용한 용어이다. 그에 따르면 통과의례는 분리(separation), 전이(transition), 재통합(incorporation, reaggregation)의 세 단계로 이루어지며 리미널리티는 두 번째 단계인 '전이' 단계에 해당한다. 또한 리미널리티의 영역에서는 일상적인 세계로부터 분리된 리미널한 시간(liminal time)과 리미널한 공간(liminal space)이 구축되는 것이 특징이다. 사회극(social drama) 개념을 창안한 빅터 터너(Victor Turner)는 이러한 특징이 제의나 축제부터 카니발과 페스티벌, 그리고 더 나아가 영화나 전람회, 텔레비전에서도 나타난다고 보았다. 빅터 터너 지음, 이기우·김익두 옮김, 『제의에서 연극으로』, 서울: 현대미학사, 1996, 207~210.

표 13 호리 제전의 일곱 단계

1	마하라쟈 궁전의 야외. 제전을 위해 특별히 설치된 마하라쟈의 좌석 중앙 높은 곳의 오른편에는 왕족, 왼편에는 여성들의 자리가 있고 울금색의 천막이 펴져 있다. 중신·왕족·여성들은 이미 착석. 행렬을 갖추어 마하라쟈 라바나 도착. 일동 기립해 안제리의 예를 갖춰 맞이한다.
2	불교와 브라만교 승려 도착. 예배 제사장의 도착.
3	불교도는 부처의, 브라만교도는 브라만의 상을 모시고 중앙으로 들어온다. 경을 읽는다. 공의 소리.
4	고수(鼓手)는 양산을 든 자의 뒤를 따르고, 왕을 대신한 제전 집행자로서 대신 등장.
5	관장(管長)이 상의 앞에 착석. 향을 피우고 대신은 관장에게서 금은의 긴 자루를 받아 들고 밭을 가는 동작을 연기.
6	데우스로 불리는 네 명의 처녀 (춤을 추며) 금은의 바구니를 들고 종교적인 춤을 춘 후 바구니를 대신에게 넘겨준다.
7	대신은 그 바구니에서 종자를 꺼내 흩뿌린다. 관장이 성수를 뿌리자 코러스는 고조된다. 제전이 종료된다.

는 사제들이 경을 읽고 공(gong)을 치는 행위를 그 신호로 한다. 공과 같은 타악기의 소리가 제의를 개시하는 청각적인 상징물로 쓰이는 것은 전 세계 문화권에서 공통적으로 나타나는 현상이다. 소리로부터 일상적인 공간과 분리되는 마법적인 세계가 만들어진다는 믿음은 그만큼 인류 보편의 본능적이고 뿌리 깊은 신앙체계이다. 호리 제전 장면에서도 '경을 읽고 공을 치는'[4] 종교적인 의식을 통해 물리적인 시간을 리미널한 시간으로, 마하라쟈(大王) 궁전의 세속적인 공간을 리미널한 공간으로 탈바꿈하고 있다. "성스러운 시간과 일상적인 시간이 연극적으로 분리"[5]됨으로써 성(聖)과 속(俗) 사

---

4) 여기서 공(gong)이란 금속으로 만들어진 우묵한 원반 모양의 타악기를 말하며, 동양 지역에 널리 분포되어 춤과 노래, 연극 등에 자주 사용된다. 주술적인 의미가 강한 이 악기는 인도의 가믈란 음악에 많이 쓰이며 오늘날 탐탐이라는 이름으로 오케스트라의 퍼커션(percussion) 파트에 편성되기도 한다.

5) 빅터 터너, 앞의 책, 211.

이에는 확고한 경계가 지어지게 되는 것이다. 이렇게 호리 제전의 재현에 의해 만들어진 신성성은 소녀가극의 무대를 일시적으로 리미널한 시공간, 즉 제의적 장소가 되게 한다.

그러나 호리 제전이 작품에서 수행하는 가장 중요한 역할은 미사푸르 국이 처한 모순과 위기를 극단적으로 드러내는 데 있다. 제의가 진행되는 도중 데우스의 처녀들이 종자 바구니를 떨어뜨려 신성성을 침해하는 참사가 발생하고, 결국 처녀들은 인신공회(人身供犧)의 제물로 바쳐질 운명에 처해지기 때문이다. 이 일로 인해 미사푸르 국을 찬탈한 세력의 폭력성은 절정에 달해 만천하에 폭로되고, 이 사건을 목격한 미사푸르의 후계자 람파는 독재자를 독살한 뒤 결국 자살로 생을 마감하게 된다. 한때 연인이었던 남동생 폴 로이가 미사푸르 국의 왕으로 등극하며 모든 위기가 해소되는 것이 《동으로의 귀환》의 결말이었다. 앞서 《동으로의 귀환》에서는 위험한 동양과 그리운 동양이 상호 대립 과정을 거쳐 새로운 동양, 강한 동양으로 도약하는 지점에 대해 지적한 바 있다. 이러한 플롯의 구조는 제의의 발전 단계를 전형적으로 보여 준다. 다시 말해 '분리-전이-재통합'이라는 제의의 세 단계가 작품 전체에서 확장되어 나타난다는 것이다. 이를 도표로 정리하면 다음과 같다.

서사의 층위에서 볼 때 《동으로의 귀환》은 주인공 람파가 부모를 잃고 본국에서 일시적으로 떨어져 있다가 오랜 번뇌 끝에 조국에 대한 애정을 깨닫게 된 후 목숨을 바쳐 미사푸르 국을 구하고 동생에게 새로운 시대의 영광을 선사하는 삼단 구조를 취한다. 이러한 이야기의 구조는 영웅이 모험을 떠나 시련을 겪고 성장한 뒤 회귀하는 영웅 서사의 기본 형식을 그대로 따르고 있다. 주인공이 자살을 선택하는 부분에서 약간의 변주는 있지만 같은 혈통에 의해 새로운 시대가 열린다는 점에서 한 명의 위대한 영웅을 상정하는 영웅 서사의 큰 틀 안에 있다.[6]

표 14 《동으로의 귀환》에 나타나는 제의의 세 단계

	분리	전이	재통합
서사적 층위	아버지인 미사푸르 국왕이 독살당한 이후, 공주이자 후계자인 람파는 생명의 위협이 없는 프랑스의 한 여학교에서 안전하게 살아간다.	람파는 독재 치하에 있는 조국을 되살리기 위해 미사푸르 근방의 태국에서 동양에 대한 지식과 애정을 쌓으며 강한 동양 건설의 꿈을 꾼다.	람파의 희생으로 남동생 폴로이가 새로운 국왕으로 등극하고 미사푸르에는 평화의 시대가 도래한다.
상징적 층위	위험한 동양	그리운 동양	새로운 동양, 강한 동양

이러한 서사적 층위는 '위험한 동양-그리운 동양-새로운 동양'의 상징적 층위에서도 그대로 적용될 수 있다. 서양 제국주의의 압제하에서 빈곤과 야만에 머무르고 있는 위험한 동양은 동양의 정신성, 즉 그리운 동양을 일깨워 새로운 동양으로 나아간다는 함의가 작품의 핵심적인 메시지이기 때문이다. 여기서 새로운 동양은 일본이라는 강한 국가에 의해 구축되어야 할 대동아공영권과 같다는 사실 또한 상징적 층위에서 작동하는 영웅 서사를 반영한다. 이러한 측면에서 볼 때 대동아공영권 시리즈 3편 《동으로의 귀환》은 제의의 메커니즘이 대동아공영 사상에 의해 전유되고 변용되는 지점을 잘 보여 주는 작품이라 할 수 있다. 그러나 작품의 전체 플롯에 반영되고 있는 제의적 구조는 이 작품에만 국한되는 것은 아니다. 《이탈리아의 미소》부터 《동아의 아이들》까지 위기에 빠진 동양을 구출한다는 사상, 이를 통해

---

6) 람파와 폴은 한 인격체 안에 내재한 두 개의 인격으로 사실상 동일 인물로 볼 수도 있다. 람파는 제거되어야 할 전근대적인 여성성을 상징하는 반면, 폴은 남성성으로 규정되는 이상적인 근대를 상징한다는 해석이 가능하다. 이 대목은 제국주의와 남성성이 맺는 일반적인 관계를 흥미로운 방식으로 보여 준다. 제국주의와 남성성의 관계에 대한 내용은 박형지·설혜심, 『제국주의와 남성성: 19세기 영국의 젠더 형성』, 파주: 아카넷, 2016 참조.

그림 43《동으로의 귀환》의 피날레 [새로운 시대]의 대관식 장면

오족협화와 왕도낙토의 대동아를 만든다는 사상은 내러티브의 클리셰라할 정도로 작품 구조 전반에 깔려 있다. 요컨대 다카라즈카 소녀가극은 그러한 제국주의적 이데올로기를 신성한 것으로 경계 짓는 '프레임(frame)'의 역할을 하는 동시에[7] 새로운 동양의 공동체가 구축되기를 기원하는 제의적장소로서의 기능을 다하고 있다.

이에 따라 제국 통합의 실현이 이루어지는 결말의 장면은 통상적으로 축제의 공간으로 가시화된다.《동으로의 귀환》이 새로운 국왕이 새로운 시대를여는 성대한 대관식으로 끝을 맺는다면,《북경》은 무대의 시작과 끝에서의무희(義務戱)의 축제를 통해 아편에서 벗어난 중국과 대동아 신질서의 도래에 축복을 보냈으며,《만주에서 북지로》에서는 일본인 남성과 중국인 여성 사이의 결혼식을 설정하여 민족 결합의 해피엔딩을 자축했다. 이러한 축제적인 분위기의 연출 가운데 가장 독특한 특징을 보여 주는 작품은 스포츠와 축제가 결합된《이탈리아의 미소》이다. '체육장'이라는 제목이 붙은 피날레 장면은 파시즘에 신성성을 부여하기 위한 장소로 설정된 올림피아 성전[8]에서 젊은 남녀들이 각종 스포츠 활동―스케이트, 줄넘기, 테니스, 활쏘기 등

7) 빅터 터너, 앞의 책, 210.
8) 고대 로마 제국 시절에 건설된 제우스(Zeus) 신에게 바쳐진 신전을 말한다.

―을 선보이는 가운데 "이탈리아 제국 만세(イタリヤ帝国萬歲)"의 구호를 외치며 퍼레이드를 벌이는 것이 파시스트 제의가 재현되는 모습이었다. 《미와 힘》의 [체력장] 장면을 연상시키는 이 [체육장]의 피날레는 전체주의 사상이 국민의 신체를 경유하여 제의의 형식과 결합하는 정형화된 양상을 보여준다는 점에서 시사적이다.9) 이러한 맥락에서 볼 때 앞서 살펴본 행진하는 리듬의 신체는 제의적 측면과 불가분의 관계를 지니는 것이다.

제의의 장소는 본래 축제의 장소이자 놀이의 장소를 겸한다.10) 그러나 제의적 장소가 된 소녀가극의 무대가 축제나 놀이의 장소가 될 수 없는 이유는 파시즘과 나치즘의 정치적 집회가 '그들만의 성역'일 수밖에 없는 이유와 같다. '국가'나 '민족'의 특정 단위가 주축이 되는 이 신성한 공간에는 언제나 중심과 주변이 설정되어 있다. 전시체제하의 다카라즈카 소녀가극에 나타나는 또 다른 특징인 전사자 추모의 재현은 이러한 맥락 안에 있으며, 추모 제의로서의 성격은 그러므로 제의적 장소의 표식으로서 간과될 수 없다.

조지 모스(George L. Mosse)에 따르면, 나치의 집회를 비롯한 독일의 정치화된 의례의 기틀을 마련한 민족주의 사학자 아른트(Ernst Moritz Arndt)는 독일 민족의 역사의식을 일깨우기 위한 축제의 필요성을 역설하며 "고귀하게 죽어 간 사람을 추모하는 축제"11)를 민족 제의의 가장 이상적인 형식으로 손꼽았다. 나치의 집회는 '사자(死者) 숭배'를 사실상 "나치즘의 중심"12)이

---

9) 체조, 연설, 행진, 스포츠, 팡파르, 퍼레이드 등의 감각적인 활동은 파시즘과 나치즘의 공공 축제가 공유하는 특징이다.

10) 박전열, 「日本演劇史研究[Ⅰ]―神話的 起源을 中心으로」, 『일본연구』 Vol.10, 중앙대학교 일본연구소, 1995 참조.

11) E. M. Arndt, *Entwurf einer Teutschen Gesellschaft*, Frankfurt, 1814, 36(조지 모스 지음, 임지현·김지혜 공역, 『대중의 국민화』, 서울: 소나무, 2008, 124 재인용).

12) 조지 모스, 앞의 책, 124.

라고 칭할 정도로 민족주의를 고양하는 구심점으로 활용한 대표적인 사례이다. 전쟁 기념식이나 추모식은 그만큼 공동체 구성원의 통합을 이끌어 내는 데 있어서 핵심적인 자양분을 제공해 준다. 이와 관련해 일·독·이 추축국 시리즈 2편《새로운 깃발》은 나치즘의 전사자 숭배 사상을 전형적으로 재현하고 있다. [제15경_무명전사의 묘지 앞에서] 장면에서는 생존 병사들이 무명전사들을 "조국 독일의 순교자(祖国ドイツの殉教者)"이자 진정한 정신의 "승리자(勝利者)"로 추앙하며 새로운 승리를 다짐하는 기도를 올린다.

이와 같이 다카라즈카 소녀가극의 '명랑한' 무대에서도 전쟁 영웅의 서사는 비장한 아우라를 발산하며 제국주의 이데올로기의 정당성과 제국 통합의 논리적·정서적 근거로 전유되고 있다. 이 책에서 오족협화와 왕도낙토의 서사로 분류한《만주에서 북지로》와《동아의 아이들》은 그 좋은 예이다. 일본인 관광객 두 명이 북방 식민지를 순회하는《만주에서 북지로》는 관광 명소 사이사이로 러일전쟁의 전적지(戰跡地) 방문이 삽입되어 있다. [5경_요양(遼陽)]과 [18경_여순(旅順)]이 그것인데, 특히 18경의 무대는 엘리아데가 지적한 '제의적 스펙터클'을 보여 주는 측면에서도 의미 있는 장면이다.13)

○ 흑색 또는 쥐색의 커튼 중앙 높은 곳에 커다란 액자, 그 속에 환등으로 노
  기 장군의 초상
○ 다카라즈카 소녀가극의 제복을 입고 합창(20명)

---

13) 제의적 스펙터클은 종교학자 미르치아 엘리아데(Mircea Eliade)의 개념으로 "역사
   적 사건들의 비밀스런, 상징적인 의미의 해독이 말 그대로의 의미에서 일종의 계시
   를 이룬다는 사실을 다분히 제의적인 방식으로 되풀이해서 말하는 것"이다. 제의적
   스펙터클이 지니는 힘은 과거의 시간을 현재의 시간으로 재현하는, "시간을 폐기"
   하는 데 있다. 한성숙, 『미르체아 엘리아데, 슨지에네의 밤』, 커뮤니케이션북스, 2016,
   80~81.

〈수사영의 회견〉(사사키 노부쓰나 작)

뤼순성을 열기로 약속이 되어

적의 장군 스텟셀(ステッセル)

노기대장과 회견의

장소는 어디인가 수사영(水師營)

(외 3절)

○ 합창 사이에 활인화로 여순 전적의 그림을 보여 준다.

지문을 보면 18경 전체가 러일전쟁의 영웅 노기 마레스케(乃木希典) 장군14)
의 추모에 할애되고 있는 것을 확인할 수 있다. 또 소녀가극 단원들이 제복 차
림으로 군가 〈수사영의 회견〉을 합창하는 모습도 살펴볼 수 있다. 이 장면은
판타스마고리아의 측면에서도 주목되는데, 환등 액자와 활인화(活人畵)15)
를 활용하여 시각적 판타스마고리아를, 그리고 '1905년'16)으로 시간을 되돌
리는 군가 합창을 이용해 청각적 판타스마고리아의 효과를 의도한 것으로
보인다.

한편 《동아의 아이들》에 삽입된 왕록의 이야기는 왕록의 가족사에 관한
내용이지만 실질적으로는 중국 공산당의 음모로 사망한 아버지를 기리는,

---

14) 일본의 무사, 군인, 교육자이며 러일전쟁에서 여순군항 공방전을 지휘한 인물.

15) 활인화 또는 타블로(活人畵, tableaux vivants)는 살아 있는 배우를 대사나 움직임 없이
그림 속의 인물처럼 정지된 상태를 연출하는 것이다. 역사적인 특정 장면이나 문학
작품의 한 대목을 마치 살아 있는 그림(living picture)인 것처럼 모방하는 극적인 기
법을 말하며 극의 결말을 효과적으로 제시하기 위해 사용되었다. 또한 공연 마지막
장면에서 영웅적인 인물을 신격화하기 위한 기법으로도 사용되었다고 한다. 배상준,
「타블로(tableau)의 영화미학—파스빈더(R. W. Fassbinder)와 카우리스마키(A. Kauris-
maki)를 중심으로—」, 『현대영화연구』 Vol.15, 한양대학교 현대영화연구소, 2013, 184.

16) 수사영 회견소(水師營会見所)는 러일전쟁 당시 여순군항 공방전의 정전협정이 체결된
장소이다.

다시 말해 전쟁 영웅에 대한 추모 서사이다. "매일 아버지의 사진을 참배한다(每日お父様のお写真を拜して居ります)"는 왕록의 편지는 한 개인의 서사가 차지하는 공적 위치를 잘 드러내 주고 있다. 편지는 자신의 조국인 중국이 "성스러운 아세아 부흥의 전투에 참가하여 일본과 생사를 같이하며(この聖なる亞細亞復興の戰ひに參加して、日本と生死を共にし)" "신중국을 다시 일으켜 동아에 영원의 낙토를 건설하고 광영의 오천년 중국 문화를 부흥하지 않으면 안 된다(更生新中國を作り、東亞に永遠の樂土を建設し、光栄ある五千年の中国の文化を復興しなければならない)"는 메시지를 남기고, 왕록의 이야기는 종결되었다.

이와 같이 전사자에 대한 기억이 제국 통합 이데올로기로 전환되는 양상은 '충령탑 모티브'에서도 명확하게 드러난다. 내러티브의 전개와 큰 관계없이 등장하는 충령탑은 《동아의 아이들》의 경우 개척촌 주민들이 흥겹게 노래하는 장면의 배경으로 등장하는 한편, 오족(五族)의 대표가 〈왕도낙토찬가王道樂土讚歌〉를 함께 부르는 장소로 설정되어 있다. "아아 충령의 탑 보라 솟아오르라 흔들림 없이 그 옛날 나라를 세우던 수많은 신들 우러르며 세우자 함께 오족의 민족 모여서 낙토 만주(あゝ忠靈の塔/ 見よ 聳え立つ/ ゆるぎなく/ その昔 國を築きし/ 幾萬の神々/ 仰ぎて/ 築かなん 共に/ 五族の民等 集ひて/ 樂土滿洲)"를 합창하는 노랫소리가 객석에 울려 퍼진다. 여기서 전사자를 추도하는 기념비는 기억의 정치화를 수행하며 역사의 도구화를 실천하는 물질적인 매개물로 기능하게 된다. 추모의 제의가 '그들만의 성역'인 동시에 역설적인 '통합의 장소'가 되는 이유는 바로 여기에 있다. 이에 따라 다카라즈카 소녀가극의 무대 위에서 정치와 종교와 오락은 삼위일체(trinity)가 된다.

이와 같은 방식으로 구체화된 정치와 종교의 결합은 종교화된 정치, 혹은 정치 종교를 자연스럽게 연상시킨다. 에리히 푀겔린(Erich Voegelin)에 의해 이론화된 정치 종교(political religion)의 개념은 대표적으로 양차 대전 사이에 출몰했던 소비에트 연방의 스탈린주의, 무솔리니의 파시즘과 히틀러의 나치즘을 가리킨다. '이즘(-ism)'으로 교조화된 이러한 전체주의 이데올로기의 공통점은 "정치의 의례화와 지도자 숭배(the ritualization of the political process and leader cults)"라는 것인데, 이는 곧 "신성한 것에 대한 숭배(the veneration of the divine)"[17]와 같다는 점에서 종교와 본질을 같이한다. 이와 관련해 필립 부랭(Philippe Burrin) 또한 정치 종교가 단순한 '독재나 폭정(dictatorship and tyranny)'과는 구분되는 독자적인 개념임을 지적한 바 있다.[18] 정치 종교로 통칭되는 전체주의 사상 가운데 특히 나치즘의 강력한 종교적 성격에 대해서는 많은 학자들이 합의하는 부분이다. 나치 전당대회는 그 자체로 독일 민족을 위한 제의였다.

> 참가자들에게 나치의 대중 집회는 모든 것에 우선하는 상징적 내용이자 그들의 소속감에 결정적이었던 공통의 제의를 의례 형식으로 표현한 것이었다.…당이 제공한 대규모 기념식, 공공 축제, "예배의 시간"은 새로운 정치적 제의를 집약적으로 실현한 것이다.[19]

이와 같이 다양한 맥락들을 총체적으로 고려하면 전시하의 다카라즈카 소녀가극의 제의적 성격과 정치적 성격의 관계는 부정할 수 없게 된다. 다시 말해 그것은 종교가 정치로 흡수되는 지점, 또는 반대로 정치가 종교로 도약하는 지점을 연극적인 방식으로 보여 주는 것이다. 일독이 추축국 시리즈에서는 삼국동맹의 공고한 결속을, 대동아공영권 시리즈에서는 영미귀축의 타파와 대동아 신질서의 구축을, 그리고 북방과 남방 식민지 일주를

---

17) Erik van Ree, "Stalinist Ritual and Belief System: Reflections on 'Political Religion'," *Politics, Religion & Ideology*, Vol.17, 2016, 143.

18) Philippe Burrin, "Political Religion—The Relevance of a Concept," *History and Memory*, Vol.9, 1997, 321.

19) 조지 모스, 앞의 책, 284.

통해 오족협화와 왕도낙토의 유토피아 실현을 기원하며 다카라즈카 소녀가극은 제국 통합의 성공을 희구하는 국가적 제의의 장소로 새롭게 자리매김한다. 이로써 상업적인 오락극은 국민적인 연극으로, 일본 국민의 연극은 제국 전체의 연극으로 제국주의적인 확장을 이루게 된다. 그러나 그 속에서 제의와 축제의 리미널리티가 긍정적인 형태로 드러난다고 볼 수는 없다. 리미널한 공간에서 허용되는 일탈과 전복의 자유는 제국 통합의 제의에서는 철지하게 금기시되기 때문이다.

제12장

제국 통합의 연극적 계기
가상의 제국과 감각적 동화

　학예회 수준의 건전한 가족 오락물로 출발한 다카라즈카 소녀가극은 국가 총동원령 이후 상업적 오락극으로서의 정체성을 180도 전환한다. 그 과정은 주지하다시피 소녀가극만의 다양한 메커니즘을 활용해 제국주의 이데올로기의 이념적·감각적 공간을 무대 위에 구축하는 과정이었다. 여기서 서론에서 제시한 연극과 공동체의 관계에 관한 문제로 다시 돌아갈 필요가 있다. 소녀가극에 의해 재현된 오족협화와 왕도낙토의 유토피아는 무대 위의 현실일 뿐이며, 그러므로 다카라즈카 소녀가극이 꿈꾼 제국 통합의 이상은 연극이라는 매체 안에서 그 실현의 계기가 논의되어야 할 것이기 때문이다.

　주지하다시피 효도 히로미(兵藤裕己)는 이와 관련해 독특한 의견을 제시한 바 있다. 그는 봉오도리(盆踊り)와 오카게마이리(おかげ参り)[1] 속에서 동일한 동작을 여럿이 반복하는 군무(群舞)의 행위로부터 새로운 공동체의 감각이 만들어진다고 지적했다. 막부 말기 농민과 도시 하층민 사이에 유행했던 군무의 분석을 통해 그는 '일본국'이라는 공동체 의식이 신체적 행위를 통해

---

1) 봉오도리는 일본의 추석 명절인 오봉(お盆)에 조상들의 영혼을 달래기 위해 추는 춤 또는 민속행사를 말하며, 오카게마이리는 에도시대 이후 이세 신궁을 집단적으로 참배하는 현상을 말한다. 효도 히로미 지음, 문경연 외 옮김, 『연기된 근대―'국민'의 신체와 퍼포먼스』, 서울: 연극과 인간, 2007, 13~20.

직접 체험된다는 점, 그리고 그러한 신체적 경험으로부터 앞으로 도래할 메이지 시대의 근대 국민국가가 선취된다는 점을 주장했다.[2] 비근한 예로 그는 소리라는 매체를 통해 '소리 공동체(声の共同體)'의 성립 가능성을 지적한 바 있다.[3] 메이지 말기에 서민층에서 유행했던 나니와부시(浪花節)[4]가 바로 그것이다. 구술문학 장르인 나니와부시는 당시 엘리티즘적인 사회주의 사상이 포섭하지 못한 대중을 한자리에 결집하는 응집력을 발휘했으며, 나니와부시의 선율과 상단을 공유함으로써 만들어지는 소리의 공동체는 군무에서 선취된 근대 국가의 국민과 동일한 선상에 있는 것으로 이해될 수 있다.

그러나 신체 위에 구축되는 연대 의식은 춤과 노래의 분야에만 국한되는 것은 아니다. 여기서 군무의 공간은 연극의 공간으로 확장되는데, 그는 연극을 통해 만들어지는 축제의 공간과 근대 공동체의 관계를 논하며 특히 모든 예술 장르가 총체적으로 결합된 바그너의 음악극(Musikdrama)을 중요하게 거론한다. 바그너의 종합예술작품(Gesamtkunstwerk)은 독일 민족에게 "'독일적인 것'을 환시하게 하는 제사극"이며, 바이로이트 극장의 축제적이고 도취적인 분위기가 만들어 내는 일체감은 "'민족=국민이라는 신화적 공동성'을 체감하게" 한다는 주장이다.[5] 그리스 제의를 이상적인 예술의 상태로 인식했던 바그너는 광기와 엑스터시와 같은 제의의 속성을 독일인의 유대의식을 구축하기 위해 연극적으로 활용했다. 실제로 바그너는 자신의 음악극 《파르지팔(Parsifal)》을 무대신성축전극(Bühnenweihfestspiel)이라고 명명

---

2) 위의 책, 30~34.

3) 兵藤裕己, 『声の国民国家-浪花節が創る日本近代』, 東京: 講談社, 2009.

4) 나니와부시는 창과 서사가 결합된 '구승문예(口承文芸)' 장르로서 판소리의 형식과 유사하다. 일제강점기 최팔근은 일본에서 나니와부시를 배우고 돌아와 조선악극단에서 낭곡창을 공연한 것으로 유명한 나니와부시 가수이며, 조선악극단의 낭곡극(浪曲劇) 《백제의 칼》이 그의 대표 출연작이다.

5) 효도 히로미, 앞의 책, 30~31.

하기도 했다. 바그너 음악극의 제의적 속성은 순수한 아리안 종족만으로 구성되는 독일 민족 공동체와 불가분의 관계를 지니는 것이다.

한편《장절쾌절일청전쟁壯絶快絶日淸戰争》에 관한 그의 논의는 이 책의 맥락에서 볼 때 더욱 큰 시사점을 던져 준다. 1894년 가와카미(川上) 극단에 의해 상연된《장절쾌절일청전쟁》은 일청전쟁 즉 청일전쟁에서 이홍장이 북경을 버리고 도주함으로써 일본군이 승리하는 내용을 담고 있는 일본 제국주의 초기의 선전극으로, 마지막 장면은 일본군의 승리를 자축하며 출연자 전원이 만세 삼창과 함께 행진하는 것으로 구성된다. 훗날 다카라즈카 소녀가극에서 합창과 행진으로 반복 재생산되는 이와 같이 상투적인 피날레의 연출은 이미 반세기 전부터 나타나고 있던 것임을 알 수 있다. 그러나 허구적이고 단조로운 스토리를 지닌 전쟁연극은—특히 만세 삼창을 외치는 마지막 장면은—관중들의 열렬한 환호를 받았다고 한다. 당시 신문기사는 '입추의 여지도 없이' 군중들로 가득 찬 극장의 모습을 앞 다투어 전하고 있다. 이와 같은 역사적 실제로부터 도출된 결론은 다음과 같다.

이러한 축제적 열광 속에서 상연된 전쟁극이 '국민'이라는 가상의 공동성에 집단 빙의된 군중을 만들어 냈다. 아사쿠사좌의 극장공간을 뒤덮은 도취감과 사기충천함은 지역이나 계급에 따른 차이와 차별을 일거에 해소하였고, '우리들' 일본인이라는 심성의 공동체를 눈앞에 만들어 냈다. 감정을 공유하며 함께 있다는 쾌락 속에서 관중은 자기의 '새로운 환영'을 무대 위에서 보게 되는 것이다.[6]

말하자면 선량한 신문기자를 학대하는 무자비한 중국을 무찌르고 통쾌

---

6) 위의 책, 198.

한 승리의 쾌감을 선사하는 관극의 체험으로부터 관객들은 집단적인 동질 감 또는 일체감을 맛보게 되는 것이며, 이로써 연극이라는 매체는 정치 일 선에서 떨어져 있는 대중을 "균열 없는 심성의 공동체"[7]로 만들어 내는 도 구적인 힘이 되는 것이다.

이러한 맥락에서 볼 때 다카라즈카 소녀가극이라는 제의적 장소에서 줄 기차게 회구되어 온 대동아공영권의 이상은 동일한 선상에 있다. 차이점이 있다면 가와카미 극단의 전쟁극이 관객에게 '국민' 또는 '국가'를 상상하게 하는 것이었다면, 다카라즈카 소녀가극은 오족협화와 왕도낙토가 실현된 '제국'을 꿈꾸게 한다는 데 있다. 다카라즈카 소녀가극의 무대는 언어적·비 언어적 층위가 총동원되어 만들어진 통합의 공간 속에서 제국 공동체를 일 시적으로 체험하는 임의의 장소가 되는 것이다. 이와 같이 제국이 선언되는 방식은 다분히 연극적이다. 다시 말해 다카라즈카 소녀가극 안에서 상상된 제국은 하나의 일루전에 불과한 것이다. 그것은 물론 현실적인 제국의 형식 과 구분된다. 그러나 민족 개념 자체가 지니는 허구성을 감안한다면, 소녀 가극이 창조하는 제국은 좀 더 복잡한 구조를 내포할 수밖에 없다.

베네딕트 앤더슨(Benedict Anderson)의 '상상의 공동체(imagined communities)' 이론은 민족이나 제국 개념의 허구성과 관련해 커다란 시사점을 던진다. 그 는 민족을 포함한 모든 공동체가 원초적이고 영속적인 것이 아니라 역사적 으로 '상상된(imagined)' 것이라는 해석을 내놓은 바 있다. 그에 따르면 집단 의 구성원들끼리 서로에 대해 알고 있는 원시 부락의 경우 공동체는 실존 그 자체였다. 즉 상상력이 개입할 여지가 없었다. 그러나 근대 이후 탄생한 '민족'이나 '국가'와 같이 대단위 공동체의 경우 같은 집단의 구성원이라는 동질감은 국민들의 적극적인 상상을 통해서만 가능하다는 것이 그의 주장

---

7) 위의 책, 199.

이다.

> 그것은 상상된(imagined) 것이다. 왜냐하면 가장 작은 국가(nation)의 일원조
> 차도 동료 구성원들(fellow-members)에 대해 모두 알 수도, 만날 수도, 들을
> 수도 없으며, 다만 같은 공동체라는 이미지만을 의식할 뿐이기 때문이다.…
> 실제로 서로 얼굴을 마주치는(face-to-face contact) 원시 촌락 집단보다 규모
> 가 큰 모든 공동체들은 (그리고 어쩌면 이것들조차도) 상상된 것에 불과하
> 다. 공동체는 참/거짓(falsity/ genuineness)에 의해 구분되는 것이 아니라 공
> 동체가 상상되는 방식(style)에 의해 구분된다.[8]

공동체의 본질은 '상상된 것'이라는 베네딕트 앤더슨의 주장으로부터 제
국이라는 공동체 또한 상상의 것이라는 결론이 도출될 수 있다. 제국주의
국가 일본이 꿈꾼 오족협화와 왕도낙토의 제국 또한 상상된 것에 불과하며
제국이란 가상적인 성격을 본질로 한다는 사실을 상상의 공동체 개념은 말
해 주고 있다. 식민주의 정책을 통해 일본에 의해 기획된 제국 또한 전형적
인 상상의 공동체이다. 그리고 다카라즈카 소녀가극 특유의 일루전을 통해
제국주의에 본래 내포된 가상성은 더욱 강화된다. 다시 말해 다카라즈카 소
녀가극은 '가상의 가상'인 '이중의 가상'을 통해 무대 위에 '가상의 제국(illu-
sionary empire)'을 창조하는 것이다.

여기서 앞서 지적한 제국 통합의 메커니즘—특히 비언어적 텍스트 속에서 분
석된 공통감각으로서의 '동양적인 것'의 개발, 행진하는 신체와 명랑한 감정으로 규율
화된 육체와 정신, 통합과 몰입에 기여하는 판타스마고리아의 환영—은 중요한 계기
로 작용한다. 이렇게 국가에 의해 상상된 제국은 다카라즈카 소녀가극의 제

---

8) Benedict Anderson, *Imagined Communities*, London·New York: Verso, 1983, 15.

국 통합의 공간 속에서 관객들과 함께 공유된다. 그리고 이로써 관객인 국민들은—적극적이든 소극적이든—제국을 상상하는 주체가 된다.《장절쾌절일청전쟁》에서 자국의 승리에 환호하며 스스로 국민임을 확인했던 관객들은 다카라즈카 소녀가극에서 가상의 제국 공동체를 체험하는 관객과 본질적으로 다르지 않은 것이다. 더 나아가 그것은 제국주의로 발돋움해 나가는 일본국을 향한 대중들의 무의식적인 동의와 지지로 확장된다는 점에서 더욱 시사하는 바가 크다.

한편 이와 같이 무대의 일루전과 관객의 상상력에 의해 작동되는 가상의 제국은 또 다른 개념의 가능성을 제기한다. '감각적 동화(sensuous assimilation)'가 그것이다. 그렇다면 감각적 동화란 무엇을 의미하며, 다카라즈카 소녀가극의 제국 통합의 재현에 있어서 감각적 동화라는 연극적 계기는 어떠한 개념적 의의를 지니는가.

식민지 통치 정책으로서의 동화(同化)란 식민지 통치자가 피식민지의 주민들을 지배국의 일원으로 만드는 일련의 행위를 일컫는다.[9] 조선을 대상으로 한 일본의 동화정책은 일선동조론(日鮮同祖論) 또는 내선일체(內鮮一體) 사상에 의거한 황국신민화 및 조선어말살 정책 등이 여기에 해당하며 동화정책의 실행은 주로 교육기관을 통해 이루어졌다.[10] 일본의 동화주의 정책

---

9) 일제강점기 동화정책의 성격과 시기 구분은 학자별로 약간의 차이를 보이지만 세 단계로 구분하는 것이 일반적이다. 김신재에 따르면 1기는 한일합병에서 3·1운동까지 시기로 '무단통치에 의한 동화기반 조성기'이다. 2기는 중일전쟁 발발 이전까지를 가리키며 '유화책에 의한 동화정책기'에 해당하는 시기다. 3기는 중일전쟁 이후부터 해방까지의 시기로 '노골적인 동화정책기'이다. 김신재, 「일제강점기 조선총독부의 지배정책과 동화정책」, 『동국사학』 Vol.60, 동국사학회, 2016, 215.

10) 이와 관련해 고마고메 다케시는 일본이 식민지로 점령했던 조선·대만·만주 지역의 교육정책의 구조를 동화정책의 관점에서 분석했다. 일본의 식민지 교육 담론에 대해서는 고마고메 다케시 지음, 오성철 외 옮김, 『식민지제국 일본의 문화통합』, 역사비평사, 2008 참조.

에 대한 연구는 대체로 일본의 제국주의가 식민지인들의 정신을 강압적으로 지배한다는 정신적인 동화의 측면만을 강조해 왔는데, 이러한 연구의 편향성을 감안하면 거대 담론을 탈피하고 일상 영역에 대한 미시적 관심으로 선회하고 있는 역사학계의 최근의 움직임은 매우 의미 있는 것이다. 그리고 그 연장선에 있는 토드 헨리(Todd A. Henry)의 연구는 이 책의 관점과 관련해 더욱 주목할 만하다.[11]

정신적인 측면에 치중된 동화정책 연구의 한계에 문제를 제기한 그는 푸코의 '통치성(governmentality)'[12] 개념을 활용해 일제강점기 경성의 다양한 공적 공간(public spaces) 속에서 이루어진 새로운 동화의 기획들을 방대한 분량의 1차 사료를 동원해 추적했다. 이에 따라 그는 '서울 동화'의 방식을 정신적 동화(spiritual assimilation), 물질적 동화(material assimilation), 도시적 동화(civic assimilation)의 세 가지의 양상으로 세분화한다. 여기서 '정신적 동화'란 신사 참배를 통해 조선인들의 동화를 유도하는 방식으로 동화에 대한 일반화된 인식에 해당한다. 그러나 토드 헨리의 연구가 차별화되는 지점은 물질적 동화와 도시적 동화라는 후자에 있다. 그에 따르면 물질적 동화란 근대

---

11) Todd A. Henry, *Assimilating Seoul*, Berkeley: University of California Press, 2016. 이하 *AS*로 표기.

12) 1978년 4월 콜레주 드 프랑스(the College de France)에서 열린 강연에서 미셸 푸코는 고대 그리스부터 현대의 신자유주의 국가를 아우르는 '근대 국가의 계보학'을 일별하고 통치성(Governmentality)의 개념을 정초한다. 통치성이란 국가가 다양한 통치의 기술(the Art of Government)을 구사하여 정치적 합리성(Political Rationality)을 획득함으로써 국민을 규제하는 방식을 말한다. 통치 권력은 단지 중앙의 권력기관에 집중된 것이 아니라 기술, 제도, 지식 등의 형태로 사회 전반에 걸쳐 분산되어 있다는 것이 특징인데, 토드 헨리는 이러한 개념에 토대로 물질적, 도시적 동화를 일제강점기 일본 제국주의의 새로운 '식민지 통치성(Colonial Governmentality)'으로 이론화한다. T. Lemke, "'The Birth of Bio-Politics': Michel Foucault's Lecture at the Collège de France on Neo-Liberal Governmentality," *Economy and Society*, Vol.30, 2001, 190~192.

표 15 토드 헨리가 분류한 일제강점기 동화정책

정신적 동화	물질적 동화	도시적 동화
황국신민 사상	근대적 기술과 진보	건강 및 위생 의식

의 기술과 진보의 보편적 가치를 전시하는 박람회장을 통해 조선인들에게
일본의 앞선 문명의 이미지를 각인시키는 것이며, 도시적 동화는 건강 및
공중위생 캠페인을 통해 조선의 낙후한 청결 의식을 일본의 수준으로 끌어
올림으로써 소위 "위생의 모더니티(hygienic modernity)"13)를 달성하는 데 그
목적이 있다.

이와 같이 정신적인 차원에 머무르지 않고 동화 개념의 외연을 확장시
켰다는 점에서, 그리고 다양한 접촉지대(contact zone)에서 이루어진 지배자
와 피지배자 간의 상호작용에 대해 아래로부터의 관점(bottom-up)으로 접근
한다는 점에서 토드 헨리의 연구는 긍정적인 평가를 받고 있다.14) 그러나
이렇게 뚜렷한 학문적인 의의에도 불구하고 한국과 일본에서 발표된 최근
의 연구 성과들을 간과했다거나 문화적인 측면들을 다양하게 고려하지 못
했다는 비판이 제기되는 것도 사실이다. 또 서두에서 문제 제기한 바와는
달리 실제의 내용 서술에 있어서는 여전히 정신적 동화에 집중된 측면이 강
하다. 일례로 물질적 동화를 다룬 3장의 경우 이분법적인 논리의 한계가 두

---

13) *AS*, 130.

14) 출판 이후 각계의 관심을 받은 *Assimilating Seoul*은 비평문 또한 다양한 분야에서 발
표되고 있다. 김종근, 「역사지리학자가 읽은 Assimilating Seoul(서울 동화시키기)」, 『韓
國文化』 Vol.75, 서울대학교 규장각 한국학연구원, 2016; 김백영, 「서울은 동화되었
는가?」, 『도시연구』 No.13, 도시사학회, 2015; Reviewed by Marie Seong-Hak Kim,
Journal of Japanese Studies, Vol.42, 2016; Reviewed by Jung Lee, *East Asian Science,
Technology and Society*, Vol.10, 2016; Reviewed by Vladimir Tikhonov, *Monumenta
Nipponica*, Vol.71, 2016; Reviewed by Erik Mobrand, *Journal of Korean Studies*, Vol.21,
2016. etc.

드러지게 나타난다. 그에 따르면 신사에 방문한 조선인들은 "제의에 담긴 심오한 의미보다는(little interest in deeper ritual meaning)" 행사 자체의 이벤트성에 매료되었으며,15) 박람회 구경꾼들 대부분은 진보의 가치에 대해 배우려고 하기보다는 기생과 게이샤의 유희나 군악대의 연주에만 관심을 보임에 따라 "이데올로기적인 산업의 전시(ideological displays of industry)"16)라는 박람회의 목표를 요원하게 만들었다는 것이다. 다시 말해 조선총독부가 통합하고자 한 조선인들은 동화 프로젝트의 본래 목적 이외의 부수적인 것들에만 주목했다. 신사 참배와 박람회, 그리고 위생 캠페인이 벌어지는 공적 장소들은 곧 '스펙터클(spectacle)'의 장소였다는 것이다.

이와 같이 일제강점기 동화정책의 한계를 지적한 그의 주장은 오히려 새로울 것이 없다는 비판이 있을 만큼 일반화된 것이다. 그러나 스펙터클을 바라보는 그의 관점은 더욱 큰 한계로 지적될 수밖에 없다. 오락과 유희가 "메시지 전달에 방해가 되는 걸림돌(obstacles)"17)로 치부됨으로써 그 속에 내포되어 있을지도 모를 또 다른 정치적 잠재력에 대해 일고의 여지도 없이 일축되어 버리기 때문이다. 이에 따라 이 책에서는 토드 헨리의 동화 연구를 비판적인 방식으로 수용하고자 한다.18)

여기서 다시 프로파간다와 감각 또는 정치와 오락의 문제로 돌아갈 필요

---

15) *AS*, 73~74.

16) *AS*, 96.

17) *AS*, 96.

18) 이러한 자신의 주장을 뒷받침하기 위해 토드 헨리는 주로 일제강점기 신문 기사를 근거로 제시하고 있다. 그는 경성일보의 기사에서 신사 참배를 구경하며 뒷짐을 진 양반 할아버지, 신사에 대한 공경심을 보이지 않는 불경한 조선인들의 모습, 진지한 학습태도가 없는 조선인 관람객들, 불륜의 장소가 된 박람회장 등의 사례를 통해 동화정책의 실패를 주장하고 있다. 그러나 이러한 파편화되고 단편적인 기사들이 동화 실패의 근거로 타당한가의 문제는 더 꼼꼼한 자료 해석과 논쟁의 과정이 필요할 것으로 본다.

가 있다. 제국주의 국가 일본의 규율권력이 신체와 감각에 개입한 사례는 앞서 여러 차례 지적한 바 있다. 이러한 연구의 연장선에서 제3부에서는 소녀가극이라는 전시체제하의 대중적 오락물이 감각적인 매개물을 통해 다양한 방식으로 프로파간다를 실천하는 양상에 관해 검토했다. 이를 통해 제국주의 이데올로기의 내용 전달은 '노출과 기억'의 방식만이 아닌 '은폐와 망각'의 회로를 통해서도 이루어진다는 사실을 논의한 바 있다. 제국주의 이데올로기가 이념적인 경로를 통해서만 작동하는 것이 아니라는 앞선 주장을 상기한다면, '남성 관객들의 이목을 사로잡아 동화의 기획에 훼방을 놓았다'는 기생과 게이샤의 유희는 또 다른 측면에서 동화정책을 수행할 수 있는 일면을 드러내기 때문이다. 따라서 이에 대해서는 다양한 해석의 가능성을 열어 둘 필요가 있다. 새롭고 진귀한 풍경이 만들어 내는 "박람회의 유희적 본질(a playful nature of the exhibition)"[19]은 그의 지적에서처럼 조선인을 공적 장소로 끌어들이기 위한 유인책이었을 것임에 틀림이 없다.

그러나 신사나 바람회장에서 조선인 관객들이 집했던 스펙터클과 축제적인 분위기는 단순한 유희만을 의미하는 것만이 아닌, 감각적인 자극의 경로를 통해 근대의 진보 사상을 체험하게 한 중요한 계기로 볼 수 있다. 벤야민이 아케이드 프로젝트를 통해 박람회장을 "상품 숭배의 성지(places of pilgrimage to the fetish Commodity)"[20]라 칭하고 그 속에서 아케이드와 같은 판타스마고리아의 성격을 지적했던 것은 결코 우연이 아니다. 이러한 맥락에서 보면 실패의 근거로서 제시된 위의 사례들을 뒤집어 생각할 때 정반대의 해석 또한 가능해진다. 레니 리펜슈탈(Leni Riefenstahl)의 다큐멘터리 영화《의지의 승리Triumph des Willens》(1935)가 대사나 자막 없이 시각적·청각적 이미

---

19) *AS*, 96.

20) Walter Benjamin, "Paris: Capital of the Nineteenth Century", *Perspecta*, Vol. 12, 1969, 167.

그림 44 1918년 게이샤와 기생의 신사 행렬(위)과 조선박람회에 건축된 모던한 양식의 경상북도관(아래)[21]

지만으로도 나치즘의 우월성을 효과적으로 선전한 수작으로 꼽힌다는 사실은 이 대목에서 큰 시사점을 던져 준다.[22] 소리나 빛의 순수한 질료들은

21) AS, 69, 119에서 사진 인용.

22) 박민주, 「레니 리펜슈탈의 프로파간다 영화에 나타난 탈서사적 이미지와 화면구성 —〈의지의 승리Triumph of the Will〉를 중심으로—」, 『디지털영상학술지』 Vol.7, No.2, 한국디지털영상학회, 2010 참조.

언어로 전환될 수 없지만 자체적인 어법에 따라 정치적인 의미를 생성해 내기도 하는 것이다. 중요한 것은 스펙터클로 재현된 감각적 층위의 역할을 지나치게 축소해 버릴 때 이성중심주의적 시각으로의 회귀는 정해진 수순이라는 사실이다.

이와 같은 이유로 이 책에서는 감각적 동화(sensuous assimilation)의 가능성을 제안함으로써 토드 헨리의 연구를 비판적으로 수용하고자 한다. 규율권력의 이데올로기는 이념과 감각의 협업 과정을 통해 더욱 성공적으로 유포되며, 감각적 동화의 메커니즘은 기존에 간과되었던 후자의 영역에 접근할 수 있는 유효한 시각을 제공한다. 주지하다시피 다카라즈카 소녀가극을 통해 살펴본 프로파간다의 감각적 재현은 무대라는 공간 안에서 연극적으로 수행되는 것이었다. 감각적 동화의 개념은 일차적으로는 연극적인 공간에서 이루어지는 것을 뜻하지만, 모든 형식의 이데올로기와 결부되는 감각적인 매개물 전체에 적용될 수 있다는 점에서 다방면으로 확장 가능한 개념이다. 그것은 강압적인 형식이 아니라 우회적이고 유연한 형식으로 작동하는 이데올로기의 기제를 문제 삼는다는 점에서 더욱 큰 의미가 있다. 이와 같이 필자는 가상의 제국과 감각적 동화의 개념을 결론적으로 제안함으로써 프로파간다 기관으로서의 다카라즈카 소녀가극의 의의를 더욱 확고히 하고, 동시에 이를 또 다른 논의의 출발점으로 삼고자 한다.

결론

일본의 제국주의적 욕망이 정점에 달했던 1930~40년대 일본 지배권 아래의 모든 인적·물적 자원은 제국 통합 및 확장 정책을 수행하는 데 총동원되었다. 영화·연극·문학·음악을 막론하고 문화예술 분야 또한 체제 순응적인 작품으로 국책에 일조했던 것이 당대의 보편적인 현실이었다. 정치의 심미화, 즉 정치와 예술이 서로의 형식과 내용이 된 것은 제국주의와 전체주의가 휩쓸고 간 지난 20세기 인류의 역사이다. 여기에는 예술과 오락의 구분이 존재하지 않았으며, 다카라즈카 소녀가극도 예외는 아니었다. 창립자 고바야시 이치조가 내각의 상공대신으로 임명되었던 1941년을 전후로 하여 선전극의 색채를 강하게 드러냈던 다카라즈카 소녀가극은 명실상부하게 국민극의 위상을 차지하게 되었던 것이다. 이 책에서는 이러한 연극사적 사실에 주목하고 전시하의 다카라즈카 소녀가극의 작품을 발굴·해석하여 제국주의 시대 정치와 오락의 관계사에서 소외되었던 분야를 학술적인 연구의 대상으로 가시화하고자 했다.

그러나 프로파간다 예술에 관련된 연구들이 다양한 분야에 걸쳐 축적되어 있는 상황에서 이와 같은 유형의 연구는 필연적으로 하나의 위험성, 즉 프로파간다 연구의 또 다른 사례를 반복 재생산한다는 비판에 직면할 수밖에 없다. 연극학에서의 패러다임의 전환을 제국주의 비평에 접목하는 이 책의 방법론은 이러한 예상되는 한계지점으로부터 벗어나기 위해 선택된 대안이다. '언어적 텍스트가 우위를 점하는 드라마 연극'으로부터 '비언어적 텍스트의 연극적 가치를 환기한 포스트드라마 연극'으로의 전환은 이념과 합리성에 의해 타자화된 신체 및 물질적 요소들을 무대 위에 복권시켰다. 이와 같은 최근 연극학계의 논의는 제국주의 이데올로기의 작동 방식에 대해 새로운 해석의 가능성을 시사해 주며, 이 책에서는 이를 토대로 다카라즈카 소녀가극의 무대가 언어적 텍스트와 비언어적 텍스트 양자 간의 긴밀한 상호작용 속에서 프로파간다의 형식적 완결성을 성취하는 지점에 접근했다.

다카라즈카 소녀가극을 통해 제국주의 이데올로기가 재현되는 방식은 일차적으로 각본과 악보를 중심으로 검토되었다. 삼국동맹의 강화, 대동아 신질서의 확립, 오족협화와 왕도낙토의 서사라는 세 부분으로 분류되었지만, '제국 통합'의 메시지는 이 책에서 분석된 모든 작품들을 관통하는 공통적인 이념으로서 문학적·음악적 내러티브 안에 배치된 극적 장치를 통해 구체화되었다. 특히 가극이라는 장르적 특성상 노래로 만들어지는 음악적 내러티브의 역할은 문학적 내러티브를 보조하며 언어적 텍스트의 층위를 더욱 강화했다.

여기서 주목할 것은 다카라즈카 소녀가극과 일본의 제국주의 정책과의 관계이다. 1940년 일본이 독일·이탈리아와 상호방공의 성격으로 체결한 삼국동맹조약은 그 이듬해인 1941년 일·독·이 추축국 삼부작으로 재탄생했으며, 태평양전쟁과 맞물려 1940년 2차 고노에 내각 이후 본격적으로 대두된 대동아공영론은 1941년부터 대동아공영권 시리즈의 세 작품으로 서사화되었다. 또 만주국의 건국이념이자 대동아공영론을 합리화하는 논리적 근거인 오족협화와 왕도낙토 이념은 소녀가극의 무대 위에서 이상국가의 형태로 미화되고 있음을 확인할 수 있었다. 제국주의 국가 일본의 대내외적 정책을 보도하는 기관으로서의 소녀가극의 역할은 이 대목에서 뚜렷하게 드러난다. 다카라즈카 소녀가극은 총후(銃後)에 있는 국민들에게 오락의 형식을 통해 제국주의 정치의 내용을 전달하는 프로파간다의 매체로서의 역할을 다하는 것이었다. 전문적인 교육 시스템에 따라 소녀들의 기예와 품성을 교육하는 다카라즈카 소녀가극은 오락극에서 선전극으로 정체성의 전환이 이루어졌음에도 불구하고 그 교육적인 본질에 있어서는 변함이 없었다.

한편 언어적 텍스트를 통해 작동하는 프로파간다는 무대화 과정을 거침에 따라 그 효과가 배가되는 양상 또한 확인할 수 있는데, 여기서 춤과 노래가 주요한 구성요소인 가극의 특수성은 프로파간다의 감각화된 재현에 있어서 가장 큰 이점으로 작용한다. 동양적인 공통감각의 창조에 있어서 오족(五族) 고유의 춤과 음악 및 다양한 풍습의 연출은 매우 큰 비중을 차지하는데, 소녀배우들의 단련된 신체를 통해 시각적·청각적으로 전달되는 동양적인 감각은 '동양적인 것의 총체'가 이념을 경유하는 것이 아니라 신체의 감각기관에 직접적인 방식으로 인지되는 양상을 보여 준다. 그러나 그 근간을 이루는 수집과 전시의 원칙은 동양적인 것의 감각적인 재현이 차이와 다양성이 아닌 통합과 총체성을 지향하는 것임을 말해 준다. 이외에도 '행진곡 리듬'과 '명랑한 정서', '판타스마고리아의 환상적 효과'는 언어적 텍스트 이외의 공간에서도 프로파간다가 작동할 수 있다는 사실을 입증한다는 점에서 의미 있는 시사점을 제시해 주었다. 소녀가극의 연극적인 공간 안에서 제국주의 이데올로기는 대사나 줄거리와 같이 드라마적인 영역뿐만이 아니라 무대 위의 모든 요소들―빛, 소리, 리듬, 신체 등―에도 파급력을 미치고 있었다.

이와 같이 언어적 텍스트와 비언어적 텍스트의 상호작용 속에서 다층적으로 형상화된 제국 통합의 메시지는 연극 내적·외적 확장을 통해 또 다른 국면으로 나아간다. 북지와 만주의 해외순연이 다카라즈카 소녀가극의 외적인 경계 확장을 보여 주는 물리적인 공간의 의의를 지니는 것이었다면, 상징세계와 현실세계를 오가며 재현되는 제의적 행위는 세속적인 무대에 종교적인 신성성을 부여함으로써 다카라즈카 소녀가극을 물리적인 연행의 공간을 넘어 상징과 추상의 공간으로 도약하게 하는 결정적인 계기로 지적되었다. 다카라즈카 소녀가극에 광범위하게 나타나는 제의적인 성격은 공공 축제를 정치적 제의로 활용한 나치의 민중 집회를 연상시키는 동시에 전시하의 다카라즈카 소녀가극의 의의를 새롭게 규정하도록 했다. 다카라즈카 소녀가극이 일본 대중들을 위한 '국민'의 연극에서 식민지와 제국의 영토 전체를 아우르는 '제국'의 연극으로 발돋움하는 과정은 밀 그대로 극적인 것이었다. 그리고 이로부터 제국주의가 종식된 지 반세기가 넘는 오늘날 우리는 아주 독특한 형식의 '정치의 가극화', 혹은 '가극의 정치화'를 마주하게 된다. 소녀의 신체를 논의의 전제로 둔 것은 바로 이러한 지점과 일맥상통한다.

다카라즈카 소녀가극의 가장 큰 양식적 특징 가운데 하나는 '소녀'라는 기호에 있었다. 19세기 후반 근대 일본의 국민화 과정에서 탄생한 소녀는 새롭게 주체화된 국민이었다. 그러나 동시에 소녀는 근대 가부장제도의 틀 안에 더욱 공고히 종속된 주체였다. 현모양처의 예비 단계에 해당하는 소녀의 시기적 특성상 건강한 국민의 출산을 위해 순결과 정숙의 덕목이 부과되었고, 이러한 덕목들은 모종의 변주를 거쳐 각 학교의 교훈으로 반복되었다.1) 다카라즈카 음악학교의 교훈은 소녀 규범과 본질적으로 동일한 것으로서 창립자의 취지에서 드러나는 바와 같이 엄격한 규율에 따른 소녀 배우의 양성 과정은 현모양처의 내면화 과정과 다르지 않다. 이러한 측면에서 볼 때 음악학교를 통해 규율을 내면화한 소녀배우들은 천황을 중심으로

---

1) 이 대목은 한국 사회의 맥락에서 생각해 볼 필요가 있다. 일제강점기와 개발독재 시기를 거쳐 국가가 필요로 하는 인간형의 양성을 목표로 제정된 학교 규범들은 교훈·급훈·교가 등의 형식으로 고정된 채 오늘날에 이르고 있다. 탈식민주의가 일상과 의식에 남아 있는 식민주의의 흔적을 지우는 작업이라는 점을 감안한다면, 전체주의적 인간형의 장려를 반복하고 있는 학교 규범의 정형화된 문구들에 대해 관심을 기울여야 할 때이다.

하여 가족주의적으로 조직된 일본 근대국가가 길러 낸 모범적인 딸과 같은 존재였다. 전시체제하에서의 제국주의 규범이 규범화된 소녀들에게 투영되는 과정에는 따라서 별다른 무리가 따르지 않았다. 다카라즈카 소녀가극의 배우들은 제국 통합의 규범을 수행하는 행위자로서의 주체적인 역할을 통해 총후에서의 국민의 의무를 다했다. 그러나 행위 주체로서의 소녀배우는 하위주체로서의 위치를 웅변적으로 역설하고 있었다. 그러므로 중요한 것은 기호화된 소녀 이미지가 가극의 정치화에 활용되는 지점이다. 규범화된 존재인 소녀배우는 다양한 권력에 대해 취약성을 드러내는 '식민화된 신체'였다. 그리고 이와 같은 소녀 신체의 타자화 문제는 최근 들어 동아시아 대중문화에서 전유되는 소녀 이미지의 맥락에서 논의할 때 더욱 시사적인 논점을 이끌어 낼 수 있다.

오늘날 드라마, 영화, 만화, 게임, 대중음악 등 대중 매체를 통해 쉽게 접하게 되는 소녀 캐릭터는 동시대의 보편적 아이콘이 된 지 이미 오래이다. 한국 대중문화에 있어서 '기호로 소비되는 소녀'는 일찍이 일본 대중문화를 통해 정형화된 이미지에 약간의 변형을 더해 들어온 것이지만, 귀여움과 발랄함, 그리고 그 배후에 있는 성적 코드라는 일반화된 공식은 그대로 보존되고 있다. 특히 2000년대 이후 대형 연예기획사의 주도로 기획된 수많은 소녀 그룹들은 엇비슷한 이미지들을 대량 생산함으로써 '소녀성'의 상품화 및 규격화를 야기했다. 또 세계화와 한류의 바람을 타고 한국산 소녀 그룹의 해외 진출의 계기가 마련되면서 이러한 소녀의 이미지는 홍콩, 대만, 중국, 태국, 베트남, 라오스, 인도네시아 등지의 동아시아 지역을 중심으로 하여 아시아 전역에서 복제와 재생산이 이루어지게 되었으며, 이에 따라 소녀성의 취향과 코드를 공유하는 감각의 공동체가 소리 없이 구축되고 있는 것이 동아시아 대중문화의 현주소이다.2) 이렇게 유형화된 소녀의 이미지는 동아시아와 타지역 간의 문화적인 경계를 구획하는 기준이 되어, 동아시아 지역 내에 일종의 무형적이고 가상적인 '감각의 지리(geography of senses)'를 만들어 내고 있는 것이다. 동아시아 지역에서 폭넓게 공유되는 '공통감각으로서의 소녀성'의 문제에 관해 논의할 필요성은 바로 여기에 있다.

이러한 일견 초국가적인 문화 현상은 지리적 경계 확장과 더불어 장르적 경계 확장의 양상으로 전개된다는 점 또한 주목할 필요가 있다. 2000년대 이후 한국의 경우, 소녀 이미지의 확산을 선도한 대중음악 분야뿐만 아니라

---

2) 이와 관련해 일본의 유명한 소녀그룹인 AKB48은 동아시아 지역에서 소녀그룹의 복제를 통해 동일한 취향의 공동체를 주도하는 대표적인 그룹으로 주목된다. 도쿄 아키하바라에 본부를 두고 있는 이 소녀그룹은 일본 내에 5개의 자매그룹을 두고 있으며, 중국과 기타 아시아 지역(인도네시아, 태국, 대만, 필리핀, 인도)에 10여 개의 자매그룹을 해외 지부로 운영하고 있다. 자세한 내용은 아래 도표를 통해 참조 가능하다. 이와 같이 그룹의 대중적인 인기를 유지하며 세력을 확장해 나갈 수 있는 원동력은 다카라즈카 음악학교와 마찬가지로 조직적인 내부 교육 시스템에 있다. 그룹 구성원의 교육은 기수별로 철저하게 나누어 실시하며, 선배가 후배를 지도하는 것이 원칙이기 때문에 선후배 간의 서열 및 규율이 매우 엄격하다. 또한 지부별로 대부분 전용극장을 소유하고 있어서 공연은 주로 전용극장을 중심으로 이루어지며, 해외 자매그룹의 앨범 레퍼토리의 경우 AKB48의 번안곡을 원칙으로 하는 점에서 문화제국주의적인 면모를 뚜렷하게 보인다. 이러한 측면 외에도 AKB48의 활동 영역 확장을 통해 이루어지는 소녀 이미지의 생산 및 소비 현상은 오늘날 동아시아 지역의 소녀 표상 연구로 이어질 수 있는 흥미로운 주제이다.

일본		중국		기타	
그룹명(거점)	전용극장	그룹명(거점)	전용극장	그룹명(거점)	전용극장
SKE48 (나고야)	사카에(栄)극장	SNH48 (상하이)	자싱루(嘉兴路) SNH48극장	JKT48 (자카르타)	JKT48극장
NMB48 (오사카·난바)	NMB48극장	BEJ48 (베이징)	요우탕(悠唐) BEJ48극장	BNK48 (방콕)	BNK48극장
HKT48 (후쿠오카)	HKT48극장이 폐관된 이후로 현재는 나카테츠 홀(西鉄ホール) 이용	GNZ48 (광저우)	중타이(中泰) GNZ48극장	TPE48 (타이페이)	
NGT48 (니이가타)	NGT48극장	SHY48 (선양)	위룽청(豫珑城) SHY48극장	MNL48 (마닐라)	
STU48 (히로시마)	선상극장(船上劇場)을 2018년부터 전용극장으로 사용(미개장)	CKG48 (충칭)	귀루이(国瑞) CKG48극장	MUM48 (뭄바이)	

서양 고전음악, 한국 전통음악 장르에서도 이러한 소녀의 이미지를 차용하는 사례들은 심심치 않게 찾아볼 수 있다. 대학에서 국악 및 클래식을 전공한 연주자들은 연예기획사가 주도하는 '소녀-되기(becoming girls)'의 교육 시스템을 통해 또 다른 소녀로 거듭나게 된다. 소녀의 성과 신체를 반복적으로 재생산하는 이러한 구조는 오늘날의 소녀가 단순히 특정한 연령대를 지칭하는 것만이 아니라 일종의 '사회적인 규범'으로 확장된다는 사실을 단적으로 말해 주고 있다. 소녀 이미지의 경계 확장 문제를 비주얼을 중시하는 자연스러운 동시대적 현상으로 간주할 수 없는 이유는 바로 여기에 있다. 이와 같은 맥락에서 타자의 이미지로 정형화되어 있는 아시아의 여성성에 대해 비판한 최근의 한 연구는 많은 것을 생각하게 한다.[3]

---

3) 알료사 푸자르(Aljosa Puzar)는 한국 사회의 여성들이 인형과 같은 '귀여움'을 모방하는 최근의 현상을 '인형화(dollification)'로 지적하며, 이와 같이 '인형화된 아시아의 여성성(dollified Asian femininity)'이 '서구화된 응시(Westernized gaze)'에 기인하는 것으로 분석하고 있다. 그에 따르면 인형의 이미지는 서양의 오리엔탈리즘적인 시선에 의해 오래전부터 동양 여성으로 굳어진 스테레오타입으로서 "유순하고 마음대로 할 수 있으며 이국적이고 에로틱한 여성성의 이미지(the image of docile and malleable yet exotic and eroticized femininity)"라는 것이다. 이러한 이유로 오늘날 동아시아 여성들이 당면한 과제로 수동적이고 타자화된 인형의 이미지로부터 벗어날 것을 주장한다. 이 책에서 말하는 소녀-되기(becoming girls)는 그가 지적하고 있는 인형-되기(becoming dolls)와 같은 맥락에 있다. Aljosa Puzar, "Asian Dolls and the Westernized Gaze: Notes on the Female Dollification in South Korea," *Asian Women,* Vol.27 No.2, 2011 참조. 한편 1940년대 일본에서도 이와 유사한 반응을 찾아볼 수 있다. 다카라즈카 소녀가극단은 "귀엽고 뛰어난 단체"인 것은 맞지만 단지 "아름다운 일본 전통 의상을 입은 일본 아가씨 인형"이 미국 박람회에서(1939년 그랜드 체리 쇼) 춤을 추는 정도로 끝나서는 "외국인의 호기심에 호소하여 이그조티시즘(exoticism)을 만족시켜 주는 것"에 지나지 않을 것이라는 비판적인 논평이 다카라즈카 월간지 『歌劇』에 실려 있다. 이러한 논평을 보면 당시 일본 내부에서도 다카라즈카 소녀배우들이 구미 공연에서 보여 준 셀프 오리엔탈리즘의 정형화된 이미지에 대한 부정적인 시선이 있었다는 사실과 극단 내부의 자아 비판적인 목소리도 존재했다는 두 가지 사실을 추측할 수 있다. 南岳彦, 「國民劇創成の為に」, 『歌劇』, 1940年(昭和15年) 3月, 78~79.

이러한 문화 현상에 대해 일부 비판적인 견해가 제기된 것은 사실이지만, 미국 주도의 글로벌 문화에 대항하는 로컬의 문화적 대안이라거나 동아시아 문화 공동체(cultural community)의 형성이라는 식의 핑크빛 전망으로 세계화 담론은 성급하게 마무리 지어진 인상이 강하다. 이러한 측면에서 볼 때 성의 상품화나 사이비 개성화의 문제와는 별개로, 제국주의적인 욕망과 긴밀하게 결합된 소녀 이미지의 배후에는 역사적·문화적 배경이 복잡하게 얽혀 있다는 사실이다. 이 연구가 궁극적으로 확장되는 지점, 즉 국가나 자본 등의 권력과 결합하는 소녀 이미지의 취약성(vulnerable image)에 대한 이 책의 문제의식은 바로 이러한 역사적인 내러티브를 토대로 한다.

소녀 신체의 기호화된 이미지 속에는 다양한 욕망과 권력이 교차한다. 이책에서는 다카라즈카 소녀가극의 배우를 가정, 학교, 국가의 3중의 규범에 얽매인 존재로 규정하고, 소녀배우들이 제국주의 국가 규범을 어떠한 방식으로 실천했는지에 대해 살펴보았다. 소녀배우들은 '맑고, 바르고, 아름다운' 이미지를 통해 제국주의적 욕망을 은폐하는 도구화된 존재가 됨에 따라 선전극으로서의 다카라즈카 소녀가극의 독특한 위상은 구축될 수 있었다. 규범화된 존재로서의 소녀는 새로운 규범의 침투에 취약함을 지닐 수밖에 없으며, 이는 오늘날에도 다르지 않다. 근대 소녀의 신체가 영토 확장의 제국주의 이데올로기가 작동하는 장소였다면, 탈근대 시대로 불리는 오늘날 동아시아 소녀의 신체는 시장 확장의 자본주의 혹은 문화제국주의 이데올로기가 작동하는 장소이다. 제국의 논리가 되었건 자본의 논리가 되었건 소녀의 신체는 하나의 규범이 되어 다양한 역사적 맥락과 결합해 온 것이 사실이다. 이 책이 '소녀라는 문제적 장소'에 주목하는 이유는 제국주의에 의해 도구화된 이미지가 오늘날 또 다른 제국주의의 형식으로 되풀이되는 이러한 동시대적 문화 현상에 기인한다. 식민화·역사화된 소녀 신체의 일루전은 구조를 은폐하는 도구적 측면에서, 그리고 다양한 역사의 기억들을 기록하고 있는 텍스트 또는 아카이브의 측면에서 면밀히 검토될 필요가 있다. 무엇보다 중요한 것은 근대 이래로 '만들어진' 동아시아 여성성으로서의 소녀성이며, 그러한 소녀성이 다양한 권력의 구조와 결합하는 문제에 있다.[4]

이상으로 이 책은 이제까지 연구된 바 없는 다카라즈카 소녀가극의 작품들을 발굴해 학계에 소개하는 한편, 제국주의 연구에 연극학적인 관점을 적용하여 다카라즈카 소녀가극이 제국 통합의 이데올로기를 재현하는 방식이 언어적·비언어적 텍스트의 상호작용 속에서 수행되는 것임을 규명했으며, 이러한 과정을 통해 이데올로기가 작동하는 원리로서 감각적 계기의 중요성을 제시함으로써 프로파간다 연구에 새로운 방향을 제안했다. 이와 함께 제도화된 권력에 의해 '규범화된 존재 또는 식민화된 신체로서의 소녀'로부터 시작하여 동아시아 지역의 여성성으로 공유되는 '공통감각으로서의 소녀성'의 문제를 논의의 장으로 이끌어 냄으로써 향후 다양한 분야의 연구로 확장될 수 있는 가능성의 지점들을 제시했다. 감각이나 무의식에 새겨진 기억은 때로는 이성이나 논리보다 강하다. '가상의 제국'과 '감각적 동화'는 바로 이러한 지점에서 유용한 개념적 가치를 지니며 이 책의 최종적인 의의 또한 여기에 있다.

---

4) 소녀 연구의 일환으로 일본 최고의 배우이자 가수로 평가되는 미소라 히바리(美空ひばり)의 일대기를 일본이 처했던 특수한 역사적·문화적 배경 속에서 추적하고, 전후 일본 사회에서 만들어진 '올바른 소녀성'(proper girlhood)에 관해 검토한 데보라 샤문(Deborah Shamoon)의 연구는 이 책이 확장될 수 있는 지점의 연장선에 있다. Deborah Shamoon, "Misora Hibari and the Girl Star in Postwar Japanese Cinema", *Signs,* Vol.35, No.1, 2009 참조.

참고문헌

1. 일차 자료

잡지 및 단행본

『歌劇』, 昭和13年(1938).

『歌劇』, 昭和14年(1939).

『歌劇』, 昭和15年(1940).

『歌劇』, 昭和16年(1941).

『歌劇』, 昭和17年(1942).

『歌劇』, 昭和18年(1943).

『東宝』, 昭和17年(1942).

『東宝』, 昭和18年(1943).

『宝塚だより』, 昭和17年(1942).

『宝塚だより』, 昭和18年(1943).

『宝塚だより』, 昭和19年(1944).

『宝塚少女歌劇脚本集』, 昭和13年(1938).

『宝塚少女歌劇脚本集』, 昭和15年(1940).

『宝塚歌劇脚本集』, 昭和16年(1941).

『宝塚歌劇脚本集』, 昭和17年(1942).

『宝塚歌劇脚本集』, 昭和18年(1943).

『宝塚少女歌劇楽譜集』, 昭和13年(1938).

『宝塚少女歌劇楽譜集』, 昭和15年(1940).

『宝塚歌劇楽譜集』, 昭和16年(1941).

『宝塚歌劇楽譜集』, 昭和17年(1942).

『宝塚歌劇楽譜集』, 昭和18年(1943).

『宝塚歌劇五十年史』, 宝塚歌劇団, 1964.

『夢を描いて華やかに―宝塚歌劇80年史』, 宝塚歌劇団, 1994.

「教育令」, 文部省 太政官布告第40号, 1879.

신문

『東亞日報』

『每日新報』

『滿洲日日新聞』

2. 이차 자료

고마고메 다케시, 『식민지제국 일본의 문화통합』, 오성철 외 옮김, 역사비평사, 2008.

고모리 요이치, 『감성의 근대』, 허보윤 외 옮김, 소명출판, 2011.

기노시타 나오유키, 「오카쿠라텐신(岡倉天心)에 있어 〈일본미술사론(日本美術史論) 과 동양(東洋)〉」, 『인물미술사학』 제4호, 인물미술사학회, 2008.

김남석, 「소녀가극의 생성과 확산에 관한 연구」, 『한어문교육』 제35집, 한국언어문학 교육학회, 2016.

김백영, 「서울은 동화되었는가?」, 『도시연구』 13호, 도시사학회, 2015.

김세영 외, 『연극의 이해』, 새문사, 1998.

김신재, 「일제강점기 조선총독부의 지배정책과 동화정책」, 『동국사학』 60권, 동국사 학회, 2016.

김영나, 「박람회라는 전시공간」, 『서양미술사학회논문집』 13집, 서양미술사학회, 2000.

김영백, 「동서교섭사로 보는 일본의 '미학적 국가주의': 19세기 말~20세기 초 세계박 람회 속 일본의 전시관 건축을 중심으로」, 『미술사연구』 제31호, 미술사연구회, 2016.

김의경·유인경 공편, 『박노홍의 대중연예사 Ⅰ』, 연극과 인간, 2008.

김종근, 「역사지리학자가 읽은 Assimilating Seoul(서울 동화시키기)」, 『韓國文化』 75 권, 서울대학교 규장각 한국학연구원, 2016.

김청강, 「"조선"을 연출하다: 조선악극단의 일본 진출 공연과 국민화의 (불)협화음 (1933~ 1944)」, 『동아시아문화연구』 제62권, 한양대학교 동아시아문화연구소, 2015.

나카무라 유지로, 『공통감각론』, 양일모·고동호 옮김, 민음사, 2003.

노동은, 『한국근대음악사』, 한길사, 1995.

니시하라 다이스케, 「근대 일본회화의 아시아 표상」, 『미술사논단』 20권, 한국미술연구소, 2005.

들뢰즈, 질/가타리, 펠릭스, 『천 개의 고원』, 김재인 옮김, 새물결, 2001.

레만, 한스티즈, 『포스트드라마 연극』, 김기란 옮김, 현대미학사, 2013.

모스, 조지, 『대중의 국민화: 독일 대중은 어떻게 히틀러의 국민이 되었는가?』, 임지현·김지혜 옮김, 소나무, 2008.

문경연, 「일제 말기 극단 신협(新協)의 <춘향전> 공연양상과 문화횡단의 정치성 연구」, 『한국연극학』 40권, 한국연극학회, 2010.

미즈노 나오키 외, 『생활 속의 식민지주의』, 정선태 옮김, 산처럼, 2007.

박민주, 「레니 리펜슈탈의 프로파간다 영화에 나타난 탈서사적 이미지와 화면구성—<의지의 승리 Triumph of the Will>를 중심으로」, 『디지털영상학술지』 제7권 제2호, 한국디지털영상학회, 2010.

박숙자, 「"통쾌"에서 "명랑"까지: 식민지 문화와 감성의 정치학」, 『한민족문화연구』 제30집, 한민족문화학회, 2009.

박영산, 「일제강점기 조선어 나니와부시(浪花節)에 대한 고찰」, 『동아시아문화연구』 제69권, 한양대학교 동아시아문화연구소, 2017.

박전열, 「日本演劇史研究[Ⅰ]—神話的 起源을 中心으로」, 『일본연구』 제10권, 중앙대학교 일본연구소, 1995.

박진숙, 「박태원의 통속소설과 시대의 '명랑성'」, 『한국현대문학연구』 제27권 제3호, 한국현대문학회, 2009.

박찬승, 「식민지 시기 다중적 표상으로서의 평양기생」, 『동아시아문화연구』 제62권, 한양대학교 동아시아문화연구소, 2015.

박형지·설혜심, 『제국주의와 남성성: 19세기 영국의 젠더 형성』, 아카넷, 2016.

배상준, 「타블로(tableau)의 영화미학—파스빈더(R. W. Fassbinder)와 카우리스마키(A. Kaurismaki)를 중심으로」, 『현대영화연구』 제15권, 한양대학교 현대영화연구소, 2013.

백현미, 「소녀 연예인과 소녀가극 취미」, 『한국극예술연구』 제35집, 한국극예술학회, 2012.

브레히트, 베르톨트, 『서사극 이론』, 김기선 옮김, 한마당, 1992.

사이드, 에드워드, 『오리엔탈리즘』, 박홍규 옮김, 교보문고, 2014.

서기재, 『조선 여행에 떠도는 제국』, 소명출판, 2011.

서동욱, 「들뢰즈와 레비나스에서 감성의 중요성: '상처'의 경험에 관하여」, 『철학과 현상학 연구』 제20집, 한국현상학회, 2003.

스토리, 존, 『대중문화와 문화이론』, 박만준 옮김, 경문사, 2012.

실버버그, 미리엄, 『에로 그로 넌센스: 근대 일본의 대중문화』, 강진석 외 옮김, 현실문화, 2014.

아도르노, Th. W./호르크하이머, M., 『계몽의 변증법』, 김유동 옮김, 문학과지성사, 2001.

아르토, 앙토냉, 『잔혹연극론』, 박형섭 옮김, 현대미학사, 1994.

아스만, 알라이다, 『기억의 공간: 문화적 기억의 형식과 변천』, 변학수·채연숙 옮김, 그린비, 2011.

알튀세, 루이, 『레닌과 철학』, 이진수 옮김, 백의, 1995.

야나기 무네요시, 『조선과 예술』, 박재삼 옮김, 범우사, 2006.

영, 로버트, 『식민 욕망: 이론, 문화, 인종의 혼종성』, 이경란·성정혜 옮김, 북코리아, 2013.

오자사 요시오, 『일본의 극장과 연극』, 이혜정 옮김, 연극과 인간, 2006.

오자사 요시오, 『일본현대연극사─大正·明治初期篇』, 명진숙·이혜정 옮김, 연극과 인간, 2013.

요시미 슌야, 『소리의 자본주의: 전화, 라디오, 축음기의 사회사』, 송태욱 옮김, 이매진, 2005.

유인경, 「근대 "향토가극"의 형성과 특질 연구─안기영 작곡 가극 작품을 중심으로」, 『공연문화연구』 제19집, 한국공연문화학회, 2009.

윤상인, 「일본의 대외 이미지는 어떻게 형성되는가」, 『한림일본학』 제20권, 한림대학교 일본학연구소, 2012.

이강숙 외, 『우리 양악 100년』, 현암사, 2001.

이상우, 「심상지리로서의 대동아(大東亞)—1940년대 전반기 희곡에 나타난 반서양주의와 인종적 상상력」, 『한국극예술연구』 제27집, 한국극예술학회, 2008.

이상우, 『식민지 극장의 연기된 모더니티』, 소명출판, 2010.

이성재, 「日本 女性歌劇 宝塚에 나타난 兩性의 形象 硏究」, 중앙대학교 연극학과 석사학위논문, 2003.

이영재, 『제국 일본의 조선 영화』, 현실문화, 2008.

이응수, 명진숙, 박전열, 니시도 고진, 『이야기 일본 연극사』, 세종대학교 출판부, 2011.

이지예, 「일본 다카라즈카 음악학교의 예술가 양성교육 연구—한국 전문음악교육 적용가능성 모색을 위해」, 서울대학교 협동과정(음악교육전공) 석사학위논문, 2015.

임성모, 「국방국가의 실험: 만주국과 일본파시즘」, 『중국사연구』 16집, 중국사학회, 2001.

임성훈, 「공통 감각과 미적 소통—칸트 미학을 중심으로—」, 『인문과학논총』 66권, 서울대학교 인문학연구원, 2011.

임지현, 『민족주의는 반역이다』, 소나무, 1999.

임지현 외, 『우리 안의 파시즘』, 삼인, 2000.

전정임, 「작곡가 안기영의 향토가극 연구」, 『음악과 민족』 30권, 민족음악학회, 2005.

정준영, 「식민지 교육정책의 원점: 이자와 슈지의 동화주의와 청각적 근대성」, 『정신문화연구』 통권 123호, 한국학중앙연구원, 2011.

채석진, 「제국의 감각: '에로 그로 넌센스'」, 『페미니즘 연구』 제5호, 한국여성연구소, 2005.

최유경, 「오카쿠라 텐신의 아시아통합론과 불교—『동양의 이상』과 『일본의 각성』을 중심으로」, 『종교와 문화』 제14집, 서울대학교 종교문제연구소, 2008.

최은경, 「일본 소녀소설에서 보는 "소녀" 표상—요시야 노부코(吉屋信子) 『꽃 이야기』(花物語)를 중심으로」, 『일본근대학연구』 제42권, 한국일본근대학회, 2013.

최은경, 「태평양전쟁과 소녀표상—다카라즈카 가극단을 중심으로」, 『한일군사문화연구』 18호, 한일군사문화학회, 2014.

최재혁, 「1930·40년대 일본회화의 만주국 표상」, 『미술사논단』 28권, 한국미술연구소, 2009.

터너, 빅터, 『제의에서 연극으로』, 이기우·김익두 옮김, 현대미학사, 1996.

파비스, 빠트리스, 『연극학 사전』, 신현숙·윤학로 옮김, 현대미학사, 1999.

한석정, 「동아시아 국가 만들기의 연결고리: 만주국 1932~1940」, 『중국사연구』 제16
    집, 중국사학회, 2001.

한성숙, 『미르체아 엘리아데, 슨지에네의 밤』, 커뮤니케이션북스, 2016.

한혜정, 「소녀의 (탈)재현과 타자성―『앨리스』 안팎의 소녀담론」, 『새한영어영문학』
    제52권 4호, 새한영어영문학회, 2010.

효도 히로미, 『연기된 근대: '국민'의 신체와 퍼포먼스』, 문경연 외 옮김, 연극과 인간,
    2007.

有山輝雄, 「戰時制度と國民化」, 『戰時下の宣伝と文化』, 赤澤史朗 他 編集, 現代史料出
    版, 2001.

伊井春樹, 『小林一三は宝塚少女歌劇にどのような夢を託したのか』, ミネルヴァ書房, 2017.

伊藤隆, 『日本の近代―日本の内と外』, 東京: 中央公論新社, 2014.

今田絵里香, 『「少女」の社会史』, 東京: 勁草書房, 2007.

岡本馨, 「明朗農村の建設」, 『農村文化』24, 農山漁村文化協会, 1945.

奥中康人, 『國家と音樂-伊沢修二がめざました日本近代』, 春秋社, 2008.

川崎賢子, 『寶塚 : 消費社會のスペクタクル』, 東京: 講談社, 1999.

小林竜二郎, 『明朗生活運動』, 教育思潮研究会, 昭和16年, 1941.

清水諭, 「体操する身体」, Tsukuba Annals of Sociology 8, 1996.

武田祐吉, 教學局 編纂, 『萬葉集と國民性』(日本精神叢書; 23), 内閣印刷局, 1940.

玉岡かおる, 『タカラゼンヌの太平洋戦争』, 新潮社, 2004.

律金澤聰廣·近藤久美 編著, 『近代日本の音楽文化とタカラズカ』, 京都: 世界思想社, 2006.

坪井秀人, 『感覚の近代 - 声、身体、表象』, 名古屋: 名古屋大学出版会, 2006.

戸ノ下達也, 長木誠司 編著, 『総力戦と音楽文化: 音と声の戦争』, 東京: 青弓社, 2008.

編輯部, 「國民生活明朗化への提言」, 『公論』6月, 1944.

橋本雅夫, 『宝塚歌劇今昔物語: タカラジェンヌよ永遠に』, 東京: 小学館, 2002.

船田中, 『東亜明朗化のために: 日·支·蘇·英関係の将来』, 日本青年教育会, 1938.

兵藤裕己, 『声の国民国家-浪花節が創る日本近代』, 東京: 講談社, 2009.

兵藤裕己, 演じられた近代: 「国民」の身体とパフォーマンス』, 東京: 岩波書店, 2005.

宮崎秀渓, 体験修養編, 『生活の明朗化: 「経済精心」』, 大日本明朗社, 1937.

渡辺周子, 『「少女」像の誕生: 近代日本における「少女」規範の形成』. 東京: 新泉社, 2007.

渡辺周子, 『つくられた「少女」』, 日本評論社, 2017.

渡辺裕, 『宝塚歌劇の変容と日本近代』, 東京: 新書館, 1999.

プラ・サラサス 著, 中西武夫・河田清史 共訳, 『運命の河-東へ帰る』, 東京: 文林堂双魚房, 昭和17年(1942).

Adorno, Theodor. W., *The Cultural Industry*, J. M. Bernstein(ed.), Routledge, 1991.

Adorno, Theodor. W., *In Search of Wagner*, London·New York: Verso, 2009.

Anderson, Benedict, *Imagined Communities*, London·New York: Verso, 1983.

Benjamin, Walter, "Paris: Capital of the Nineteenth Century," *Perspecta*, Vol.12, 1969.

Berlin, Zeke, "Takarazuka: A History and Descriptive Analysis of the All-Female Japanese Performance Company," New York University, 1988.

Morss, Susan Buck, "Aesthetics and Anaesthetics: Walter Benjamin's Artwork Essay Reconsidered," *October*, Vol.62, 1992.

Burrin, Philippe, "Political Religion-The Relevance of a Concept," *History and Memory*, Vol.9, 1997.

Carnegy, Patrick, *Wagner and the Art of the Theatre*, New Haven: Yale University Press, 2006.

Cohen, Margaret, "Walter Benjamin's Phantasmagoria," *New German Critique*, Issue 48, 1989.

Elliot, Shanti. "Carnival and Dialogue in Bakhtin's Poetics of Folklore," *Folklore Forum*, 30, 1999.

Grăjdian, Maria, "Kiyoku Tadashiku Utsukushiku: Takarazuka Revue and the Project of Identity (Re-)Solidification," *Contemporary Japan*, Vol.23, 2011.

Henry, Todd A., *Assimilating Seoul*, Berkeley: University of California Press, 2016.

Hosokawa, Shuhei, "Shōchiku Girls' Opera and 1920s Dōtonbori Jazz," Hugh

De Ferranti and Alison Tokita(eds.), *Music, Modernity and Locality in Prewar Japan: Osaka and Beyond*, ASHGATE, 2013.

Lemke, T., "'The Birth of Bio-Politics': Michel Foucault's Lecture at the Collège de France on Neo-Liberal Governmentality," *Economy and Society*, Vol.30, 2001.

Mannoni, Laurent, "The Phantasmagoria," *Film History*, Vol.8, 1996.

Markus, Gyorgy, "Walter Benjamin or The Commodity as Phantasmagoria," *New German Critique*, No.83, Special Issue on Walter Benjamin, 2001.

McRobbie, Angela and Garber, Jenny, "Girls and Subcultures," Stuart Hall and Tony Jefferson(eds.), *Resistance through Rituals: Youth Subcultures in Post-war Britain*, London: Hutchison, 1976.

Michelson, Annette, "Bayreuth: The Centennial "Ring"," *October*, Vol.14, 1980.

Naranch, Bradley D., ""Colonized Body", "Oriental Machine": Debating Race, Railroads, and the Politics of Reconstruction in Germany and East Africa, 1906-1910," *Central European History*, Vol.33, Issue 3, 2000.

Park, Sang Mi, "The Takarazuka Girls Revue in the West: Public-Private Relations in the Cultural Diplomacy of Wartime Japan," *International Journal of Cultural Policy*, Vol.17, No.1, 2011.

Puzar, Aljosa. "Asian Dolls and the Westernized Gaze: Notes on the Female Dollification in South Korea," *Asian Women*, Vol.27 No.2, 2011.

Ree, Erik van, "Stalinist Ritual and Belief System: Reflections on 'Political Religion'," *Politics, Religion & Ideology*, Vol.17, 2016.

Robertson, Jennifer, "Theatrical Resistance, Theaters of Restraint: The Takarazuka Revue and the 'State Theater' Movement in Japan," *Anthropological Quarterly*, 64, 1991.

Robertson, Jennifer, "Mon Japon: the Revue Theater as a Technology of Japanese Imperialism," *American Ethnologist*, Vol.22, 1995.

Robertson, Jennifer, "The Revue Theater as a Technology of Japanese Imperialism," *American Ethnologist*, Vol.22, No.4, 1995.

Robertson, Jennifer, *Takarazuka: Sexual Politics and Popular Culture in Modern Japan*, Berkeley: University of California Press, 1998.

Schmidt, Michael J., *Sounds of Modern History: Auditory Cultures in 19th- and 20th-century Europe*, Daniel Morat(ed.), New York·Oxford: Berghahn Books, 2014.

Shamoon, Deborah, "Misora Hibari and the Girl Star in Postwar Japanese Cinema," *Signs*, Vol.35, No.1, 2009.

Shamoon, Deborah, *Passionate Friendship: The Aesthetics of Girls' Culture in Japan*, Honolulu: University of Hawaii Press, 2012.

Stickland, Leonie Rae, "Gender Gymnastics: Performers, Fans and Gender Issues in the Takarazuka Revue of Contemporary Japan," Murdoch University, 2004.

Wagner, Richard, *On Music and Drama*, H. Ashton Ellis(trans.), Lincoln: University of Nebraska Press, 1992.